İyi Hissetmek-Yeni Duyg
dünyada 3 milyondan fazl
tırmada, *İyi Hissetmek*, dep
1000 kendine yardım kitabı
ve Amerikan ruh sağlığı uz
ki hastalara en sık tavsiye edilen kitap oldu. Dr. Burns'ün *İyi Hissetmek El Kitabı* aynı araştırmada ikinci seçilmişti. Kendine yardım kitapları tartışmalı bir konu olsa da, geçen on yılda bilimsel dergilerde basılmış beş kontrollü çalışma *İyi Hissetmek*'i okuyan depresif kişilerin yüzde 70'inin, başka tedavi görmemelerine rağmen ilk dört hafta içinde iyileştiklerini gösterdi. Buna ek olarak, aynı hastalar üç yıllık takip döneminde de ilerlemelerini korudular. Şaşırtıcı olan, *İyi Hissetmek*'in; majör depresyon atakları geçiren hastalarda antidepresan ilaçlar ya da bireysel psikoterapi kadar antidepresan etkisinin olmasıdır. Dr. Burns hiçbir kendine yardım kitabını profesyonel terapi yerine önermemektedir, ancak *İyi Hissetmek*, depresyon ya da kaygı şikayeti olan herkese oldukça aydınlatıcı gelecektir.

İyi Hissetmek Harika Bir Duygu!
İyi hissetmek kendinize olan borcunuzdur!

"Şahsen Dr.Burns'ün *İyi Hissetmek* kitabını,
20. yüzyılın üçüncü
çeyreğinde çıkmış en kaydadeğer kitaplardan biri
olarak değerlendiriyorum."
Dr. David F. Maas, İngilizce Profesörü,
Ambassador Üniversitesi

Feeling Good
The New Mood Therapy

Published by arrangement with William Morrow
and Company, Inc.
Library of Congress Catalog Card Number: 9192428
www.avonbooks.com/wholecare

İyi Hissetmek
Yeni Duygu Durum Tedavisi

1. Basım: Mart 2006
14. Basım: Ocak 2013

Baskı ve cilt:
Kitap Matbaacılık Sanayi ve Ticaret Ltd. Şti.
Davutpaşa Cad. No. 123 Kat: 1
Topkapı, Zeytinburnu
İSTANBUL
(212) 482 99 10
Sertifika No: 16053

Psikonet Yayınları
Valikonağı Cad. No: 161/8 Çam Apt.
Şişli 34363 İSTANBUL
Tel: (0212) 231 84 43 - Fax: (0212) 231 22 77
info@psikonet.com
www.psikonet.com

Dr. David Burns

İYİ HİSSETMEK

Depresyonun
Etkinliği Klinik Olarak Kanıtlanmış
İlaçsız Tedavisi

Çeviri Editörü
Psikiyatrist H. Alp Karaosmanoğlu

Çevirenler
Uz.Psikolog Esra Tuncer
Psikiyatrist Özlem Mestçioğlu
Uz.Psikolog İrem Erdem Atak
Psikolog Gönül Acar

Bu kitap bilgisine ve cesaretine hayran olduğum; sabrını, adanmışlığını ve empatisini takdir ettiğim Dr. Aaron T. Beck'e ithaf olunmuştur.

TEŞEKKÜR

Düzenlenmesindeki yardımları, sabrı ve bu kitabın hazırlanmasında geçirilen bir sürü uzun gece ve hafta sonlarında bana desteği için eşim Melanie'ye minnettarım. Ayrıca Mary Lovell'a kitabın yazımında gösterdiği gayret ve teknik yardımlarından ötürü teşekkür ederim.

Bilişsel terapinin gelişimi birçok yetenekli kişiyi kapsayan bir takım çalışması olmuştur. Bir fizikçi olan Abraham Lowe, duygusal zorlukları olan hastalar için 1930'larda, "İyileşme Şirketi" adında bugün hala varolan ücretsiz bir kendine yardım hareketi geliştirdi. Dr. Lowe, düşünce ve tutumlarımızın, duygularımız ve davranışlarımız üzerindeki önemli etkisini vurgulayan ilk tıp adamlarından biriydi. Birçok insan çalışmalarını bilmiyor olsa da, Dr. Lowe bugün hala geçerli olan birçok fikrin öncülüğünü yapmış bir kişi olarak büyük övgüyü hak ediyor.

1950'lerde tanınmış NewYork'lu psikolog, Dr. Albert Ellis bu kavramları yenileyerek Mantıklı Duygusal Terapi adıyla yeni bir psikoterapi yöntemi geliştirdi. Dr. Ellis, birçok duygusal problemde, kendinle olumsuz konuşmanın (-meli, -malı gibi) ve mantıksız düşüncelerin ("mükemmel olmalıyım" gibi) rolünü anlatan ellinin üzerinde kitap yazdı. Dr. Lowe gibi, parlak katkıları akademik araştırmacılar ve meslektaşları tarafından yeterince takdir edilmemişti. Aslında *İyi Hissetmek*'in ilk baskısını yazdığımda Dr. Ellis'in çalışmaları hakkında fazla bilgim yoktu ve katkılarının önemini ve büyüklüğünü görememiştim.

Son olarak, 1960'larda Pensilvanya Tıp Fakültesi'ndeki meslektaşım Dr. Aaron Beck bu fikirleri ve tedavi yöntemlerini klinik depresyon sorunlarına uyguladı. Depresif hastanın kendisi, dünya ve gelecek hakkındaki olumsuz düşüncelerini tanımlayarak, depresyon için "bilişsel terapi" adını verdiği yeni bir "düşünce terapisi" şekli oluşturdu. Bilişsel terapinin hedefi, depresif hastanın bu olumsuz düşünce kalıplarını yok etmesini sağlamaktı. Dr.

Beck'in katkıları da, Dr. Lowe ve Dr. Ellis'inkiler gibi büyük oldu. 1964'te yayınlanan Beck Depresyon Envanteri klinisyenlerin ve araştırmacıların ilk kez depresyonu ölçebilmelerine olanak verdi. Hastanın depresyonun ne kadar ağır olduğunu ölçüp, tedaviyle gelen değişimleri ölçme fikri devrim niteliğindeydi. Dr. Beck ayrıca sistematik, niceliksel değerlendirmenin önemini vurgulayarak, bu sayede değişik psikoterapi türlerinin nasıl işe yaradığını ve bunların antidepresan ilaç tedavilerine kıyasla ne kadar etkili olduğu hakkında tarafsız bilgi alabileceğimizi gösterdi.

Bu ilk öncülerin zamanından bu yana, yüzlerce parlak araştırmacı ve klinisyen bu yeni yaklaşıma katkıda bulundu. Bilişsel terapi üzerine, diğer psikoterapi türlerinden (davranışçı terapi bir istisna olabilir) çok daha fazla araştırma yapılmıştır. Gerçekten de, bilişsel terapiye katkıda bulunmuş tüm isimleri saymam mümkün değil. Bilişsel terapinin ilk zamanlarında, 1970'lerde, Pensilvanya Tıp Fakültesi'nde, bugün halen kullanılmakta olan tekniklerin geliştirilmesine yardımcı olmuş birçok meslektaşımla çalıştım. Bunlardan bazıları John Rush, Maria Kovacs, Brian Shaw, Gary Emery, Steve Hollon, Rich Bedrosian, Ruth Greenberg, Ira Herman, Jeff Young, Art Freeman, Ron Coleman, Jackie Persons, ve Robert Leahy'dir.

İçlerinde Raymond Novaco, Arlene Weissman, ve Mark K. Goldstein'in da bulunduğu birkaç kişi çalışmalarına bu kitapta detaylı olarak yer verebilmem için bana izin vermişlerdir.

Bu kitabın editörü olan Maria Guarnaschelli'nin, bana gerçek bir ilham kaynağı olan tükenmez ışığını ve canlılığını özellikle burada belirtmek isterim.

Bu kitapla son bulan eğitim ve araştırmalarım sırasında Psikiyatride Araştırma Temelleri Fonu'nun bir üyesiydim. Bunu mümkün kılan destekleri için onlara da teşekkür ederim.

Ulusal Ruh Sağlığı Enstitüsü eski başkanı Dr. Frederick K. Goodwin'e duygudurum bozukluklarının tedavisinde biyolojik faktörlerin ve antidepresan ilaçların etkisi hakkındaki çalışmada verdiği değerli destek için çok teşekkürler.

Arthur P.Schwartz'a verdiği cesaret ve gösterdiği sabır için teşekkür ederim. Son olarak, kızım Signe Burns'e, bu 1999 yılı baskısındaki inanılmaz yardımcı önerileri, ve dikkatli düzenlemeleri için teşekkür ederim.

ÖNSÖZ

David Burns'ün, ruh sağlığı uzmanları arasında büyük ilgi ve heyecan uyandıran bir duygudurum düzenlemesi yaklaşımını halka aktarmasından çok mutluyum. Dr. Burns Pensilvanya Üniversitesi'nde depresyonun nedenleri ve tedavisi üzerine yıllardır yapılmış çalışmaları toparlıyor, ve bu araştırmadan çıkarılan özel tedavinin gerekli olan kendine yardım ayağını sunuyor. Kitap, kendi duygudurumunu anlamak ve bu konuda ustalaşmak isteyenler için üstün bir eğitim almak isteyenlere önemli bir katkıdır.

Bilişsel Terapinin gelişimi hakkında birkaç söz *İyi Hissetmek* okurlarını ilgilendirebilir. İstekli bir öğrenci ve geleneksel psikanalitik psikiyatri uygulayıcısı olarak profesyonel kariyerime başladıktan hemen sonra, Freudyen teori ve depresyon terapisi hakkında verisel destek bulmaya çalıştım. Bu mümkün olmasına rağmen, araştırmalarımda elde ettiğim veriler duygusal bozuklukların nedenleri hakkında yeni, test edilebilir bir teoriyi işaret etti. Araştırmalar depresif kişinin kendini bir hiç, hayal kırıklığı, yoksunluk, aşağılanma, ve başarısızlığa mahkum bir kişi olarak gördüğünü gösteriyordu. Diğer deneyler depresif kişinin, bir tarafta duran kendini değerlendirmesi, beklentileri, amaçları, ve diğer taraftaki –genellikle çok çarpıcı olan- başarıları arasında belirgin farkları vurguluyordu. Benim vardığım nokta da, depresyonun düşüncelerde bir bozukluk içeriyor olması gerektiği idi; depresif kişi kendisi, çevresi ve geleceği hakkında belirli ve olumsuz şekillerde düşünüyordu. Kötümser zihin hali; duygudurumunu, motivasyonunu, ve diğerleri ile ilişkilerini etkilediği gibi tipik bir depresyonun tüm psikolojik ve fiziksel tablosunu oluşturuyordu.

Artık elimizde insanların, bir kaç basit kural ve tekniği uygulayarak acı veren duygudurum değişimlerini ve kendine zarar verici davranışları kontrol edebileceğini gösteren birçok araştırma verisi ve klinik deneyimler var. Bu araştırmadaki ümit verici sonuçlar psikiyatristler, psikologlar ve diğer ruh sağlığı uzmanları arasında bilişsel terapiye karşı artan bir ilgi uyandırmıştır. Bir çok yazar, psikoterapi ve kişisel değişim alanındaki önemli bir gelişim olarak bulgularımızı incelemişlerdir. Bu araştırmanın temelini oluşturan duygusal rahatsızlıkların gelişim teorisi dünyadaki akademik merkezlerde yoğun araştırmalara konu olmuştur.

Dr. Burns depresyonu anlamamızdaki bu gelişimi net olarak tarif ediyor. Acı veren depresif durumları ve insanı güçsüz bırakan kaygıları azaltmak için yeni ve etkili yöntemleri basit bir dille anlatıyor. Kitabın okurlarının, hastalarımızla yaptığımız çalışmalardan çıkardığımız kuralları ve teknikleri kendi problemlerine uygulayabileceklerini ümit ediyorum. Daha ciddi duygusal problemler yaşayan hastaların bir ruh sağlığı uzmanına başvurması gerekirken, başa çıkılabilir problemleri olan kişiler Dr. Burns'ün anlattığı, yeni geliştirilmiş "sağduyu"ya dayalı yöntemleri kullanmaktan fayda görebilirler. Yani, *İyi Hissetmek*, kendilerine yardım etmek isteyen kişiler için oldukça faydalı, bir rehber olacaktır.

Son olarak, bu kitabın, gayreti ve yaratıcı enerjisinin hastalarına ve meslektaşlarına birer armağan olduğu yazarının, kendisine has ışığını yansıttığını söylemek isterim.

Dr. Aaron T. BECK
Psikiyatri Profesörü
Pensilvanya Tıp Fakültesi

İÇİNDEKİLER

GİRİŞ

İyi Hissetmek 1980'de ilk kez basıldığından bu yana bilişsel terapiye olan ilgi beni çok mutlu etti. Sadece birkaç insanın tanıdığı o zamanlardan bugüne kadar, bilişsel terapi akıl sağlığı uzmanları ve halk arasında büyük yol kat etti. Aslında, bilişsel terapi dünyada en yaygın kullanılan ve üzerinde en çok araştırma yapılan psikoterapi metodu oldu.

Bu psikoterapi tarzına böyle özel bir ilgi nasıl gelişti? En az üç neden sayabiliriz. İlk olarak temel fikirler çok sağlam temelli ve akla yatkındır. İkincisi, birçok araştırma çalışması bilişsel terapinin depresyon, kaygı ve sık rastlanan diğer şikayetleri olan çoğu kişi için oldukça faydalı olabileceğini göstermiştir. Gerçekte, bilişsel terapi en az, en iyi antidepresan ilaçlar (örneğin Prozac) kadar yararlı görünmektedir. Üçüncüsü, *İyi Hissetmek* kitabım da dahil olmak üzere birçok kendine yardım kitabı Amerika'da olduğu kadar tüm dünyada artan bir talep yaratmıştır.

Heyecan verici bazı yeni gelişmeleri anlatmadan, kısaca bilişsel terapinin ne olduğunu açıklayayım. Biliş, bir düşünce ya da algıdır. Diğer bir deyişle, bilişleriniz herhangi bir zamanda olaylar hakkında ne düşündüğünüzdür. Bu düşünceler zihninizde otomatik olarak akar ve nasıl hissettiğiniz üzerinde büyük etkileri vardır.

Örneğin, belki şu anda bu kitap hakkında bazı duygu ve düşünceleriniz var. Eğer bu kitabı depresif ve güvensiz hissettiğiniz için elinize aldıysanız, olaylarla ilgili olumsuz ve kendinizi eleştiren bir biçimde düşünüyor olabilirsiniz: "Ben işe yaramazın tekiyim. Neyim var benim? Hiç iyi olamayacağım. Bunun gibi saçma bir kendine yardım kitabı muhtemelen benim işime yaramayacaktır. Düşüncelerimle ilgili bir problemim yok benim! Problemlerim gerçek." Eğer kızgın ve bıkkın hissediyorsanız, "Bu Dr. Burns sadece bir üçkağıtçı ve zengin olmaya çalışıyor. Ne dediğini kendisi de bilmiyor.” diyorsunuzdur belki. Her durumda, düşünceleriniz duygularınızı yaratmaktadır.

Bu örnek, bilişsel terapinin kalbindeki güçlü ilkeyi aydınlatıyor-duygularınız kendinize verdiğiniz mesajlardan doğar. Aslında; duygularınız genellikle, hayatınızda olanlardan çok nasıl düşündüğünüz ile ilgilidir.

Bu yeni bir fikir değildir. Yaklaşık iki bin yıl önce Yunan filozof, Epictetus, kişilerin “olaylardan değil, onlar hakkındaki görüşlerinden” rahatsız olduklarını söylemişti. Kutsal kitapta şu paragrafı görebilirsiniz. “O, kendi içinde düşündüğü gibidir.” Shakespeare bile “iyi ve kötü diye bir şey yoktur, düşünce onu öyle yapar.” dediğinde benzer bir fikri ifade ediyordu (Hamlet, Oyun 2, Sahne 2).

Bu fikir yıllardır ortalıkta olmasına rağmen, depresif bir çok insan olayı böyle göremez. Depresif hissediyorsanız, bunun nedeninin başınıza gelen kötü olaylar olduğunu düşünüyor olabilirsiniz. Kendinizi aşağı görüp mutsuz olmaya mahkum olduğunuzu düşünebilirsiniz, çünkü işinizde başarısızlığa uğramış ya da sevdiğiniz biri tarafından reddedilmişsinizdir. Yetersizlik hislerinizin kişisel bir kusurdan kaynaklandığını düşünüyor olabilirsiniz, mutlu ve tatmin olacak kadar zeki, başarılı, çekici, ya da yetenekli olmadığınıza ikna olmuş olabilirsiniz. Olumsuz düşüncelerinizin sevgiden yoksun ve travmatik yaşanmış bir çocukluğun, miras aldığınız kötü genlerin ya da bir çeşit kimyasal ya da hormonal dengesizlik sonucu doğduğunu düşünebilirsiniz. Aklınız karıştığında başkalarını suçlayabilirsiniz: “Her şey bu aptal şoförler yüzünden! Onlar olmasaydı harika bir gün geçiriyor olacaktım!” Ve neredeyse bütün depresif insanlar kendileri ve dünya hakkında onlara özel ve korkunç bir gerçekle karşı karşıya olduklarına; ve bu kötü duygularının gerçek ve kaçınılmaz olduğuna emindirler.

Şüphesiz bu düşüncelerin hepsi içlerinde önemli bir gerçeklik taşır; kötü şeyler olabilir ve bazen hayat çoğumuza bir darbe vurur. Birçok insan korkunç kayıplar ve harap edici kişisel problemler yaşarlar. Genlerimiz, hormonlarımız, ve çocukluk anılarımız, nasıl düşündüğümüz ve hissettiğimiz konusunda etkili olabilirler. Ve diğer insanlar can sıkıcı, acımasız ve düşüncesiz davranabilirler. Ancak kötü duygudurumumuz hakkındaki bütün bu teoriler bizi birer kurban yapma eğilimi taşırlar, çünkü sonuçların bizim kontrolümüz dışındaki bir şeylerden doğduğunu düşünürüz. Ne de olsa, insanların akşam saatlerinde araba kullanması, gençliğimizde bize yapılan davranışlar, ya da genlerimiz ve vücut kimyamız hakkında -ilaçlar dışında- yapabileceğimiz bir şey yoktur. Tersine, olaylar hakkında düşünme şeklinizi, ve hatta temel değer ve inançlarınızı bile değiştirebilirsiniz. Ve bunu yaptığınızda, duygu durumunuzda, görünüşünüzde, ve üretkenliğinizde derin ve sürekli değişiklikler yaşayacaksınız. İşte, Bilişsel Terapi kısaca bu demektir!

Teori çok açık ve fazlaca basit görünebilir, ama bunu hemen popüler psikoloji diye silip atmayın. İlk duyduğunuzda, benim yaptığım gibi oldukça şüpheci yaklaşsanız bile bilişsel terapinin şaşırtıcı derecede yararlı olduğunu fark edeceksiniz. Ben şahsen, yüzlerce depresif ve kaygılı hasta ile otuz binden fazla bilişsel terapi seansı yaptım ve, bu yöntemin ne kadar güçlü ve yararlı olduğunu görmek beni hep şaşırtmıştır. Bilişsel terapinin yararı geçen yirmi yıl içinde birçok araştırmacının yaptığı çalışmalarla kanıtlanmıştır. "Depresyona Karşı Psikoterapi mi İlaç mı? Geleneksel İlim Verilere Karşı" adlı dönüm noktası olabilecek bir makalede, Nevada Üniversitesi'nden David O. Antonuccio ve William G. Dunton adlı doktorlar ve Cleveland Kliniğinden Dr. Gurland Y. DeNelsky, dünya üzerinde basılan bilimsel yayınlarda yer almış olan büyük titizlikle uygulanmış depresyon çalışmalarını yeniden incelemişlerdir. İncelenen çalışmalarda depresyon ve kaygı tedavisinde antidepresanlar psikoterapi ile karşılaştırılmışlardır. Bu çalışmaya kısa dönemli çalışmalar olduğu kadar uzun dönemli takip çalışmaları da dahil edilmiştir. Yazarlar geleneksel bilgilerle aynı yere çıkan şaşırtıcı sonuçlarla karşılaşmışlardır:

- Depresyon geleneksel olarak tıbbi bir rahatsızlık olarak kabul edilse de, araştırma çalışmaları genetik etkilerin depresyonun %16'sında etkili olduğunu göstermiştir. Birçok birey için, hayat şartları en önemli etkenler gibi görünmektedir.
- Amerika'da ilaçlar, depresyonun en yaygın tedavi şekli, ve medya tarafından popüler hale getirilen yaygın bir inanca göre, en etkili yöntem. Ancak, bu fikir geçen yirmi yılda dikkatle uygulanmış birçok çalışmanın sonuçları ile tutarlı değil. Bu çalışmalar, yeni psikoterapi yöntemlerinin, özellikle bilişsel terapinin, en az ilaçlar kadar, bir çok hasta için de daha etkili olduğunu göstermiştir. Bu, kişisel seçimler ya da sağlıkla ilgili çekinceler yüzünden ilaçsız tedavi görmeyi seçen kişiler için güzel haber. Bu, ayrıca yıllardır antidepresanlara yeterli cevabı vermemiş ve hala kaygı ve depresyonla mücadele eden milyonlarca kişi için de sevindirici bir bilgi.
- Depresyondan kurtulmanın ardından, psikoterapi ile tedavi gören hastalar büyük oranda depresyona tekrar girmiyor ve yalnızca antidepresanlarla tedavi edilen hastalara göre tekrarlama ihtimali belirgin oranda daha az. Bu bilgi, birçok insanın depresyondan kurtulmasının ardından geri dönüş yaşaması (özellikle hastalar konuşma terapisi olmadan sadece antidepresanlarla tedavi edilmişlerse) hakkındaki artan bilinç yüzünden oldukça önemli.

Bu bulgular ışığında, Dr. Antonuccio ve diğer yazarlar, psikoterapinin ikinci sınıf bir tedavi olarak düşünülmemesi ve depresyon için uygulanacak ilk yöntem olması gerektiği sonucuna vardılar. Buna ek olarak, bilişsel terapinin depresyon için en etkili psikoterapilerden biri olduğunu vurguladılar.

Tabi ki ilaç, bazı kişiler için yararlı, hatta hayat kurtarıcı olabilir. İlaçlar, depresyon ağır olduğunda, en yüksek etkiyi sağlamak için psikoterapi ile birleştirilebilir. Depresyonla savaşmak için çok etkili yeni silahlarımızın olduğunu, ve bilişsel terapi gibi ilaçsız tedavilerin güçlü etkisini bilmemiz çok önemlidir.

Son çalışmalar psikoterapinin yalnızca hafif depresyonlar için değil, ağır depresyonlar için de faydalı olabileceğini göstermiştir. Bu bulgular, "konuşma terapisi"nin sadece basit problemler için işe yaradığı, ve ağır depresyonunuz varsa ilaçla tedavi edilmeniz gerektiği şeklindeki yaygın inanca terstir.

Bizlere depresyonun beyin kimyasındaki bir dengesizlikten kaynaklanabileceği öğretilmiş olmasına rağmen, son çalışmalarda bilişsel davranışçı terapinin beyin kimyasını değiştirebileceği görülmüştür. Bu çalışmalarda, Lewis D.Baxter Jr., Jeffrey M. Schwartz, Kenneth S. Bergman adlı doktorlar ve UCLA Tıp Fakültesindeki meslektaşları, iki grup hastanın tedavi öncesi ve sonrasındaki beyin metabolizmalarını değerlendirmek için pozitron emisyon tomografi görüntülemesi (PET scanning) yaptılar. Bir grup ilaçsız bilişsel davranışçı terapi alırken, diğer grup psikoterapi görmeksizin antidepresan ilaç tedavisi gördü.

Umduğumuz gibi, ilaç tedavisi gören grupta iyileşme gösteren hastaların beyin kimyasında değişiklikler vardı. Bu değişiklikler beyin mekanizmasının yavaşladığını, başka deyişle beynin belli bir bölgesindeki sinirlerin "rahatladığını" belirtiyordu. Sürpriz olan, bilişsel davranışçı terapi ile başarıyla müdahale edilen hastaların beyinlerinde de benzer değişikliklerin gözlenmesiydi. Ancak, bu hastalar hiç ilaç almamıştı. Dahası, ilaç tedavisi ve psikoterapi gruplarının beyinlerindeki değişiklikler ya da her iki tedavinin etkinliği arasındaki farklar *anlamlı değildi*. Bu ve diğer benzeri çalışmalar sonucunda, araştırmacılar, ilk defa bilişsel davranışçı terapi ve bu kitapta anlatılan yöntemlerin insan beyninin kimyasını ve yapısını değiştirmek için faydalı olabileceği ihtimalini düşünmeye başlamışlardır!

Hiçbir tedavi bir "sihirli değnek" olmamasına rağmen, araştırma çalışmaları bilişsel terapinin depresyona ek olarak birçok rahatsızlık için de faydalı olduğunu göstermiştir. Örneğin, birçok çalışmada panik atak hastaları bilişsel terapiye ilaçsız olarak o kadar iyi yanıt vermişlerdir ki, uzmanlar şimdi tek başına bilişsel terapinin bu rahatsızlık için en iyi yöntem olduğunu düşünüyorlar. Bilişsel terapi, ayrıca birçok kaygı bozukluğu türlerinde (kronik endişe, fobiler, obsesif-kompulsif bozukluk, ve travma sonrası stres bozukluğu gibi) yardımcı olabilir, ve sınır kişilik bozukluğu gibi bazı kişilik bozukluklarında bir miktar başarı ile uygulanmaktadır.

Bilişsel terapi birçok diğer rahatsızlığın tedavisinde de popülerlik kazanmaktadır. 1998 Stanford Farmakoloji Konferansında, Stanford'dan meslektaşım Dr. Agras'ın sunumundan çok etkilemiştim. Dr. Agras tıkınma, bulimia, anoreksiya nervoza gibi yeme bozuklukları üzerine tanınmış bir uzmandır. Dr. Agras, yeme bozukluklarının tedavisinde antidepresan ve ilaç kullanımının etkilerini karşılaştıran birçok çalışmanın sonucunu sundu. Bu çalışmalar, bilişsel terapinin, yeme bozuklukları için bilinen birçok ilaçtan ve diğer psikoterapi yöntemlerinden daha fazla, hatta en etkili tedavi yöntemi olduğunu göstermiştir.

Ayrıca, bilişsel terapinin nasıl işlediği konusunda da daha fazla şey öğrenmeye başladık. Önemli bir buluş, tedavi görün görmeyin, *kendine yardım*'ın iyileşmenin anahtarı olduğudur. Prestijli bir yayın olan *Journal of Consulting and Clinical Psychology* ve *The Gerontorologist*'de basılmış beş çalışmayı içeren bir seride, Dr.Forest Scogin ve

Alabama Üniversitesindeki meslektaşları, başka bir terapi olmadan sadece *İyi Hissetmek* gibi iyi bir kendine yardım kitabını okumanın etkilerini araştırdılar. Bu yeni tedavi çeşidinin adı "okuma terapisi" (biblioterapi)dir. Doktorlar, *İyi Hissetmek* okuma terapisinin, en az bütün bir psikoterapi serisi ya da en etkili antidepresanlar kadar etkili olabileceğini gördüler. Sağlık harcamalarının azaltılmasına yönelik inanılmaz baskı gözönüne alındığında, bu oldukça ilgi çekici; çünkü karton kapak bir *İyi Hissetmek* kitabı iki Prozac hapından daha az maliyetli, ve herhangi bir yan etkisi yok!

Daha yeni bir çalışmada, Dr. Scogin ve meslektaşı Dr. Christine Jamison tedavi arayışındaki ağır depresif epizodlu seksen kişiyi rast gele iki gruba ayırdılar. Araştırmacılar, ilk gruptaki hastalara *İyi Hissetmek* kitabımdan birer tane vererek, bunları dört hafta içinde okumaları için teşvik ettiler. Bu gruba "Doğrudan Biblioterapi Grubu" dendi. Bu hastalara ayrıca kitapta önerilen bazı egzersizleri yapmak istediklerinde kullanabilecekleri boş kendine yardım formlarından oluşan bir kitapçık da verildi. İkinci gruptaki hastalara tedaviye başlamadan dört haftalık bir bekleme listesinde olacakları söylendi. Bu grup da "Gecikmeli Biblioterapi Grubu" olarak adlandırıldı, çünkü tedavilerinin ikinci dört haftasına kadar *İyi Hissetmek* kitabının bir kopyasını almadılar. *Gecikmeli Biblioterapi Grubu*'ndaki hastalar, *Doğrudan Biblioterapi Grubu*'ndaki hastaların iyileşmelerinin sadece zamanın geçmesine bağlı olmadığını görmek için bir kontrol grubu olarak kullanılmıştı.

İlk değerlendirmelerde, araştırmacılar tüm hastalara iki depresyon testi uyguladılar. Birisi Beck Depresyon Envanteri (BDE), hastaların kendi başlarına doldurdukları, bir öz değerlendirme testi; ikincisi ise eğitimli depresyon araştırmacıları tarafından uygulanan Hamilton Depresyon Ölçeği (HDÖ) idi. Şekil 1-1'de görebileceğiniz gibi ilk değerlendirmede grupların depresyon seviyeleri arasında bir fark yoktu. Ayrıca, hem Doğrudan Biblioterapi Grubu, hem de

Gecikmeli Biblioterapi Grubu'ndaki hastaların BDE ve HDÖ'deki ortalama skorları 20 ya da üstündeydi. Bu skorlar, her iki gruptaki depresyon seviyesinin de antidepresan ve psikoterapi hakkında basılmış çalışmaların birçoğundaki depresyon seviyelerine benzer olduğunu gösteriyordu. Aslında, BDE skoru, 1980'lerin sonlarında kliniğime tedaviye gelen yaklaşık beş yüz hastanın çoğunun BDE skorlarına benzerdi.

Her hafta bir araştırma asistanı her iki grubu da arayarak BDE'yi telefonla uyguladı. Asistan ayrıca hastaların çalışma hakkındaki sorularını yanıtlayıp Doğrudan Biblioterapi Grubu'ndaki hastaların kitapçığı dört hafta içinde doldurmayı denemeleri için teşvik etti. Bu görüşmeler on dakika ile sınırlıydı ve herhangi bir danışmanlık verilmiyordu.

Dört haftanın sonunda, iki grup karşılaştırıldı. Şekil 1-1'de göreceğiniz gibi, Doğrudan Biblioterapi Grubu'ndaki hastalar fark edilir bir ilerleme gösterdiler. Aslında, hem BDE, hem de HDÖ'deki ortalama skorlar, normal olarak nitelendirilebilecek şekilde, 10 ya da daha azdı.

Depresyon seviyesindeki bu değişiklikler oldukça belirgindi. Ayrıca hastaların üç aylık değerlendirmede kazanımlarını sürdürdüğünü ve geri dönüş olmadığını da görebilirsiniz. Aslında, okuma terapisi müdahalesinin tamamlanmasının ardından sürekli bir gelişim eğilimi de vardı; her iki depresyon testindeki skorlar da üç aylık değerlendirmede daha düşüktü. Bunun aksine, Şekil 1-1'de görebileceğiniz gibi Gecikmeli Biblioterapi Grubu'ndaki hastalar dört hafta sonundaki değerlendirmede neredeyse

Doğrudan Biblioterapi Grubu

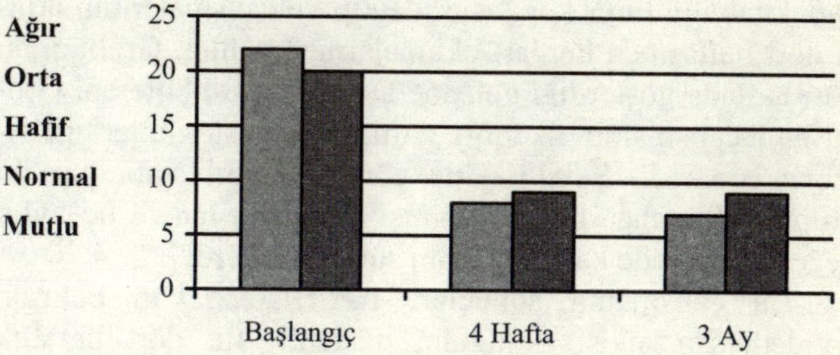

Gecikmeli Biblioterapi Grubu

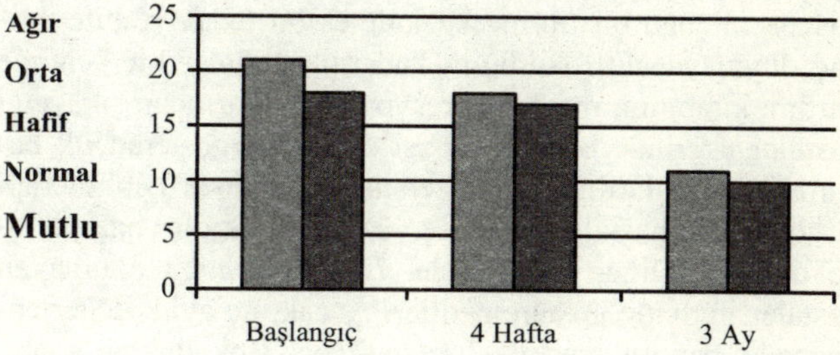

Şekil 1. Doğrudan Okuma Terapisi Grubu, *İyi Hissetmek*'i ilk görüşme sırasında aldılar. Gecikmeli Biblioterapi Grubu'ndaki hastalar kitabı dört haftalık değerlendirmelerinde edindiler. BDE=Beck Depresyon Envanteri, HDÖ= Hamilton Depresyon Ölçeği

hiç değişmemişlerdi ve hala 20 civarındalardı. Bu da *İyi Hissetmek*'ten dolayı gerçekleşen gelişmenin sadece zamana bağlı olmadığını gösteriyordu. Ardından Dr. Jameson ve Dr. Scogin, Biblioterapi Grubu'ndaki hastalara *İyi Hissetmek* kitabının birer kopyasını dağıttı ve çalışmalarının ikinci dört haftasında bunları okumalarını istediler. Grubun, bu dört haftada gösterdiği gelişme Doğrudan Biblioterapi Grubu'nun çalışmanın ilk dört haftasında gösterdikleri gelişmeye benzerdi. Şekil I-1'de görebileceğiniz gibi her iki gruptaki hastalar da geri dönüş yaşamamışlar ve üç aylık değerlendirmede kazanımlarını sürdürmüşlerdi.

Bu çalışmanın sonuçları *İyi Hissetmek*'in belirgin antidepresan etkisi olduğunu gösterdi. İlk dört haftalık okuma terapisi döneminin ardından, Doğrudan Biblioterapi Grubu'ndaki hastaların yüzde 70'i artık; Amerikan Psikiyatri Birliği'nin resmi Tanısal ve Sayısal El Kitabı (DSM)'de tanımlanan majör depresyon epizod kriterlerine uymuyordu. Aslında, tedavi o kadar iyi sonuç vermişti ki hastaların çoğu bir tıp merkezinde ek bir tedaviye bile ihtiyaç duymayacaktı. Bildiğim kadarıyla, bunlar bir kendine yardım kitabının, majör depresyon epizodlarından şikayetçi hastalar üzerinde belirgin etkisi olduğunu gösteren ilk basılmış çalışmalardır. Bunun tersine, Gecikmeli Biblioterapi Grubu'ndaki hastaların sadece yüzde 3'ü ilk dört hafta içinde düzeldi. Diğer bir deyişle, *İyi Hissetmek*'i okumayan hastalar ilerleme gösteremediler. Ancak, üç aylık değerlendirmede, her iki grup da *İyi Hissetmek*'i okuduktan sonra, Doğrudan Biblioterapi Grubu'ndaki hastaların yüzde 75'i ve Gecikmeli Biblioterapi Grubu'ndaki hastaların yüzde 73'ü artık, DSM'de belirtilen majör depresif epizod tanılarına uymuyordu.

Araştırmacılar, bu gruplardaki ilerlemeyi antidepresanlar, psikoterapi ya da her ikisinin kullanıldığı çalışmaların basılmış sonuçları ile karşılaştırdılar. Ulusal Ruh Sağlığı Enstitüsü'nün ortak depresyon çalışmasında, on iki hafta boyunca iyi eğitimli terapistlerden bilişsel terapi görmüş hastaların HDÖ'lerinde ortalama 11.6 puanlık bir düşüş olmuştu. Bu, dört haftadan sonra *İyi Hissetmek*'i okuyan gruptaki 10.6 puanlık değişime benzerdi. Ancak, okuma terapisi belirgin şekilde hızlı etki göstermiş gibi görünüyordu. Kendi klinik tecrübem de bunu kanıtlıyor. Bu çalışmalarımda, tedavinin ilk dört haftasında iyileşmiş sadece birkaç hastam vardı.

Okuma Terapisini bırakan, yani tedaviyi terkeden hastaların oranı da yaklaşık yüzde 10 gibi az bir sayıydı. Bu, yüzde 15 ile yüzde 50 arasında değişen terkedilme yüzdeleri olan, ilaç ya da psikoterapi yöntemleri kullanılarak yapılmış çalışmaların sonuçlarından çok daha düşüktü. Son olarak, hastalar *İyi Hissetmek*'i okuduktan sonra belirgin olarak daha pozitif tutumlar ve düşünce kalıpları geliştirdiler. Bu da kitabın savıyla uyumluydu; yani depresyonu, ona neden olan olumsuz düşünceleri yok ederek yenebilirsiniz demekti.

Araştırmacılar, okuma terapisinin depresyonu olan hastalarda etkili olduğu ve halk eğitimi ve depresyondan korunma programlarında da etken bir rol oynayabileceği sonucuna vardılar. Ayrıca, *İyi Hissetmek*'i okumanın, olumsuz düşünmeye eğilimli hastalar üzerinde şiddetli depresyon epizodlarından koruyucu bir etkisi olabileceğini iddia ettiler.

Son olarak, araştırmacılar diğer bir önemli noktayı işaret ettiler: *İyi Hissetmek*'in antidepresan etkileri devam edecek miydi? Yetenekli ve motive edici konuşmacılar bir grup insanı bir süre için heyecanlandırıp, iyimserleştirebilirler; ancak bu kısa, duygudurum yükseltici etki çok da uzun sürmez. Aynı durum, depresyon tedavisi için de geçerlidir. Başarılı bir ilaç tedavisi ya da psikoterapi ardından, pek çok hasta kendilerini oldukça iyi hissederler; ama sadece bir süre sonra tekrar depresyonun kucağına düşmek üzere! Bu geri dönüşler çok korkunç olabilir, çünkü hastalar oldukça büyük moral bozukluğu yaşarlar.

1997'de, araştırmacılar, anlattığım çalışmadaki hastaların üç yıllık takip çalışmasının sonuçlarını yayınladılar. Yazarlar Alabama Universitesinden Nancy Smith, Mark Floyd ve Forest Scogin adlı doktorlar ve Tuskegee Tıp Merkezinden Dr. Christine Jamison'dı. Araştırmacılar hastalarla *İyi Hissetmek*'i okuduktan üç yıl sonra temasa geçmişler ve depresyon testlerini yeniden uygulamışlardı. Ayrıca hastalara çalışmanın tamamlanmasından beri hayatlarının nasıl gittiğini sordular. Araştırmacılar hastaların geri dönüş yaşamadıklarını ve bu üç yıllık sürede kazanımlarını sürdürdüklerini öğrendiler. Aslında, bu üçüncü yıl değerlendirmesinde iki depresyon testinden elde edilen skorlar, okuma terapisi tamamlandığında elde edilenlerden biraz daha iyiydi. Hastaların yarıdan fazlası ilk çalışmanın tamamlanmasını takiben duygudurumlarının düzelmeye devam ettiğini söylediler.

Üç yıllık değerlendirmede elde edilen bulgular şunu doğruladı; Hastaların yüzde 72'si hala majör depresif epizod kriterlerine uymuyor, ve yüzde 70'i takip döneminde ilaç ya da psikoterapi içeren herhangi bir tedavi görmüyordu. Zaman zaman normal sayılabilecek iniş çıkışlar yaşasalar da, neredeyse yarısı kafaları karıştığında *İyi Hissetmek*'i açıp en işe yarayacak bölümleri tekrar okuduklarını söyledi. Araştırmacılar kendi kendine uygulanan bu güçlendirici seansların iyileşmeyi takiben olumlu bir gidiş sürdürülmesi açısından faydalı olduğunu düşünüyorlardı. Hastaların yüzde 40'ı kitabın en iyi tarafının, olumsuz düşünce kalıplarını değiştirmeye yardım etmesi, örneğin daha az mükemmeliyetçi olmayı ve ya hep ya hiç düşüncesinden vazgeçmeyi öğrenmeleri olduğunu söylediler.

Tabi ki bu çalışmanın da bütün çalışmalar gibi sınırlılıkları vardı. Her hasta *İyi Hissetmek*'i okuyarak iyileşmemişti. Hiçbir tedavi sihirli bir değnek değildir. Birçok hastanın durumunun *İyi Hissetmek*'i okumaya cevap vermesi yüreklendirici olurken, daha ağır ya da kronik depresyondaki hastalar bir terapistin ve muhtemelen bir de antidepresanın yardımına ihtiyaç duyacaklardır. Bu utanılacak bir şey değil. Farklı kişiler farklı yaklaşımlara daha iyi tepkiler verebilirler. Artık depresyon için üç tedavi yöntemimiz olması güzel bir şey: antidepresanlar, bireysel ve grup psikoterapisi, ve okuma terapisi.

Unutmayın; bilişsel okuma terapisini, tedaviniz sürüyor olsa bile, iyileşmeyi hızlandırmak için terapi seansları arasında kullanabilirsiniz. Aslında, *İyi Hissetmek*'i ilk yazdığımda, onun aynen böyle kullanılacağını hayal etmiştim. Hastalarımın, kitabı terapi seansları arasında iyileşme sürecini hızlandırmak için okumalarını hedeflemiştim, ama yalnız başına depresyon için bir terapi olabileceğini aklıma bile getirmemiştim.

Öyle görünüyor ki, gittikçe daha fazla psikoterapist hastalarına seanslar arasında ödev olarak okuma terapisi veriyor. 1994'de, *Authoritative Guide to Self Help Books*'da (Guilford Yayınevi, New York) ruh sağlığı uzmanlarınca okuma terapisinin kullanımı hakkında ulusal bir araştırmanın sonuçları yayınlanmıştı. Dallas'taki Texas Üniversitesi'nden Dr. John W. Santrock ve Dr. Ann M.Minnet ile üniversitede araştırma görevlisi olan Barbara D.Campbell bu çalışmayı gerçekleştirdiler. Üç araştırmacı, elli eyaletten beş yüz Amerikan ruh sağlığı uzmanına, iyileşmeyi hızlandırmak için seanslar arasında hastalarına kitap okumayı reçete edip etmediklerini sordular. Bu terapistlerin yüzde 70'i bir önceki yıl içinde hastalarına en az üç kendine yardım kitabı önerdiklerini, ve yüzde 86'sı bu kitapların hastalarına fayda sağladığını söylediler. Terapistlere, bin kitaplık bir listeden hastalarına en çok hangi kitabı önerdikleri soruldu. *İyi Hissetmek* depresif hastalar için önerilen ilk kitap, yine kendi *İyi Hissetmek El Kitabı*'nı (1989'da karton kapak olarak basılan) ikinci kitap olmuştu.

Böyle bir araştırmanın yürütüldüğünden haberim yoktu, dolayısıyla sonuçlardan çok etkilenmiştim. *İyi Hissetmek*'i yazdığımda amaçlarımdan biri terapi seansları arasında hastalarıma, öğrenmelerini ve iyileşmelerini hızlandırmak için okuyacakları bir materyal sağlayabilmekti, ama bu düşüncemin bu derece gerçekleşebileceğini ben bile hayal etmemiştim.

İyi Hissetmek'i okuduktan sonra iyileşmeyi ve düzelmeyi beklemeli misiniz? Bu mantıksız olurdu. Araştırma, *İyi Hissetmek*'i okuyan birçok insan düzelme gösterirken, diğerlerinin bir uzmanın yardımına ihtiyaç duyduğunu açıkça gösteriyor. *İyi Hissetmek*'i okuyan birçok kişiden (belki onbin'den fazla) mektuplar aldım. Birçoğu, yıllarca süren başarısız ilaç ve hatta elektrokonvulsif tedavinin ardından *İyi Hissetmek*'in kendilerine nasıl yardımcı olduğunu anlatmışlardı. Bazıları, *İyi Hissetmek*'teki fikirleri çok güzel bulduklarını, ancak bunları kendilerine uygulayabilmek için bir terapiste yönlendirilmeye ihtiyaç duyduklarını belirtmişti. Bu anlaşılabilir bir şey; hepimiz farklıyız, ve bir kitabın ya da belirli bir tip terapinin herkes için çözüm olacağını düşünmek gerçekçi olmaz.

Depresyon, yoğun utanç, değersizlik, ümitsizlik ve moralsizlik hislerinden dolayı en kötü acı çekme şekillerinden biridir. Depresyon ölümcül bir kanserden daha kötü görünebilir, çünkü birçok kanser hastası sevildiklerini hissederler ve ümitleri ve kendilerine güvenleri vardır. Birçok depresif hastam, aslında ölüme imrendiklerini ve intihar etmeye gerek kalmadan şerefleriyle ölmek adına kansere yakalanmak için dua ettiklerini söylediler.

Ancak depresyonunuz ve kaygınız ne kadar kötü hissettirirse ettirsin, iyileşme süreci oldukça başarılıdır. Kendi durumunuzun son derece kötü, bunaltıcı ve ümitsiz olduğuna, ne olursa olsun iyileşemeyecek tek kişi olduğunuza ikna olmuş olabilirsiniz. Ama eninde sonunda, bulutlar dağılacak, gökyüzü açılacak ve güneş yeniden parlamaya başlayacak. İşte o zaman hissedilen rahatlama ve mutluluk inanılmaz olabilir. Ve eğer şu sıralar depresyon ve düşük özgüvenle mücadele ediyorsanız, ne kadar güvensiz ve depresif hissederseniz edin, böyle bir değişim sizde de oluşabilir.

Şimdi birlikte çalışmaya başlamak için 1.Bölüm'e geçmenin zamanı. Sizlere en iyi dileklerimi sunuyor, bu fikirleri ve yöntemleri yararlı bulacağınızı umuyorum.

Dr. David D.Burns,
Psikiyatri ve Davranış Bilimleri
Kliniği Yardımcı Profesör
Stanford Üniversitesi Tıp Fakültesi

REFERANSLAR:

1. Antonuccio, D.O., Danton, W.G., & DeNelsky, G.Y. (1995). Psychotherapy versus medication for depression: Challenging the conventional wisdom with data. *Professional Psychology: Research and Practice*, 26(6), 574-585.
2. Baxter, L. R., Schwartz, J. M., & Bergman, K. S., et al. (1992). Caudate glucose metabolic rate changes with both drug and behavioral therapy for obsessive-compulsive disorders. *Archives of General Psychiatry*, 49, 681-689.
3. Scogin, F., Jamison, C., & Gochneaut, K. (1989). The comparative efficacy of cognitive and behavioral bibliotherapy for mildly and moderately depressed older adults. *Journal of Consulting and Clinical Psychology*, 57, 403-407.
4. Scogin, F., Hamblin, D., & Beutler, L. (1987). Bibliotherapy for depressed older adults: A self help alternative. *The Gerontologist*, 27, 383-387.

5. Scogin, F., Jamison, C., & Davis, N. (1990). A two-year follow-up of the effects of bibliotherapy for depressed older adults. *Journal of Consulting and Clinical Psychology,* 58, 665-667.
6. Jamison, C., & Scogin, F. (1995). Outcome of cognitive bibliotherapy with depressed adults. *Journal of Consulting and Clinical Psychology,* 63, 644-650.
7. Smith, N.M., Floyd, M.R., Jamison, C., & Scogin, F. (1997). Three year follow up of bibliotherapy for depression. *Journal of Consulting and Clinical Psychology,* 65(2), 324-327.

I

TEORİ VE ARAŞTIRMA

Bölüm 1

Duygusal Problemlerin Tedavisinde Yeni Bir Çağ

Depresyon, dünyadaki bir numaralı sağlık problemi olarak bilinir. Hatta, o kadar yaygındır ki psikiyatrik rahatsızlıkların 'nezle'si de denir. Gerçekte ise depresyon ile nezle arasında dağlar kadar fark vardır. *Depresyon sizi öldürebilir.* Yapılan çalışmalar son yıllarda ergenlerde ve çocuklarda bile intihar oranının yükseldiğini göstermektedir. Bu artış, son yıllarda kullanımı yaygınlaşan bir sürü antidepresan ve sakinleştiriciye rağmen gerçekleşmiştir.

Bu bilgiler gerçekten iç karartıcı. Sizi daha kötü hissettirmeden iyi haberi verelim: "Depresyon, sağlıklı hayatın bir parçası değil, bir rahatsızlıktır. En önemlisi de, duygudurumunuzu yükseltmek için bazı basit yöntemler öğrenerek bunun üstesinden gelmek mümkündür." Pensilvanya Üniversitesi Tıp Fakültesi'nden bir grup psikiyatrist ve psikolog, duygu bozukluklarının tedavisi ve bunlardan korunmada yepyeni bir yöntem açıkladılar. Depresyonun geleneksel yöntemlerle tedavisini yavaş ve yetersiz buldukları için, tamamen yeni ve son derece başarılı bir yaklaşım geliştirdiler ve bunu düzenli olarak test ettiler. Son zamanlarda yapılan birçok çalışma da bu tekniklerin depresyon belirtilerini geleneksel yöntemlerden ya da ilaç tedavisinden daha hızlı azalttığını göstermistir. Bir devrim niteliğindeki bu tedavinin adı "Bilişsel Terapi"dir.

Ben, bilişsel terapinin geliştirilmesinde bizzat bulundum ve bu kitap, bu yöntemleri topluma açıklayan ilk yayındır. Klinik depresyonun tedavisi için kullanılan bu yaklaşımın yaygın olarak uygulanmasının ve bilimsel açıdan kabul edilmesinin başlangıcı, çalışmalarını 1950'lerin sonu, 1960'ların başında duygudurum değişimine adayan iki doktor, Albert Ellis ve Aaron T. Beck'e kadar uzanır.[1]

Öncülüğünü yaptıkları çalışmaların geçen on yılda gözde olmasının nedeni ise, bir çok ruh sağlığı uzmanının Bilişsel Terapi yöntemlerini Amerika ve diğer ülkelerdeki akademik merkezlerde uygulayıp etkisini değerlendirmiş olmalarıdır.

Bilişsel terapi, kendi kendinize öğrenebileceğiniz, çabuk etkili "duygudurum düzenleyici" bir yöntemdir. Belirtilerden kurtulup, kişisel gelişiminizden tad almanıza ve böylece ilerideki iniş çıkışlarınızı en aza indirip depresyon ile daha başarılı bir şekilde mücadele etmenize yardımcı olacaktır.

Bilişsel terapinin basit ama etkili duygudurum düzenleyici yöntemlerinin sağladıkları şunlardır:

1. *Hızlı Semptomatik İyileşme*: Hafif depresyonlarda on iki hafta gibi kısa sürede belirtilerden kurtulduğunuzu görebilirsiniz.

2. *Anlama*: Neden karamsarlaştığınızın ve duygudurumunuzu değiştirmek için ne yapabileceğinizin netleşmesidir. Güçlü duygularınızın sebeplerini, "normal" ve "anormal" duyguları ayırt etmeyi, bu dalgalanmanın şiddetini ölçmeyi öğreneceksiniz.

3. *Kendini kontrol*: Altüst olduğunuzda yeniden iyi hissetmenizi sağlayacak güvenli ve etkili başa çıkma yöntemleri öğreneceksiniz. Size pratik, gerçekçi, adım adım ilerleyeceğiniz bir kendine yardım planı sunacağım. Bunu

---

[1] Düşünce kalıplarınızın duygudurumunuzu derinlemesine etkileyebileceği fikri geçen 2500 yıl içinde birçok filozof tarafından dile getirilmiştir. Son zamanlarda, duygusal rahatsızlıklara bilişsel bakış açısı, Alfred Adler, Albert Ellis, Karen Horney, ve Arnold Lazarus'un da aralarında bulunduğu bir grup psikiyatrist ve psikologun yazılarında incelenmiştir. Bu akımın tarihçesi Ellis A.'nın Reason and Emotion in Psychotherapy (New York: Lyle Stuart, 1962) kitabında anlatılmıştır.

uyguladıkça, duygularınız daha fazla kendi kontrolünüze girecektir.

4. *Korunma ve Kişisel Gelişim:* İleride gelebilecek iniş çıkışlardan gerçek ve uzun süreli bir korunma, sizi acılı depresyonlara sürükleyen bazı temel değerlerinizin ve tutumlarınızın yeniden gözden geçirilmesi ile mümkün olacaktır. Size, insanın değerinin temelleri hakkındaki bazı varsayımlara nasıl meydan okuyacağınızı ve bir kez daha nasıl sorgulayacağınızı göstereceğim.

Öğreneceğiniz problem çözme ve başa çıkma yöntemleri, modern hayatta karşılaşacağınız küçük sıkıntılardan büyük duygusal çöküntülere kadar tüm kriz durumlarında uygulanabilir. Bunlara, boşanma, ölüm veya başarısızlık gibi gerçek problemler kadar, belirgin bir dış etkeni olmayan kendine güvensizlik, endişe, suçluluk, gibi kronik problemler de dahildir.

Kendinize "Bu da şişirme bir kendine yardım psikolojisi mi?" diye soruyor olabilirsiniz Aslında, bilişsel terapi, akademik çevrelerin tüm eleştirel şüpheciliği ile yoğun olarak araştırılmış ve profesyonel olarak değerlendirilmiş ilk psikoterapilerden biridir. Yalnızca bir tür kendine yardım hevesi değil, modern psikiyatrik araştırma ve çalışmaların önemli parçası olmuş büyük bir gelişmedir. Bilişsel terapinin akademik temelleri etkisini güçlendirmiştir ve ilerleyen yıllarda da onu kalıcı kılacaktır. Ama bilişsel terapinin kazandığı bu profesyonel seviye gözünüzü korkutmasın. Geleneksel birçok psikoterapinin tersine, gizemli ve anlaşılmaz değildir. Pratiktir, sağduyuya dayalıdır ve kendinize rahatlıkla uygulayabilirsiniz.

Bilişsel terapinin ilk savı, tüm duygularımızın bilişlerinizle ya da düşüncelerinizle yaratıldığıdır. Biliş; olaylara bakışınız, algılarınız, zihinsel tutumlarınız ve inançlarınız demektir. Buna, yorumlarınız bir kişi ya da bir şey hakkındaki düşünceleriniz de dahildir. Şu anda *böyle* hissetmenizin nedeni, *şimdi düşünmekte olduğunuz şeylerdir*.

Bunu biraz açıklayalım. Bunları okurken ne hissediyorsunuz? Belki diyorsunuz ki; "Bilişsel terapi o kadar iyi görünüyor ki gerçek olamaz. Bende işe yaramayacaktır." Eğer öyleyse, şüphe içinde ve cesaretiniz kırılmış hissediyor olmalısınız. Bu hislere sebep olan nedir? *Düşünceleriniz*. Bu duyguları, bu kitapla ilgili yaptığınız iç konuşmalarla siz yaratıyorsunuz.

Belki de, içinizde aniden bir kıpırtı, canlanma hissettiniz; çünkü, "Bu bana faydası olacak bir şeymiş gibi görünüyor." diye düşündünüz. Duygusal tepkileriniz okuduğunuz cümlelerle değil, düşüncelerinizle şekilleniyor. Aklınızdan bir şey geçirip ona inandığınızda, içinizde ani bir duygusal tepki hissedeceksiniz. *Düşünceniz duygunuzu yaratıyor.*

İkinci sava göre, kendinizi çökkün hissettiğinizde düşünceleriniz bu hislerinizden olumsuz olarak etkilenir. Sadece kendinize değil, tüm dünyaya karamsar yaklaşırsınız. Daha da kötüsü, her şeyin düşündüğünüz kadar kötü olduğuna inanırsınız.

Eğer ciddi olarak depresyondaysanız, her şeyin hep kötü olduğuna ve öyle kalacağına inanırsınız. Geçmişinize baktığınızda başınıza gelmiş kötü şeyleri hatırlarsınız. Geleceği hayal etmeye çalıştığınızda, boşluk, bitmeyen problemler ve keder vardır. Bu karamsarlık, umutsuzluk hissi yaratır. Bu duygu kesinlikle mantıksızdır, ama o kadar gerçek görünür ki, sorunlarınızın ömür boyu süreceğine ikna olmuşsunuzdur.

Üçüncü sav, iyileşmenin mantığı açısından son derece önemlidir. Araştırmalar, duygusal çalkantılarınıza neden olan olumsuz düşüncelerinizin çoğu zaman büyük çarpıtmalar içerdiğini göstermektedir. Bu düşünceler ilk başta geçerli görünse de, bunların mantıksız ya da yanlış olduğunu ve bu çarpıtılmış düşüncelerin çektiğiniz acının başlıca nedeni olduğunu öğreneceksiniz.

Burada söylenmek istenenler önemlidir. Depresyonunuz aslında gerçeğin doğru olarak algılanmasına değil, zihninizdeki çarpıtmalara bağlıdır.

Burada yazılanlara inanmanızın size ne faydası olacak? Bu soruyla klinik araştırmalarımızın en önemli sonucuna geliyoruz. Sizi altüst eden zihinsel çarpıtmaları teşhis edip yok edebilecek yöntemlerde ustalaşırsanız, duygularınızla daha kolay başa çıkmayı öğrenebilirsiniz. Daha tarafsız düşünerek, daha iyi hissetmeye başlarsınız.

Bilişsel terapi, depresyon tedavisinde kullanılan denenmiş ve kabul görmüş diğer yöntemlere göre ne kadar etkili? Bu yeni terapi, ağır depresyonlu hastaları ilaçsız iyileştirmede işe yarayacak mı? Bilişsel terapi ne kadar çabuk etkisini gösterir? Sonuçlar kalıcı mıdır?

Yıllar önce Pensilvanya Üniversitesi Tıp Fakültesi Bilişsel Terapi Merkezi'nde John Rush, Aaron Beck, Maria Kovacs ve Steve Hollon'un da aralarında bulunduğu bir grup araştırmacı, bilişsel terapiyi piyasada bilinen en yaygın ve en etkili antidepresan olan Tofranil (imipramine hydrocloride) ile kıyaslayan bir pilot çalışma başlattılar. Kırktan fazla ağır depresyonlu hasta rast gele iki gruba ayrıldı. Bir gruba ilaçsız olarak bireysel Bilişsel Terapi uygulanacak, diğer grup Bilişsel Terapi uygulanmaksızın Tofranil ile tedavi görecekti. Bu düzenek iki tedaviyi karşılaştırmak için en iyi imkanı sağlıyordu. O zamana kadar hiçbir terapi depresyon tedavisinde antidepresan bir ilaç kadar etkili bulunmamıştı. Bu yüzden de antidepresanlar, medyadan yoğun ilgi görmüş, son yirmi yılda profesyoneller tarafından ağır depresyonlar için en iyi tedavi olarak düşünülmüştü.

Her iki grup hasta da 12 hafta tedavi gördü. Tüm hastalar terapi öncesinde ve sonraki bir yıl içinde birkaç aylık aralıklarla düzenli olarak detaylı testlerden geçirildi. Psikolojik testleri uygulayan doktorlar tedaviyi uygulayan terapistler değildi. Bu da tedavinin her aşamasında nesnel bir değerlendirme yapılmasına olanak verdi.

Hastalar, şiddetleri orta ve ağır arasında değişen seviyelerde depresyonlar yaşıyorlardı. Çoğu daha önce başka merkezlerde iki ya da daha fazla terapistten tedavi görmüş olmalarına rağmen bir aşama kaydedememişlerdi. Başvurduklarında dörtte üçü intihar eğilimliydi. Hastalar kronik ya da aralıklarla ortaya çıkan depresyonla ortalama sekiz yıldır mücadele ediyordu. Çoğu, problemlerinin çözümsüz, yaşamlarının umutsuz olduğuna inanıyorlardı.

Çalışmanın sonuçları çok ümit vericiydi. Bilişsel Terapi, tüm açılardan ilaç tedavisinden belirgin olarak daha üstündü. Tablo 1-1'de görebileceğiniz gibi bilişsel terapi tedavisi gören on dokuz hastadan on beşinin belirtileri aktif tedaviden on iki hafta sonra büyük ölçüde azalmıştı.* İki hasta gelişme göstermişti, ancak hala "sınırda" ile "hafif" arasında depresyonları vardı. Bir hasta tedaviyi bırakmış, bir hasta da on iki haftalık dönemin sonunda bir gelişme göstermemişti. Diğer tarafta, antidepresan ilaç tedavisi gören yirmi beş hastadan sadece beşinde tam bir iyileşme görülmüştü. Bu hastalardan sekizi ilacın yan etkilerinden dolayı tedaviyi bırakmış, diğer on ikisi kısmi ya da "sıfır" ilerleme kaydedebilmişti.

Burada önemli olan sonuç, Bilişsel Terapi gören hastaların, ilaç ile tedavide başarı sağlayanlardan daha hızlı gelişme gösterdiğidir. İlk bir, iki hafta içinde bilişsel terapi grubunun intihar eğilimlerinde belirgin bir azalma görülmüştür. Bilişsel terapinin bu etkisi, kendilerini toparlamak için ilaçlara güvenmek yerine onları rahatsız edenin ne olduğunu bulmayı ve üstesinden gelmeye çalışmayı tercih edenler için bir umut ışığıdır.

---

* Tablo 1-1 Rush, A.J., Beck A.T., Kovacs M., ve Hollon S.' "Comparative Efficacy of Cognitive Therapy and Pharmacotherapy in the Treatment of Depressed Outpatients."*Cognitive Therapy and Research*, Vol.1, No. I, Mart 1977, s.17-38'den uyarlanmıştır.

Tablo 1-1. Tedaviye başladıktan 12 hafta sonra 44 ağır depresif hastanın durumu

	Bilişsel Terapi	Antidepresan
Tedaviye başlayan hasta sayısı	19	25
Tamamen iyileşen hasta sayısı*	15	5
Oldukça ilerleme gösteren ancak hala sınırda ile hafif arasında depresyonu olanlar	2	7
Belirgin bir ilerleme göstermeyenler	1	5
Tedaviyi bırakanlar	1	8

*Bilişsel terapi ile tedavi edilen hastalarda görülen iyileşmenin ilaçla görülen iyileşmeye göre üstünlüğü istatistiksel olarak anlamlıydı.

Ya bu on iki hafta sonunda iyileşme göstermemiş olanlar? Hiç bir tedavinin olmadığı gibi, Bilişsel Terapi de bir sihirli değnek değildir. Klinik deneyler tüm hastaların aynı hızda tedaviye yanıt vermediğini, ama biraz daha sabredince fayda gördüklerini göstermiştir. İskoçya'daki Edinburg Üniversitesi Tıbbi Araştırma Konseyi'nden Dr. Ivy Blackburn ve meslektaşları tarafından son zamanlarda yapılmış bir araştırma ümit vericidir.* Bu araştırmacılar ilaç ile bilişsel terapi tedavisinin birleşiminin, bunların ayrı ayrı her birinden daha başarılı olabileceğini göstermiştir. Deneyimlerime göre, iyileşme yolundaki en önemli faktör kendine yardım etmek için azimli bir istek göstermektir. Bu tutum sizi başarıya götürecektir.

Ne kadar gelişme ümit edebilirsiniz? Bilişsel terapi görmüş sıradan bir hastanın belirtileri tedavinin sonunda

---

* Blackburn, I.M., Bishop, S., Glen A.I.M., Whalley, L.J. ve Christie, J.E. "The Efficacy of Cognitive Therapy in Depression. A Treatment Trial Using Cognitive Therapy and Pharmacotherapy, Each Alone and in Combination." British Journal of Psychiatry, Vol.139, Ocak 1981, s. 181-189.[2]

belirgin bir düşüş gösterir. Çoğu hasta, hayatlarında şimdiye dek olmadığı kadar mutlu hissettiklerini belirtir. Bu duygudurum eğitiminin, kendine güven ve emniyet hissi verdiğini söylerler. Şu anda kendinizi ne kadar üzgün, depresif ve karamsar hissediyor olursanız olun, bu kitapta anlatılan yöntemleri ısrarla ve tutarlılıkla uygulamaya kararlıysanız yarar göreceğinizden eminim.

Etkiler ne kadar kalıcıdır? Tedavinin tamamlanmasından sonraki yıl içinde yapılan takip araştırmaları oldukça ilginç sonuçlar vermiştir. Her iki gruptaki bireyler de yıl içinde değişik zamanlarda duygusal dalgalanmalar yaşamış olsalar bile, on iki haftalık aktif tedavinin ardından kazandıkları durumu koruyabilmişlerdir.

Peki, takip döneminde hangi grup daha iyi not almıştır? Hastaların kendi ifadeleri kadar psikolojik testler de göstermiştir ki bilişsel terapi grubu kendilerini belirgin olarak daha iyi hissetmektedirler. Bu farklılıklar istatistiksel olarak da anlamlıdır. Hastalığın yıl boyunca tekrarlama oranı bilişsel tedavi grubunda ilaç tedavisi grubunun yarısı kadardır. Bunlar, yeni yöntemle tedavi edilen hastalardaki gözle görülür olumlu farklılıklardır.

Yani bütün bunlar "Şu andaki depresyonunuzdan kurtulmak için bilişsel yöntemleri kullandıktan sonra bir daha hiç hüzün yaşamayacağınızı garanti ederim." demek mi oluyor? Tabii ki hayır. Bu düzenli koşu yaparak vücudunuzu forma soktuktan sonra bir daha hiç formsuz kalmayacağınızı söylemek gibi olur. İnsan olmanın bir yanında zaman zaman altüst olmak da vardır, yani size sonsuz bir huzura kavuşamayacağınızı söyleyebilirim! Bu demektir ki, duygularınıza hakim olmayı sürdürebilmek için, işinize yarayan teknikleri yeniden uygulamanız gerekiyor. Anlık gerçekleşebilen *iyi hissetmek* ile gerektiğinde duygularınızı toparlayacak yöntemleri sistemli olarak yeniden ve yeniden uygulayarak *iyileşmek* arasında fark vardır.

Bu çalışma, akademik çevrelerce nasıl karşılandı? Bulguların psikiyatrist, psikolog ve diğer ruh sağlığı uzmanları üzerinde belirgin etkisi olmuştur, ve görünen odur ki asıl etki yoldadır. Araştırmamızın sonucu olarak, profesyonel yayınlar, seminerler ve çalışma grupları arasında bilişsel terapi hakkındaki ilk şüpheci yaklaşımlar yerini yoğun bir ilgiye bırakmıştır. Bu bulguları incelemek için Amerika ve Avrupa'da birçok çalışmanın hazırlığı yapılmaktadır. Çok önemli bir gelişme de, federal hükümetin önümüzdeki birkaç yılda çok üniversitede uygulanacak bir depresyon araştırma programına milyonlarca dolarlık yatırım yapmaya karar vermiş olmasıdır. Orjinal çalışmada olduğu gibi, bilişsel terapinin depresyon giderici etkisi ile duygudurum yükseltici bir ilaç karşılaştırılacaktır. *Science* dergisinin son sayısında bahsedilen bu proje tarihteki en kapsamlı ve en dikkatle kontrol edilen psikoterapi çalışması olacaktır.*

Bütün bunlar ne demektir? Modern psikiyatri ve psikolojide önemli bir gelişme yaşamaktayız. Test edilebilen ikna edici bir terapiye dayanarak insan duygularını çözebileceğimiz, umut vaat eden yeni bir teknikten bahsediyoruz. Çok sayıda ruh sağlığı uzmanı bu yaklaşıma ilgi gösteriyor ve değişim daha yeni başlıyor gibi görünüyor.

Bahsedilen çalışmanın bitişinden bu yana yüzlerce depresif hasta bilişsel terapi ile iyileşmiştir. Bazıları tedavilerinin mümkün olmadığını düşünerek, intihardan önceki son çare olarak bize gelmişlerdir. Bazıları günlük yaşamın gerilimlerinden bıkmış ve kişisel mutluluklarını arttırmak istemişlerdir. Bu kitap, çalışmamızın pratik bir uygulamasıdır ve sizin için dikkatle tasarlanmıştır. İyi şanslar!

Yazarın notu: Bu ilk bölüm yazılalı yirmi yıl oldu. Bu dönemde, bilimsel yayınlarda bilişsel terapinin etkisini

---

* Marshall, E., "Psychotherapy Works, but for Whom?"*Science*, Vol.207, Şubat 1, 1980, s.506-508.

gösteren çeşitli iyi kontrollü çalışmalar yapılmıştır. Bu çalışmalar, depresyon, kaygı ve diğer rahatsızlıkların tedavisinde bilişsel terapinin etkisi ile antidepresan ilaçların olduğu kadar diğer psikoterapi çeşitlerinin de etkisini karşılaştırmıştır. Çalışmaların sonucu oldukça cesaret vericidir. Birçok araştırmacı, bizlerin, bilişsel terapinin hem kısa hem de uzun vadede en az ilaçlar kadar, hatta çoğunlukla daha etkili olduğuna dair görüşümüzü doğrulamıştır.

Bölüm 2

Duygu Durumunuza Teşhis Koymak: Tedavide İlk Adım

Gerçekten depresyonda olup olmadığınızı merak ediyor olabilirsiniz. Şimdi durumunuza bir bakalım. Burns Depresyon Ölçeği (BDÖ) depresyonun olup olmadığını ve seviyesini tespit eden güvenilir bir duygudurum ölçme aracıdır.* Bu basit testi doldurmak sadece birkaç dakikanızı alacak. BDÖ tamamlandıktan sonra, toplam skorunuza bakarak sonuçları basitçe nasıl yorumlayacağınızı göstereceğim. O zaman gerçekten depresyonda olup olmadığınızı ve şiddetini anlayabileceksiniz. Ayrıca, kendi duygudurumunuzu bu kitabı rehber alarak güvenli ve etkili bir şekilde iyileştirmeniz ya da daha ciddi bir duygusal problemden ötürü kendi çabalarınıza ek olarak profesyonel yardım almanız konularında karar verebilmeniz için size yol göstereceğim.

Ölçeği doldururken, her maddeyi dikkatlice okuyun ve geçen birkaç gün içinde nasıl hissettiğinizi anlatan kutucuğa (X) koyun. Yirmi beş maddenin her birine tek bir cevap verin.

Eğer şüphedeyseniz en iyi tahmininizi yapın. Cevapsız soru bırakmayın. Sonuç ne çıkarsa çıksın, bu anketi doldurmanız duygusal gelişiminiz için ilk adım olacaktır.

Burns Depresyon Ölçeği'nin Yorumlanması. Testi tamamladığınıza göre, yirmi beş soru için verdiğiniz yanıtlardan her birinin puanlarını toplayarak toplamı bulun.

---

*Bazı okuyucularım İyi Hissetmek'in 1980 basımında Beck Depresyon Envanterini (BDE) kullandığımı hatırlayacaklardır. BDE, depresyon üzerinde yapılan yüzlerce araştırma çalışmasında kullanılmış, etkinliği zamanla kanıtlanmış bir araçtır. Bu testin yaratıcısı olan Dr. Aaron Beck 1960'ların başlarında oluşturduğu bu test ile büyük övgüyü hak ediyor. Bu, klinik ve araştırma ortamlarında depresyonu ölçmek için kullanılan ilk araçlardan biridir ve İyi Hissetmek'in önceki basımlarında onu kullanmama izin vermesinden ötürü Dr. Beck'e minnettarım.

Tablo 2-1. Burns Depresyon Ölçeği*

	0-Hiç	1-Biraz	2-Orta Derecede	3-Çok Fazla	4-Aşırı Derecede
Yönergeler: Geçtiğimiz hafta içinde bugünü de dahil ederek, her bir belirtiyi ne kadar yaşadığınızı belirtmek için bir işaret koyunuz (X) koyunuz. Lütfen tüm 25 maddeyi cevaplandırın.					
Düşünceler ve Duygular					
1. Üzüntülü ya da neşesiz hissetmek					
2. Mutsuz ya da umutsuz hissetmek					
3. Ağlama nöbetleri ve ağlamaklı olma					
4. Cesaretsiz hissetmek					
5. Çaresiz hissetmek					
6. Düşük özgüven					
7. Değersiz ve yetersiz hissetmek					
8. Suçluluk yada utanç					
9. Kendinizi eleştirmek ya da kendinizi suçlamak					
10. Karar vermede güçlük					
Aktiviteler ve Kişisel İlişkiler					
11. Aile, arkadaşlar ve iş arkadaşlarına yönelik ilgi kaybı					
12. Yalnızlık					
13. Aile yada arkadaşlarla daha az zaman geçirme					
14. Motivasyon eksikliği					
15. İşte ve diğer aktivitelerde ilgi kaybı					
16. İş ve diğer aktivitelerden kaçınma					
17. Yaşamdan zevk alma ve tatmin olmanın kaybı					
Fiziksel Belirtiler					
18. Yorgun hissetmek					
19. Uykuya dalmada güçlük ya da çok fazla uyumak					
20. Azalmış ya da artmış iştah					
21. Cinsel istek kaybı					
22. Sağlığınız hakkında endişelenme					
İntihar İsteği**					
23. İntihar düşünceniz var mı?					
24. Hayatınızı sona erdirmek ister misiniz?					
25. Kendinize zarar vermek için bir planınız var mı?					
Lütfen 1'den 25'e kadar tüm maddelerden aldığınız puanları toplayın					

**İntihar eğilimli kişiler bir ruh sağlığı uzmanından yardım almalıdır.

Her soru için en yüksek puan 4 olduğuna göre, toplamda alacağınız en yüksek puan 100 olabilir. (Bu da olabilecek en ağır depresyondur.) Her soru için en düşük puan 0 olduğundan, alabileceğiniz en düşük puan 0 olacaktır. (Bu da hiçbir depresyon belirtisi olmadığını gösterir.)

Şimdi depresyonunuzu Tablo 2-2'ye göre değerlendirebilirsiniz. Gördüğünüz gibi, yüksek skor yüksek depresyon demektir. Tersine, daha düşük skor kendinizi daha iyi hissettiğinizin göstergesidir.

Tablo 2-2 Burns Depresyon Ölçeği'nin Yorumlanması

Toplam Skor	**Depresyon seviyesi***
0-5	Depresyon yok
6-10	Normal ama mutsuz
11-25	Hafif depresyon
26-50 X	X Orta depresyon
51-75	Ağır depresyon
76-100	Aşırı depresyon

*Puanı 10'un üzerinde olan kişiler profesyonel yardımdan faydalanabilirler. İntihar eğilimli kişiler bir ruh sağlığı uzmanından acil yardım almalıdırlar.

BDÖ'nün doldurma ve değerlendirilmesinin basit olması ve az zaman alması sizi yanıltmasın. Aslında, Şu anda depresyonu teşhis etmek ve şiddetini ölçmek için oldukça karmaşık bir yöntem öğrendiniz. Araştırmalar BDÖ'nün oldukça doğru ve güvenilir* olduğunu göstermiştir. Psiki-

---

* *Ruh sağlığı uzmanları için, BDÖ'nün psikometrik özelliklerinin mükemmel olduğunu söylemek isterim. 25 maddelik BDÖ'nün güvenirliği Oakland, Kaliforniya'daki Bilişsel Terapi Merkezi'ne başvuran 90 ve Atlanta, Georgia'daki bir merkezde tedaviye başvuran 145 ayakta tedavi hastası üzerinde değerlendirilmiştir. Her iki grupta da güvenirlik oldukça yüksek ve benzerdi (Cronbach Alfa Katsayısı=95%). Oakland grubunda BDÖ ve BDE arasındaki yüksek korelasyon r(68)=.88, p<.01 bu iki ölçeğin aynı olmasa da benzer yapıları olduğunu göstermiştir. Her iki ölçek de yapısal denklem modelleme teknikleri kullanılarak ölçümsel hatalardan arındırıldığında, aralarındaki korelasyon 1.0'den çok*

yatri kliniklerinin acil odaları gibi değişik yerlerde yapılan çalışmalar, depresif belirtilerin araştırılmasında bu tip araçların kullanımının, tecrübeli terapistlerin yaptığı resmi görüşmelerden daha net sonuçlar verdiğini ortaya çıkarmıştır.

BDÖ'yü kendi ilerlemenizi izlemek için de rahatlıkla kullanabilirsiniz. Kendi klinik çalışmalarımda, hastalarımın her iki görüşme arasında testi doldurarak görüşmemizin başında bana sonuçları bildirmelerinde ısrar ederim. Sonuçlardaki değişiklikler bana hastanın iyiye veya kötüye mi gittiğini, yoksa aynen devam mı ettiğini gösterir.

Bu kitapta anlatılan çeşitli kendine yardım tekniklerini uyguladıkça, kendi ilerlemenizi objektif olarak değerlendirmek için bu anketi yeniden doldurun ve puanlayın. Benim önerim, her hafta bunu yapmanız! Bunu rejimdeyken düzenli tartılmaya benzetebilirsiniz. Bu kitaptaki bölümlerin depresyonun değişik belirtileri üzerine yazıldığını ve bu belirtilerin üstesinden gelmeyi öğrendikçe, toplam puanınızın da düştüğünü göreceksiniz. Bu iyiye gittiğinizin göstergesidir. Puanınız 10'un altına düştüğünde, normal sayılan aralığa girmiş olacaksınız. 5'in altında, çok iyi hissettiğinizi fark edeceksiniz. İdeal olarak, ben puanlarınızı çoğunlukla 5'in altında görmek isterim. Bu, tedavinizin hedefidir!

Depresyondaki kişilerin bu kitapta anlatılan metotları uygulayarak kendilerine yardım etmeye çalışmaları güvenli midir? Yanıt: *kesinlikle evet*! Çünkü, duygusal rahatsızlığı-

---

farklı değildi. BDÖ, Atlanta, Georgia örnekleminde bir de oldukça yaygın kullanılan Hopkins Belirti Ölçeği-90'a göre de değerlendirilmiştir. İki ölçüm arasındaki fazlaca yüksek korelasyon r(131)=.90, p<.01 BDÖ'nün geçerliliğini daha da kesinleştirmiştir. BDÖ'nün değişik tedavi ortamlarında yaygın kullanımı, hastalar tarafından kabul gördüğünün göstergesidir. Birçok kişi testi doldurmanın kolay olduğunu ve belirtilerin zaman içindeki değişimlerinin izlenmesinde faydalı olduğunu söylemişlerdir. Beş maddelik mükemmel psikometrik özellikleri olan kısa bir BDÖ de geliştirilmiştir. Kısa BDÖ, hastaları her seans değerlendirmek için idealdir; çünkü, tamamlanması bir dakikadan az sürmektedir. Birçok psikiyatrik ve tıbbi ortamdaki yetişkin ve ergenlerde başarıyla uygulanmıştır. Klinik ve araştırma ortamlarında kullanılabilecek bu ve benzeri değerlendirme araçları hakkında daha geniş bilgi sahibi olmak isteyen ruh sağlığı uzmanları www.FeelingGood.com adresindeki websitemi ziyaret edebilirler.

nızın şiddeti ne olursa olsun, *kendine yardım etme kararı* kendinizi yakın bir zamanda daha iyi hissetmenizi sağlayacak anahtardır.

Hangi durumda profesyonel yardım almalısınız? Eğer puanınız 0 ile 5 arasındaysa, çoktan iyi hissediyorsunuz demektir. Bu normal aralığındadır ve bu kadar düşük skor ile birçok kişi gayet mutludur.

Puanınız 6-10 aralığındaysa, yine normal ama biraz "mutsuz" taraftasınız demektir. Gelişmeye, belki de ufak bir "ince ayara" ihtiyaç vardır. Bu kitaptaki bilişsel terapi teknikleri bu gibi durumlarda oldukça faydalıdır. Günlük hayatın problemleri hepimizi bunaltır; ancak, bakış açısındaki ufak bir değişiklik, hislerinizde büyük farklılık yaratabilir.

Puanınız 11 - 25 arasındaysa, depresyonunuz, en azından bu seferlik, hafiftir ve paniğe gerek yok demektir! Ama, mutlaka bazı şeyleri düzeltmeniz gerekiyor ve bu konuda kendi başınıza oldukça iyi ilerleme kaydedebilirsiniz. Bu kitapta önerilen sistematik kendine yardım yöntemleri, güvenilir bir arkadaşla ve birkaç samimi sohbetle birleşince size çok yardımcı olacaktır. Bir terapistin ya da antidepresan ilacın yardımı iyileşmenizi gözle görülür biçimde hızlandıracaktır. Tedavi ettiğim en inatçı depresyonlar, ölçek sonuçları "hafif" aralığında olanlardı. Bu kişiler genellikle yıllardır veya hayatlarının çoğunda hafif depresyondaydılar. Sürekli devam eden kronik depresyona "distimik bozukluk" denir. Kulağınıza çok fiyakalı bir isim gibi gelse de, aslında basit bir anlamı vardır. Bütün söylemek istediği "Bu adam aslında çoğu zaman çok karamsar ve negatiftir." cümlesidir. Belki de siz böyle birini tanıyorsunuz ve kendiniz de karamsarlığa düştünüz. Şanslıyız ki bu kitapta anlatılan ve ağır depresyonlara iyi gelen teknikler, bu küçük, hafif depresyonlara da iyi gelmektedir.

Eğer skorunuz 26-50 arasındaysa, orta şiddette bir depresyondasınız. Ama "orta" lafına kanmayın. Bu aralıktaki bir sonuç yoğun bir acı demek olabilir. Çoğumuz kısa dönemler için altüst olabiliriz, ama genellikle de düzeliveririz. Eğer skorunuz iki haftadan fazla bu aralıkta kaldıysa, kesinlikle profesyonel yardım almalısınız.

Eğer skorunuz 50'nin üstündeyse, bu depresyonunuzun ciddi, hatta çok fazla olduğunu gösterir. Bu yoğunlukta bir acı dayanılmaz olabilir, özellikle de skorunuz 75'in üstüne çıkarsa. Duygudurumunuz aşırı derecede rahatsızlık verici ve hatta tehlikelidir çünkü umutsuzluk ve çaresizlik hissi intihar dürtülerini tetikleyebilir.

Neyse ki, başarılı bir tedaviyle iyileşme şansı çok yüksektir. Aslında, en hızlı yanıt verenler bazen en ağır depresyonlardır. Ama ağır bir depresyonu kendi başınıza tedavi etmeye çalışmak çok da akılcı değildir. Profesyonel yardım bir gerekliliktir. Güvenilir ve konusunda uzman bir profesyonel arayın.

Psikoterapi görüp ilaç alıyor olsanız da, öğrettiklerimi uygulayarak çok şey öğrenebilirsiniz. Araştırma çalışmalarım, kendine yardım yaklaşımının, hastalar profesyonel yardım alıyor olsalar bile, iyileşme sürecini hızlandırdığını göstermiştir.

BDÖ'de skorunuzu hesaplamanın yanında, 23, 24 ve 25. maddelere özellikle dikkat etmeniz gerekmektedir. Bunlar intihar eğilimlerinizi, isteğinizi, planlarınızı sorgular. Herhangi birinde puanınız yüksekse hemen profesyonel yardım almanızı tavsiye ediyorum.

Depresyondaki birçok kişi 23.maddeyi yüksek puanlamış olsa da, 24 ve 25'te skorları sıfırdır. Bu, 'ölsem daha iyi' şeklinde intihar içeren düşünceleri olduğunu, ama gerçekten intihar eğilimleri, isteği veya intihar planları olmadığını gösterir. Bu çok rastlanan bir durumdur. Ancak, eğer 24 ve 25. maddedeki puanlarınız yüksekse, bu bir alarm işaretidir. *Hemen yardım almalısınız!*

İlerleyen bölümlerde intihar eğilimlerini ölçmek ve düzeltmek için bazı yöntemler anlattım; ancak, intihar size bir çözüm gibi görünmeye başladığı anda bir profesyonele danışmalısınız. Yardım istemenizin nedeni intihar değil, durumunuzun umutsuz olduğuna inanmanızdır. Ağır depresyondaki birçok hastanın ümitsiz durumda olduklarına hiç şüpheleri yoktur. Bu yıkıcı hezeyan sadece hastalığın bir belirtisidir. Ümitsiz olduğunuzu hissetmeniz, aslında öyle olmadığınızın güçlü bir göstergesidir.

Bir de, son zamanlarda sağlığınız hakkında endişeler yaşayıp yaşamadığınızı soran 22. maddeye bakmanız önemli. Açıklanamayan ağrılar, acılar, ateş, kilo kaybı ya da diğer hastalık belirtileri yaşadınız mı? Eğer öyleyse, sağlık öykünüzü, tam bir fiziksel kontrolü ve laboratuar testlerini içeren bir sağlık kontrolünden geçmeniz iyi olabilir. Doktorunuz belki sağlıklı raporu verecektir. Bu da size rahatsızlık veren fiziksel sıkıntıların aslında duygusal durumunuza bağlı olduğunu gösterecektir. Depresyon, bazı tıbbi rahatsızlıkları andırabilir; çünkü, ruh halinizdeki değişimler birçok karmaşık belirtiye neden olur. Bunlardan bazıları kabızlık, ishal, ağrı, uykusuzluk ya da çok uyuma eğilimi, yorgunluk, titreme, cinsel isteksizlik, dalgınlık ya da uyuşukluktur. Depresyonunuz düzeldikçe, bu belirtiler de beraber kaybolacaktır. Ancak, birçok hastalık önce depresyon gibi algılanabilir. Bu nedenle bir sağlık kontrolü ile önlenebilir bedensel bir rahatsızlığın erken (ve hayat kurtarıcı) tanısı konabilir.

Ciddi bir ruhsal bozukluğun varlığını gösteren – ama kanıtlanamayan - bazı belirtiler vardır ve bunlar, bu kitapta anlatılan kendi uygulayabileceğiniz kişisel gelişim programına ek olarak bir ruh hastalıkları uzmanının yapacağı bir incelemeyi ve belki de tedavisini gerektirir. Bu belirtilerin başlıcaları; insanların sizi incitmek ve sizi yok etmek için planlar yapıp komplolar kurduğunu düşünmek, sıradan bir insanın anlayamayacağı garip bir deneyim, dış güçlerin aklınızı ve vücudunuzu kontrol ettiği düşüncesi, başka insanların düşüncelerinizi duyduğu ya da zihninizi okuduğu hissi, dış sesler duymak, olmayan şeyler görmek, radyo ya da televizyon yayınlarından kişisel mesajlar almaktır.

Bunlar ve benzeri belirtiler, depresif bir rahatsızlığın değil, ciddi bir ruhsal rahatsızlığın göstergesidir. Genelde, bu belirtileri gösteren kişiler kendilerinde bir problem olduğuna inanmazlar ve psikiyatrik yardım alma önerilerine şüpheci ve kızgınlık göstererek karşı koyarlar. Tersine, eğer delirmek üzere olduğunuzdan korkuyor, kontrolü kaybettiğinizi ve kötüleştiğinizi düşünerek panik yaşıyorsanız, kesin olarak bunların sizde olmayacağını söyleyebiliriz. Bunlar, çok daha az ciddi bir rahatsızlık olan, olağan endişe belirtileridir.

Mani, bilmeniz gereken başka bir ruh hastalığıdır. Mani, depresyonun tersidir ve lityum reçetesi verebilecek bir psikiyatristin müdahalesini gerektirir. Lityum, aşırı duygudurum çalkantılarını düzenler ve hastanın normal bir hayat sürmesini sağlar. Ancak, terapi başlayana kadar, hastalık duygusal açıdan yıkıcı olabilir. Belirtiler, ilaç ya da alkolden kaynaklanmayan ve en az iki gün süren anormal yükselmiş ve gergin duygudurumdur. Manik hastanın davranışları zayıf yargılama belirtileri olan dürtüsel davranışlar (aşırı ve sorumsuzca para harcama) ve aşırı kendine güvendir. Mani, cinsel ve saldırgan davranışlarda artış, hiperaktivite, sürekli hareketlilik, hızlı düşünceler, durmaksızın, heyecanlı konuşma, ve uyku ihtiyacında azalmayı da beraberinde getirir. Manik hastaların olağanüstü güçlü ve zeki olduklarına dair bir sanrıları vardır. Felsefi ya da bilimsel bir buluş yapmanın ya da karlı bir para kazanma yöntemini ortaya çıkartmanın eşiğinde olduklarında ısrarlıdırlar. Birçok yaratıcı, ünlü kişi bu hastalığın pençesindedir ve bunu lityum ile kontrol etmeyi başarırlar. Hastalık sırasında çok iyi hissettikleri için, ilk atağını geçiren hastayı tedaviye ikna etmek genelde mümkün olmaz. İlk belirtiler o kadar yoğundur ki, hasta bu ani güven ve coşku hissinin yıkıcı bir hastalığın belirtisi olduğuna inanmaz.

Bir süre sonra, aşırı hareketli hal, kontrol edilemez deliryum içeren, istek dışı bir hastaneye yatırma mecburiyetine veya aşırı hareketsizlik veya tepkisizliğin eşlik ettiği bir depresyona dönüşebilir. Maninin belirtilerini tanımanızı istiyorum; çünkü, gerçek bir majör depresyon geçiren kişilerin oldukça fazla bir kısmı bir süre sonra mani belirtileri göstermeye başlayacaklardır. Bu durum gerçekleştiğinde; etkilenen insanın kişiliği birkaç gün ya da hafta içinde ciddi bir değişime uğrar. Psikoterapi ve kendine yardım programı yararlı olsa da, en iyi sonucu alabilmek için tıbbi gözetim altında lityum tedavisi şarttır. İyi bir tedavi ile maniden kurtulma şansı oldukça yüksektir.

Kuvvetli bir intihar eğiliminizin, varsanılarınızın veya mani belirtilerinin olmadığını varsayalım. Kederli ve mutsuz olmak yerine, bu kitaptaki yöntemleri kullanarak daha iyiye doğru ilerleyebilirsiniz. Hayattan ve çalışmaktan zevk almaya başlayabilir ve depresif olmak için harcadığınız enerjiyi canlı ve yaratıcı bir hayat için kullanabilirsiniz.

Bölüm 3

Duygudurumunuzu Anlamak: Nasıl Düşünüyorsanız, Öyle Hissedersiniz

Bir önceki bölümde depresyonun ne kadar büyük etkilerinin olabileceğini gördünüz: moraliniz bozulur, kendinize saygınız azalır, vücudunuzun işleyişi aksar, isteksizleşir, ve hareketsizleşirsiniz. Kendinizi iyice dibe vurmuş hissedersiniz. Peki, bu durumdan kurtulmanın anahtarı nedir?

Depresyon, psikiyatri tarihinde çoğunlukla bir duygusal bozukluk olarak kabul edildiğinden, birçok terapist özellikle duygularınızla temasa geçme konusuna eğilmiştir. Araştırmamız ise beklenmedik bir sonuç vermiştir: Depresyon hiç de duygusal bir rahatsızlık değildir! Sahip olduğunuz her kötü his, çarpıtılmış olumsuz düşüncelerinizin bir sonucudur, tıpkı soğuk aldığınızda burnunuzun akması gibi. Depresif belirtilerinizin ortaya çıkmasında ve gelişmesinde, mantık dışı kötümser düşünceleriniz başrolü oynar.

Yoğun olumsuz düşüncelere neredeyse her zaman depresif bir durum ya da acı veren duygular eşlik eder. Karamsar düşünceleriniz, kendinizi iyi hissettiğiniz zamanki düşüncelerinizden tamamen farklıdır. Doktorasını tamamlamak üzere olan bir hanım bu durumu şöyle dile getiriyordu:

"Her depresyona girdiğimde ani bir kozmik sarsıntı geçirmiş gibi hissederim ve her şey gözüme farklı görünmeye başlar. Bu değişim bir saatten daha kısa bir sürede gerçekleşebilir. Düşüncelerim karamsarlaşır. Geçmişe baktığımda yaptığım her şeyin değersiz olduğunu görürüm. Mutluluk bir hayalmiş gibi gelir. Başarılarım, ancak bir

kovboy filminin seti için hazırlanmış dekorlar kadar gerçek görünür. Gerçek "ben" in değersiz ve yetersiz olduğuna ikna olurum. İşimde ilerleyemem; çünkü, şüphelerim beni hareketsiz kılar. Ama öylece de kalamam; çünkü, o sıradaki acım dayanılmazdır."

Siz de, onun yaptığı gibi, beyninizi istila eden olumsuz düşüncelerin acı veren duygularınızın asıl nedeni olduğunu göreceksiniz. Olumsuz düşünceleriniz ya da bilişleriniz, depresyonun çoğu zaman gözden kaçan nedenleridir. Bu bilişler, iyileşmenizin ve daha iyi hissetmenizin anahtarıdırlar. Bu yüzden de depresyonunuzun en önemli belirtileridir.

Depresif hissettiğiniz zaman, az önce ya da o sırada aklınızdan geçen olumsuz düşünceyi belirlemeye çalışın. Kötü duygudurumunuzun nedeni bunlar olduğuna göre, onları değiştirmeyi öğrenerek duygudurumunuzu da değiştirebilirsiniz.

Bütün bunlara şüphe ile yaklaşıyor olabilirsiniz; çünkü, olumsuz düşünceler o kadar yaşamınızın bir parçası olmuştur ki, artık otomatikleşmişlerdir. Bu yüzden ben olumsuz düşüncelere "otomatik düşünceler" diyorum. Sizin en ufak bir çaba göstermenize gerek kalmadan onlar zihninize doluverirler. Bu zihinsel işlev, sizin için çatal tutmak kadar olağan ve doğaldır.

Düşünce ve *duygu* arasındaki ilişki Şema 3-1'de gösterilmiştir. Bu ilişki, duygudurumunuzu anlamak için ilk anahtardır: Hisleriniz tamamen olaylara bakışınız ile ilgilidir. Sinir sistemimizde bir olayı yaşantılayabilmemiz, onu zihnimizde işlemlerden geçirip anlamlandırmamızı gerektirir. Size ne olduğuna bir anlam verdikten sonra bir şeyler hissedebilirsiniz.

Eğer olup bitenleri doğru anlıyorsanız, hisleriniz de normal seyredecektir. Ama algılarınız saptırılmış ve çarpıtılmışsa, duygusal tepkiniz de anormal olacaktır. Depresyon bu sınıflandırmaya girer ve her zaman zihinsel bir çarpıtmanın sonucudur. Hüzünlü duygudurumunuz, radyodan gelen parazitli bir müziğe benzetilebilir. Problem, radyonun tüplerinin, transistörlerinin bozuk olması veya kötü hava koşulları yüzünden yayının bozulmuş olmasında değildir. Sadece frekansın tekrar ayarlanması gerekmektedir. Bu zihinsel ayarlamayı yapabildiğinizde müzik tekrar netleşecek ve depresyonunuz yok olacaktır.

Şekil 3-1. Düşünceleriniz ve hisleriniz arasındaki ilişki. Duygudurumunuzdaki değişikliklere neden olanlar olaylar değil, algılarınızdır. Üzgünseniz, düşünceleriniz olumsuz olayların gerçekçi bir yorumunu yansıtacaktır. Depresif ya da kaygılı iseniz, düşünceleriniz her zaman mantıksız, çarpıtılmış, gerçekçi olmaktan uzak ve hatta sadece yanlış olabilir.

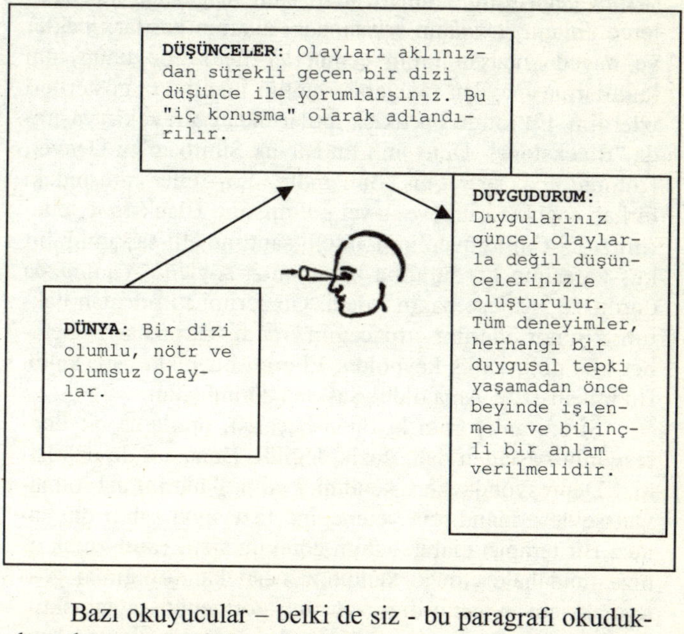

Bazı okuyucular – belki de siz - bu paragrafı okuduklarında umutsuzluğa düşebilirler. Aslında yazılanların umut kırıcı bir yanı yoktur. Eğer bu paragrafın getireceği bir şey varsa, o da ümittir. Peki, okudukça hislerinizin dibe vurmasına sebep nedir? Belki de "Öbür insanlar için ufak bir ayarlama yeterli olabilir. Ama ben, tamir edilemeyecek kadar bozuk bir radyoyum. Tüplerim yanmış. On binlerce depresyon hastasının iyileşmesi beni ilgilendirmiyor, adım gibi eminim ki; durumum umutsuz." diyorsunuz. Bu lafları haftada elli kez duyuyorum! Neredeyse her depresif kişi, mantıksızca, kendisinin ümitsiz olan özel bir vaka olduğuna inanır. Aslında bu durum, kuruntu hastalığınızın temelinde yatan zihinsel süreci yansıtır.

Bazı insanların yanılsama yaratma becerisine hayranımdır. Çocukken, kütüphanede sihir kitapları okuyarak saatler geçirirdim. Cumartesileri sihir mağazalarında saatlerce dolanır, tezgahın arkasındaki adamın kartlar, ipekler ve havada uçuşan krom çemberler ile sağduyunun tüm kurallarına meydan okuyarak yaptığı inanılmaz gösterileri izlerdim. En mutlu çocukluk anılarımdan biri sekiz yaşımda "Blackstone - Dünyanın En Büyük Sihirbazı"nı Denver, Kolorado'da seyretmiş olmamdır. Seyirciler arasındaki birkaç çocukla sahneye davet edilmiştim. Blackstone, ellerimizi içi canlı güvercin dolu elli santime elli santimlik bir kuş kafesinin her tarafına koymamızı söyledi. Yanımızda durdu ve "Kafese bakın." dedi. Gözlerimi kırpmadan baktım. "Şimdi ellerimi çırpacağım." dedi. Çırpmasıyla beraber kuş dolu kafes kayboldu. Ellerim boşlukta asılı kaldı. Bu imkansızdı! Ama oldu! Şaşkına dönmüştüm.

Şimdi anlıyorum ki onun becerisi, ortalama bir depresyonlu hastadan daha fazla değildi. Buna siz de dahilsiniz! Depresyondayken, kendinizi ve başkalarını aslı olmayan şeylere inandırma yeteneğine fazlasıyla sahip olursunuz. Bir terapist olarak benim görevim sizin yanılsamalarınıza müdahale etmek, kendinizi nasıl kandırdığınızı göstermek için aynanın diğer yüzünü görmenizi sağlamaktır. Hatta, sizin "asılsız hayallerinizi yıkmayı" planladığımı söyleyebilirsiniz. Ama bundan rahatsız olacağınızı hiç sanmıyorum.

Aşağıdaki listede depresyonunuzun temelini teşkil eden on bilişsel çarpıtmayı okuyun. Bu listeyi büyük bir dikkatle hazırladım. Yılların araştırma ve klinik deneyiminin arıtılmış halidir. "Nasıl Yapacağız?" kısmını okurken sık sık dönüp bu listeye başvurun. Okuyacaklarınız, kendinizi kötü hissettiğinizde, kendinizi nasıl kandırdığınızı göstermekte çok değerli olacaktır.

Bilişsel Çarpıtmaların Tanımları

1. ***Hep ya da Hiç Düşüncesi.*** Bu çarpıtma, kişisel özelliklerinizi siyah ya da beyaz gibi uç noktalarda görmeniz demektir. Örneğin, ünlü bir politikacı bana, "Belediye başkanlığı seçimlerini kaybettim. Ben bir hiçim!" demişti. Her zaman A alan bir öğrenci B aldığında "İşe yaramazın tekiyim." sonucuna varır. Hep ya da hiç düşüncesi, mükemmeliyetçiliğin temelini oluşturur. Herhangi bir yanlış ya da hatadan korkarsınız; çünkü, o zaman kendinizi başarısız, beceriksiz, yetersiz ve değersiz hissedersiniz.

Olayları bu şekilde değerlendirmek gerçek dışıdır; çünkü hayat çok seyrek olarak "ya öyle ya da böyle"dir. Örneğin, hiç kimse bütünüyle zeki ya da tamamen aptal değildir. Aynı şekilde, hiç kimse her şeyiyle çekici ya da tamamıyla çirkin değildir. Oturduğunuz odanın yerlerine bakın şimdi. Mükemmel temizlikte mi? Her noktasında kir ve tozlar mı birikmiş? Ya da kısmen mi temiz? Bu evrende "mutlak" yoktur. Eğer yaşantınızı "mutlak"lık sınırlarına doğru zorlarsanız, sürekli bunalımda hissedersiniz; çünkü, algılarınız gerçeklerle örtüşmez. Kendinizi sonsuza kadar övgü almamaya mahkum edersiniz; çünkü, yaptığınız hiç bir şey abartılmış beklentilerinizi karşılayamaz. Bu algısal yanlışlığın teknik adı "kutupsal düşünme"dir. Her şeyi siyah beyaz olarak görürsünüz ve griler yoktur.

2. ***Aşırı Genelleme.*** On bir yaşındayken, Arizona Eyalet Fuarında, Svengali Destesi denen bir hile destesi satın aldım. Belki de bu basit ama etkileyici yanılsamayı siz de görmüşsünüzdür: Size desteyi gösteriyorum, her kart değişik. Rasgele bir kart seçiyorsunuz. Örneğin Maça Valesi. Bana ne olduğunu söylemeden, yerine koyuyorsunuz. Ben "Svengali" diye bağırıyorum. Desteyi çevirdiğimde, tüm kağıtlar Maça Valesi'ne dönmüş oluyor. Aşırı genellediğinizde, Svengali'nin zihinsel versiyonunu oynamış oluyorsunuz. Kendinizce, başınıza bir şey geldiğinde tekrar tekrar yineleneceği, Maça Valesi gibi çoğalacağı sonucuna varırsınız. Olaylar hep tatsız olduğundan, kendinizi üzgün hissedersiniz.

Depresyon geçirmekte olan satış görevlisi bir bey, arabasının camındaki kuş pisliğini görüp "Bu da benim şansım. Kuşlar hep benim camımı buluyor." demişti. Geçmişi sorguladığımda ise, yirmi yıldır yaptığı seyahatlerde, bunun dışında camına kuş pislediğini hatırlamadı.

Reddedilmenin acısı, neredeyse her zaman, aşırı genellemeden kaynaklanır. Gerçeklerle aşırı genelleme olmaksızın bir yüzleşme, geçici olarak hayal kırıklığı yaratsa da, ciddi bir rahatsızlığa yol açmaz. Utangaç bir genç adam, bir kıza çıkma teklif etmek için bütün cesaretini toplar. Kız, daha önce verdiği bir sözden dolayı kibarca onu reddettiğinde, o da kendi kendine: "Hiç flörtüm olmayacak. Hiçbir kız benle çıkmak istemeyecek. Hayatım boyunca yalnız ve mutsuz olacağım" der. Çarpıtılmış bilişlerinde, kız onu bir kez reddettiği için, hep böyle olacağı ve bütün kadınlar %100 aynı zevki taşıdığından, her zaman ve defalarca dünyadaki her kadın tarafından reddedileceği sonucuna varır. Svengali!

3. ***Zihinsel Filtre.*** Bir olaydaki olumsuz bir detayın üstünde odaklanarak bütün olayın olumsuzmuş gibi algılanmasıdır. Örneğin, depresyon geçirmekte olan bir üni-

versite öğrencisi en iyi arkadaşı ile alay edildiğini duyar ve sinirlenir; çünkü, düşüncesi "Bütün insanlar acımasız ve duyarsızdır." şeklindedir. Aslında, yakın zamanda ona acımasız davranan ancak birkaç kişi olmuştur. Başka bir olayda, yarı yıl sınavında yüz sorudan on yedisini kaçırmış olduğunu görür. Sadece bu on yedi soruya aklı takılır ve üniversiteyi bitiremeyeceğine karar verir. Kağıdı geri geldiğinde üstüne iliştirilmiş bir not dikkat çeker. "100 sorudan 83 doğrunuz vardı. Bu yıl alınmış en yüksek not. A+."

Depresyondayken, olumlu olan her şeyi filtreleyen bir gözlük takmış gibi olursunuz. Bilincinize takılan her şey olumsuzdur. Bu "zihinsel filtre"nin farkında olmadığınız için her şeyin olumsuz olduğuna karar verirsiniz. Bu işlemin teknik adı "seçici odaklanma"dır. Sizi gereksiz bir acıya sürükleyen kötü bir huydur.

4. ***Olumluyu Geçersiz Kılmak.*** Daha da etkileyici bir zihinsel yanılsama, bazı depresif kişilerin olumlu deneyimleri sürekli olarak olumsuza çevirme eğilimidir. Olumlu olaylar göz ardı edilmekle kalmayıp, akıllıca ve çabucak bir manevra ile karabasana çevrilebilir. Buna "ters simya" diyorum. Ortaçağ simyacıları, metalleri altına çevirmeyi başarmışlardı.Depresyondaysanız, tam tersini yapma becerisini geliştirmiş olabilirsiniz: altın bir mutluluğu anında duygusal bir kurşuna dönüştürebilirsiniz. Bu işlemi, kendinize ne yaptığınızın farkında bile olmadan kasıtsız olarak yapabilirsiniz.

Bunun basit bir örneği, övgülere karşı vermeye alıştığımız tepkilerdir. Biri görünüşünüzü ya da işinizi takdir ettiğinde, kendinize otomatik olarak, "Aslında sadece kibar olmaya çalışıyor." diyebilirsiniz. Ani bir yumrukla bu övgüyü zihinsel olarak diskalifiye edersiniz. "Hiç önemli bir şey olan her güzel şeyin üstüne bir kova soğuk su dökerseniz, hayat tabi ki size hep "rutubetli ve kasvetli" görünecektir!

Olumluyu geçersiz kılmak, bilişsel çarpıtmaların en yıkıcı türüdür. Basit hipotezine bilimsel destek arayan bilim adamı gibisinizdir. Depresif düşüncelerinize hakim olan hipotez genelde "Ben ikinci sınıfım." türündendir. Olumsuz bir deneyim yaşadığınızda "İşte; bu, hep düşündüğüm şeyi ispatlıyor." sonucuna varırsınız. Tersine, olumlu bir olayda "Bu bir rastlantıydı. Sayılmaz." dersiniz. Bu eğiliminiz için ödediğiniz bedel yoğun bir acı ve olan güzel şeylerin değerini bilememektir.

Bu çeşit bilişsel çarpıtma yaygın olarak görülmekte ve bazı ağır ve dirençli depresyon tiplerinin temeli olabilmektedir. Örneğin, ağır bir depresyon döneminde hastaneye yatırılan genç kadın bana "Ben değersiz bir insanım ve hiç kimse beni önemsemiyor. Yalnızlığa mahkumum." dedi. Hastaneden çıkarken birçok hasta ve görevli onu çok sevdiklerini ve önemsediklerini söylemişti. Bu durumu nasıl olumsuzlaştırmıştı biliyor musunuz? "Bunun önemi yok çünkü beni dışarıda tanımıyorlar. Hastane dışındaki *gerçek* bir insan beni umursamayacaktır." Ben de ona dışarıda onu gerçekten önemseyen birçok arkadaş ve aile ferdinin olmasını nasıl açıklayacağını sordum. "Onlar da sayılmaz; çünkü, onlar gerçek *ben*'i bilmiyorlar. Görüyorsunuz Dr. Burns, aslında ruhum tamamen yozlaşmış. Ben dünyadaki en kötü insanım. Kimsenin beni bir an için bile sevmesi mümkün değil." Genç kadın, bu olayda olumluyu geçersiz kılarak, hayatında olup bitenle ile örtüşmeyen ve gerçek dışı olumsuz bir düşünceyi sürdürmektedir.

Sizin olumsuz düşünceleriniz bu kadar uç olmasa bile, yaşadığınız olumlu deneyimleri birçok kez gözardı ettiğiniz olmuştur. Bu hayatın zenginliğini alır götürür ve üstünüze gereksiz bir kasvet çöker.

*5. **Sonuçlara Atlamak**.* Durumun gerçekleriyle bağdaşmayan olumsuz bir sonuca atlarsınız. Bunun iki örneği "zihin okumak" ve "falcılık yapmak"dır.

o *Akıl Okumak*: Başka insanların sizi aşağıladığını varsayar buna da öylesine ikna olursunuz ki, araştırma gereği bile duymazsınız. Diyelim ki, mükemmel bir konferans veriyorsunuz ve öndeki dinleyicinin uyukladığını fark ettiniz. "Dinleyiciyi çok sıktım." diye düşünebilirsiniz. Aslında, sıktığınızı düşündüğünüz dinleyici bir gece önce sabaha kadar bir partide eğlendiği için sizi izleyememektedir ama aklınıza ilk gelen onun "Bu sıkıcı adamı dinleyeceğime uyurum daha iyi." diye düşünerek uykuya daldığıdır. Yolda yanınızdan bir arkadaşınız geçiyor ve "Merhaba!" demiyor; çünkü, derin düşüncelere dalmış olduğundan sizi fark etmiyor bile. Yanlış bir kanıya varıp "Beni görmezlikten geliyor. Belki de beni artık sevmiyor." diye düşündünüz. Eşinizi akşam biraz sessiz görüyorsunuz; çünkü, işyerinde sorunlar yaşamış ve bunu konuşmak bile istemiyor. "Bana çok kızgın. Ne hata yaptım ki?" Bu hayali olumsuz olaylara geri çekilme ya da saldırı ile karşılık verebilirsiniz. Bu zarar verici davraniş ***kendini doğrulayan bir kehanet*** olarak işleyebilir ve ilişkide başlangıçta varolmayan gergin bir durum yaratabilir.

o *Falcılık Yapmak*: Bu elinizde sadece acı haber veren sihirli bir küreniz olmasına benzer. Kötü bir şey olacağını düşünüp, gerçekçi olmamasına rağmen bu tahmini doğru kabul etmektir. Endişe atakları geçiren bir lise kütüphane görevlisi kendisine devamlı "Ya bayılacağım ya da çıldıracağım." demektedir. Bu tahminler gerçek dışıdır çünkü daha önce hayatında hiç bayılmamış ya da çıldırmamıştır. Delirmek üzere olduğunu gösteren herhangi ciddi bir belirti de yoktur. Bir terapi seansında, ağır depresyon geçiren bir doktor, kariyerini neden bıraktığını anlatıyordu. "Sonsuza kadar depresif kalacağımın farkındayım. Sefaletim sürecek, ve bu ya da bir başka tedavinin başarısız olacağına eminim." Durumu hakkındaki bu olumsuz teşhis, ümitsiz hissetmesine neden oluyordu. Terapiye başladıktan kısa bir süre sonra kat ettiği gelişme ise falcılığının aslında ne kadar temelsiz olduğunu gösteriyordu. Siz de bazen böyle çıkarımlar yaptığınızın farkında mısınız? Diyelim ki, telefon ettiğiniz arkadaşınız uygun bir zaman içinde size geri dönmedi. Arkadaşınızın mesajı aldığını ama sizi geri arayacak kadar önemsemediğini düşündünüz ve üzüldünüz. Çarpıtmanız? Zihin okumak. Öfkelendiniz ve tekrar aramak istemediniz; çünkü, kendi kendinize "Tekrar ararsam altta kalmış olurum. Kendimi aptal durumuna düşürürüm." dediniz. Bu olumsuz varsayımlardan ötürü (falcılık yapmak) dışlanmış hissederek arkadaşınızla karşılaşabileceğiniz ortamlardan kaçındınız ve üç hafta sonra aslında arkadaşınızın mesajı almadığını öğrendiniz. Bütün bu sıkıntının kendi kendinize yarattığınız bir saçmalıktan ibaret olduğu ortaya çıktı. Zihinsel sihrinizin bir başka acı veren ürünü!

6. ***Büyütme ve Küçültme:*** Düşebileceğiniz diğer bir tuzak ise "büyütme" ve "küçültme"dir. Ben buna "dürbün hilesi" de diyorum; çünkü, etrafınızdakileri ya oransız bir şekilde devleştirir ya da küçültürsünüz. Büyütme genellikle kendi hatalarınıza, korkularınıza ya da kusurlarınıza bakıp çok önemliymiş gibi büyüttüğünüzde olur: "Aman Tanrım! Hata yaptım. Ne korkunç! Ne felaket! Herkese yayılacak bu ve rezil olacağım!" Hatalarınıza dürbünün onları kocaman, dev gibi gösteren tarafından bakarsınız. Bu, aynı zamanda "felaketleştirme"dir; çünkü, gündelik olumsuz olayları kabusa çevirirsiniz.

Başarılarınıza baktığınızda ise tersini yaparsınız; dürbünün her şeyi küçük gösteren, yanlış tarafından bakarsınız. Eğer kusurlarınızı büyütüp iyi taraflarınızı küçümserseniz, kendinizi aşağı hissedeceğiniz kesindir. Ama problem sizde değil, gözlerinizdeki o aptal lenslerdedir.

7. ***Duygusal Kararlar:*** Duygularınızı gerçeğin ispatı gibi algılarsınız. Mantığınız, "Kendimi çok başarısız hisse-

diyorum, o zaman ben başarısızım." şeklinde işlemektedir. Bu çeşit mantık yürütme yanıltıcıdır; çünkü, duygularınız düşüncelerinizi ve inançlarınızı yansıtmaktadır. Eğer bunlar çarpıtılmışsa, ki genelde öyledir, duygularınızın bir geçerliliği olamaz. Duygusal mantık yürütmeye bazı örnekler "Suçlu hissediyorum. Kötü bir şey yapmış olmalıyım.", "Bunalıyorum ve çok umutsuzum. Problemlerimin çözümü mümkün değil", "Kendimi yetersiz hissediyorum. İşe yaramazın tekiyim.", "Hiç havamda değilim. Gidip yatmalıyım.", ya da "Sana kızgınım. Bu senin ahlaksızca davrandığını ve benden faydalanmaya çalıştığını gösterir."

Duygulara göre mantık yürütme, neredeyse bütün depresyonlarda rol oynar. Her şey size çok olumsuz geldiği için, gerçekten de öyle olduklarını varsayarsınız. Duygularınızı yaratan düşüncelerinizin geçerliliğini sorgulamak aklınıza bile gelmez.

Duygusal karar vermenin bir yan etkisi de ertelemektir. Masanızı temizlemekten kaçınırsınız çünkü kendi kendinize "Şu masayı düşündükçe kendimi öyle kötü hissediyorum ki, temizlemek mümkün olmayacak." demektesinizdir. Altı ay sonra kendinizi biraz zorlayıp yaparsınız. Sonuç memnun edicidir ve o kadar da zor olmamıştır. Hep kendinizi kandırmışsınızdır; çünkü, olumsuz düşüncelerinizin davranışlarınızı etkilemesine izin vermişsinizdir.

8. ***"-meli,-malı" Cümleleri***: Kendinizi "Şunu da yapmalıyım", "Bunu da bitirmeliyim" diye motive etmeye çalışırsınız. Bu fikirler sizde baskı yaratır ve öfkelendirir. Ama, tam tersine, ilgisiz ve isteksiz kalıverirsiniz. Albert Ellis buna "-meli,-malı"cılık der. Ben de hayata "lazımcı" yaklaşım derim.

Başkalarına "-meli,-malı" ifadeleri yakıştırdığınız zaman, genellikle endişeli hissedersiniz. İlk terapi seansına acil bir vakadan dolayı beş dakika geç kaldığım yeni hastam, "Bu kadar ben merkezci ve düşüncesiz olmamalı.

Vaktinde gelmeli." diye düşünmüştü. Bu fikir hırçın bir tutum içine sokarak ve öfke hissetmesine yol açmıştı. Meli-malı cümleleri günlük hayatınızda birçok gereksiz karışıklığa yol açar. Davranışlarınız standartlarınızın altına düştüğünde, meli-malı'larınız utanç ve suçluluk yaratır. Sık sık olabileceği gibi, diğer insanların tamamen insanca olan performansları beklentilerinizin altına düştüğünde, kendinizi kızgın ve azarlamaya eğilimli hissedersiniz. Ya beklentilerinizi gerçeklerle uyumlu hale getirmeniz gerekir ya da insanların davranışları yüzünden hayal kırıklığına uğramaya devam edersiniz. Eğer kendinizdeki bu kötü "Meli,-malı" alışkanlığının farkındaysanız, ilerideki suçluluk ve kızgınlık bölümlerinde bunlardan kurtulmak için birçok etkili yöntem bulacaksınız.

9. ***Etiketleme:*** Hatalarınıza dayanarak kendinizi tamamen olumsuz bir şekilde yargılamanızdır. Aşırı genellemenin ilerlemiş şeklidir. Arkasında yatan felsefe ise "Kişinin ölçüsü, yaptığı hatalardır." savıdır. Hatalarınızı, "Ben bir..." şeklinde başlayan cümlelerle ifade ediyorsanız, büyük ihtimalle etiketleme yapıyorsunuz. Örneğin, misafirler için hazırladığınız on çeşit mezeden birinin tuzu biraz az olunca, "Bu son mezenin tuzunu biraz az koymuşum." yerine "Ben doğuştan beceriksizim." ya da borsada aldığınız kağıt düştüğünde "Hata yaptım." yerine "Ben bir hiçim." dersiniz.

Etiketleme, sadece yıkıcı değil mantıksızdır da. Birey olarak *siz*, yaptığınız tek bir şeyle ölçülemezsiniz. Hayatınız karmaşık ve sürekli değişen bir düşünceler, duygular ve hareketler akışıdır. Başka bir deyişle, bir heykelden çok, bir nehirsiniz. Kendinize olumsuz etiketler yapıştırmayı bırakın – bu hem çok basit hem de yanlış bir yorumdur. Yediğiniz için kendinizi sadece bir "yiyici", ya da nefes aldığınız için "soluyucu" olarak nitelendirebilir misiniz? Bu tam bir saçmalıktır; ama, bu saçmalıklar, kendinizi yetersizliklerinizle etiketlediğinizde acı verici olmaktadır.

Başkalarını etiketlediğinizde, şimşekleri üzerinize çekersiniz. Çok rastlanan bir örnek, arada bir hırçın gördüğü sekreterini "geçimsiz kadın" diye nitelendiren patrondur. Bu etiket yüzünden, kıza hep kızgınlık besler ve onu eleştirmek için hiçbir fırsatı kaçırmaz. Kız da karşılığında patronunu "duyarsız şovenist" diye etiketlemiştir ve her fırsatta hakkında şikayet eder. Böylece, diğerinin değersizliğine bir kanıt gibi, birbirlerinin kusurları ve zayıflıklarına odaklanır şekilde elleri sürekli birbirlerinin boğazındadır.

Yanlış etiketlemek bir olayı uygun olmayan ve duygusal olarak ağır kelimelerle ifade etmeyi de kapsar. Örneğin, rejimdeki bir kadın bir kap dondurma yediğinde "Ne iğrenç bir şey yaptım. Ben bir domuzum!" diye düşünebilir. Bu düşünceler de onu o kadar sarsar ki, koca kutu dondurmayı bitiriverir.

10. ***Kişiselleştirme:*** Bu çarpıtma, suçun anasıdır! Hiçbir nedene dayanmadan olumsuz bir olayın sorumluluğunu üstlenirsiniz. Kendinizce, hiçbir sorumluluğunuz olmamasına rağmen, olanların sizin suçunuz olduğu ve yetersizliğinizi yansıttığı sonucuna varırsınız. Örneğin, bir hastam kendisine önerdiğim bir kendine yardım çalışmasını yapmadığı zaman kendimi "Ben kötü bir terapistim." diye suçlu hissettim. Onun kendine yardım etmesi için çaba göstermemesi benim hatamdı. Onun iyileşmesi benim sorumluluğumdu. Bir anne, çocuğunun karnesine baktığında, öğretmenden çocuğunun yeterince çalışmadığına dair bir not görür ve hemen kararını verir: "Ben kötü bir anneyim. Bu benim başarısız bir anne olduğumu gösterir."

Kişiselleştirme, karşısında sizi çaresiz bırakan bir suçluluk hissettirir. Bütün dünyayı sırtınızda taşıdığınızı hissettiren hareketsizleştirici ve ağır bir sorumluluğun altında acı çekersiniz. Başkaları üzerindeki "etki" ile "kontrol"ü karıştırmışsınızdır. Bir öğretmen, terapist, ebeveyn, doktor, satıcı, yönetici rolünüzle birilerini etkilersiniz; ama, mantıken hiç kimse sizden onları kontrol etmenizi bekleyemez. Başka birinin yaptığı, sizin değil onun sorumluluğudur. Kişiselleştirme eğilimlerinizden kurtulma ve sorumluluk hissinizi baş edilebilir, gerçekçi boyutlara indirme yöntemleri kitabın ilerleyen bölümlerinde anlatılacaktır.

Bu on bilişsel çarpıtma örneği, depresif durumlarınızın hepsinin değilse bile çoğunun nedenidir. Bunlar Tablo 3-1'de özetlenmiştir. Bu tabloyu iyice çalışın, ve tanımlar üzerinde ustalaşın; onları telefon numaranız kadar iyi bilin. Duygudurumunuzu düzeltmek için gerekli teknikleri öğrendikçe Tablo 3-1'e tekrar tekrar dönün. Bu on çarpıtmayı öğrendiğinizde, hayat boyu bu bilgiden yararlanacaksınız. Kendinizi değerlendirmeniz ve bu on kavramı daha iyi anlamanız için basit bir test hazırladım. Aşağıdaki her kısa tanımı okudukça, tarif edilen kişi olduğunuzu hayal edin. Olumsuz düşüncelerdeki çarpıtmaları gösteren bir ya da birkaç yanıtı işaretleyin. İlk sorunun yanıtını açıklayacağım. Daha sonraki soruların yanıtları bu bölümün sonunda verilmiştir. Önceden bakmayın! İlk soruda en az bir çarpıtma bulabileceğinizden eminim ve bu da iyi bir başlangıç olacak.

Tablo 3-1 Bilişsel Çarpıtmaların Tanımları

1. YA HEP YA HİÇ DÜŞÜNCESİ: Herşeyi siyah ya da beyaz görürsünüz. Eğer performansınız mükemmelin altındaysa, kendinizi tamamen başarısız bulursunuz.

2. AŞIRI GENELLEME: Tek bir olumsuzluğu hiç bitmeyecek bir başarızlık demekmiş gibi görürsünüz.

3. ZİHİNSEL FİLTRE: Tek bir olumsuz detayı bulur onunla uğraşıp durursunuz; gerçeğe bakışınız, bir damla mürekkebin tüm şişedeki suyu bulandırması gibi kararır.

4. OLUMLUYU GEÇERSİZ KILMAK: Olumlu olayların şu ya da bu nedenlerden "sayılmaz" olmasında ısrar edersiniz. Böylece günlük hayatınızla ters düşen olumsuz bir düşünceye kapılırsınız.

5. SONUÇLARA ATLAMA: Vardığınız sonucu destekleyecek kesin kanıtlar olmamasına rağmen olumsuz bir değerlendirme yaparsınız.

   a. Akıl okumak: Kendinizce birinin size ters davrandığını düşünür, araştırmaya gerek bile duymazsınız.

   b. Falcılık: İşlerin kötü gideceğini öngörür, kehanetinizin bir gerçek olduğuna ikna olursunuz.

6. AŞIRI BÜYÜTME (Felaketleştirme)YA DA KÜÇÜLTME: Olayların önemini abartırsınız (beceriksizliğiniz ya da başkasının başarısı gibi), ya da minicik kalıncaya kadar küçültürsünüz (iyi özellikleriniz ya da başkasının kusurları gibi). Buna "dürbün hilesi" de denir.

7. DUYGUSAL KARARLAR: Olumsuz hislerinizin aslında gerçeği yansıttığına inanırsınız: "Hissediyorum, o halde gerçek olmalı."

8. MELİ-MALI CÜMLELERİ: Kendinizi –meli, -memeli'lerle motive etmeye çalışırsınız.

9. ETİKETLEME VE YANLIŞ ETİKETLEME: Aşırı genellemenin uç halidir. Hatanızı tarif etmek yerine, kendinize olumsuz bir etiket yapıştırırsınız. "Ben beceriksizin tekiyim." Başka birinin hoşunuza gitmeyen davranışı karşısında "Kahrolası iğrenç herif!" dersiniz. Yanlış etiketleme bir olayı çok renkli ve duygu yüklü bir dille anlatmayı içerir.

10. KİŞİSELLEŞTİRME: Kendinizi, aslında başlıca sorumlusu olmadığınız olumsuz bir olayın nedeni olarak görürsünüz.

1) Bir ev hanımısınız, ve eşiniz bifteğin fazla pişmiş olduğunu söylediğinde çok üzülüyorsunuz. Aklınızdan şunlar geçiyor. "Ben beceriksizin tekiyim. Buna dayanamıyorum. Asla hiçbir şeyi düzgün yapamıyorum. Köle gibi çalışıyorum ve aldığım teşekkür bundan ibaret. Kaba herif!" Bu düşünceler üzgün ve kızgın hissetmenize neden oluyor. Çarpıtmalarınız aşağıdakilerden bir ya da birkaçını içerir:

a) Ya hep ya hiç düşüncesi
b) Aşırı genelleme
c) Büyütme
d) Etiketleme
e) Hepsi

Şimdi size hemen biraz geribildirim verebilmek için bu soruyu yanıtlayacağım. İşaretlediğiniz her yanıt doğruydu. Yani neyi işaretlediyseniz, bildiniz! Neden mi? Kendinize "Ben beceriksizin tekiyim" dediğinizde, bu, “ya hep ya hiç"çilik yapıyorsunuz demektir. Kesin şunu! Et biraz kurumuştu, ama bu hayatınızı tamamen başarısızlıklarla dolu yapmaz. "Asla hiçbir şeyi düzgün yapamıyorum" dediğinizde aşırı genelliyorsunuz. Asla mı? Hadi canım! Hiçbir şeyi mi? Kendinize, "Buna dayanamıyorum." dediğinizde, hissettiğiniz acıyı büyütüyorsunuz. Ona dayandığınız için büyütüyorsunuz; yani dayanıyorsanız dayanabiliyorsunuz demektir. Eşinizin söylenmeleri duymak istediğiniz şeyler değil, ama sizin değerinizi de yansıtmıyorlar. Sonunda "Köle gibi çalışıyorum ve aldığım teşekkür bundan ibaret. Kaba herif!" dediğinizde, her ikinizi de etiketliyorsunuz. O kaba değil, sadece sinirli ve duyarsız davranıyor. Kaba saba davranmak vardır, ama “kaba”lar yoktur. Benzer şekilde, kendinizi köle olarak nitelendirmeniz de saçma. Sadece eşinizin kötü yaklaşımının gecenizi mahvetmesine izin veriyorsunuz.

Tamam, şimdi testimize devam edelim.

2) Size, kendinizi değerlendirme testi yapmanız gerektiğini söylediğim cümleyi okudunuz. Birden yüreğiniz sıkıştı, "Hayır, test olmasın. Ben testlerde hep kötüyümdür. Kitabın bu kısmını atlamam gerekecek. Beni geriyor. Nasıl olsa işe yaramayacak." Bilişsel çarpıtmalarınız:

a) Falcılık yapma
b) Aşırı genelleme
c) Ya hep ya hiç düşüncesi
d) Kişiselleştirme
e) Duygusal Kararlar

3) Pensilvanya Üniversitesinde bir psikiyatristsiniz. New York'taki yayıncınızla görüştükten sonra depresyon konulu çalışmalarınızı toparlamanız gerekiyor. Yayıncınız çok heyecanlı görünmesine rağmen, şu düşünceler yüzünden gergin ve yetersiz hissettiğinizi fark ediyorsunuz. "Benim kitabımı seçmekle büyük hata yaptılar. Düzgün bir iş yapamayacağım. Kitabı güzel, canlı, göz alıcı yapamayacağım. Yazılarım çok sıradan, fikirlerim yeterince iyi değil." Bilişsel çarpıtmalarınız:

a) Ya hep ya hiç düşüncesi
b) Sonuçlara atlama (olumsuz tahmin)
c) Zihinsel filtre
d) Olumluyu geçersiz kılmak
e) Büyütmek

4) Yalnızsınız ve bir bekarlar partisine katılmaya karar veriyorsunuz. Oraya vardıktan hemen sonra, ayrılmak isteği duyuyorsunuz çünkü kendinizi gergin ve savunmada hissediyorsunuz. Aklınızdan şunlar geçiyor: "Belki de pek ilginç insanlar değiller. Neden kendime eziyet edeyim? Bir grup işe yaramaz. Biliyorum; çünkü, çok sıkıldım. Çekilmez bir parti olacak!" Hatalarınız:

a) Etiketleme
b) Büyütme
c) Sonuçlara atlama (falcılık ve akıl okumak)
d) Duygusal kararlar
e) Kişiselleştirme

5) İşvereninizden işten çıkarılacağınıza dair bir yazı geldi. Kızdınız ve hayal kırıklığına uğradınız. "Bu berbat bir dünyada yaşadığımızı ispatlıyor. Bana hiç rahat yok!" Çarpıtmalarınız:
a) Ya hep ya hiç
b) Olumluyu geçersiz kılmak
c) Zihinsel filtre
d) Kişiselleştirme
e) –meli,-malı cümleleri

6) Bir konferans vermek üzeresiniz ve kalbinizin hızla çarptığını hissediyorsunuz. Gergin ve sinirlisiniz; çünkü, aklınızdan şunlar geçiyor. "Tanrım, söyleyeceklerimi unutacağım. Konuşmam da güzel değil zaten. Aklıma hiç bir şey gelmeyecek. Rezil olacağım." Düşünce hatalarınız:
a) Ya hep ya hiç düşüncesi
b) Olumluyu geçersiz kılmak
c) Sonuçlara atlama (falcılık yapmak)
d) Küçültme
e) Etiketleme

7) Flörtünüz son dakikada arayıp, hastalığından dolayı randevusunu iptal ediyor. Kızgınsınız ve hayal kırıklığı yaşıyorsunuz; çünkü, şunları düşünüyorsunuz. "Atlatıldım. Durumu bozacak ne yaptım ki? Düşünsel hatalarınız:
a) Ya hep ya hiç düşüncesi
b) –meli,-malı cümleleri
c) Sonuçlara atlama (akıl okumak)

d) Kişiselleştirme
e) Aşırı genelleme

8) İş için gerekli bir raporu erteleyip duruyorsunuz. Her akşam başlamaya çalıştığınızda, proje gözünüzde o kadar büyüyor ki onun yerine oturup TV izliyorsunuz. Kendinizi bunalmış ve suçlu hissediyorsunuz. Şunları düşünüyorsunuz: "O kadar tembelim ki bu asla bitmeyecek. Kahrolası şeyi yapamıyorum. Sonsuza kadar sürecek. Sonuçta doğru da olmayacak nasılsa." Düşünsel hatalarınız:

a) Sonuçlara atlama (falcılık yapma)
b) Aşırı genelleme
c) Etiketleme
d) Büyütme
e) Duygusal kararlar

9) Bu kitabı okudunuz ve yöntemleri birkaç hafta uyguladıktan sonra daha iyi hissetmeye başladınız. BDÖ skorunuz yirmi altı'dan (orta depresyon) on bire inmiş (sınırda depresyon). Sonra aniden kötü hissetmeye başladınız ve üç gün içinde skorunuz yirmi sekiz'e yükseldi. Boşa ümitlendiğinizi düşünüp, umutsuz, kötü hissediyorsunuz. "Hiç bir yere varamıyorum. Bu yöntemlerin bana hiçbir faydası olmayacak. Şimdiye kadar iyileşmeliydim. O düzelme bir rastlantıydı. Daha iyi hissettiğimi düşünerek kendimi kandırıyordum. Hiç iyileşemeyeceğim." Bilişsel çarpıtmalarınız:

a) Olumluyu geçersiz kılmak
b) –meli, -malı cümleleri
c) Duygusal kararlar
d) Ya hep ya hiç düşüncesi
e) Sonuçlara atlama (olumsuz tahmin)

10) Rejim yapmaya çalışıyorsunuz. Bu hafta sonu gergindiniz, yapacak bir şeyiniz olmadığı için de atıştırıp

durdunuz. Dördüncü çikolatadan sonra kendinize söyleniyorsunuz. "Kendimi kontrol edemiyorum. Bütün haftaki diyetim ve spor boşa gitti. Bir balon gibi görünüyor olmalıyım. Onu yememeliydim. Buna dayanamıyorum. Bütün hafta sonu domuz gibi olacağım." O kadar suçlu hissetmeye başladınız ki daha iyi hissetmek için son bir çaba ile ağzınıza bir çikolata daha attınız. Çarpıtmalarınız:

a) Ya hep ya hiç düşüncesi
b) Yanlış etiketleme
c) Olumsuz tahmin
d) –meli, -malı cümleleri
e) Olumluyu geçersiz kılmak

CEVAP ANAHTARI

1.	a b c d e	6.	a c d e
2.	a b c e	7.	c d
3.	a b d e	8.	a b c d e
4.	a b c d	9.	a b c d e
5.	a c	10.	a b c d e

Duygular Gerçekler Değildir

Bu noktada belki kendinize şunu soruyorsunuz: "Tamam. Depresyonumun olumsuz düşüncelerimden kaynaklandığını anlıyorum; çünkü, hayata bakışım duygu durumumun iniş çıkışlarını etkiliyor. Ama olumsuz düşüncelerim bu kadar çarpıtılmışsa, nasıl sürekli bu hataya düşüyorum? Yanımdaki insan kadar net ve gerçekçi de düşünebiliyorum, peki kendime söylediklerim bu kadar mantıksızken, nasıl bu kadar doğru görünüyor?"

Depresif düşünceleriniz çarpıtılmış bile olsa gerçeğin kuvvetli bir yanılsamasını oluşturur. Yanılgının kökenini daha net cümlelerle ifade edeyim: duygularınız, gerçekler değildir! Hatta, duygularınız, düşüncelerinizin aynası olmak dışında, anlamsızdır da. Eğer algılarınız bir anlam ifade etmiyorsa, yarattıkları duygular da lunaparktaki hileli aynaların yansıttığı görüntü kadar gülünç olacaktır. Ama bu anormal duygular da çarpıtılmamış düşünceler tarafından yaratılanlar kadar tutarlı ve gerçekçi geldiği için, otomatik olarak onların gerçek olduğunu varsayarsınız. İşte bu yüzden depresyon, zihinsel kara büyünün kuvvetli bir şeklidir.

Bir dizi otomatik çarpıtılmış biliş sonucu depresyonu davet ettiğinizde, duygularınız ve hareketleriniz sürekli birbirlerini etkileyen bir kısır döngü haline gelir. Depresif beyninizin size her söylediğine inandığınız için, kendinizi her şey hakkında olumsuz hisseder bulursunuz. Bu tepki milisaniyeler içinde olur, sizin farkında olabilmeniz için çok kısa bir süredir bu.

Olumsuz duygu gerçekmiş hissi uyandırır ve onu yaratan çarpıtılmış düşünceye inandırıcılık yükler. Bu döngü sürer gider ve sonunda içinde tutsak olur kalırsınız. Zihinsel hapis bir yanılsamadır, elinizde olmadan yarattığınız bir oyundur. Gerçek görünür; çünkü, gerçekmiş gibi hissedersiniz.

Bu duygusal hapisten kurtulmanın anahtarı nedir? Basitçe: Düşünceleriniz duygularınızı yaratır, o zaman duygularınız düşüncelerinizin doğru olduğunun ispatı olamaz. Hoş olmayan duygular sadece olumsuz bir şey düşündüğünüzün ve ona inandığınızın göstergesidir. Duygularınız, yavru ördeklerin annesini izlemesi kadar mutlak biçimde, düşüncelerinizi izler. Ama yavru ördeklerin sadakatle izlemesi, annenin gittiği yeri bildiğini göstermez.

"Düşünüyorum, öyleyse varım." önermesini inceleyelim. Duyguların gerçekliği yansıttığı inancı depresif insanlara özgü değildir. Bugün birçok psikoterapist, duygularınızın daha fazla farkında olup onları açıkça ifade etmenin duygusal olgunluk göstergesi olduğunda birleşirler. Bunun anlamı duygularınızın daha yüksek bir gerçeklik, dürüstlük ve şüphesiz bir gerçeklik yansıttığıdır. Benim durumum oldukça farklı. Duygularınızın hiçbiri o kadar da özel değil. Aslında, duygularınız, çoğu zaman olduğu gibi, çarpıtılmış bilişlerinizin ürünü olduğundan, pek de istenilen şeyler değildir.

Yani duygularınızdan kurtulun mu demek istiyorum? Bir robota dönmenizi mi bekliyorum? Hayır. Size, zihinsel çarpıtmalara dayanan acı dolu duyguları başınızdan nasıl atacağınızı öğretmek istiyorum; çünkü, onlar ne geçerli ne de istenen duygular. İnanıyorum ki, hayatı daha gerçekçi algılamayı öğrendiğinizde, içinde gerçek üzüntüyü ve mutluluğu barındıran, çarpıtmadan uzak bir duygusal yaşama kavuşacaksınız.

Kitabın ilerleyen bölümlerinde, altüst olduğunuzda sizi aldatan duyguları düzeltmeyi öğreneceksiniz. Aynı zamanda, duygudurumunuzdaki yıkıcı dalgalanmaları yaratan bazı temel değerleri ve varsayımları yeniden değerlendirme fırsatı bulacaksınız. Gerekli adımları detaylı olarak anlattım. Mantık dışı düşünme düzeninizdeki ayarlamalar, duygudurumunuz üzerinde derin bir etki yapacak ve daha verimli yaşama becerinizi arttıracaktır. Şimdi ilerleyelim ve problemlerinizle nasıl başa çıkabileceğinize bir göz atalım.

II

PRATİK UYGULAMALAR

Bölüm 4

Özgüven Oluşturarak Başlayın

Depresyonda olduğunuzda, kendinizi kesinlikle değersiz hissedersiniz. Depresyon ne kadar kötüyse bu hisleriniz de o kadar fazla olacaktır. Yalnız değilsiniz. Dr. Aaron Beck tarafından son zamanlarda yürütülen bir çalışmada, depresyondaki hastaların % 80'inden fazlası kendilerini beğenmediklerini ifade etmişlerdir.* Dahası, Dr. Beck, depresyondaki insanların, çok önemli olarak değerlendirdikleri özellikler - zeka, başarı, popülerlik, çekicilik, sağlık ve güçlülük- açısından kendilerini yetersiz gördüklerini bulmuştur. Depresyondaki kişinin kendisi hakkındaki düşüncelerini dört başlıkta toplayabiliriz: Yenilmiş, Kusurlu, Terkedilmiş ve Yoksun.

Neredeyse tüm olumsuz duygusal tepkiler, sadece düşük özgüvenin bir sonucu oldukları için zarar vericidirler. Zayıf kendilik imajı, önemsiz bir hatayı ya da bir kusuru kişisel yenilginin güçlü bir işaretine dönüştürebilecek bir büyüteçtir. Örneğin, birinci sınıf hukuk öğrencisi Eric, sınıfta bir panik duygusu hisseder. "Profesör adımı söylediğinde, büyük olasılıkla bir aptallık yapacağım." Eric'in aptallık yapma fikri zihninde çok ön planda olsa da, onunla yaptığım konuşma, sorunun gerçek nedeninin kişisel yetersizlik algısı olduğunu ortaya koydu:

David: Diyelim ki sınıfta aptalca davrandın. Özellikle bu seni niye üzebilir ki? Bu niye o kadar trajik?

Eric: Bu yüzden kendimi aptal gibi hissedeceğim.

David: Diyelim ki kendini aptal gibi hissettin. Bu seni niye üzsün?

---

* Beck, Aaron T. *Depression: Clinical, Experimental, & Theoretical Aspects.* New York: Hoeber, 1967. (*Depression: Causes and Treatment*, olarak yeniden yayınlanmıştır. Philadelphia: University of Pennsylvania Press, 1972, pp.17-23)

Eric: Çünkü böyle olduğunda herkes beni hor görecek.

David: Diyelim herkes seni hor gördü? Sonra?

Eric: Sonra kendimi berbat hissedeceğim.

David: Neden? Neden insanlar seni hor gördüğünde kendini berbat hissetmek zorundasın?

Eric: Çünkü bu değerli birisi olmadığım anlamına gelecek. Üstelik, bu kariyerimi de mahvedebilir. Kötü notlar alırım ve belki de hiçbir zaman bir avukat olamam.

David: Diyelim ki avukat olamadın. Şimdiki tartışmamızın seyrine uygun olması açısından, diyelim ki başarısızlıktan dolayı okulu bıraktın. Bu seni özellikle niye üzer?

Eric: Bu tüm yaşamım boyunca istediğim bir şeyi başaramadığım anlamına gelir.

David: Ve bu sana ne ifade eder?

Eric: Yaşam boş gelir. Bu tam bir fiyaskodur. Ve buda değersiz olduğum anlamına gelir.

Bu kısa diyalog, Eric'in, onaylanmama, bir hata yapma ya da başarısız olmanın felakete yol açacağına inandığını gösterdi. Eğer bir kişi bile onu hor görürse, herkesin de böyle düşüneceğinden emin görünüyordu. Alnına herkesin göreceği bir "*Dışlanmıştır*" damgası vurulmuş gibi hissediyordu. Onaylanmadığı ve/veya başarılı olmadığı zaman kendine güveni hiç yokmuş gibi gözüküyordu. Kendisini, başkalarının ona nasıl baktığıyla ve ne başardığıyla ölçüyordu. Onaylanma ve başarı istekleri karşılanmadığında, Eric bir hiç olacağını hissediyordu; çünkü, içsel hiç bir desteği yoktu.

Eric'in başarıya ve onaylanmaya ilişkin mükemmeliyetçi tutumunun kendine zarar veren ve gerçekçi olmayan bir şey olduğunu düşünüyorsanız, haklısınız. Fakat, bu arzu, Eric'e *gerçekçi* ve *mantıklı* gelmektedir. Eğer şu anda depresyondaysanız ya da bir zamanlar depresyon geçirdiyseniz, kendinizi hor görmenize neden olacak mantıksız düşünme biçimlerini tanıyabilmenin daha zor olduğunu bilirsiniz. Aslında, büyük olasılıkla gerçekten yetersiz ve değersiz olduğunuza inanmışsınızdır. Ve bunun tersi herhangi bir ifade size aptalca ve dürüst değilmiş gibi görünür.

Ne yazık ki, depresyonda olduğunuzda kişisel yetersizliğiniz hakkındaki inancınızda yalnız olmayabilirsiniz. Çoğu durumda, yetersiz ve iyi olmadığınız şeklindeki bu yanlış fikirde o kadar inandırıcı ve ısrarcı olabilirsiniz ki, arkadaşlarınızı, ailenizi ve hatta terapistinizi de bu fikre ikna edebilirsiniz. Uzun yıllar boyunca, psikiyatristler, depresyondaki hastaların kendileri hakkındaki olumsuz fikirlerine katılma eğiliminde olmuşlardır. Bu, Sigmund Freud gibi çok meraklı bir gözlemcinin, ortodoks psikanalitik yaklaşımda depresyon tedavisinin temellerini oluşturan "Yas ve Melankoli" adlı yazısında da belirtilmektedir. Bu klasik çalışmada Freud, hastanın değersiz olduğunu, başaramadığını ve ahlaki olarak alçak hissettiğini söylerken haklı olması gerektiğini söylemiştir. Bu nedenle, terapist için hastayla aynı fikirde olmamak bir sonuç vermeyecektir. Freud, terapistin, aslında hastanın ilgi çekici olmadığı, sevilmediği, önemsiz, bencil ve sahtekar olduğu düşüncesi ile aynı fikirde olması gerektiğine inanmaktaydı. Freud'a göre, bu özellikler bir insanın gerçek kendiliğini tanımlamaktadır ve hastalık süreci basitçe bu doğruyu daha belirgin hale getirir:

> Hasta bize kendini değersiz, başarılı olamayan ve ahlaken alçak biri olarak tanıtır; kendisini suçlar, kötüler ve dışlanmayı ve cezalandırılmayı bekler. Benliğine bu suçlamaları yönelten bir hastaya karşı gelmek bilimsel ve terapötik bakış açısından da verimsizdir. Hasta bir şekilde *bir noktada haklı olmalıdır* (vurgu yazara ait) ve kendisine göre bir tanımlama yapıyordur. Gerçekten de hastanın bazı ifadelerini şartsız onaylamamız gerekir. Şüphesiz *söylediği gibi hiç bir*

şeye karşı ilgisi kalmamıştır, sevmeyi ve başarılı olmayı becerememektedir (vurgu yazara ait)... Diğer bazı kendine yönelik suçlamaları da bize haklı gibi gözükebilir; *çünkü, melankolik olmayan diğer insanlara kıyasla sadece onun doğruya yönelik daha keskin bir bakışı vardır* (vurgu yazara ait). Artan bir özeleştiri dozuyla kendisini önemsiz, bencil, sahtekar, bağımsız olamayan, tek hedefi kendi doğasının güçsüzlüğünü gizlemek olan biri olarak tanımladığında, *bizim bildiğimiz kadarıyla, kendisini anlamaya oldukça yakınlaşmış olabilir* (vurgu yazara ait); sadece bir insanın böyle bir doğruya ulaşmadan önce neden hastalanmak zorunda olduğunu merak ederiz.

-SIGMUND FREUD, "Yas ve Melankoli"*

Terapistin yetersizlik duygularınızı nasıl ele aldığı iyileşme için önemlidir; çünkü, değersizlik duygunuz depresyonun anahtarıdır. Sorunun ayrıca oldukça önemli felsefi bir geçerliliği de vardır -insan doğası doğuştan mı eksiktir? Depresyondaki hastalar kendileri hakkındaki asıl gerçekle mi yüzleşiyorlar? Ve, son olarak, gerçek özgüvenin kaynağı nedir? Bu, bana göre, karşılaşacağınız en önemli soru.

Öncelikle, yaptıklarınız sayesinde değer kazanamazsınız. Başarılar size tatmin getirebilir ama mutluluk değil. Başarılara dayalı özgüven "sahte" bir güvendir, gerçek değildir! Depresyonda olan birçok başarılı hastam buna katılacaktır. Ayrıca benlik değeriniz görünümünüze, yeteneğinize, şöhretinize veya servetinize de dayalı olamaz. Marilyn Monroe, Mark Rothko, Freddie Prinz ve birçok ünlü intihar kurbanı bu acımasız gerçeği ispat etmişlerdir. Aşk, onaylanma, arkadaşlık veya yakın, şefkatli insan ilişkileri kurabilme kapasitesi de doğuştan gelen değerinize hiçbir şey eklemez. Depresyondaki bireylerin büyük bir

---

* Freud, S. Collected Papers, 1917. (Joan Riviere tarafından çevrilmiştir, Vol. IV, Bölüm 8, "Yas ve Melankoli", s. 155-156. Londra: Hogarth Yayıncılık Ltd. 1952)

çoğunluğu aslında çok sevilen insanlardır, fakat bu hiç işe yaramaz; çünkü, kendilerini sevmezler ve kendilerine güvenleri eksiktir. Aslolan, ancak kendinize verdiğiniz değerin nasıl hissettiğinizi belirlediğidir.

Öyleyse, biraz öfkeyle, "benlik saygımı nasıl kazanırım? "diye soruyor olabilirsiniz. "Gerçek olan şu ki, kendimi işe yaramaz hissediyorum ve diğer insanlar kadar iyi olmadığıma inanıyorum. Bu berbat duyguları değiştirmek için yapabileceğim bir şey olmadığına eminim; çünkü, ben böyleyim."

Bilişsel terapinin belli başlı özelliklerinden biri, değersizlik duygunuza ortak olmayı inatla reddetmesidir. Pratiğimde, hastalarımı olumsuz kendilik imajlarını sistematik bir şekilde yeniden değerlendirmeye yönlendiriyorum. Tekrar tekrar aynı soruyu soruyorum: "İçinizde bir yerde esasen kaybeden olduğunuzda ısrar ederken gerçekten haklı mısınız?"

İlk adım, iyi olmadığınızda ısrar ederken hakkınızda söylediklerinize yakından bakmaktır. Değersizliğinizi savunmak için sunduğunuz kanıt, her zaman olmasa da, genellikle, bir anlam ifade etmeyecektir.

Bu fikir, Aaron Beck ve David Braff tarafından yürütülen bir çalışmada depresyondaki hastalarda gerçekten bir yapısal düşünme bozukluğu olduğunun belirtilmesine dayanmaktadır. Depresyondaki kişiler, "Ak akçe kara gün içindir." gibi birtakım atasözlerinin anlamını yorumlama becerileri açısından şizofrenlerle ve depresyonda olmayan kişilerle karşılaştırıldı. Hem şizofrenler hem de depresyon hastaları bir çok mantık hatası yaptılar ve atasözlerinin anlamını çıkarmada zorlandılar. Açıklamalar açıkça somuttu ve doğru genellemeler yapamadılar. Depresyon hastalarında şizofrenlere oranla, hatalar daha yüzeysel ve daha az garip nitelikte olmakla birlikte, depresif kişiler normal deneklere göre daha fazla hata yapmışlardı.

Pratik olarak, bu çalışma, depresyon sırasında, doğru düşünme kapasitesinin bir kısmının kaybedildiğini, olayları düzgün bakış açısıyla değerlendirmekte zorluk çekildiğini göstermektedir. Olumsuz olayların önemi, tüm gerçekliğinize hakim olacak kadar artar ve gerçekten, durumun çarpıtılmış olduğunu göremezsiniz. Bu durum size bütünüyle çok gerçekmiş gibi gözükür. Yarattığınız cehennem yanılsaması çok inandırıcıdır.

Kendinizi depresif ve zavallı hissettikçe, düşünceniz de daha çarpılacaktır. Fakat, zihinsel çarpıtmalar olmadığında, benlik değerinizi düşük veya kendinizi depresif hissedemezsiniz.

Kendinizi hor gördüğünüzde genellikle ne tür zihin hataları yapıyorsunuz? Başlamak için iyi bir yer, 3.Bölümde uzmanlaşmaya başladığınız çarpıtmaların listesidir. Değersiz hissetmekle ilgili dikkat edilmesi gereken ve en sık yapılan zihinsel çarpıtma ya hep ya hiç şeklinde düşünmektir. Yaşamı sadece uç noktalarda görürseniz, performansınızın ya muhteşem ya da berbat olacağına inanırsınız - başka hiçbir seçenek yoktur. Bir satıcının bana söylediği gibi, "Aylık satışlar için hedefimin % 95'ini ya da daha iyisini elde etmek başarı olarak kabul edilebilir. %94 ve altı tam bir başarısızlıkla eşdeğerdir."

Kendini değerlendirmede "ya hep ya hiç" sistemi sadece gerçekçi olmayan ve kendinize zarar verici bir çarpıtma olmayıp, ayrıca aşırı bunaltıya, endişeye ve sıklıkla hayal kırıklığına neden olur. Bana yönlendirilen depresif bir psikiyatrist hüzünlü hissettiği iki haftalık bir dönem boyunca sertleşmede güçlük ve cinsel arzu eksikliği yaşamıştı. Mükemmeliyetçi eğilimleri, sadece ünlü profesyonel kariyerinde baskın olmamış aynı zamanda cinsel yaşamına da hakim olmuştu. Bu nedenle, karısıyla evlilik yaşantısının yirmi yılı boyunca, programa bağlı kalarak, düzenli bir biçimde gün aşırı cinsel ilişkiye giriyordu. Azalmış cinsel isteğine rağmen – ki bu depresyonun sık rastlanan bir belirtisidir - kendi kendine, "Cinsel ilişkiyi, programlı bir şekilde devam ettirmek zorundayım." diyordu. Bu düşünce öyle kaygı yaratmıştı ki gitgide tatmin edici bir sertleşme yaşayamaz olmuştu. Mükemmel cinsel ilişki programında bir bozulma olduğu için, şimdi kendini ya hep ya hiç sisteminin "hiç" tarafıyla dövüyordu ve "Bir koca olarak yetersizim. Ben bir erkek bile değilim. Ben değersiz bir hiçim." sonucuna varmıştı. Başarılı (ve bazıları harika bile diyebilir) bir psikiyatrist olmasına rağmen, bana gözyaşları içinde "Dr. Burns, siz ve ben, her ikimiz de bir daha cinsel ilişkide bulunamayacağımın inkar edilemez bir gerçek olduğunu biliyoruz." diye açılmıştı. Yıllar süren tıp eğitimine rağmen, kendini böyle bir düşünceye gerçekten inandırabilmişti.

Değersizlik Duygusunun Üstesinden Gelmek

Şimdi şöyle diyor olabilirsiniz, "Tamam, değersizlik algısının ardında gizlenen bir mantıksızlık olduğunu görebiliyorum. En azından *bazı* insanlar için. Fakat bu kişiler esas olarak başarılı insanlar, benim gibi değiller. Ünlü doktorları ve işadamlarını tedavi ediyorsunuz. Herhangi biri size özgüveninin olmamasının mantıksız olduğunu söylemiş olabilir. Fakat, ben gerçekten sıradan bir *hiçim.* Diğerleri, benden daha iyi görünüyorlar, daha popülerler ve daha başarılılar. Öyleyse bu konuda ben ne yapabilirim ki? Hiç bir şey! Değersizlik duygum çok geçerli. Bir gerçeğe dayanıyor, bu yüzden mantıklı *düşünmek* pek teselli etmiyor. Kendimi kandırmaksızın, bu kötü duygulardan kurtulmanın bir yolu olmadığını düşünüyorum ve siz de ben de bunun işe yaramayacağını biliyoruz." Öncelikle, çoğu terapist tarafından kullanılan, değersizlik sorununuza tatminkar çözümler sağlamadığını düşündüğüm bir çift popüler yaklaşımı göstermeme izin verin. Sonra, size anlamlı gelebilecek ve yardımcı olacak bazı yaklaşımları göstereceğim.

Temelde değersiz olduğunuz inancınızda bir miktar gerçeklik payı olabileceğini düşünerek, bazı psikoterapistler yetersizlik duygularınızı terapi seansında açığa vurmanıza izin verebilirler. Bu duygulardan kurtulmanızda hiç şüphesiz bir miktar fayda vardır. Rahatlamaya yönelik bu boşalma bazen, ama her zaman değil, geçici bir duygudurum düzelmesiyle sonuçlanabilir. Ancak, terapist kendinize yönelik değerlendirmenizin geçerliliği hakkında nesnel geribildirim vermezse, onun sizinle aynı fikirde olduğu sonucuna varabilirsiniz. Ve haklı olabilirsiniz! Aslında, siz kendiniz gibi onu da kandırmış olabilirsiniz! Sonuç olarak, kendinizi olasılıkla daha da yetersiz hissedeceksiniz.

Terapi seansı süresince uzayan sessizlikler daha fazla hayal kırıklığı yaşamanıza ve eleştirel iç sesinizle fazlasıyla meşgul olmanıza neden olabilir – bir duyusal yoksunluk deneyi gibi. Terapistin edilgen bir rol benimsediği bu tarz yönlendirici olmayan bir terapi, sıklıkla, hastada daha fazla kaygı ve depresyon yaratır. Empatik ve ilgili bir terapistle duygusal boşalma sağlamanın sonucunda kendinizi daha iyi hissetseniz bile, eğer kendinizi ve yaşamınızı değerlendirme biçiminizi önemli derecede değiştirmediyseniz, düzelme duygusu kısa süreli olacaktır. Kendinize zarar veren düşünme ve davranış biçimlerinizi yeteri kadar tersine çevirmediğiniz sürece, yeniden depresyona girebilirsiniz.

Duygusal boşalma değersizlik duygusunun üstesinden gelmek için nasıl yeterli değilse, içgörü ve psikolojik yorum da genellikle işe yaramaz. Örneğin, Jennifer, romanının yayınlanmasından önce yaşadığı panik nedeniyle tedaviye gelen bir yazardı. İlk seansta, bana şöyle demişti, "Birkaç terapiste gittim. Terapistler, sorunumun *mükemmeliyetçilik* ve karşılanması olanaksız beklentilerim ve taleplerim olduğunu söylediler. Ayrıca bu özelliğimi, kompulsif ve mükemmeliyetçi olan annemden almış olabileceğimi öğrendim. Annem, inanılmaz derecede temiz olan bir odada on dokuz tane yanlış şey bulabilir. Her zaman onu memnun etmeye çabaladım; fakat, ne kadar iyi yaparsam yapayım bunu çok nadiren başardığımı hissettim. Terapistler bana şöyle dediler "Herkesi annen gibi görmeyi bırak! O kadar mükemmeliyetçi olmaktan vazgeç!" Fakat bunu nasıl yapacağım? Yapmaktan memnun olurum, yapmak isterim, fakat şimdiye kadar hiç kimse bunu nasıl becereceğimi söyleyemedi."

Jennifer'ın şikayeti, görüşmelerimde neredeyse her gün duyduğum bir şey. Sorununuzun kaynağını ya da doğasını belirlemek içgörü kazandırabilir; fakat, genellikle davranışınızın değişmesini sağlayamaz. Bu şaşırtıcı bir durum değil. Yıllardır, düşük özgüveninizi besleyen kötü zihinsel alışkanlıkları sürdürüyorsunuz. Sorunu düzeltmek sistematik ve sürekli bir çaba gerektirecektir. Bir kekeme düzgün konuşamadığına ilişkin içgörüsünden ötürü kekelemeyi bırakır mı? Bir tenisçinin atışları, sadece antrenörünün topu çok sık ağa taktığını söylemesiyle gelişir mi?

Duyguların açığa vurumu ve içgörü – standart psikoterapötik diyetin iki ağır topu - işe yaramayacaktır, öyleyse ne yapacağız? Bilişsel bir terapist olarak, değersizlik hissinizle ilgilenirken üç amacım var: *Düşünce, duygu ve davranış* biçimlerinizde hızlı ve kararlı bir dönüşüm. Günlük yaşamınızda uygulayabileceğiniz basit somut yöntemleri içeren sistematik bir eğitim programı sayesinde bu sonuca ulaşabileceksiniz. Bu programa düzenli bir zaman ve çaba harcamaya istekli iseniz, çabanızla orantılı olarak başarı bekleyebilirsiniz.

İstiyor musunuz? Öyleyse, başa dönelim. Duygu durumunuzda ve kendilik imajınızda düzelme yolunda ilk önemli adımı atmak üzeresiniz.

Değerlilik duygusunu geliştirmenize yardımcı olacak özel ve kolay uygulanabilen birçok teknik geliştirdim. Aşağıdaki bölümleri okudukça, sadece bunları okumanın özgüveninizi arttırmayı garantilemediğini – en azından çok uzun bir süreliğine değil - aklınızda tutun. Bunların üzerinde çalışmak ve çeşitli alıştırmaları uygulamak zorundasınız. Aslında, kendilik imajınızı geliştirme çalışmaları yapabilmek için, her gün, kendinize belirli bir zaman ayarlamanızı öneririm; çünkü, *sadece* bu şekilde en hızlı ve en kalıcı yoldan kişisel gelişmeyi yaşantılama şansınız olur.

Özgüveni Arttırmak için Özgül Yöntemler

1. İç eleştirinize karşı konuşun! Değersizlik hissi içinizdeki kendinizi eleştiren diyalog tarafından oluşturulmuştur. "Hiç iyi değilim." "Berbatım." "Diğer insanlara göre aşağıdayım." ve bunun gibi değer düşürücü ifadeler, umutsuzluk duygularını ve düşük özgüveni yaratır ve besler. Bu kötü zihinsel alışkanlığın üstesinden gelmek için, üç adım gereklidir:

a. Aklınızdan geçtikçe eleştirel düşünceleri tanımak ve yazmak üzere kendinizi eğitin.

b. Bu düşüncelerin neden çarpıtılmış olduğunu öğrenin

c. Daha gerçekçi bir kendini değerlendirme sistemi geliştirmek için bu düşüncelerinizle konuşun.

Bunu başarmak için etkili bir yöntem "üç sütun tekniği"dir. Basitçe, bir kağıdı üç sütuna bölecek şekilde, aşağıya doğru iki çizgi çizin. (Şekil 4-1) Sol sütunu "Otomatik Düşünceler (Öz eleştiri)", orta sütunu "Bilişsel Çarpıtma" ve sağ sütunu "Mantıklı Yanıt (Kendini savunma)" olarak adlandırın. Sol sütuna değersiz ve keyifsiz hissettiğinizde aklınızdan geçen incitici/zarar verici tüm özeleştirileri yazın.

Örneğin, diyelim ki, birden önemli bir toplantı için geç kaldığınızı fark ettiniz. İçiniz ezilir ve paniğe kapılırsınız. Şimdi kendinize sorun, "Şu anda kafamdan hangi düşünceler geçiyor? Kendime ne söylüyorum? Bu beni neden üzüyor?" Sonra bu düşünceleri sol sütuna yazın.

"Hiçbir şeyi doğru yapmıyorum." ve "Her zaman geç kalıyorum." diye düşünüyor olabilirsiniz. Bu düşünceleri sol sütuna yazın ve numaralandırın (Şekil 4-1). Ayrıca "Herkes beni hor görecek. Bu benim ne kadar aptal olduğumu gösterir." diye de düşünmüş olabilirsiniz. Bu düşünceleri, kafanızdan geçtiği hızla not alın. Neden? Çünkü bunlar üzüntünüzün asıl *nedenidir*. Bunlar, etinizi koparan bıçaklar gibi içinizi parçalayacaklardır. Ne demek istediğimi bildiğinizden eminim; çünkü, bunu mutlaka *hissetmişsinizdir*.

İkinci adım nedir? 3.Bölümü okuduğunuzda çoktan bunun için hazırlanmaya başladınız. On bilişsel çarpıtma listesini kullanarak, olumsuz otomatik düşüncelerinizin her birindeki düşünce hatalarını saptayıp saptayamadığınızı belirleyin. Örneğin, "Hiç bir zaman hiçbir şeyi doğru düzgün yapmıyorum.", aşırı genellemeye bir örnektir. Bunu orta sütuna yazın. Şekil 4-1'de görüldüğü gibi diğer otomatik düşüncelerinizdeki çarpıtmaları saptayarak devam edin.

Şimdi duygudurum dönüşümü için önemli bir adım atmaya hazırsınız – sağ sütuna daha mantıklı ve daha az üzücü bir düşünce yerleştirmek. Mantıksallaştırarak ya da nesnel olarak geçerli olmadığını düşündüğünüz şeyler söyleyerek kendinizi neşelendirmeye çalışmıyorsunuz. Aksine, *gerçeği* anlamaya çalışın. Eğer "Mantıklı Yanıt" sütununda yazdıklarınız inandırıcı ve gerçekçi değilse, bir damla bile yardımı olmayacaktır. Özeleştirinize karşı yanlışı gösterdiğinizden emin olun. Bu mantıklı yanıt, kendinizi eleştiren otomatik düşüncenizin mantıksız ve hatalı yanlarını içermelidir.

Şekil 4-1. Üç sütun tekniği bir şekilde hata yaptığınızda hakkınızda düşündüklerinizi yeniden yapılandırmak için kullanılabilir. Amaç, olumsuz bir olay olduğunda otomatik olarak zihninize doluşan mantıksız, katı özeleştirilerin yerine daha nesnel, mantıklı düşünceleri yerleştirmektir.

Otomatik Düşünce (Öz Eleştiri)	Bilişsel Çarpıtma	Mantıklı Yanıt (Kendini Savunma)
1. Hiçbir şeyi hiçbir zaman doğru yapmıyorum.	1. Aşırı genelleme	1. Saçma! Bir sürü şeyi doğru yapıyorum.
2. Her zaman geç kalıyorum.	2. Aşırı genelleme	2. Her zaman geç kalmıyorum. Bu gülünç. Dakik olduğum tüm zamanları düşünüyorum. Arzu ettiğimden daha sık geç kalıyorsam, bu sorun üzerine çalışacağım ve daha dakik olmak için bir yöntem geliştireceğim.
3. Herkes beni hor görüyor.	3. Akıl okuma Aşırı genelleme Ya hep ya hiç tarzı düşünme Falcılık hatası	3. Birileri geç kalmamdan ötürü hayal kırıklığı yaşamış olabilir ama bu dünyanın sonu değil. Belki de toplantı zamanında başlamayacaktı bile.
4. Bu benim ne kadar aptal olduğumu gösterir.	4. Etiketleme	4. Bırak hadi, "Ben bir kazma değilim."
5. Kendimi aptal yerine koyacağım.	5. Etiketleme Falcılık hatası	5. Aynen. Ben bir "aptal"da değilim. Eğer içeri geç girersem aptal gibi gözükebilirim, fakat bu beni aptal yapmaz. Herkes bazen geç kalabilir.

Örneğin, "Hiçbir zaman hiçbir şeyi doğru yapmıyorum." inancına yanıt olarak, "Hadi canım! Ben de herkes gibi bazı şeyleri doğru, bazı şeyleri yanlış yapıyorum. Randevuma geciktim; fakat bunu gereğinden fazla abartmayalım." yazabilirsiniz.

Belirli bir olumsuz düşünceye mantıklı bir yanıt düşünemediğinizi varsayalım. Birkaç gün için bunu unutun ve daha sonra buna geri dönün. Çoğunlukla madalyonun diğer yüzünü görebileceksiniz. Üç sütun tekniği üzerinde bir ya da iki aylık bir süre boyunca her gün on beş dakika çalışırsanız, giderek daha kolay yapabileceğinizi göreceksiniz. Uygun mantıklı yanıtı kendi başınıza düşünemiyorsanız, diğer insanlara üzüntü verici bir düşünceye karşı nasıl bir yanıt oluşturabildiklerini sormaktan çekinmeyin.

Bir uyarı notu: Otomatik Düşünce sütununda duygusal tepkilerinizi tanımlayan kelimeler *kullanmayın*. Sadece duyguyu yaratan düşünceleri yazın. Örneğin; diyelim ki, arabanızın bir lastiğinin patladığını fark ettiniz. "Berbat hissediyorum." yazmayın; çünkü, bunu mantıklı bir yanıtla çürütemezsiniz. Durum, berbat *hissettiğinizdir*. Bunun yerine, lastiği gördüğünüz anda aklınızdan otomatik olarak geçen düşünceleri yazın; örneğin, "Ben çok aptalım! Geçen ay yeni bir lastik almam gerekirdi.", ya da "Allah kahretsin! Bu sadece benim kötü şansım!" Sonra "Yeni bir lastik alsaydım daha iyi olurdu, fakat aptal değilim ve hiç kimse geleceği kesin biçimde tahmin edemez." gibi mantıklı bir yanıtla yer değiştirebilirsiniz. Bu işlem, lastiği şişirmeyecektir, fakat en azından patlamış bir egoyu da değiştirmeniz gerekmeyecek.

Duygularınızı, Otomatik Düşünce sütununda tanımlamamanız çok daha iyi olabilir; ancak, duygularınızın ne kadar düzeldiğini saptayabilmek için üç sütun tekniğini kullanmadan önce ve kullandıktan sonra bir miktar "duygusal muhasebe" yapmak yardımcı olabilir. Otomatik düşüncelerinizi saptayıp yanıtlamadan önce, ne kadar üzüntülü hissettiğinizi %0 ile %100 arasında kaydederek çok kolaylıkla bunu yapabilirsiniz. Önceki örnekte, patlak lastiği gördüğünüz anda %80 sinirli ve kızgın olduğunuzu not etmiş olabilirsiniz. Sonra, yazılı alıştırmayı bitirdiğinizde, ne kadar rahatlama hissettiğinizi kaydedebilirsiniz, diyelim ki sinirliliğiniz ve kızgınlığınız %40'a düştü. Eğer bir düşüş varsa, yöntemin işinize yaradığını anlayacaksınız.

Dr. Aaron Beck tarafından İşlevsel Olmayan Düşüncelerin Günlük Kaydı olarak adlandırılan daha ayrıntılı bir form sadece üzüntü verici düşünceleri değil de ayrıca, duygularınızı ve bunları tetikleyen olumsuz olayı da kaydetmenize fırsat verir. (şekil 4-2)

Örneğin, diyelim ki yaşam sigortası satıyorsunuz ve potansiyel bir müşteri, kızılacak bir şey olmamasına rağmen size hakaret ediyor ve telefonu yüzünüze kapatıyor. O günkü olayı, Otomatik Düşünce(ler) Sütununda değil de Durum Sütunu'nda tanımlayın. Sonra uygun sütuna duygularınızı ve bunları yaratan olumsuz çarpıtılmış düşünceleri yazın. Son olarak, bu düşüncelere karşı konuşun ve duygusal muhasebenizi yapın. Bazı kişiler İşlevsel Olmayan Düşüncelerin Günlük Kaydı'nı kullanmayı tercih eder; çünkü, bu o kişilere olumsuz olayları, düşünceleri ve duyguları sistematik bir şekilde analiz etme olanağı sağlar. Kendinizi en rahat hissettiren tekniği kullandığınızdan emin olun.

Olumsuz düşüncelerinizi ve mantıklı yanıtlarınızı yazmak size basit, etkisiz ve hatta yutturmaca gelebilir. Başlangıçta "Bunun ne faydası var? Bu işe yaramayacaktır. İşe yarayamaz; çünkü, ben gerçekten umutsuz ve değersizim." diyerek bunu yapmayı reddeden diğer bazı hastalarla aynı duyguları paylaşabilirsiniz.

Bu tavır sadece kendini doğrulayan bir kehanet olarak hizmet edebilir. Eğer bir aracı almak ve kullanmak konusunda istekli değilseniz, işi de yapamazsınız. İki hafta boyunca her gün on beş dakika süresince otomatik düşünceleri ve mantıklı yanıtları yazarak başlayın ve Burns Depresyon Kontrol Envanteri ile ölçüldüğü gibi, bunun duygudurumunuz üzerindeki etkisini görün. Kendilik imajınızdaki gelişim ve sağlıklı bir değişim döneminin başlangıcını fark ettiğinizde şaşırabilirsiniz.

Şekil 4-2. İşlevsel Olmayan Düşüncelerin Günlük Kaydı

Durum	**Duygu(lar)** **1. Mutsuz/ kaygılı/ kızgın vb. gibi belirtin.** **2. %1-100 arasında duygunun derecesini değerlendirin**	**Otomatik Düşünce(ler)** **Otomatik düşünceleri ve eşlik eden duyguları yazın**	**Bilişsel çarpıtma(lar)** **Her otomatik düşüncede var olan çarpıtmaları saptayın**	**Mantıklı yanıt(lar)** **Otomatik düşüncelere mantıklı yanıt(lar)ı yazın**	**Sonuç** **Ardından gelen duyguları belirleyin ve %0-100 arasında derecelendirin.**
Yeni sigorta programımızı tanıtmak için telefon açtığımda potansiyel müşteri üzerime geldi ve telefonu yüzüme kapattı. "Çekil git başımdan" dedi.	Kızgın, %99 Üzgün, %50	1.Hiçbir zaman poliçe satamayacağım. 2.Adi herifi boğmak istiyorum. 3.Yanlış bir şey söylemiş olmalıyım.	1.Aşırı genelleme 2.Büyütme, etiketleme 3.Sonuçlara atlama; kişiselleştirme	1.Bir sürü poliçe sattım. 2.Müdahale edici bir şekilde davrandı. Bazen hepimiz yapıyoruz. Niye bunun beni ele geçirmesine izin vereyim. 3.Aslında genellikle, yeni bir müşteriye yaklaştığım tarzdan farklı hiçbir şey yapmadım. Neden bu kadar sorun ediyorum?	Kızgın, %50 Üzgün, %10

Açıklama:: Keyifsiz bir duygu yaşadığınızda bunu uyaran durumu kaydedin, sonra duyguyla bağlantılı otomatik düşünceyi kaydedin. Duygunun değerlendirme derecesinde, 1=çok az 100=olabilecek en yoğun.

Bu, sürekli arkadaşları tarafından eleştirilme endişesi taşıyan ve özgüven duygusu oldukça düşük olan genç sekreter Gail'in deneyimiydi. Oda arkadaşının bir partiden sonra daireyi temizleme talebine karşı öylesine duyarlıydı ki, kendini reddedilmiş ve değersiz hissetmişti. Başlangıçta, daha iyi hissedebilme olasılığı konusunda öylesine karamsardı ki, onu üç sütun tekniğine bir fırsat vermeye zor ikna ettim. İsteksiz olarak bunu denemeye karar verdikten sonra, özgüvenindeki ve duygudurumundaki hızlı dönüşümü gördüğünde şaşırmıştı. Gün boyu aklından geçen birçok olumsuz düşünceyi yazmanın nesnellik kazanmasına yardımcı olduğunu belirtti. Bu düşünceleri çok ciddiye almaktan vazgeçti. Gail, günlük yazılı alıştırmaları sonucu, daha iyi hissetmeye başladı ve kişiler arası ilişkilerinde önemli bir şey gerçekleşti. Gail'in ev ödevinden bir alıntı Şekil 4-3'te görülmektedir.

Gail'in bu yaşadıklarına hiç de az rastlanmaz. Gün içinde, olumsuz düşüncelerinizi mantıklı yanıtlarla karşılamayı içeren basit alıştırma bilişsel yöntemin çekirdeğini oluşturur. Bu, düşünce biçiminizi değiştirmek için en önemli yaklaşımlardan biridir. Otomatik düşüncelerinizi ve mantıklı yanıtlarınızı *yazmanız* önemli; alıştırmayı kafanızda yapmaya çalışmayın. Bunları yazmak, sizi, yanıtların zihninizde girdap gibi dönmesine izin vermekle elde edebileceğinizden çok daha fazla nesnellik kazanmaya zorlar. Sizi üzen zihinsel hataları yerli yerine yerleştirmenize de yardım eder. Üç sütun tekniği sadece kişisel yetersizlik sorunlarıyla sınırlı değildir, çarpıtılmış düşünmenin merkezi bir rol oynadığı farklı duygusal zorluklara da uygulanabilir. Normalde bütünüyle "gerçekçi" olarak varsaydığınız iflas, boşanma ya da ciddi akıl hastalığı gibi sorunlardaki asıl acı veren noktayı bulup çıkartabilirsiniz. Son olarak, hastalıktan korunma ve kişisel gelişme bölümünde, duygudurum dalgalanmalarının nedenlerinin gizlendiği ruh girintilerinin içine dalmak için otomatik düşünce yönteminin biraz değişik halini nasıl uygulayabileceğinizi öğreneceksiniz. Başlangıçta, depresyona yatkın olmanıza neden olan, zihninizdeki bu "baskı noktalarını" ortaya koyup değiştirebilirsiniz.

2. Zihinsel Geribildirim. Çok kullanışlı olabilecek ikinci bir yöntem, bir bilek sayacı ile olumsuz düşüncelerinizi izlemeyi içerir. Böyle bir sayacı spor eşyaları satan bir mağazadan ya da bir golf mağazasından alabilirsiniz, bir kol saati gibi gözükür, pahalı değildir ve düğmeye her bastığınızda numara değişir. Aklınızdan kendinizle ilgili olumsuz bir düşünce geçtiğinde, her defasında düğmeye basın; böylesi düşünceler için uyanık olun. Günün sonunda, günlük toplam puanınızı not edin ve bunu bir deftere yazın.

Şekil 4-3. Gail'in "üç sütun tekniği"ni kullandığı ödevlerinden bir alıntı. Sol sütuna, oda arkadaşı daireyi temizlemesini istediğinde otomatik olarak aklından geçen olumsuz düşünceleri kaydetti. Orta sütunda çarpıtmalarını belirledi ve sağ sütuna daha gerçekçi yorumlarını yazdı. Bu günlük yazılı alıştırma onun kişisel gelişimini fazlasıyla hızlandırdı ve güçlü bir duygusal rahatlamayla sonuçlandı.

Otomatik Düşünceler (Öz Eleştiri)	**Bilişsel Çarpıtma**	**Mantıklı Yanıt (Kendini Savunma)**
1.Herkes benim ne kadar dağınık ve bencil olduğumu bilir.	Sonuçlara atlama (akıl okuma); aşırı genelleme	1.Bazen dağınığım ama bazen de organize olabiliyorum. Herkes benim hakkımda aynı şeyi düşünmüyor.
2.Ben bütünüyle ben merkezci ve düşüncesizim. Ben hiç iyi değilim.	Ya hep ya hiç tarzı düşünme	2.Bazen düşüncesizim ve bazen de gayet düşünceli olabiliyorum. Olasılıkla bazı zamanlarda açıkça ben-merkezci davranıyorum. Bunun üzerinde çalışabilirim. Mükemmel olmayabilirim, ama "iyi değil" değilim.
3.Oda arkadaşım olasılıkla benden nefret ediyor. Gerçek arkadaşlarım yok.	Sonuçlara atlama (akıl okuma); ya hep ya hiç tarzı düşünme	3.Arkadaşlıklarım herkesinki kadar gerçek. Bazen eleştirileri insan olarak Gail'in reddedilmesi olarak görüyorum. Fakat diğerleri beni genellikle reddetmiyor. Sadece yaptığım (ya da söylediğim) şeyi beğenmediklerini ifade ediyorlar ve yine de sonrasında beni kabul ediyorlar.

İlk başta, sayının arttığını fark edeceksiniz; bu artış, eleştirel düşünceleri belirlemede beceriniz arttıkça birkaç gün devam edecektir. Günlük toplamın bir hafta on gün gibi kısa bir zamanda tepe noktasına ulaştığını ve sonrasında azalmaya başladığını fark etmeye başlayacaksınız. Bu, zarar verici düşüncelerinizin azaldığının ve iyileşmenin belirtisidir. Bu yaklaşım genellikle üç hafta gerektirir.

Bu kadar basit bir tekniğin nasıl bu kadar işe yaradığı kesin olarak bilinmemektedir; fakat, sistematik kendini izleme, sıklıkla, kendini kontrol edebilme becerisinin artmasına için yardımcı olur. Kendinize nutuk çekmekten vazgeçmeyi öğrendikçe, çok daha iyi hissedeceksiniz.

Bir bilek sayacı kullanmaya karar vermeniz durumunda, bunun, her gün on, on beş dakika ayırıp çarpıtılmış olumsuz düşünceleri yazmanız ve daha önceki sayfalarda anlatılan şekilde onları yanıtlamanızın bir alternatifi olmadığını vurgulamak isterim. Yazılı yöntem es geçilemez; çünkü, o, sizi sıkıntıya sokan düşüncelerin mantıksız doğasını gün ışığına çıkarır. Bunu düzenli yaptıkça, diğer zamanlarda da acı veren bilişlerinizi en başından durdurabilmek için bilek sayacınızı kullanabilirsiniz.

3. Uğraşın, Üzülmeyin!- Kendisinin "kötü bir anne" olduğunu düşünen kadın. Önceki bölümleri okudukça, şöyle itiraz etmiş olabilirsiniz. "Bunların hepsi benim düşüncelerimle ilgili. Fakat ya benim sorunlarım gerçekçi ise? Farklı düşünmenin bana ne yararı olacak? İlgilenilmesi gereken gerçek yetersizliklerim var."

Nancy bu şekilde hisseden 34 yaşında iki çocuk annesi bir kadındı. 6 yıl önce ilk kocasından boşanmış ve çok yakın bir zamanda yeniden evlenmişti. Üniversiteyi yarı zamanlı bitirmişti ve genellikle canlı, istekli ve ailesine oldukça bağlı biriydi. Uzun yıllar boyunca depresyon dönemleri yaşamıştı. Bu keyifsiz dönemlerde, kendisi ve başkaları hakkında oldukça eleştirel oluyor ve kendine karşı şüpheci olduğunu ve kendini güvende hissetmediğini ifade ediyordu. Bana böyle bir depresyon döneminde yönlendirilmişti.

Kendine duyduğu kızgınlığın şiddeti karşısında şaşırmıştım. Oğlunun öğretmeninden, çocuğun okulda birtakım güçlükler yaşadığını belirten bir not almıştı. Tepkisi hemen üzülmek ve kendini suçlamaktı. Aşağıdaki diyalog terapi seansımızdan bir alıntıdır:

Nancy: Bobby ile ödevi üzerinde çalışmalıydım; çünkü, şu aralar çok dağınık ve okul için hazır değil. Bobby'nin özgüveni olmadığını ve verilen yönergeleri yeterince dinlemediğini söyleyen öğretmeniyle konuştum. Sonuç olarak, okuldaki durumu kötüleşiyor. Görüşmeden sonra birtakım kendimi eleştiren düşüncelerim oldu ve birden üzgün hissettim. Kendime, iyi bir annenin her gece çocuklarıyla bir aktivite yaparak zaman geçirdiğini söylemeye başladım. Onun yanlış davranışından –yalan söylemek, okulda başarılı olmamak- ben sorumluyum. Onu nasıl idare edeceğimi bilemiyorum. Ben gerçekten kötü bir anneyim. Onun aptal olduğunu, sınıfta kalmak olmak üzere olduğunu ve bu durumun benim hatam olduğunu düşünmeye başladım.

İlk stratejim ona "Ben kötü bir anneyim." ifadesine nasıl saldıracağını öğretmekti; çünkü, bu özeleştirinin, Bobby'i krizden kurtaracak çabalarında ona fayda sağlamayacağını, aksine felç edici içsel bir ıstırap yaratacağını, dahası zarar verici ve gerçek dışı bir ifade olduğunu düşünüyordum.

David: Tamam, bu "Ben kötü bir anneyim" ifadesinde yanlış olan ne?

Nancy: Yani…

David: "Kötü anne" diye bir şey var mı?

Nancy: Tabi ki.

David: "Kötü anne" tanımınız nedir?

Nancy: Kötü bir anne çocuklarını yetiştirirken kötü iş çıkaran biridir. Diğer anneler kadar etkili değildir, bu yüzden çocukları kötü olurlar. Bu gayet açık gözüküyor.

David: Öyleyse siz "kötü annenin" annelik becerilerinde başarısız olduğunu söyleyeceksiniz. Tanımınız bu mu?

Nancy: Bazı annelerin annelik becerileri yoktur.

David: Fakat tüm annelerin, annelik becerileri bir noktaya kadar yoktur.

Nancy: Öyle mi?

David: Bu dünya da annelik becerilerinde mükemmel olan hiç bir anne yok, yani herkesin kısmen bir eksiği var. Tanımınıza göre, tüm anneler kötü annelerdir gibi duruyor.

Nancy: *Ben* kötü bir anne olduğumu hissediyorum, fakat herkes değildir.

David: Peki, yeniden tanımlayın. "Kötü anne" nedir?

Nancy: Kötü bir anne çocuklarını anlamayan ya da sürekli yıkıcı hatalar yapan biridir. Zararlı olan hatalar.

David: Bu yeni tanıma göre, "kötü anne" değilsiniz ve "kötü anneler" yok; çünkü, hiç kimse sürekli yıkıcı hatalar yapmaz.

Nancy: Hiç kimse mi?

David: Kötü bir annenin sürekli yıkıcı hatalar yaptığını söylediniz. Günde 24 saat yıkıcı hatalar yapan bir insan yoktur. Her anne bazı şeyleri doğru yapabilir.

Nancy: Peki, her zaman cezalandıran, vuran, istismar edici ebeveynler olabilir-gazetelerde bu tür ebeveynlerle ilgili haberleri okursunuz. Onların çocukları hırpalanmış oluyorlar. Kesinlikle kötü anne diye bir şey vardır.

David: İstismar edici davranışa başvuran ebeveynler vardır, doğru. Bu kişiler davranışlarını düzeltebilirler, bu da onların kendileri ve çocukları hakkında daha iyi hissetmelerini sağlayabilir. Fakat böyle ebeveynlerin *sürekli* istismar edici ve yıkıcı şeyler yaptığını söylemek çok gerçekçi değildir, ve onlara "kötü" etiketini yapıştırmak işe yaramayacaktır. Böyle kişilerin saldırganlıkla ilgili bir sorunu vardır ve kendilerini kontrol edebilmek için eğitilmeleri gerekebilir; fakat onları kötü olduklarına ikna etmeye çalışırsanız işler daha da kötüleşir. Zaten genelde kötü insanlar olduklarına inanırlar ve bu durum sorunlarının bir parçasıdır. Onları "kötü anneler" olarak etiketlemek doğru olmaz, ve üstelik bir yangını gaz dökerek söndürmeye çalışmak kadar sorumsuzcadır.

Bu noktada, Nancy'e kendisini "kötü anne" olarak etiketlemesinin sadece yenik düşmesine neden olan bir tavır olduğunu göstermeye çalışıyordum. "Kötü anne"yi nasıl tanımlarsa tanımlasın, tanımının gerçekçi olmadığını göstermeyi umuyordum. Üzülmek ve kendisini değersiz olarak etiketlemek şeklindeki yıkıcı eğilimini bıraktığı noktadan sonra, oğlunun okulla ilgili sorunlarına yardımcı olabilecek baş etme stratejileri geliştirebilmesi olanaklı olabilecekti.

Nancy: Fakat, halen "kötü bir anne" olduğumu hissediyorum..

David: Peki, bir kez daha, tanımınız nedir?

Nancy: Çocuğuna yeterince ilgi göstermeyen, olumlu anlamda ilgilenmeyen biri. Ben okulda çok meşgulüm. Oğlumla her ilgilendiğimde bu ilginin tümüyle olumsuz yönde bir ilgi olabileceğinden korkuyorum. Kim bilebilir? İşte bunu söylemeye çalışıyorum.

David: "Kötü anne" çocuğuna yeteri kadar ilgi göstermeyen annedir diyorsunuz? Neye yetecek kadar?

Nancy: Yaşamda çocuğun iyi bir şeyler yapmasına yetecek kadar.

David: *Her şeyi* mi, yoksa bazı şeyleri mi iyi yapmak?

Nancy: Bazı şeyleri. Hiç kimse her şeyi iyi yapamaz.

David: Bobby bazı şeyleri iyi yapıyor mu? Herhangi bir iyi tarafı var mı?

Nancy: Oh, evet. Zevk aldığı ve iyi yaptığı çok şey var.

David: Öyleyse sizin tanımınıza göre siz "kötü anne" olamazsınız; çünkü, oğlunuz çoğu şeyi iyi yapıyor.

Nancy: Öyleyse neden kötü bir anne gibi hissediyorum?

David: Kendinizi "kötü bir anne" olarak etiketliyorsunuz; çünkü, oğlunuzla daha çok zaman geçirmek istiyorsunuz, bazen yetersiz hissediyorsunuz ve kesinlikle Bobby ile iletişiminizin gelişmesi gerekiyor. Fakat otomatik olarak "kötü bir anne" olduğunuz sonucuna varmanız, sorunları çözmenize yardımcı olmayacaktır. Bu size bir şey ifade ediyor mu?

Nancy: Eğer ona daha fazla ilgi gösterseydim ve daha fazla yardım etseydim, okulda daha başarılı olurdu ve çok daha mutlu olabilirdi. Başarılı olmadığında bunun benim hatam olduğunu düşünüyorum.

David: Öyleyse onun hatalarından dolayı kendinizi suçluyor musunuz?

Nancy: Evet, bu benim hatam. Öyleyse ben kötü bir anneyim.

David: Aynı zamanda onun başarılarından ve mutluluğundan dolayı kendinizi takdir ediyor musunuz?

Nancy: Hayır, takdiri *o* almalı, ben değil.

David: Bunun bir anlamı var mı? Öyle ki, onun hatalarından sorumlusunuz ama güçlü yanlarından sorumulu değilsiniz?

Nancy: Hayır.

David: Gelmek istediğim noktayı anlıyor musunuz?

Nancy: Evet.

David: "Kötü anne" bir soyutlamadır; dünya da "kötü anne" diye bir şey yoktur.

Nancy: Doğru. Fakat anneler kötü şeyler yapabilir.

David: Onlar sadece insandır, ve insanlar bir yığın şey yapar –iyi, kötü ve nötr. "Kötü anne" sadece bir fantezidir; öyle bir şey yoktur. Sandalye bir şeydir. "Kötü anne" bir soyutlamadır. Bunu anlıyor musunuz?

Nancy: Anladım, fakat bazı anneler diğerlerinden daha tecrübeli ve daha etkili.

David: Evet, ebeveynlik becerileri farklı derecelerde olabilir. Yine de neredeyse herkes için kendini geliştirebilecek bir alan vardır. Anlamlı soru "Ben iyi ya da kötü bir anne miyim?" değildir, "Benim göreceli becerilerim ve zayıflıklarım nelerdir ve geliştirmek için neler yapabilirim?" sorusudur.

Nancy: Anlıyorum. Bu yaklaşım daha anlamlıdır ve daha iyi hissettirir. Kendimi "kötü anne" olarak etiketlersem, sadece yetersiz ve üzüntülü hissediyorum ve üretken hiçbir şey yapmıyorum. Şimdi nereye doğru yol aldığınızı görüyorum. Kendimi eleştirmeye son verdiğimde, daha iyi hissedeceğim ve belki Bobby'e daha çok yardımcı olabileceğim.

David: Doğru! Böylece, bu şekilde baktığınızda, baş etme stratejileri hakkında konuşuyorsunuz demektir. Örneğin, ebeveynlik becerileriniz nelerdir? Bu becerileri geliştirmeye nasıl başlayabilirsiniz? Bu, Bobby ile ilgili olarak önereceğim türden bir şey. Kendinizi "kötü bir anne" olarak görmek duygusal enerjinizi tüketir ve sizi annelik becerilerini geliştirme işinden alıkoyar. Bu sorumsuzluktur.

Nancy: Doğru. Eğer kendimi o ifade ile cezalandırmaya son verirsem, çok daha iyi olacağım ve Bobby'e yardım etmek için çalışmaya başlayabilirim. Kendimi "kötü anne" olarak adlandırmaktan vazgeçtiğim anda, daha iyi hissetmeye başlayacağım.

David: Evet, şimdi "Ben kötü bir anneyim." diyecek gibi olduğunuzda kendinize ne söyleyebilirsiniz?

Nancy: Bobby hakkında beğenmediğim belirli bir şey olduğunda ya da okulda bir sorunu olduğunda kendimden tümüyle nefret etmemem gerektiğini söyleyebilirim. O sorunu *tanımlamaya* çalışabilir, ona karşı *saldırıya geçebilir* ve çözmeye çalışabilirim.

David: Doğru. Şimdi, bu olumlu bir yaklaşım. Olumsuz bir ifadeyi reddediyorsunuz ve sonra olumlu bir ifade ekliyorsunuz. Bu hoşuma gitti.

Sonra Bobby'nin öğretmeninden telefon aldıktan sonra yazdığı birkaç "otomatik düşünceyi" yanıtlaması üzerinde çalıştık. (Şekil 4-4) Nancy kendini eleştiren düşünceleri reddetmeyi öğrendikçe, daha fazla duygusal rahatlama yaşadı. Sonrasında, Bobby'e güçlük çektiği şeyle ilgili yardım etmeye yarayacak bazı özel baş etme stratejileri geliştirebildi.

Baş etme planının ilk adımı Bobby ile yaşadığı güçlükleri konuşmaktı. Böylelikle gerçek sorunun ne olduğunu öğrenebilirdi. Öğretmeninin dediği gibi sıkıntıları mı vardı? Gergin ve güvensiz hissettiği doğru muydu? Son zamanlarda ödevleri ona zor mu geliyordu? Nancy bu bilgileri aldığında ve sorunu tanımladığında,uy gun bir çözüm bulabilmek için iyi bir konumda olacağını fark etti. Örneğin, Bobby bazı derslerini özellikle zor buluyorsa, fazladan ev ödevi yapması konusunda onu cesaretlendirebilmek için bir ödül sistemi geliştirebilirdi. Ayrıca, ebeveynlik becerileri üzerine birtakım kitaplar okumaya karar verdi. Bobby ile ilişkisi iyileşti, Bobby'nin notları ve okuldaki davranışı hızlı bir düzelmeye uğradı.

Nancy'nin hatası, kötü bir anne olduğu hakkında ahlaki bir yargıda bulunarak kendisiyle ilgili genelleyici bir bakış açısını benimsemekti. Bu tür eleştiriler yapmak onu aciz bıraktı; çünkü, bu eleştirel yaklaşım Nancy'de çok büyük ve kötü bir kişisel sorunu olduğu ve bu sorunla ilgili olarak kimsenin bir şey yapamayacağı izlenimini uyandırıyordu. Bu etiketlemenin neden olduğu duygusal üzüntü, sorununu tanımlamasına, parçalara bölmesine ve soruna ilişkin uygun çözümler bulmasına engel oldu. Üzülmeye devam etseydi, Bobby'nin başarısızlığının devam etme olasılığı çok yüksekti ve Nancy iyice etkisiz hale gelecekti.

Şekil 4-4. Nancy'nin Bobby'nin okuldaki zorluklarıyla ilgili ev ödevi. Bu, üç sütun tekniğine benziyor, ancak otomatik düşüncelerindeki bilişsel çarpıtmaları yazmayı gerekli görmemiş.

Otomatik Düşünce (Öz Eleştiri)	**Mantıklı Yanıt (Kendini Savunma)**
1. Bobby'e ilgi göstermedim.	1. Onunla gerçekten *çok fazla zaman* geçiriyorum; çok fazla korumacıyım.
2. Ev ödevlerini onunla birlikte yapmalıydım. Şu aralar dağınık ve okul için hazır değil.	2. Ev ödevi onun sorumluluğu, benim değil. Ona nasıl düzenli olabileceğini anlatabilirim. Benim sorumluluklarım neler? a. Ev ödevlerini kontrol etmek; b. Bunların belirli bir zamanda bitmesinde ısrar etmek; c. Herhangi bir zorluğu olup olmadığını sormak; d. Bir ödül sistemi oluşturmak.
3. İyi bir anne her akşam çocuklarıyla bir aktivite yaparak zaman geçirir.	3. Doğru değil. Yapabildiğimde ve istediğimde zaman geçiriyorum, fakat bu her zaman olanaklı değil. Ayrıca da, programını o yapacak.
4. Kötü davranışından ve okulda iyi olmamasından ben sorumluyum.	4. Ben Bobby'i sadece yönlendirebilirim. Geri kalanı ona kalmış.
5. Ona yardım etseydim okulda başı derde girmezdi. Ev ödevleri için daha önceden yardımcı olsaydım, bu sorun oluşmayacaktı.	5. Öyle değil. Olayları izlemek için ortalarda olsam bile sorunlar olacaktır.
6. Kötü bir anneyim. Boby'nin sorunları olmasına neden oluyorum.	6. Kötü bir anne değilim; çabalıyorum. Yaşamının her alanında neler olup bittiğini kontrol edemem. Belki onunla ve öğretmeniyle konuşabilir ve ona nasıl yardım edebileceğimi bulabilirim. Neden sevdiğim birinin bir sorunu olduğu her seferinde kendimi cezalandırıyorum?
7. Tüm diğer anneler çocuklarıyla çalışıyor, ama ben Bobby ile nasıl geçinmem gerektiğini bilmiyorum.	7. Aşırı genelleme! Doğru değil. Üzülmeyi bırak ve baş etmeye başla.

Nancy'nin öğrendiklerini kendi durumunuza nasıl uygularsınız? Kötü hissettiğinizde ve kendinizi "aptal", "sahtekar", "ahmak bir budala", v.b. gibi olumsuz bir etiketle naya çalıştığınızda gerçekten ne demek istediğinizi ze sormanız yardımcı olabilir. Bu yıkıcı etiketlerde urtulmaya başladığınızda, bunların gelişigüzel ve anlamsız olduğunu göreceksiniz. Bunlar, şaşkınlık ve umutsuzluk yaratarak konuyu bulandırır. Bunlardan kurtulduğunuzda, varolan herhangi bir gerçek sorunu tanımlayabilir ve baş edebilirsiniz.

Özet. Kendinizi hüzünlü hissettiğinizde, olasılıkla yetersiz olduğunuzu ya da sadece iyi olmadığınızı düşüneceksiniz. Kötü bir özünüz olduğuna ve doğuştan yetersiz olduğunuza ikna olacaksınız. Böyle düşüncelere inandığınız oranda, ciddi bir umutsuzluk ve kendinden nefret etme şeklinde bir duygusal tepki yaşayacaksınız. O derece dayanılmaz bir biçimde rahatsız ve kendini kötüleyen biri olursunuz ki ölseniz daha iyi olacağını bile hissedebilirsiniz. Hareket edemez, felçli, yaşamın normal akışında yer almaya korkan ve isteksiz biri haline gelebilirsiniz.

Katı düşünmenizin olumsuz duygusal ve davranışsal sonuçlarından ötürü, ilk adım olarak kendinize değersiz olduğunuzu söylemekten vazgeçin. Ancak, büyük olasılıkla bu ifadelerin *doğru* ve *gerçekçi olmadığına* kesin olarak ikna olmadıkça bunu yapamayacaksınız.

Bu nasıl başarılır? İlk önce insan yaşamının, çok fazla sayıda ve çok hızla değişen düşünceler, duygular ve davranışlar ile birlikte, sürekli değişen bir fiziksel bedeni de içeren bir süreç olduğunu düşünmelisiniz. Bu yüzden yaşamınız, evrim geçiren bir deneyimdir, sürekli bir akıştır. Siz bir şey değilsiniz, bu yüzden herhangi bir etiket kısıtlayıcıdır, fazlasıyla yanlıştır ve genelleyicidir. "Değersiz" ya da "aşağı" gibi soyut etiketler *iletişim açısından bir şey ifade etmezler* ve *anlamsızdırlar*.

Fakat siz halen ikinci sınıf olduğunuza inanabilirsiniz. Kanıtınız nedir? Şöyle akıl yürütebilirsiniz, "Yetersiz hissediyorum. Öyleyse yetersiz *olmalıyım.* Yoksa, neden böyle dayanılmaz duygular hissediyorum ki?" Hatanız duygusal mantık yürütmedir. Duygularınız değerinizi belirlemez, sadece göreceli rahat ya da rahatsız durumunuzu gösterir. Kötü, değersiz ruh haliniz; kötü, değersiz bir insan olduğunuzu kanıtlamaz; sadece siz öyle olduğunuzu düşünüyorsunuzdur; çünkü, geçici olarak üzüntülü bir duygudurum içindesinizdir ve kendiniz hakkında mantıksız ve saçma düşünüyorsunuzdur.

Duygudurumunuzdaki yükselmelerin ya da mutluluk halinizin harika ya da özellikle değerli olduğunuzu kanıtladığını söyleyebilir misiniz? Ya da sadece iyi hissettiğiniz anlamına mı gelirler?

Değerinizi belirleyen duygularınız olmadığı gibi düşünceleriniz veya davranışlarınız da değildir. Bazıları olumlu, yaratıcı ve kolaylaştırıcı olabilir; çoğunluğu da nötrdür. Diğerleri mantıksız, yenik düşmenize neden olan ve uyum bozucu olabilir. Yeterince çaba göstermeye istekliyseniz bunlar değiştirilebilir; fakat, bunlar kesinlikle iyi olmadığınızı göstermezler ve gösteremezler. Bu dünyada değersiz bir insan diye bir şey yoktur.

"Öyleyse özgüven duygusunu nasıl geliştirebilirim?" diye sorabilirsiniz. Yanıt şu; bunu yapmak zorunda değilsiniz! Özgüven yaratmak ya da hak etmek için özellikle değerli bir şey yapmak durumunda değilsiniz; tüm yapmanız gereken şey o eleştirel, nutuk çeken içsel sesi kapatmanızdır. Neden? *Çünkü o eleştirel içsel ses yanlış!* İçsel olarak kendinizi istismar edişiniz mantıksız, çarpıtılmış düşünceleriniz sonucunda olur. Değersizlik duygunuz gerçeğe dayanmıyor, bu sadece depresif hastalığın merkezinde yer alan bir çıban.

Bu yüzden üzgün olduğunuzda üç önemli adımı hatırlayın:

1. Olumsuz otomatik düşünceleri hedefleyin ve yazın. Bu düşüncelerin kafanızda bir iş yapıyormuş gibi ortada dolaşmalarına izin vermeyin; onları kağıt üzerinde tuzağa düşürün.

2. On bilişsel çarpıtmanın listesini yeniden okuyun. Özellikle olanları nasıl çarpıttığınızı ve haddinden fazla abarttığınızı öğrenin.

Kendinizi hor görmenizi sağlayan düşüncenin yerine daha nesnel bir düşünce yerleştirin. Bunu yaptıkça, daha iyi hissetmeye başlayacaksınız. Özgüveninizi arttıracaksınız ve değersizlik duygunuz (ve tabi ki depresyonunuz) kaybolacak.

Bölüm 5

Hiçbirşey Yapmamazlık: Bunu Nasıl Yenmeli?

Son bölümde *düşünme biçiminizi* değiştirerek duygudurumunuzu değiştirebileceğinizi öğrendiniz. Duygudurumunun yükselebilmesi için oldukça etkili olan ikinci bir önemli yaklaşım var. İnsanlar sadece düşünmezler, yaparlar. Bu yüzden davranışınızı değiştirerek hissettiklerinizi değiştirebilir olmak size şaşırtıcı gelmesin. Sadece bir terslik vardır. Depresyonda olduğunuzda bir şey yapmayı pek istemezsiniz.

Depresyonun en yıkıcı yanlarından biri isteğinizi felç etmesidir. En hafif depresyonda, basitçe bir kaç sıkıcı angaryayı erteleyebilirsiniz. İstek eksikliğiniz arttıkça, herhangi bir etkinlik öylesine zor gözükür ki hiçbir şey yapmama isteğiyle boğulmaya başlarsınız. Çok az başarı elde ettiğiniz için, gitgide daha kötü hissedersiniz. Sadece kendinizi normal uyarı ve zevk kaynaklarından mahrum etmekle kalmazsınız, üretkenliğinizin olmaması kendinize öfkenizi arttırır, insanlardan daha fazla uzaklaşırsınız ve kapasiteniz daha da azalır.

İçine düştüğünüz duygusal hapishanenin farkına varmazsanız, bu durum haftalarca, aylarca hatta yıllarca sürebilir. Sahip olduğunuz enerjiden dolayı gurur duyuyor idiyseniz, eylemsizliğiniz daha da sinir bozucu olabilir. Hiçbir şey yapmıyor olmanız, sizi etkilediği gibi davranışlarınızı anlayamayan ailenizi ve arkadaşlarınızı da etkileyebilir. "Depresif olmayı kendin istiyorsun, yoksa kendini toparlardın." gibi şeyler söyleyebilirler. Böyle bir yorum sadece ıstırabınızı ve enerjisizliğinizi arttırır.

Hiçbir şey yapmamak, insan doğasının en büyük ikilemlerinden birini temsil eder. Bazı insanlar kendilerini büyük zevkle yaşama atarlar, bazıları da kendilerine karşı bir komplo kurarmış gibi her fırsatta kendilerini mağlup ederek geride dururlar. Neden olduğunu hiç merak ettiniz mi?

Eğer bir kişi her şeyden uzak kalarak aylarını geçiriyorsa, tüm normal aktivitelerden ve kişiler arası ilişkilerden uzaklaştıysa, bu durumu depresyon izleyecektir. Küçük maymunlar bile arkadaşlarından ayrılıp küçük bir kafese konduklarında diğerlerinden geri kalıyor ve içlerine kapanıyorlar. Niye kendinize, isteyerek, benzer bir ceza veriyorsunuz? Acı çekmek mi istiyorsunuz? Bilişsel teknikleri kullanarak, kendinizi motive etmekle ilgili zorluklarınızın belli başlı nedenlerini keşfedebilirsiniz.

Pratiğimde, bana başvuran depresyondaki hastaların büyük çoğunluğunun kendilerine yardım etmeye çalıştıklarında giderek iyileştiklerini gördüm. Bazen, kendine yardım amacıyla bir şey yaptığınız sürece, ne yaptığınız çok da fark etmez. Ümitsiz olarak kabul edilebilecek olan iki vakada sadece bir parça kağıt üzerine bir işaret koymanın bile çok faydası dokunduğunu gördüm. Bir hasta, yıllardır düz bir çizgi bile çizemeyeceğine ikna olmuş bir ressamdı. Bu nedenle de çizmeyi denemedi bile. Terapisti bu inancının gerçek olup olmadığını bir çizgi çizerek test etmesini önerdiğinde, tekrar çizmeye başladı ve kısa süre sonra hiçbir belirtisi kalmamıştı. Ve yine pek çok depresif kişi, kendilerine yardım etmek için bir şey yapmayı *inatla reddettikleri* bir aşamadan geçerler. Bu önemli isteksel sorun çözüldüğü an, depresyon tipik olarak kaybolmaya başlar. Bilimsel araştırmalarımızın çoğunun bu iradenin felç olmasının nedenlerini bulmaya yönelme sebebini sanırım anlayabilirsiniz. Bu bilgiyi kullanarak, erteleme ile baş etmede size yardımcı olacak bazı özel yöntemler geliştirdik.

Son dönemde tedavi ettiğim iki kafa karıştırıcı hastayı anlatayım. Onların hiçbir şey yapmama durumlarının aşırı olduğunu düşünebilir ve büyük olasılıkla kendinizle çok az ortak nokta bulacağınız "çılgınlar" oldukları sonucuna varabilirsiniz. Aslında, onların sorunlarının sizinkilere benzer tavırlar yüzünden oluştuğuna inanıyorum. Bu nedenle de anlatacaklarımı göz ardı etmeyin.

A hastası, 28 yaşında bir kadın, duygudurumunun çeşitli aktivitelere nasıl tepki vereceğini görmek için bir deney yapmıştı. Neredeyse, ne olursa olsun *herhangi bir* şey yaptığında giderek daha iyi hissettiği ortaya çıktı. Duygudurumunda yükselmeye yol açabilecek şeylerin listesi; ev temizlemek, tenis oynamak, işe gitmek, gitar çalmak, akşam yemeği için alışveriş yapmak gibi şeyleri içermekteydi. Sadece bir tek etkinlik onu kesin olarak daha kötü hissettiriyordu. Bu etkinliğin ne olduğunu tahmin edebiliyor musunuz? HİÇ BİR ŞEY YAPMAMAK; yani tüm gün boyunca yatakta yatmak, tavana bakmak ve olumsuz düşünceler üretmek. Ve hafta sonları ne yaptığını tahmin edin. Doğru! Cumartesi sabahı yatağın içine gömülüyor ve içerdeki cehenneme doğru inişine başlıyordu. Onun gerçekten acı çekmek istediğini düşünüyor musunuz?

Bir doktor olan hastam B; terapinin erken döneminde bana net, kesin bir mesaj verdi. İyileşme hızının seanslar arasında yapacağı çalışmalardaki istekliliğe bağlı olduğunu anladığını söylüyor ve 16 yıldan fazladır depresyon nedeniyle perişan olduktan sonra iyileşmeyi dünyadaki her şeyden çok istediğinde ısrar ediyordu. Terapi seanslarına gelmekten mutlu olacağını, fakat kendisine yardım etmesi için ondan parmağını kaldırmasını bile istememem gerektiğini vurguluyordu. Kendine yardım ödevleri için 5 dakika harcaması konusunda baskı yaparsam kendini öldüreceğini söylüyordu. Hastanenin ameliyathanesinde kendisi için dikkatlice planlandığı ölümcül, korkunç kendine zarar verme yöntemini ayrıntılarıyla anlatınca, kesinlikle çok ciddi olduğu ortaya çıktı. Niye kendine yardım etmemek için bu kadar kararlıydı?

Ertelemelerinizin olasılıkla daha az ciddi ve sadece faturaları ödeme, diş hekimine gitme gibi ufak şeylerle ilgili olduğunu biliyorum. Belki de kariyeriniz için önemli olan oldukça basit bir raporu bitirmekle ilgili sıkıntınız olmuştur. Fakat zihni karıştıran soru aynı, neden sıklıkla kendi yararımıza olmayan şekillerde davranıyoruz?

Bir şeyleri erteleyen ve yenik düşmenize neden olan davranış, bakış açınıza bağlı olarak gülünç, üzücü, şaşırtıcı, çileden çıkartıcı veya dokunaklı olabilir. Bunun neredeyse her gün hepimizin karşılaştığı çok insani bir durum olduğunu düşünüyorum. Tarih boyunca yazarlar, filozoflar ve insan doğası öğrencileri, yenik düşmenize neden olan davranışlar için aşağıdaki popüler teorileri de içeren birtakım açıklamalar formüle etmeye çalışmışlardır:

1. Gerçekten tembelsiniz; bu sizin "doğanız".
2. Kendinizi incitmek ve acı çekmek *istiyorsunuz*. Ya depresif hissetmeyi seviyorsunuz, ya da kendini yıkıcı bir dürtünüz var, "bir ölüm arzusu".
3. Pasif-agresifsiniz ve hiçbir şey yapmayarak çevrenizdeki insanları kızdırmak istiyorsunuz.
4. Ertelemek ve hiçbir şey yapmamaktan bir fayda sağlıyor olmalısınız. Örneğin, depresif olduğunuzda tüm dikkati üzerinize çekmekten keyif alıyorsunuz.

Bu ünlü açıklamaların her biri farklı bir psikolojik teoriyi temsil eder ve hepsi yanlıştır. İlki bir "kişilik" modelidir; hareketsizliğiniz belirli bir kişilik özelliği olarak görülmektedir ve "tembel yanınızdan" köken alır. Bu teoriyle ilgili sorun, sorunu açıklama yapmaksızın sadece etiketlemesidir. Kendinizi tembel olarak etiketlemek gereksiz ve kendini mağlup edici niteliktedir; çünkü, motivasyon eksikliğinizin yapınızın geri dönülmez, doğuştan gelen bir parçası olduğu şeklinde yanlış bir izlenim doğmasına yol açar. Bu düşünme biçimi geçerli bir bilimsel teoriyi temsil etmez, fakat bir bilişsel çarpıtma (etiketleme) örneğidir.

Ertelemek bana aslında acı veriyor

İkinci model, ertelemeyle ilgili olarak keyifli ya da istenen durum olarak görüp kendinizi incitmek ve acı çekmek istediğinizi ima eder. Bu teori öyle komik ki bunu eklemekte tereddüt ediyorum, ancak hatırı sayılır oranda psikoterapist tarafından hararetli bir şekilde desteklenmektedir . Sizin ya da başka birinin depresyonda olmaktan ve hiç bir şey yapmamaktan hoşlandığı şeklinde bir düşünceniz varsa, kendinize depresyonun insanın çektiği acılar içinde en ıstırap vereni olduğunu hatırlatın. Söyleyin bana; bunun güzel bir tarafı var mı? Ben şimdiye kadar gerçekten acıdan zevk alan bir hastayla karşılaşmadım.

Eğer ikna olmadıysanız ve acı ve üzüntüden gerçekten zevk aldığınıza inanıyorsanız, kağıt kırpma testini yapın. Bir kağıdın bir ucunu düzleştirin, kesin ve tırnağınızın içine bastırın. Daha fazla bastırdıkça acının nasıl daha da arttığını fark edebilirsiniz. Şimdi kendinize sorun – bu gerçekten keyif verici mi? *Gerçekten* acı çekmekten hoşlanıyor muyum?

Üçüncü model – pasif-agresifsiniz – depresif davranışın "içselleştirilmiş öfke" temelinde açıklanabileceğine inanan çoğu terapistin düşüncesini temsil eder. Ertelemeniz dışa vurulmayan düşmanlığınızın bir ifadesi olarak görülebilir; çünkü, hareketsizliğiniz genellikle çevrenizdeki insanları kızdırır. Bu teoriyle ilgili sorun, çoğu depresif ya da erteleyen kişinin özellikle öfkeli hissetmemeleridir. Dargınlık bazen motivasyon eksikliğinize katkıda bulunabilir, fakat genelde sorunun merkezinde değildir. Aileniz, depresyonunuzla ilgili hayal kırıklığı yaşıyor olmakla birlikte, olasılıkla siz onların bu şekilde tepki vermelerini planlamamışsınızdır. Aslında, çoğunlukla onları mutsuz etmekten korkarsınız. Sizin onları hayal kırıklığına uğratmak için *kasten* hiçbir şey yapmıyor olduğunuz şeklindeki ima küçük düşürücü ve yanlıştır; böyle bir yorum sadece daha kötü hissetmenize neden olacaktır.

Son model – ertelemeden bir miktar fayda sağlıyor olmalısınız – daha yakın dönemlere ait, davranış odaklı psikolojiyi yansıtmaktadır. Duygudurumunuz ve hareketleriniz çevrenizden gelen ödül ve cezaların sonucu olarak görülür. Depresif hissediyor ve bununla ilgili hiçbir şey yapmıyorsanız, bu, davranışınızın bir şekilde ödüllendirildiği anlamına gelir.

Bunda bir miktar gerçeklik var; depresyondaki kişiler bazen onlara yardım etmeye çalışan diğerlerinden önemli destek ve güven alırlar. Fakat, depresif kişi aldığı tüm ilgiyi değersiz kılmak eğilimi yüzünden bundan nadiren zevk alır. Eğer depresyondaysanız ve biri size, sizden hoşlandığını söylerse, büyük olasılıkla "Benim ne kadar kötü olduğumu bilmiyor. Bu onuru hak etmiyorum." diye düşüneceksiniz. Depresyon ve uyuşukluğun gerçek ödülleri yoktur. Dört numaralı modelde, diğerleriyle birlikte ölür gider.

İsteksel (Motivasyonel) felcin gerçek nedenini nasıl bulabilirsiniz? Duygudurum bozukluklarıyla ilgili çalışmalar, kısa sürelerde kişisel motivasyon düzeylerindeki olağanüstü dönüşümleri gözlemlemek için eşsiz fırsat verirler. Çoğunlukla yaratıcı enerji ve iyimserlikle öne çıkan kişi depresyon atağı süresince acıklı, yatalak bir hareketsizliğe indirgenebilir. Dramatik duygudurum dalgalanmalarını izleyerek, insan motivasyonunun sırlarının çoğunu çözen değerli ipuçları toplayabiliriz. Basitçe kendinize sorun "Yapılmamış bir işi düşündüğümde, aklıma hemen hangi düşünceler geliyor?". Sonra bu düşünceleri bir kağıda yazın. Yazdıklarınız, bir takım uyumsuz tavırları, yanlış kavramlaştırmaları ve hatalı varsayımları yansıtır. Enerjisizlik, endişe ya da bunalma duygusu gibi motivasyonunuzu engelleyen duyguların düşüncenizdeki çarpıtmaların sonucunu olduğunu öğrenirsiniz.

Şekil 5-1, tipik bir uyuşukluk döngüsünü göstermektedir. Bu hastanın zihnindeki düşünceler olumsuzdur, hasta kendine şöyle der, "Hiçbir şey yapmanın anlamı yok; çünkü, ben doğuştan kaybetmişim ve bu yüzden de hep kaybetmeye mahkumum." Depresyonda olduğunuzda, böyle bir düşünce kulağa oldukça inandırıcı gelir. Sizi hareketsizleştirir, yetersiz, bunalmış, kendinden–nefret eder ve çaresiz hissettirir. Sonra bu olumsuz duyguları kötümser tavırlarınızın geçerli olduğunun kanıtı olarak kabul edersiniz ve yaşama karşı yaklaşımınızı değiştirmeye başlarsınız. Her şeyi bozacağınıza ikna olduğunuz için denemezsiniz bile; aksine, yatmaya devam edersiniz. Pasif olarak yatarsınız ve tavana bakarsınız, uykuya dalmayı umarsınız ve işiniz yavaş yavaş iflasa giderken kariyerinizin de boşa gitmesine izin verdiğinizi acı bir şekilde fark edersiniz. Kötü haber duyma korkusuyla telefona yanıt vermeyi reddedebilirsiniz; yaşam, sıkıntı, kuruntu ve eziyet döngüsü haline gelir. Bu kısır döngü nasıl yeneceğinizi bilmediğiniz müddetçe sonsuza kadar devam edebilir.

Şekil 5-1'de belirtildiği gibi, düşünceleriniz, duygularınız ve davranışlarınız arasındaki ilişki karşılıklıdır – tüm duygularınız ve hareketleriniz düşüncelerinizin ve tavırlarınızın sonucu gelişir. Benzer biçimde, duygularınız ve davranış biçimleriniz, algılamalarınızı çeşitli yollarla etkiler. Bu model tüm duygusal değişikliğin kesin olarak bilişlere bağlı olduğunu ortaya koymaktadır. Davranışınızı değiştirmek, *düşünme şekliniz* üzerinde olumlu bir etki yaparak daha iyi hissetmenize yardımcı olacaktır. Bu yüzden de davranışınızı değiştirerek etkinliklerinizi sınırlayarak yenik düşmenize neden olan bu çarpık zihinsel seti değiştirebilirsiniz. Benzer şekilde, düşünce biçiminizi değiştirdikçe, bir şeyler yapmak için daha iyi hissedeceksiniz ve bunun düşünme biçimleriniz üzerinde daha kuvvetli olumlu bir etkisi olacak. Böylelikle Aşağıda erteleme ve hiçbir şey yapmama ile bağlantılı olduğu en sık düşünülen zihin set çeşitleri vardır. Bunlardan birini ya da daha fazlasını kendinizde bulabilirsiniz.

Şekil 5-1. Uyuşukluk döngüsü. Yenik düşmenize neden olan olumsuz düşünceleriniz sizi üzer. Acı veren duygularınız da, çarpıtılmış, kötümser düşüncelerinizin gerçekten geçerli olduğuna ikna eder. Benzer biçimde, yenik düşmenize neden olan düşünceler ve hareketler birbirini döngüsel bir şekilde güçlendirir. Hiçbir şey yapmamanın keyifsiz sonuçları sorunlarınızı daha da kötüleştirir.

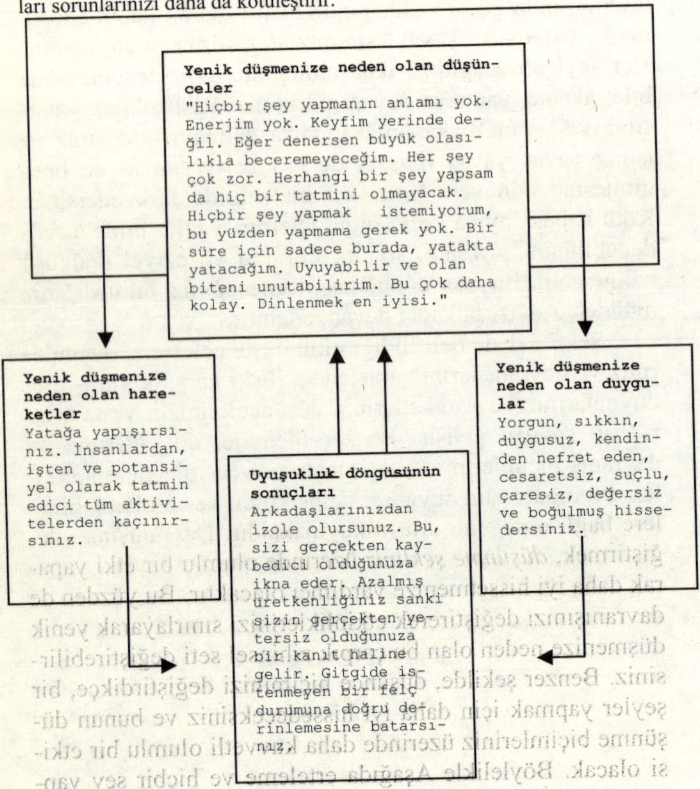

1. Ümitsizlik. Depresif olduğunuzda, o anın verdiği acıyla öyle donakalırsınız ki, geçmişte daha iyi hissetmiş olduğunuzu tümüyle unutur ve gelecekte daha olumlu hissedebileceğiniz fikrini inanılmaz bulabilirsiniz. Bu yüzden, herhangi bir etkinlik anlamsız gözükecektir; çünkü, motivasyon eksikliğinizin ve bunaltı hissinizin sonsuz ve geri dönüşsüz olduğundan kesinlikle eminsinizdir. Bu açıdan bakıldığında, kendinize yardım etmek için bir şey yapmanız şeklindeki bir teklif, ölmekte olan bir adama neşelenmesini söylemek kadar gülünç ve duyarsız gözükebilir.

2. Çaresizlik. İyi hissetmenizi sağlayacak hiçbir şey yapamazsınız; çünkü, duygu durumunuza, kader, hormon döngüleri, diyetsel faktörler, şans ve diğerlerinin size yönelik değerlendirmeleri gibi kontrolünüzün ötesindeki faktörlerin neden olduğuna ikna olmuşsunuzdur.

3. Kendinizi Bunaltmak/Boğmak. Hiç bir şey yapmamak olgusunda boğulmanın çeşitli yolları var. Bir işi halledilmesi imkansız gözüken bir dereceye kadar büyütebilirsiniz. İşi her defasında bir aşamasını tamamlamak üzere küçük, ayrı, idare edilebilir birimlere ayırmak yerine her şeyi hemen yapmanız gerektiğini varsayabilirsiniz. Ayrıca, daha yapmaya başlamadığınız sonsuz sayıda diğer şeyler hakkında titizlenerek elinizdeki işten kendinizi istemeyerek uzaklaştırabilirsiniz. Bunun ne kadar mantıksız olduğunu görmek için, yemek yemeye her oturduğunuzda, yaşamınız boyunca yemek zorunda olduğunuz tüm yiyecekleri düşündüğünüzü hayal edin. Sadece bir an için önünüzde tonlarca et, sebze, dondurma ve galonlarca içecek biriktiğini hayal edin! Ve ölmeden önce bu yiyeceklerin hepsini yemek zorundasınız! Şimdi diyelim ki her yemekten önce kendinize şöyle diyorsunuz, "Bu yemek kovadaki tek bir damla sadece. Tüm yiyecekleri nasıl yiyebilirim ki? Bu gece kahrolası bir hamburgeri yemenin bir anlamı yok." Mideniz bulanır ve boğulmuş hissedersiniz, iştahınız kaçar ve boğazınız düğümlenir. Ertelediğiniz her şeyi düşündüğünüzde, farkında olmadan hep aynı şeyi yaparsınız.

4. Sonuçlara Atlamak. Tatmin sağlayacak biçimde etkili hareket etmenin iradeniz dahilinde olmadığını hissedersiniz; çünkü, "Yapamam" ya da "Yapardım ama..." demeye alışmışsınızdır. Bu yüzden depresyondaki bir bayana, elmalı tart pişirmesini önerdiğimde "Artık pişiremiyorum" diye yanıt verdi. Gerçekte söylemek istediği şuydu: "Pişirmekten zevk almayacağımı hissediyorum ve çok zor olacakmış gibi gözüküyor." Bu varsayımları bir pasta pişirerek test ettiğinde, şaşırtıcı derecede tatminkar olduğunu ve o kadar da zorlanmadığını gördü.

5. Kendini-Etiketleme. Ertelemeleriniz arttıkça, aşağılık olduğunuz için kendinizi daha fazla ayıplarsınız. Bu durum kendinize olan güveninizi daha da fazla tüketir. Kendinizi " erteleyen" ya da "tembel" olarak etiketlerseniz bu sorun katlanır. Bu durum, hareket anlamındaki eksikliğinizi "gerçek siz" olarak görmenize neden olur: böylelikle otomatik olarak kendinizden beklentiniz ya çok az olur ya da hiçbir şey beklemezsiniz.

6. Ödülleri Değersizleştirmek. Depresyonda olduğunuzda, sadece herhangi bir işi çok zor olarak düşündüğünüzden değil, ödülün çabaya değmeyeceğine inandığınız için de herhangi anlamlı bir etkinliğe başlamazsınız.

"Anhedoni" tatmin ve zevk duygusunu yaşama yeteneğindeki azalmanın teknik adıdır. Çok sık rastlanan bir düşünme hatası –olumluyu değersizleştirme eğilimi– bu sorunun kökünde yer alabilir. Bu düşünme hatasının neden oluştuğunu hatırlıyor musunuz?

Bir iş adamı bana tüm gün boyunca yaptığı hiçbir şeyin tatmin edici olmadığından yakındı. Sabah bir müşterisinin çağrısına geri dönmeye teşebbüs ettiğini fakat hattın meşgul olduğunu açıkladı. Telefonu kapattığında, kendisine "Bu bir zaman kaybıydı." demişti. Daha sonra ise, önemli bir iş anlaşmasını tamamladı. Bu kez de kendine "Şirketteki herhangi bir kişi bunu aynı şekilde ya da daha iyi yapabilirdi. Bu kolay bir sorundu ve benim rolüm o kadar önemli değil" dedi. Tatmin eksikliği onun her zaman çabalarını boşa çıkarmak için bir yol bulmasından kaynaklanıyordu. "Hiçbir önemi yok." deme şeklindeki kötü alışkanlığı herhangi bir tatmin algısını gayet başarılı bir şekilde torpilliyordu.

7. Mükemmelliyetçilik. Kendinizi uygunsuz hedefler ve standartlarla yenik düşürürsünüz. Yaptığınız her şeyde muhteşem bir performans gösteremezsiniz, bu yüzden genellikle elinize kalan koca bir hiçtir!

8. Başarısızlık Korkusu. Sizi felç eden diğer bir düşünce kalıbı de başarısızlık korkusudur. Çaba sarf etmenin ve başaramamanın, kişisel bir yenilgi olacağını hayal ettiğiniz için, denemekten tamamen vazgeçersiniz. Başarısızlık korkusu birkaç düşünme hatasını içerir. En sık rastlananlardan biri aşırı genellemedir. "Bu konuda başarısız olursam, bu her şeyde başarısız olacağım anlamına gelir." diye düşünürsünüz. Böyle bir şey doğal olarak olanaksızdır. Hiç kimse her şeyde başarısız olamaz. Hepimizin zaferleri ve yenilgileri vardır. Zaferin tatlı olduğu ve yenilginin genellikle acı olduğu doğru olsa da, bir işte başarısız olmak ölümcül bir zehir olmak zorunda değil ve kötü tat sonsuza dek kalamaz.

Yenilgi korkusuna katkıda bulunan ikinci bir zihin seti bireysel çabanızı gözetmeksizin performansınızı sonuçlara bakarak değerlendirmenizdir. Bu mantıksızdır ve "sürece odaklanmaktan" ziyade "sonuca odaklanmayı" yansıtır. Bunu kişisel bir örnekle açıklayayım. Bir psikoterapist olarak sadece söylediğim şeyleri ve her hastayla nasıl etkileşime girdiğimi kontrol edebilirim. Bir terapi seansında, bir hastanın, çabalarıma nasıl tepki vereceğini kontrol edemem. Söylediğim şeyler ve etkileşime girme biçimim süreci yansıtır. Her bireyin nasıl tepki verdiği ise üründür (sonuçtur). Aynı gün bazı hastalar o günkü seanstan büyük ölçüde fayda gördüklerini söylerken, diğerleri seansın çok da işe yaramadığını söyleyeceklerdir. İş başarımı sonuç ya da ürün üzerinden değerlendirseydim, hastam olumlu tepki verdiğinde rahatlarken olumsuz tepki verdiğinde yenilmiş ve ezik hissedecektim. Bu durum duygusal yaşamımı dönme dolap haline getirecekti ve özgüvenim tüm gün boyunca yorucu bir biçimde bir aşağı bir yukarı gidip gelecekti. Fakat, kendime, tek kontrol edebildiğim şeyin terapötik süreçte sağladığım gelişim olduğunu söylersem, herhangi bir seansta sonucu gözetmeksizin iyi, tutarlı bir iş çıkardığım için kendimle gurur duyabilirim. İşimi, sonuç yerine süreç üzerinden değerlendirmeyi öğrenmem büyük kişisel bir zaferdi. Bir hasta olumsuz bildirimde bulunursa, ondan öğrenmeye çabalarım. Bir hata yaparsam, onu düzeltmeye girişirim; pencereden atlamama gerek yoktur.

9. Başarı Korkusu. Güven eksikliğinizden ötürü başarı, başarısızlıktan daha riskli gözükebilir; çünkü, başarınızın şansa bağlı olduğundan eminsinizdir. Bu yüzden, bunu koruyamayacağınıza ikna olursunuz ve başarılarınızın diğerlerinin beklentilerini yanlış biçimde arttırabileceğini hissedersiniz. Aslında "bir kaybeden" olduğunuz gerçeği ortaya çıkınca, hayal kırıklığı, reddedilme ve acı daha da şiddetli olacaktır. Sonunda zirveden aşağı yuvarlanacağınızdan emin olduğunuz için, dağa hiç tırmanmamak daha güvenli gibi durmaktadır.

Başarıdan korkuyor olabilirsiniz; çünkü, insanların sizden daha da büyük talepleri olacağını beklersiniz. Onların beklentilerini karşılamak zorunda olduğunuzdan ve karşılayamayacağınızdan emin olduğunuz için, başarı sizi tehlikeli ve olanaksız bir durumda bırakacaktır. Böylelikle, herhangi bir söz verme ve bağlı kalmaktan kaçınarak kontrolü sağlamaya çabalarsınız.

10. Onaylanmama ya da Eleştirilme Korkusu. Eğer yeni bir şey denerseniz, herhangi bir hatanın ciddi bir eleştiriyle karşılanacağını ve onaylanmayacağını düşünürsünüz; çünkü, insansanız ve mükemmel değilseniz, değer verdiğiniz insanlar sizi kabul etmeyecektir. Reddedilme riski öyle tehlikeli gözükür ki kendinizi korumak için olabildiğince düşük bir profil benimsersiniz. Hiçbir çaba sarf etmezseniz, saçmalık da yapamazsınız.

11. Baskı ve Gücenme. Motivasyonun ölümcül bir düşmanı da baskı algısıdır. Performans göstermek için yoğun baskı altında hissedersiniz – bu içten ve dıştan kaynaklanır. Bu durum, kendinizi ahlaki "meli, malı"ve "gerekliliklerle" motive etmeye çalıştığınızda olur. Kendinize "Bunu *yapmalıyım*" ve "Şunu yapmak *zorundayım*" dersiniz. Sonrasında da kendinizi zorlanmış, yüklenmiş, gergin, gücenmiş ve suçlu hissedersiniz. Gaddar bir gözaltı memurunun disiplini altındaki suç işlemiş bir çocuk gibi olursunuz. Her iş öyle keyifsiz bir hal alır ki, yüzleşmeye bile tahammül edemezsiniz. İşi ertelediğinizde de kendinizi tembel, işe yaramazın teki olarak görürsünüz. Bu, enerjinizi daha da tüketir.

12. Hayal Kırıklığına Karşı Dayanıksızlık. Sorunlarınızı kolayca çözebilmeniz ve amaçlarınıza ulaşabilmeniz gerektiğini varsayarsınız; bu yüzden yaşam önünüze engeller çıkardığında paniğe kapılır ve çılgınca öfkelenirsiniz. Bir süre sabırlıca dayanmak yerine, işler zorlaştığında "haksızlığa" karşı misilleme yapabilir ve tümüyle vazgeçersiniz. Bunu aynı zamanda "haklılık sendromu" olarak da adlandırıyorum; çünkü, başarı, sevgi, onaylanma, mükemmel sağlık, mutluluk gibi şeyleri hak ediyormuş gibi hisseder ve davranırsınız.

Gerçekle kafanızdaki ideali kıyaslama alışkanlığınız sonucu hayal kırıklığına uğrarsınız. İkisi örtüşmediğinde, gerçek olanı mahkum edersiniz. Gerçekte olanı bozup değiştirmektense, basitçe, beklentilerinizi değiştirmenin son derece kolay olabileceği aklınıza bile gelmez.

Bu hayal kırıklığı sıklıkla -meli, -malı ifadelerinden kaynaklanır. Yürüyüş yaparken, "Bu kadar yürüyüşten sonra çok daha iyi bir görüntüm olmalıydı." diye şikayet edebilirsiniz. Gerçekten mi? Neden öyle olmalı? Böyle cezalandırıcı, talepkar ifadelerin sizi daha fazla denemeye ve daha fazla çabalamaya sürükleyip yardımcı olacağına dair bir yanılsamanız olabilir. Bu çok nadiren böyle olur. Hayal kırıklığı kızgınlığınızı katlayarak, vazgeçmek ve hiçbir şey yapmamak arzunuzu arttırır.

13. Suçluluk ve Kendini Sorumlu Tutma. Kötü olduğunuz ve diğerlerini hayal kırıklığına uğrattığınız inancına takılıp kaldıysanız, günlük yaşantınızı sürdürmek için doğal olarak isteksiz olacaksınız. Son dönemde, alışveriş yaptığında, yemek pişirdiğinde ve arkadaşlarıyla sosyal ortamlarda olduğunda kendini daha iyi hissettiği halde günlerini yatakta geçiren yalnız, yaşlı bir kadını tedavi ettim. Neden? Bu tatlı kadın, kızının beş yıl önce boşanmış olmasından kendisini sorumlu tutuyordu. Şöyle açıklıyordu. "Ben onları ziyaret ettiğimde, oturup damadımla olanları konuşmalıydım. Ona işlerin nasıl gittiğini sormalıydım. Belki yardım edebilirdim. Yardım etmek istedim ama fırsatı değerlendirmedim. Şimdi onları ihmal ettiğimi hissediyorum." Düşüncesindeki mantıksızlığa göz gezdirdiğimizde, hemen kendini daha iyi hissetti ve yeniden aktif hale geldi. Tanrı değil de insan olduğu için, geleceği tahmin etmesi ya da nasıl müdahale edebileceğini bilmesi beklenemezdi.

Şimdi şöyle düşünüyor olabilirsiniz, "Eee, ne olmuş? Hiçbir şey yapmamamın bir şekilde mantıksız ve kendini yenik düşüren bir tavır olduğunu biliyorum. Tanımladığınız düşünce kalıplarından birkaç tanesini kendimde görebiliyorum. Fakat, bir havuz dolusu molozun içinden güçlükle ilerlemeye çalışıyormuşum gibi hissediyorum. İlerleyemiyorum. Tüm bu güçlüğün tavırlarımdan kaynaklandığını söyleyebilirsiniz, fakat bir ton tuğla altında eziliyormuşum gibi geliyor. Bununla ilgili ne yapabilirim?"

Herhangi bir anlamlı aktivitenin duygudurumunuzu iyileştirmek için neden bir şansı olduğunu biliyor musunuz? Hiçbir şey yapmazsanız, zihninize doluşan olumsuz, yıkıcı düşüncelerle meşgul olacaksınız. Eğer birşey yaparsanız, kendinize iftira eden o iç konuşmadan geçici olarak uzaklaşacaksınız. Daha da önemlisi, tecrübe edeceğiniz hakim olma duygusu, başlangıçta sizi yavaşlatan çarpıtılmış düşüncelerin çoğunun yanlış olduğunu gösterecektir.

Aşağıdaki kendi kendinizi harekete geçirme tekniklerini gözden geçirirken, size en çok uyan bir çifti seçin ve bir ya da iki hafta üzerlerinde çalışın. Unutmayın bunların hepsine hakim olmanız gerekmez. Bir adamın kurtuluşu, diğerinin lanetlenmesi olabilir. Erteleme tarzınıza en uygun gözüken yöntemleri kullanın.

Günlük Aktivite Programı. Günlük Aktivite Programı (Şekil 5-2) kolay ancak etkilidir ve uyuşukluğa, isteksizliğe karşı mücadele için organize olmanıza yardımcı olabilir. Program iki bölümden oluşur. İleriye dönük sütunda, her gün yapmak istedikleriniz için saat saat bir plan hazırlayın. Planınızın sadece bir bölümünü gerçekleştirebilseniz de, her gün için basit bir eylem planı oluşturmuş olmak fazlasıyla yardımcı olabilir. Planlarınızın çok ayrıntılı olması gerekmez. Her zaman dilimine sadece ne yapmak istediğinizi belirten bir ya da iki kelime koyun yalnızca, "giyinmek", "öğle yemeği yemek", "cv hazırlamak" gibi. Bunu yapmak beş dakikadan fazla zamanınızı almamalı.

Şekil 5-2. Günlük Aktivite Programı

	İleriye Dönük Günün başlangıcında aktivitelerinizi saat saat planlayın	**Geriye Dönük** Günün sonunda, gerçekte ne yaptığınızı kaydedin ve her aktiviteyi ustalık(U) ve zevk (Z) açısından derecelendirin.*
Tarih-Zaman		
8-9		
9-10		
10-11		
11-12		
12-1		
1-2		
2-3		
3-4		
4-5		
5-6		
6-7		
7-8		

*Ustalık ve zevk alma 0 ile 5 arasında derecelendirilmeli: Sayı büyük oldukça tatmin duygusu daha fazla demektir.

Günün sonunda, geriye dönük olarak sütunu doldurun. Her zaman diliminde gün boyunca gerçekte neler yaptığınızı kaydedin. Bu planladığınızla aynı ya da farklı olabilir; yine de, sadece duvara bakmak olsa bile bunu yazın. Ek olarak, her aktiviteyi ustalık için U, zevk alma için Z olarak işaretleyin. Ustalık aktiviteleri, dişleri fırçalamak, akşam yemeği pişirmek, arabayla işe gitmek gibi belirli bir performans gerektiren aktivitelerdir. Zevkle ilgili aktiviteler ise kitap okumak, yemek yemek, sinemaya gitmek gibi aktiviteleri içerebilir. Her aktivite için U veya Z yazdıktan sonra, 0-5 arası bir derecelendirme kullanarak ne kadar zevk alındığını ve yapılan işin zorluk derecesini tahmin edin. Örneğin, giyinmek gibi kolay işler için, kendinize U-1 puanı verebilirsiniz. U-4 ya da U-5 ise daha zor ve mücadele gerektiren bir şey yaptığınızı - mesela çok fazla yememek ya da bir işe başvurmak gibi - gösterecektir. Zevk aktivitelerini de benzer bir şekilde derecelendirebilirsiniz. Bir aktivite geçmişte, depresyonda olmadığınız dönemde, zevk verdiği halde, bugün neredeyse tümüyle zevksiz geliyorsa, Z-1/2 ya da Z-O verin. Yemek pişirmek gibi bazı aktiviteler U ve Z olarak işaretlenebilir.

Bu basit etkinlik programı neden işe yarasın ki? Öncelikle, bu program çeşitli etkinliklerin değeri hakkındaki sonu gelmeyen takılma ve bir şeyi yapıp yapmamakla ilgili tüketici nitelikteki tartışma eğiliminizi baltalayacaktır. Programlı etkinliklerinizin bir bölümünü olsun becermiş olmak, kesinlikle bir ölçüde tatmin edici olacaktır ve depresyona karşı mücadelenize yardım edecektir.

Gününüzü planlarken, iş kadar zevk veren boş zaman etkinliklere de yer ayıran dengeli bir program geliştirin. Hüzünlü hissediyorsanız, her zamanki kadar zevk alabileceğinizden şüphe etseniz bile, eğlence üzerine özel bir vurgu yapmak isteyebilirsiniz. Kendinizden çok fazla şey istemiş olmaktan dolayı tükenmiş hissediyor olabilirsiniz ve bu durum "alış-veriş" sisteminizde bir dengesizliğe neden olabilir. Öyleyse, birkaç günlük bir tatile çıkın ve sadece yapmak *istediğiniz* şeyleri programınıza koyun.

Programa bağlı kalırsanız, motivasyonunuzun arttığını göreceksiniz. Bir şeyler yapmaya başlayınca, etkili bir biçimde işlev göremediğiniz inancınızın yanlış olduğunu fark etmeye başlayacaksınız. Erteleyen birinin dediği gibi "Günümü programlayarak sonuçları karşılaştırdığımda, zamanımı nasıl harcadığımın farkına vardım. Bu, yaşamımın kontrolünü yeniden elime almama yardımcı oldu. İstersem kontrol edebileceğimi fark ediyorum."

Bu, Günlük Aktivite Programı'nı en az bir hafta tutun. Önceki hafta yaptığınız aktiviteleri gözden geçirdiğinizde, bazılarının, yüksek puanlarla belirtildiğini, yani size daha fazla ustalık ve zevk duygusu vermiş olduklarını göreceksiniz. Her yeni gelen günü planlamaya devam ederken, daha çok olumlu duygular yaratan bu etkinlikleri programa katabilmek için bu bilgiyi kullanın ve tatminkar olmayan etkinliklerden kaçının.

Günlük Aktivite Programı, "Hafta sonu/tatil hüznü" diye adlandırdığım yaygın bir sendrom için özellikle yardımcı olabilir. Bu, çoğunlukla yalnız yaşayan ve en büyük duygusal güçlükleri yalnız kaldıklarında yaşayan insanlarda görülen bir depresyon biçimidir. Bu tanıma uyuyorsanız, olasılıkla bu dönemlerin dayanılmaz olduğunu düşünüyorsunuz ve bu yüzden kendinizle ilgilenmek adına yaratıcı nitelikte çok az şey yapıyorsunuz. Duvarlara bakıp sıkılırsınız, veya tüm cumartesi, pazar boyunca yatakta yatarsınız, ya da iyisinden sıkıcı bir TV şovu izler ve fıstık ezmeli bir sandviç ve bir fincan hazır kahveden oluşan yavan bir akşam yemeği yersiniz. Hafta sonlarınızın zor olduğuna hiç şüphe yok! Sadece depresyonda ve yalnız değilsiniz, üstelik kendinize acı verecek şekilde davranıyorsunuz. Başka birine böyle sadistik bir şekilde davranır mısınız?

Bu hafta sonu sıkıntıları Günlük Aktivite Programını kullanarak atlatılabilir. Cuma gecesi, Cumartesi için saat saat bazı planlar programlayın. Buna şöyle diyerek direnebilirsiniz. "Ne anlamı var ki? Ben tam anlamıyla yalnızım." Tam anlamıyla yalnız olmanız programı kullanmanız için en önemli neden. Neden zavallı olmak zorunda olduğunuzu düşünüyorsunuz? Böyle bir tahmin ancak kendini doğrulayan bir kehanet olarak işlev görebilir. Üretken bir yaklaşım benimseyerek bunu test edin. Planlarınızın işe yaraması için ayrıntılı olmasına gerek yok. Kuaföre gitmeyi, alışveriş yapmayı, bir sanat müzesini ziyaret etmeyi, bir kitap okumayı ya da parkta yürümeyi planlayabilirsiniz. Gün için basit bir plan hazırlamanın ve ona uymanın duygu durumunuzu yükseltmek için önemli bir adım olduğunu keşfedeceksiniz. Kim bilir; kendinizle ilgilenmek için istekli olduğunuzda, diğerlerinin de birdenbire size karşı daha ilgili davrandıklarını fark edebilirsiniz.

Günün sonunda yatağa gitmeden önce, her saat gerçekten ne yaptığınızı yazın ve her aktiviteyi ustalık ve zevk açısından derecelendirin. Sonra, gelecek gün için yeni bir program yapın. Bu basit işlem, kendine saygı duyma ve gerçek kendine güven duygusu geliştirme anlamında atılmış ilk adım olabilir.

Erteleme Karşıtı Form. Şekil 5-3'de erteleme alışkanlığını engellemede etkili bulduğum bir form var. Belirli bir aktiviteden kaçınıyor olabilirsiniz; çünkü, onun çok zor ve ödüllendirici olmayan bir aktivite olacağını tahmin ediyorsunuz. Erteleme Karşıtı Form'u kullanarak, bu olumsuz tahminleri test etmek üzere kendinizi eğitebilirsiniz. Her gün, uygun sütuna, ertelediğiniz bir ya da daha fazla işi yazın. İş oldukça zaman ve çaba gerektiriyorsa, onu küçük aşamalara bölmek en iyisidir; böylelikle, her bir aşama on beş dakika ya da daha kısa bir sürede tamamlanmış olur. Şimdi, yanındaki sütuna her aşamanın ne kadar zor olacağıyla ilgili tahmininizi 0-100 yüzdelik ölçeğini kullanarak yazın. Eğer işin kolay olacağını düşünüyorsanız, %10-20 gibi düşük bir rakam tahmininde bulunabilirsiniz, daha zor işler için %80-90'ı kullanın. Sonraki sütuna, yine yüzde sistemini kullanarak işin her aşamasının tamamlanmasının ne kadar tatmin edici ve ödüllendirici olacağı hakkındaki tahmininizi yazın. Bu tahminleri kaydettikten sonra işin ilk adımını tamamlayın. Her aşamayı tamamladıktan sonra, hem onu yapmaktan aldığınız zevkin miktarını hem de gerçekte ne kadar zor olduğunu not edin. Bu bilgiyi yine yüzde sistemini kullanarak son iki sütuna yazın.

Şekil 5-3, Bir profesörün başka bir üniversitede açılan öğretim üyeliği pozisyonu için başvurmak üzere bir mektup yazmayı aylarca geciktirmesinin üstesinden gelmek için kullandığı formu göstermektedir. Gördüğünüz gibi, mektubu yazmanın zor ve ödüllendirici olmayan bir etkinlik olacağını tahmin ediyordu. Kötümser tahminlerini kaydettikten sonra, mektubun ana hatlarını çıkarmak ve düşündüğü kadar yorucu ve işe yaramayan bir iş olup olmayacağını görmek üzere düzgün olmayan bir taslak hazırladı. Bunun kolay ve tatmin edici olmasına çok şaşırdı ve yeterince motive olduğunu hissederek mektubu tamamlamak üzere yazmaya devam etti. Bu verileri son iki sütuna kaydetti. Bu deneyden sağladığı bilgi onu fazlasıyla şaşırttı ve Erteleme Karşıtı Formu yaşamının diğer alanlarında da kullandı. Sonuçta, üretkenliği ve kendine güveni önemli bir oranda arttı ve depresyonu kayboldu.

İşlevsel Olmayan Düşüncelerin Günlük Kayıtları. 4. bölümde anlatılan bu kayıt hiçbirşey yapmama dürtüsüyle bunaldığınızda size çok avantaj sağlayabilir. Belli bir iş hakkında düşünürken aklınızdan geçen düşünceleri basit bir şekilde yazın. Bu, hemen sorununuzun ne olduğunu gösterecektir. Sonra bu düşüncelerin gerçekçi olmadığını gösteren uygun mantıklı yanıtlar yazın. Bu, ilk zor adımı atmak için yeterli enerjiyi harekete geçirmenize yardımcı olacaktır. Bunu yaptığınızda, hızınız artacak ve yolunuza devam edeceksiniz.

Bu yaklaşımın bir örneği Şekil 5-4'te verilmiştir. Annette başarılı bir butik sahibi ve işletmecisi, çekici, genç, bekar bir kadındır. (Bu, sayfa 77'de tanımlanan Hasta A'dır). Mağazasındaki yoğunluk yüzünden hafta boyunca iyi idare etmektedir. Ancak, hafta sonları bir programı yoksa yatağın içine gizlenmeye mehili vardır. Yatağa girdiği anda umutsuzluğa kapılır, yataktan çıkmanın kontrolünde olmadığını iddia eder. Annette, bir Pazar akşamı otomatik düşüncelerini kaydettiğinde, sorunlarının neler olduğu açığa çıktı: Bir şey yapmak için arzu, ilgi ve enerjiyi hissedene kadar bekliyordu, yalnız olduğu için bir şey yapmanın bir anlamı olmadığını düşünüyordu ve hareketsizliğinden ötürü kendine acı çektiriyor ve hakaret ediyordu.

Düşünceleriyle yeniden konuştuğunda, bulutların sadece biraz aralandığını söyledi, böylelikle kalkabilmiş, duş alabilmiş ve giyinebilmişti. Sonrasında daha iyi hissetti ve akşam yemeği ve sinema için bir arkadaşıyla buluşma ayarladı. Mantıklı yanıtlar sütununda tahmin ettiği gibi, daha fazla şey yaptıkça daha iyi hissetti. Bu yöntemi kullanmaya karar verirseniz, sizi üzen düşünceleri yazdığınızdan emin olun. Bunları kafanızda kurgulamaya çabalarsanız, kesinlikle hiçbir yere ulaşamayacaksınız; çünkü, sizi engelleyen düşünceler güvenilmez ve karmaşıktır. Onlarla konuşmaya çalıştığınızda, bu düşünceler her açıdan öyle bir hızla üzerinize gelecekler ki size neyin çarptığını bile fark edemeyeceksiniz. Düşünceleri yazdığınızda ise, bunlar mantığın ışığında görünmeye başlarlar. Bu yolla, çarpıtmalara işaret edebilir ve bazı yardımcı yanıtlar bulabilirsiniz.

Şekil 5-3. Profesör birkaç ay boyunca bir mektubu yazmayı erteledi; çünkü, bunun zor ve ödül kazandırmayan bir etkinlik olduğunu düşünüyordu. İşi belirli aşamalara bölmeye ve her aşamanın ne kadar zor ve ödüllendirici olduğunu %0-100 ölçeğinde tahmin etmeye karar verdi (uygun sütunlara bakın). Her aşamayı tamamladıktan sonra, bunun gerçekten ne kadar zor ve ödüllendirici olduğunu yazdı. Olumsuz beklentilerinin ne kadar anlamsız olduğunu gördüğünde şaşırdı.

Erteleme Karşıtı Form

(İşe girişmeden önce tahmin edilen zorluk ve tatmini yazın. Her aşamayı tamamladıktan sonra gerçek zorluğu ve tatmini yazın)

Tarih	**Aktivite** (**Herişi küçük adımlara aşırın**)	**Tahmin edilen zorluk (%0-100)**	**Tahmin edilen tatmin (%0-100)**	**Gerçek Zorluk (%0-100)**	**Gerçek Tatmin (%0-100)**
6/10/76	1.mektubun anahatlarını belirle	90	10	10	60
	2.Gelişigüz el bir taslak yaz	90	10	10	75
	3.Son taslağı daktilo et	75	10	5	80
	4.Zarfa adresi yaz ve mektubu postala	50	5	0	95

Zevk Tahmin Etme Formu: Annette'in yenik düşmesine neden olan tavırlarından biri, yalnız olduğunda üretken bir şey yapmasının hiçbir anlamı olmadığı şeklindeki varsayımıdır. Bu inançtan dolayı, hiçbir şey yapmaz ve kötü hisseder; böylece de yalnız olmasının berbat olduğu şeklindeki tavrı onaylanmış olur.

Çözüm: Şekil 5-5'te gösterilen Zevk Tahmin Etme Formu'nu kullanarak bir şey yapmanın bir anlamı olmadığı inancınızı test edin. Birkaç hafta için, kişisel gelişim ya da tatmin sağlayabilme potansiyeli içeren bir takım aktiviteler programlayın. Bazılarını kendi başınıza bazılarını da başkalarıyla yapın. Uygun sütuna her bir aktiviteyi kimle yaptığınızı kaydedin ve her birinin %0 ve %100 arasında ne kadar tatmin edici olacağı tahmininde bulunun. Sonra da gidin ve onları yapın. Gerçek Tatmin Formunda, her aktivitenin gerçekten ne kadar zevkli olduğunu yazın. Kendi başınıza yaptığınız şeylerin düşündüğünüzden daha fazla tatmin edici olduğunu gördüğünüzde şaşıracaksınız.

Kendi başınıza yaptığınız şeylerin başkalarıyla yaptıklarınızla eşit kalitede olduğundan emin olun, ancak o durumda karşılaştırmalarınız geçerli olabilir. Örneğin, kendi başınıza TV karşısında akşam yemeği yemeyi seçerseniz, bunu arkadaşlarınızla gittiğiniz şık bir Fransız restoranında yemek yemekle karşılaştırmayın.

Şekil 5-5, Kız arkadaşının (200 mil uzakta oturan kız arkadaşı) yeni bir erkek arkadaşı olduğunu ve kendisini artık görmek istemediğini öğrenen genç bir adamın aktivitelerini gösteriyor. Kendi kendine acıyacak şekilde üzülmek yerine, yaşamın içinde yer almaya devam etti. Son sütunda görüldüğü gibi, kendi başına yaşadığı olaylardaki tatmin düzeyleri %60-90 arasında iken başkalarıyla birlikte yaşadıkları olaylardaki tatmin düzeyleri %30 ile %90 arasında değişmekteydi. Bu bilgi kendine güvenini arttırdı; çünkü, kız arkadaşını kaybettiği için acı çekmek zorunda olmadığının ve keyif almak için başkalarına bağımlı olmadığının farkına vardı.

Şekil 5-4. İşlevsel olmayan düşüncelerin günlük kayıtları

Tarih	Durum	Duygular	Otomatik Düşünceler	Mantıklı Yanıtlar	Sonuç
7/15/79	Tüm Pazar günü yatakta kaldım – uyuyup uyandım – kalkmak ya da üretken birşey yapmak için hiç istek ya da enerji yok	Depresif Yorgun	Hiçbirşey yapmak için isteğim yok	Çünkü hiçbir şey yapmıyorum. Motivasyonun hareket sonrası geliştiğini hatırlayın.	Biraz rahatlama hissetti ve kalkıp en azından bir duş almaya karar verdi.
		Suçlu	Yataktan kalkmaya enerjim yok	Yataktan kalkabilirim. Ben kötürüm değilim.	
		kendine öfkeli	Bir insan olarak başarısızım	İstersem bir şeyler başarıyorum. Hiçbirşey yapmamak beni depresif ve sıkıntılı yapıyor, fakat bu "İnsan olarak başarısız olduğum" anlamına gelmez; çünkü, böyle bir şey yok.	
			Gerçek ilgilerim yok	İlgilerim var, ama hiçbirşey yapmazken değil. Bir şeye başlarsam, olasılıkla daha da ilgili olacağım.	
			Ben-merkezciyim çünkü çevremde olup biten hiç bir şeyle ilgilenmiyorum	Gerçekten iyi hissettiğimde diğer şeylerle ilgileniyorum. Depresif olduğunuzda daha az ilgili olmak doğal	
			Çoğu kişi dışarıda kendilerini eğlendiriyor	Bunun benimle ne ilgisi var ki?Ben yapmak istediğim herşeyi yapmakta özgürüm	
			Hiçbirşeyden zevk almıyorum	İyi hissettiğimde zevk alabiliyorum. Yatakta yatarken öyle gözükmese bile olasılıkla birşey yaparsam başladığım anda bile zevk alacağım.	
			Hiçbir zaman normal bir enerji düzeyim olmayacak	Buna dair kanıtım yok. Şimdi bunun üzerinde çalışıyorum ve bazı sonuçlar alıyorum. İyi hissettiğimde enerji doluyum. Bir şeylerle ilgilendiğimde, daha enerjik oluyorum.	
			Hiç kimseyle konuşmak, hiç kimseyi görmek istemiyorum	Öyleyse bunu yapma! Kimse beni konuşmaya zorlamıyor. Birşey yapmaya kendi kendime karar veririm. En azından yataktan çıkabilir ve bir şeyler yapmaya başlayabilirim.	

Şekil 5-5. Zevk Tahmin Etme Formu

Tarih	**Tatmin yaratacak aktivite (Başarı ya da zevk duygusu)**	**Bunu kiminle yaptınız? (Yalnız ise, kendim diye belirtin)**	**Tahmin edilen tatmin (%0-100) (Bunu aktiviteden önce yazın) (%)**	**Gerçek tatmin (%0-100) (Bunu aktiviteden sonra kaydedin) (%)**
8.2.2005 8.3.2005 8.4.2005 8.5.2005 8.5.2005 8.6.2005 8.6.2005 8.7.2005 8.8.2005 8.9.2005 8.10.2005 8.10.2005 8.11.2005 8.12.2005 8.12.2005 8.13.2005	Kitap okuma (1 saat) Ben ile akşam yemeği + bar Susan'ın partisi N.Y.C. ve Helen teyze Nancy'in evi Nancy'de akşam yemeği Luci'nin partisi Jogging Tiyatro Harry'lerde Jogging Phillies oyunu Akşam yeme- ği Sanat müzesi Pearbody'de Jogging	Kendim Ben Kendim Anne-baba ve annean- nem Nancy ve Jolle 12 kişi Luci + 5 kişi Kendim Luci Harry, Jack, Ben ve Jim Kendim Babam Susan ve Ben Kendim Fred Kendim	50 80 80 40 75 60 70 60 80 60 70 50 70 60 80 70	60 90 85 30 65 80 70 90 70 85 80 70 70 70 85 80

Zevk Tahmin Etme Formu'nu ertelemeye yol açabilecek birtakım varsayımları test etmek için kullanabilirsiniz. Bunlar şunlardır:

1- Yalnız olduğumda hiç bir şeyden zevk alamıyorum.

2- Hiç bir şey yapmanın anlamı yok; çünkü, benim için önemli olan bir konuda başarısız oldum (Örneğin, istediğim işi ya da terfiyi almadım.)

3- Zengin, başarılı ya da ünlü olmadığım için, hiç bir şeyden tam anlamıyla zevk alamıyorum.

4- İlgi odağı olmadıkça zevk alamıyorum.

5- Mükemmel (ya da başarı ile) yapamadıkça hiç bir şey tümüyle tatmin edici olmayacak.

6- İşimin sadece bir parçasını yaparsam çok tatmin olmam. Bugün *hepsini* bitirmeliyim.

Bu tavırların hepsini test etmezseniz, bunlar kendi kendilerini doğrulayan kehanetler döngüsü yaratacaklardır. Fakat, bunları Zevk Tahmin Edici Formu kullanarak test ederseniz, yaşamın size müthiş tatminler sunabileceğini öğrenerek şaşırabilirsiniz. Kendinize yardım edin!

Zevk Tahmin Edici Form hakkında çok sık sorulan bir soru "Diyelim, birtakım aktiviteler planlıyorum ve bunların beklediğim kadar zevksiz olduğunu görüyorum?" Evet, öyle de olabilir. Bu durumda, olumsuz düşüncelerinizi not etmeye çalışın ve bu düşüncelerin işlevsel olmayan düşüncelerin günlük kayıtlarındaki yanıtlarını yazın. Örneğin,yalnız olarak bir restorana gittiğinizi ve gergin hissettiğinizi farzedelim. Şöyle düşünüyor olabilirsiniz, "Bu insanlar büyük olasılıkla garip olduğumu düşünüyorlar; çünkü, burada tamamiyle yalnızım."

Bunu nasıl yanıtlayacaksınız? Diğer insanların düşüncelerinin duygu durumunuzu hiç etkilemediğini kendinize hatırlatmalısınız. Bunu hastalara her biri için on beşer saniyelik sürelerde olmak üzere, haklarında iki şey düşüneceğimi söyleyerek gösterdim. Bir düşünce uç düzeyde olumlu ve diğeri de fazlasıyla olumsuz ve küçük düşürücü olacaktı. Onlar da bana, düşüncelerimin kendilerini nasıl etkileyeceğini söyleyeceklerdi. Gözlerimi kapatıp düşündüm: "Jack iyi bir insan ve onu seviyorum." Sonra da şöyle düşündüm: "Jack Pensilvanya'daki en kötü insan." Jack hangi düşüncenin hangisi olduğunu bilmediğinden, üzerinde hiçbir etki bırakmadı.

Bu kısa deney size önemsiz mi geliyor? Değil. Çünkü, sadece kendi düşünceleriniz sizi etkileyebilir. Örneğin, bir restoranda yalnız olduğunuz için acı çekiyorsanız, kişilerin ne düşündüğü hakkında gerçekten de bir fikriniz yoktur. Size kötü hissettiren sadece ve sadece kendi düşünceleriniz: dünyada size zulmeden tek kişi kendinizsiniz. Neden restoranda yalnız olduğunuz için kendinizi "garip" olarak etiketliyorsunuz? Başka birine bu kadar zalim olur musunuz? Kendinizi böyle aşağılamaktan vazgeçin. O otomatik düşünceye mantıklı bir yanıtla karşılık verin: "Bir restorana yalnız başına gitmek beni garip biri yapmaz. Herhangi başka biri kadar benim de burada olmaya hakkım var. Eğer bundan kimse hoşlanmazsa ne olur? Kendime saygı duyduğum sürece başkalarının fikirleriyle ilgilenmeye ihtiyaç duymam.

"Ama"nızdan nasıl kurtulursunuz –"Ama"'yı delillerle çürütmek: "Ama"'larınız etkin biçimde hareket edebilmenin en büyük engelini temsil eder. Üretken birşey yapmayı düşündüğünüz anda, kendinize "ama"lar şeklinde bahaneler yaratırsınız. Örneğin, "Bugün dışarı çıkıp yürüyüş yapabilirim, AMA..."

1- Gerçekten bunu yapmak için çok yorgunum.
2- Sadece çok tembelim.
3- O havada değilim, vb.

Burada başka bir örnek daha var. "Sigara içmeyi bırakabilirim, AMA..."

1- Öyle bir öz disiplinim yok.
2- Başarısız olmak istemiyorum ve yavaş yavaş bırakmak ağır işkence olacak.
3- Son zamanlarda çok sinirliyim.

Şekil 5-6. Ama-Delili Çürütme Yöntemi. Zigzag oklar zihninizde konuyu tartışırkenki düşünme biçiminizi göstermektedir.

Ama Sütunu	**Ama Delili Çürütme**
1-Gerçekten çimleri biçmeliyim ama hiç havamda değilim.	Başlarsam daha iyi hissedeceğim. Bitirdiğimde, fevkalade hissedeceğim.
Ama öyle uzun ki, sonsuza dek sürecek.	Elektrikli çim biçme makinesi ile o kadar fazladan zaman gerektirmeyecek. Şimdi bir kısmını yapabilirim.
Ama çok yorgunum.	Öyleyse sadece birazını yap ve dinlen.
Şimdi dinlenmeyi ya da TV seyretmeyi tercih ediyorum.	Yapabilirim, fakat bu güç ve zevksiz işin üstümde yük olduğunu bilerek çok iyi hissedemeyeceğim.
Ama bunu bugün yapmak için çok tembelim.	Bu doğru olamaz-Geçmişte kaç kez bunu yaptım.

Eğer gerçekten kendinizi motive etmek istiyorsanız, ama'nızdan nasıl kurtulacağınızı öğrenmelisiniz. Bunu yapmanın bir yolu "Ama-Delilleri Çürütme Yöntemi"dir. Bu Şekil 5-6'da gösterilmiştir. Diyelim ki bugün cumartesi ve çimleri biçmeyi planladınız. Bu üç haftadır ertelediğiniz bir iş ve bahçeniz orman gibi gözüküyor. Kendinize şöyle dersiniz, "Gerçekten yapmalıyım, AMA havamda değilim." Bunu Ama sütununa kaydedin. Şimdi bir Ama Delil Çürütmesi yazarak bununla savaşın. "Başladığımda daha iyi hissedeceğim. Bitirdiğimde, fevkalade hissedeceğim." Sonraki tepkiniz olasılıkla yeni bir itiraz ortaya koymaktır: "Ama bu çok uzun, sonsuza dek sürecek." Şimdi Şekil 5-6'da gösterildiği gibi yeni bir Ama Delil Çürütmesini kullanarak savaşın ve bahaneleriniz tükenene kadar bu işleme devam edin.

Kendinizi onaylamayı öğrenin: Sıklıkla, kendinizi yaptığınız şeyin bir önemi olmadığına ikna eder misiniz? Bu kötü alışkanlığınız varsa, doğal olarak hiçbir zaman önemli bir şey yapmadığınızı hissedeceksiniz. Nobel ödüllü biri ya da bahçıvan olmanız fark etmeyecektir. Yaşam boş gözükecektir; çünkü, bu tatsız tavrınız tüm çabalarınızdan dolayı alacağınız keyfi ortadan kaldıracak ve daha başlamadan sizi yenilgiye uğratacaktır. Kesinlikle motivasyonunuz kalmayacaktır!

Bu yıkıcı eğilimi tersine çevirmek için iyi bir ilk adım böyle hissetmenize yol açan düşüncelerinizi belirlemektir. Bu düşüncelerle konuşun ve yerlerine daha nesnel ve kendinize onay veren düşünceler yerleştirin. Bazı örnekler Şekil 5-7'de gösterilmiştir. Bu işte ustalaştığınızda yaptığınız şeyler önemsiz gözükse bile tüm gün boyunca bilinçli olarak kendinizi onaylama pratiği yapın.

Şekil 5-7

Kendini Aşağılayan İfade	Kendini Onaylayan İfade
Bu bulaşıkları herhangi biri yıkayabilir.	Bu rutin, sıkıcı bir işse, bunu yaptığım için fazladan ödülü hak ediyorum.
Bu bulaşıkları yıkamanın hiçbir anlamı yoktu. Yine kirlenecekler.	Mesele bu. Onlara gereksinimimiz olduğunda temiz olacaklar.
Düzeltme işini daha iyi yapabilirdim.	Kainatta hiçbir şey mükemmel değildir ama odanın çok daha iyi gözükmesini sağlayabilirim.
Konuşmamın iyi gitmesi sadece iyi şanstı.	Bu bir şans meselesi değil. İyi hazırlandım ve konuşmamı etkin olarak sundum. Gerçekten iyi iş çıkardım.
Arabayı cilaladım, fakat halen komşumun yeni arabası kadar iyi gözükmüyor.	Araba eskiden olduğundan çok daha iyi gözüküyor. Onu kullanmaktan keyif alacağım.

Başlangıçta duygudurumunuzda hoşbir yükselme hissetmeyebilirsiniz; fakat, mekanik gözükse de pratik yapmayı sürdürün. Birkaç gün sonra duygudurumunuzdaki yükselmeyi hissedeceksiniz ve yaptıklarınızdan dolayı daha fazla gurur duyacaksınız.

Şöyle itiraz edebilirsiniz: "Yaptığım her şey için neden kendi sırtımı sıvazlayayım ki? Beni ailem, arkadaşlarım ve iş ortaklarım daha çok takdir etmeliler." Burada birkaç sorun var. İlk başta, insanlar çabalarınızı görmezden geldiklerinde, siz de kendinizi dikkate almıyorsanız aynı suçtan suçlusunuz ve somurtmak bu durumu düzeltmeyecek.

Biri sizi okşasa bile, söylenen şeye inanmaya ve böylelikle geçerli hale getirmeye karar vermedikçe övgüyü hazmedemezsiniz. Onları zihinsel olarak değersizleştirdiğiniz için kaç tane hakiki iltifat sağır kulaklarınıza giriyor? Böyle davrandığınızda, diğer insanlar söylediklerine olumlu yanıt vermediğiniz için hayal kırıklığına uğrarlar. Doğal olarak da, kendinizi aşağılama alışkanlığınızla mücadele etmeye çalışmaktan vazgeçerler. Sonuçta, sadece yaptığınız şeye ilişkin düşünceleriniz duygudurumunuzu etkileyecektir.

Her gün yaptığınız şeylerin basit bir biçimde yazılı ya da zihinsel bir listesini yapmak yardımcı olabilir. Sonra her biri için ne kadar küçük olursa olsun kendinize zihinsel bir kredi verin. Bu, yapmayı beceremediğiniz şeyler yerine yapmış olduklarınız üzerine odaklanmanıza yardımcı olacaktır. Bu çok basit gözükebilir, fakat işe yarar.

İED-İOD tekniği: Eğer belirli bir işe başlamayı erteliyorsanız, bu iş hakkındaki düşüncelerinizi not edin. Bu İED'leri ya da İşi Engelleyen Düşünceleri çift-sütun tekniğini kullanarak basitçe yazıp daha uyum sağlayıcı nitelikteki İOD'larla yani İşe Odaklı Düşüncelerle yer değiştirirseniz üzerinizdeki etkilerinin çoğunu kaybederler. Şekil 5-8'de bazı örnekler gösterilmiştir. İED-İOD'larınızı kaydettiğinizde, sizi yenik düşüren İED'lerdir. Çarpıtmaların yerlerini belirlemeyi unutmayın. Örneğin, en kötü düşmanınızın hep ya da hiç şeklinde düşünmek veya olumluyu değersizleştirmek olduğunu ya da keyfi olumsuz çıkarsamalar yapmak gibi kötü bir alışkanlığınızı fark edebilirsiniz. Çoğunlukla engel olan çarpıtma tipinin farkına vardığınızda, onu düzeltebileceksiniz. Ertelemeniz ve zamanı boşa harcamanız, yerini hareket ve yaratıcılığa bırakacaktır.

Bu ilkeyi düşüncelere olduğu kadar zihinsel imajlara ve gündüz düşlerine de uygulayabilirsiniz. Bir işten kaçındığınızda, olasılıkla onun hakkında otomatik olarak olumsuz, yenik düşüren tarza uygun bir fantezi kurarsınız. Bu durum gereksiz bir gerilim ve endişe yaratarak performansınızı düşürür ve korkunuzun gerçek olma olasılığını arttırır.

Örneğin, bir grup iş arkadaşınıza bir konuşma yapmak zorunda iseniz, haftalar boyu gerilip endişe duyabilirsiniz; çünkü, zihninizde söylemek zorunda olduğunuz şeyi unutmuş ya da izleyicilerden gelen zorlayıcı bir soruya savunmacı bir şekilde tepki vermiş olduğunuz şeklinde bir imaj vardır. Konuşmayı yapacağınız zamana kadar, kendinizi böyle davranmaya programlamışsınızdır ve öyle sinirli, harap olmuşsunuzdur ki herşey tam hayal ettiğiniz gibi olur!

Eğer denemek isterseniz, şöyle bir yöntem var: Her gece uyumadan önce 10 dakika, konuşmayı olumlu bir şekilde yaptığınız şeklinde bir hayal kurun. Kendine güvenli göründüğünüzü, materyali enerjik bir şekilde sunduğunuzu ve dinleyicilerden gelen tüm soruları sıcaklıkla ve yeterlilikle yanıtladığınızı hayal edin. Bu basit egzersizin yaptığınız şeylerle ilgili düşüncelerinizin daha olumlu hale gelmesini sağlayan bir araç olarak size ne kadar fazla yol kat ettirdiğini gördüğünüzde şaşıracaksınız. Olayların tam da hayal ettiğiniz gibi gelişeceğine dair hiçbir garanti yoktur, ama hiç şüphesiz beklentileriniz ve duygu durumunuz olanları *etkileyecektir.*

Şekil 5-8: İED-İOD Tekniği. Sol sütunda, belirli bir işe yönelik motivasyonunuzu baskılayan düşünceleri kaydedin. Sağ sütunda, çarpıtmaların yerlerini belirleyin ve daha nesnel, üretken tavırlarla yer değiştirin

İED'ler (İşi Engelleyen Düşünceler)	**İOD'ler (İşe Odaklı Düşünceler)**
Ev Hanımı: Hiçbir zaman garajı temizlemeyi beceremeyeceğim. Pislik yıllardır birikiyor.	Aşırı genelleme: Hep ya da hiç tarzı düşünme. Sadece biraz bir şeyler yap ve başla. Hepsini bugün yapmam için hiçbir neden yok.
Banka memuru: İşim çok önemli ya da heyecanlı değil.	Olumluyu değersizleştirme: Bu bana rutin gözükebilir; fakat, bankaya gelen insanlar için oldukça önemli. Depresif olmadığımda, çok eğlenceli olabilir. Çoğu insan rutin iş yapıyor ama bu onları önemsiz insanlar yapmaz. Belki boş zamanımda, daha heyecanlı bir şey yapabilirim.
Öğrenci: Bu dönem ödevini yazmak anlamsız. Konu sıkıcı.	Hep ya da hiç tarzı düşünme: Sadece rutin bir iş olarak yap. Bu çok iyi bir şey olmak zorunda değil. Bir şeyler öğrenebilirim ve bunu bitirmek bana iyi hissettirecek.
Sekreter Olasılıkla bunu daktilo ederken saçmalayacağım ve bir yığın yazım hatası yapacağım. Sonra patronum bana bağıracak.	Falcılık hatası: Mükemmel daktilo etmek zorunda değilim. Hataları düzeltebilirim. Eğer çok eleştirirse, onu yumuşatabilirim ya da ona daha destekleyici ve daha az talepkar olursa daha iyi yapacağımı söylerim.
Politikacı Eğer valilik yarışını kaybedersem, gülünç duruma düşeceğim	Falcılık hatası, etiketleme: Politik bir yarışı kaybetmek ayıp değil. Bir sürü insan denediğim ve bazı önemli konularda dürüst bir tavır aldığım için bana saygı duyuyor. Ne yazık ki, en iyi adam çoğunlukla kazanmaz, ama en tepeye çıksam da çıkmasam da kendime inanabilirim.
Sigorta satıcısı: Bu adamı tekrar aramanın anlamı ne? Çok ilgili gözükmedi.	Akıl okuma: Hiçbir şekilde bilemem. Bir denemeli. En azından tekrar aramamı söyledi. Bazı insanlar ilgilenebilir, bu nedenle de ilgilenenle ilgilenmeyeni ayırmak zorundayım. Biri beni reddetse de üretken hissedebilirim. Beni geri çeviren her beş kişi için ortalama bir poliçe satacağım, öyleyse mümkün olduğunca geri çevrilmek benim avantajıma. Daha çok geri çevrilme, daha çok satış.

Utangaç bekar adam: Eğer çekici bir kızı ararsam, sadece beni başından atacak, öyleyse anlamı ne? Bir kız beni beğendiğini açıkça belli edene kadar bekleyeceğim. Böylelikle risk almak durumunda olmayacağım.	Falcılık hatası, aşırı genelleme: Hepsi beni geri çeviremez ve denemek ayıp değil. Reddedildiğimde bundan bir şeyler öğrenebilirim, stilimi geliştirmek için pratik yapmaya başlamalıyım, öyleyse ilerisi belli olmayan bu işe atılmalıyım! İlk seferinde yüksekten atlamak cesaret ister, ben yaptım ve yaşıyorum. Bunu da yapabilirim.
Yazar: Bu bölüm mükemmel olmalı. Fakat çok yaratıcı hissetmiyorum.	Hep ya da hiç düşünme: Sadece yeterli bir müsvedde hazırlayıp. Sonradan düzeltebilirim.
Atlet: Kendimi disipline sokamıyorum. Öz kontrolüm yok. Hiçbir zaman forma giremeyeceğim.	Olumluyu değersizleştirme hep ya da hiç düşünme: Kendimi kontrol ediyor olmalıyım; çünkü, iyi yaptım. Sadece bir süre çalışırım ve yorulursam bırakırım.

Küçük Ayaklara Küçük Adımlar: Basit ve açık bir kendini harekete geçirme yöntemi de, önerilen bir işi küçük bileşenlerine bölmeyi öğrenmektir. Bu, yapmanız gereken her şey üzerinde fazlasıyla düşünerek kendinizi bunaltma eğiliminizle mücadele etmenizi sağlayacaktır.

Diyelim ki, işiniz bir yığın toplantıya katılmanızı gerektiriyor; fakat, endişe, depresyon ya da hayallere dalma yüzünden odaklanmanız zorlaşmış durumda. Dikkatinizi etkin biçimde toparlayamıyorsunuz; çünkü, "Bunu anlamam gerektiği gibi anlayamıyorum. Kahretsin, bu sıkıcı. Şu anda sevişmeyi ya da balık tutmayı tercih ederdim." diye düşünüyorsunuz.

Burada sıkıntıyla nasıl mücadele edeceğiniz, ilginizin dağılmasını nasıl durduracağınız ve dikkatinizi toparlama yeteneğinizi nasıl arttırabileceğiniz gösteriliyor: İşi en küçük bileşenlerine ayırın! Örneğin, toplantıdaki konuşmaları sadece 3 dakika için dinleyin ve sonra da 1 dakika yoğun bir şekilde hayal kurmak için mola verin. Bu zihinsel tatilin sonucunda, diğer bir 3 dakika boyunca dinleyin ve bu kısa zaman süresince ilginizi dağıtacak herhangi bir düşünceye izin vermeyin. Sonra yine hayal kurmak için 1 dakika mola verin.

Bu teknik daha etkili biçimde odaklanmanıza yardımcı olacaktır. İlgiyi başka tarafa çeken düşünceler üzerinde düşünmek için kendinize kısa dönemli izin vermek bu düşüncelerin üzerinizdeki etkisini azaltacaktır. Bir süre sonra, bunlar komik gözükeceklerdir.

Bir işi, halledilebilir boyutlardaki parçalarına ayırmanın oldukça kullanışlı bir yolu zaman sınırlaması koymaktır. Belirli bir işe ne kadar zaman ayıracağınıza karar verin, belirlenmiş zamanın sonunda durun ve bitirmiş olsanız da olmasanız da daha eğlenceli bir şey yapın. Ne kadar basit gözükse de bu çok işe yarar. Örneğin, bir politikacının eşi yıllarca kocasının başarılı, gösterişli yaşantısından dolayı kırgınlık yaşamıştı. Yaşamının, bunaltıcı bir biçimde çocuk yetiştirme ve ev temizleme yüküyle dolu olduğunu düşünüyordu. Kompülsiyonları olduğu için, hiçbir zaman günlük yapılması gereken işleri tamamlamaya yetecek kadar zamanı olmadığını hissediyordu. Yaşamı bir değirmendi. Depresyona yakalanmıştı ve kişisel anlamda mutlu olabilmenin yolu olarak bulunması çok zor bir anahtarı aradığından, on yıldan fazla bir süredir pek çok ünlü terapist tarafından başarısız tedaviler görmüştü.

İki kez arkadaşlarımdan birine (Dr. Aaron T.Beck) başvurduktan sonra, duygu durumundaki hızlı iyileşmeyle birlikte depresyonu düzelmişti (onun terapötik büyücülüğü beni şaşırtmaktan hiç vazgeçmeyecek). Bu mucize nasıl gerçekleşmişti? Kolay; Dr. Beck, depresyonunun büyük ölçüde, kendisine inanmadığı için anlamlı hedefler belirleyememesine bağlı olduğunu belirtti. Risk alma korkusunu ortaya çıkartmak ve onunla yüzleşmek yerine, kendi yaşamıyla ilgili olarak yön göstermediği için kocasını suçlamış ve tüm yapamadığı ev işlerinden şikayet eder duruma gelmişti.

İlk adım, her gün ev işinde ne kadar zaman harcamak istediğine karar vermesiydi. Ev mükemmel olmasa bile bu süreden fazla zaman harcamayacaktı ve günün geri kalan kısmını ilgisini çeken aktivitelere ayıracaktı. Bir saatlik ev işinin uygun olacağına karar verdi ve kariyerini geliştirebileceği bir ihtisas programına kaydoldu. Bu ona özgürlük duygusu verdi. Sihir gibi, depresyon, kocasına beslediği öfkeyle birlikte ortadan kayboldu.

Depresyonun geçmesinin genellikle çok kolay olduğu fikrini vermek istemem. Yukarıdaki olguda bile, bu hasta olasılıkla birkaç depresif atakla daha savaşmak zorunda kalacak. Bazı zamanlar çok fazla şey yapmaya çalışmak, başkalarını suçlamak ve bunalmış hissetmek tuzağına geçici olarak düşebilir. O zaman yine aynı çözümü uygulamak durumunda olacaktır. Önemli olan şey şudur: İşine yarayan bir yöntem buldu.

Aynı yaklaşım sizin de işinize yarayabilir. Çiğneyebileceğinizden daha büyük parçalar ısırmaya mı eğilimlisiniz? Yaptığınıza ortalama zaman sınırları koymayı deneyin! Bitmemiş bir işten uzaklaşmak için cesaretinizi toplayın! Üretkenliğinizde ve duygudurumunuzda belirgin bir yükselme deneyimlediğinizde şaşırabilirsiniz ve ertelemeleriniz geçmişte kalabilir.

Baskı Olmaksızın Motivasyon: Ertelemenizin olası bir nedeni de, kendinizi motive etmek için uygun bir sisteminizin olmamasıdır. Kendinizi bir yığın "gereklilikler" "zorunluluklar" ve "-meli, -malı"larla kamçılamaya çalışarak yapmak istediğiniz şeyi baltalayabilir ve sonunda öyle bir hale gelirsiniz ki, hareket etme arzunuz yok olup gitmiş olur. Harekete geçeceğim derken *kendinizi öldürecek* yolları seçerek yenik düşmüş oluyorsunuz. Dr. Albert Ellis bu zihinsel tuzağı bir "must-erbation" ("-meli, -malı'larla özdoyum- mastürbasyon) olarak tanımlıyor.

Sözlüğünüzdeki baskı sözcüklerini yok ederek kendinize bir şeyler yapmayı söyleme yolunu yeniden açık ve kesin bir biçimde belirtin. Sabah uyanmak için kendinizi zorlamanın alternatif bir yolu şöyle demek olacaktır. "Yataktan çıkmak, başta zor olsa bile bana daha iyi hissettirecek. *Yapmam gerekmese de*, yaparsam memnun olabilirim. Öte yandan, dinlenme ve rahatlama geçekten benim için yararlı ise devam edebilir ve bundan keyif alabilirim". Gereklilikleri isteklere çevirirseniz, kendinize karşı saygılı davranıyor olursunuz. Bu, seçme özgürlüğü ve kişisel saygınlık yaratacaktır. Ödül sisteminin daha iyi çalıştığını ve kırbaçtan daha uzun süre işe yaradığını göreceksiniz. Kendinize sorun. "Ne yapmak *istiyorum*? Hangi hareket en fazla işime yarayacak?" Olaylara bu şekilde bakmanın motivasyonunuzu güçlendireceğini göreceğinizi düşünüyorum.

Eğer halen yatakta uzanmak, sıkılmak istiyor ve kalkmanın gerçekten yapmak istediğiniz şey olduğundan şüphe duyuyorsanız bir gün daha yatakta yatmanın avantajlarını ve sakıncalarını içeren bir liste hazırlayın. Örneğin, vergi zamanında işinin oldukça gerisinde kalan bir muhasebeci her sabah uyanmayı zor buluyordu. Müşterileri yapılmamış işler konusunda şikayet etmeye başladılar ve bu yüz kızartıcı yüzleşmeleri önlemek için telefona bile yanıt vermekten kaçınarak haftalarca yatakta yattı. Çoğu müşterisi ona iş vermemeye başladı. İşler kötüye gidiyordu.

Hatası kendine "Biliyorum işe *gitmeliyim* ama yapmak istemiyorum. Ve yapmak zorunda da değilim! Bu yüzden yapmayacağım!" demesiydi. Aslında, "-malı" lar, yataktan çıkmasının tek nedeninin bir grup öfkeli, talepkar müşteriyi memnun etmek olduğu yanılsamasını yaratmıştı. Öylesine nahoş bir durumdu ki *direnç* gösteriyordu. Yaptığı şeyin garipliği, yatakta kalmanın karlarını ve zararlarını içeren listeyi hazırladığında ortaya çıktı. (Şekil 5-9). Bu listeyi hazırladıktan sonra yataktan çıkmanın onun için daha karlı olduğunu fark etti. Sonrasında, işiyle daha çok ilgilendikçe, hareketsiz olduğu dönemde işlerinin çoğunu kaybetmiş olmasına rağmen duygudurumu hızla iyileşti.

Silahsızlandirma tekniği: Aileniz ve arkadaşlarınız sizi zorlama ve kandırma alışkanlığındaysa, felç olma algınız yoğunlaşacaktır. Onların daima kusur bulan gereklilik ifadeleri kafanızda çoktan beridir yankılanan küçük düşürücü düşünceleri güçlendirir. Baskılayıcı yaklaşımları neden başarısızlıkla sonuçlanmasın? Her harekette bir etki tepki olduğu fiziğin temel bir kuralıdır. Birinin elini göğsünüze koyarak ve de size sert davranarak ittiğini hissettiğiniz her durumda, doğal olarak gerginleşecek ve dengenizi sağlamak için direneceksiniz.

Zorlandığınız şeyi yapmayı reddederek kontrolünüzü sağlamaya ve saygınlığınızı korumaya çabalayacaksınız. İkilem şu ki, çoğunlukla sonuçta kendinizi inciteceksiniz.

Biri uygunsuz bir biçimde gerçekten yararınıza olacak bir şeyi yapmanızda ısrar ederse bu oldukça karmaşık olabilir. Bu sizi "kazanamaz" duruma sokar; çünkü, o kişinin dediğini yapmayı reddederseniz, sadece onunla inatlaşabilmek uğruna yenik duruma düşersiniz. Diğer taraftan, onun dediğini yaparsanız, ele geçirilmiş hissedersiniz. Zorlayıcı taleplere boyun eğdiğiniz için, onun sizi kontrol ettiği duygusuna kapılırsınız ve bu durumda kendinize saygınız kalmaz. Kimse baskı altında kalmak istemez.

Yatakta yatmanın avantajları	Yatakta yatmanın sakıncaları
1- Bu kolay!	1- Kolay gözükse de, bir süre sonra çok sıkıcı ve acı verici hale geliyor. Hiçbir şey yapmamak ve sıkılıp kendimi eleştirerek saatlerce burada yatmak aslında o kadar da kolay değil.
2- Bir şey yapmak ya da sorunlarımla yüzleşmek zorunda kalmayacağım.	2- Yataktan çıksam da bir şey yapmak zorunda değilim, ancak bu daha iyi hissettirebilir. Sorunlarımdan kaçınırsam bitmeyecekler, sadece kötüleşecekler ve onları çözmeye çalışmanın getireceği tatmini yakalayamayacağım. Olaylarla yüzleşmenin vereceği kısa süreli huzursuzluk olasılıkla yatakta yatmanın sonsuz kederinden daha az deprese edicidir.
3- Uyuyabilir ve kaçabilirim.	3- Sonsuza dek uyuyamam ve neredeyse bir günde 16 saat uyuduğum için artık daha fazla uyumaya gereksinimim yok. Yatakta bir kötürüm gibi yatıp kollarım ve bacaklarımın çürümesini beklemek yerine kalkıp kollarımı ve bacaklarımı hareket ettirirsem daha az yorgun hissedeceğim.

Örneğin, Mary yirmi yaşlarında, uzun yıllardır depresyonu devam eden ve ebeveynleri tarafından bize gönderilen bir kızdı. Mary gerçek bir uykucuydu ve aylarca odasında yalnız başına TV'de dizi seyredebilirdi. Bu durum, kısmen "garip" göründüğü ve dışarı çıktığında insanların ona bakacağı şeklindeki mantıksız inancına kısmen de baskıcı annesinin yaptığı zorlamalara bağlı olarak gelişmişti. Mary, bir şeyler yapmanın daha iyi hissetmesini sağlayabileceğini kabul ediyordu, ama bu, sürekli kalkıp bir şeyler yapmasını söyleyen annesine boyun eğmek olacaktı. Annesi zorladıkça, Mary daha da inatla direndi.

Bir şey yapmaya zorlandığınızı hissettiğinizde yapmanın çok zor olması insan doğasının talihsiz bir durumudur. Neyse ki, daima kusur bulan, nutuk çeken ve yaşamınızı nasıl sürdüreceğinize müdahale eden insanların nasıl idare edileceğini öğrenmek çok kolaydır.

Diyelim ki siz Mary'siniz ve olanları düşündükten sonra, bir şeyler yaparsanız daha iyi hissedeceğinize karar verdiniz. Bu kararı verdiğiniz sırada anneniz odanıza gelip "Artık daha fazla yatma! Yaşamın tükeniyor! Hareketlen! Senin yaşındaki kızların yaptığı gibi bir şeylerle uğraş!" derdi. O anda, karar vermiş olmanıza rağmen içinizde bir nefret hissedersiniz.

Silahsızlandırma tekniği bu sorunu çözecek girişimci bir yöntemdir (Bu sözel yöntemin diğer uygulamaları sonraki bölümde anlatılacaktır). Silahsızlandırma tekniğinin gereği, annenizle hemfikir olmak, ancak bunu yaparken öyle yapmanızı söylediği için değil de kendi kararınızdan dolayı onunla hemfikir olduğunuzu annenize hatırlatmaktır. Öyleyse, şu şekilde yanıt verebilirsiniz. "Evet anne, demin ben de düşündüm ve bir şeylerle ilgilenmeye başlamanın benim için avantajlı *olacağına* karar verdim. *Kendi kararımdan* ötürü, bunu yapacağım." Şimdi bir şeyler yapmaya başlayabilirsiniz ve ele geçirilmiş hissetmezsiniz. Ya da yorumlarınıza daha fazla renk katmak istiyorsanız, şöyle diyebilirsiniz, "Evet anne, öyle yapmamı söylüyor olduğun gerçeğine rağmen yataktan çıkmaya karar *verdim* ."

Başarıyı gözünüzde canlandırın: Güçlü bir kendini motive etme yöntemi de, yapabileceğinizden daha fazla öz disiplin gerektirdiği için kaçındığınız bir eylemin avantajlarının listesini yapmayı içerir. Böyle bir liste, bunu yapmanın olumlu sonuçlarına bakmanız için sizi eğitir. İsteğinizin peşinden gitmek sadece insancadır.

Diyelim ki, sigarayı bırakmak istiyorsunuz. Kendinize kanserin ve sigara içmenin tüm diğer tehlikelerini hatırlatıyor olabilirsiniz. Bu korku taktikleri sizi çok sinirli hale getirir, hemen başka bir sigaraya uzanırsınız, bunlar işe yaramaz. Burada *işe yarayan* üç basamaklı bir yöntem var.

İlk adım sigara içmediğinizde olabilecek tüm olumlu sonuçların bir listesini yapmaktır. Aklınıza ne kadar çok gelirse hepsini sıralayın, bazıları:

1- Sağlığım düzelecek..

2- Kendime saygı duyacağım.

3- Daha fazla öz-disiplin kazanmış olacağım. Kendine güvenen bu yeni halimle, ertelediğim diğer bir sürü şeyi yapabileceğim.

4- Aktif olarak koşup dans edebileceğim ve buna rağmen kendimi iyi hissedeceğim. Hem daha dayanıklı olacağım hem de fazladan enerjim olacak.

5- Ciğerlerim ve kalbim daha güçlü hale gelecek. Tansiyonum düşecek.

6- Nefesim temizlenecek.

7- Harcamak için fazladan param olacak.

8- Daha uzun yaşayacağım.

9- Temiz hava soluyacağım.

10- İnsanlara artık sigara içmeyen biri olduğumu söyleyebileceğim.

11- Listeyi hazırladığınızda ikinci adım için hazırsınız demektir. Her gece uyumadan önce, en hoşunuza giden yerde olduğunuzu hayal edin, dağlarda ormanda yürüyorsunuz ya da güneş teninizi ısıtırken kristal mavi bir okyanusun kıyısındaki sakin bir kumsalda uzanıyorsunuz. Hangi hayali seçerseniz, her keyifli ayrıntıyı mümkün olduğunca canlı biçimde gözünüzde canlandırın ve vücudunuzun gevşemesine fırsat verin. Her kasınızın rahatlamasına izin verin. Gerilimin kollarınızdan ve bacaklarınızdan çıkmasını ve vücudunuzun gevşek kalmasını sağlayın. Kaslarınızın nasıl yumuşayıp gevşemeye başladığını fark edin. Ne kadar barış dolu hissettiğinize dikkat edin. Şimdi üçüncü adım için hazırsınız.

Halen orada olduğunuzu ve sigara içmeyen biri olduğunuzu hayal edin. Faydalar listenizin üzerinden gidin ve şu şekilde her birini tekrar edin. "Şimdi sağlığım daha iyi ve bu hoşuma gidiyor. Kumsal boyunca koşabilirim ve bunu istiyorum. Çevremdeki hava taze ve temiz ve kendimi iyi hissediyorum. Kendime saygı duyuyorum. Şimdi daha fazla öz-saygım var ve istersem diğer şeylere de meydan okuyabilirim. Harcamak için fazladan param var." ve bunun gibi.

Olumlu telkinle bir alışkanlıktan kurtulma yöntemi şaşırtıcı derecede iyi çalışır. Bu yöntem, benim ve hastalarımın çoğunun tek bir tedavi seansından sonra sigarayı bırakmamıza fırsat vermiştir. Bunu çok kolay yapabilirsiniz ve çabalarınıza değdiğini fark edeceksiniz. Kilo vermek, çim biçmek, sabah zamanında uyanmak, koşuyu rutine sokmak gibi değiştirmek istediğiniz herhangi bir alışkanlığınız konusunda kendinizi geliştirmek amacıyla kullanılabilir.

Gereken her şeyi hesaba katın: 3 yaşında Stevie adında bir erkek çocuk, çocuk havuzunun kenarında duruyordu, atlamaya korkmuştu. Annesi, hemen önüne suyun içine oturmuş, atlamasında ısrar ediyordu. Çocuk geri çekildi, annesi ikna etmeye çalıştı. Bu güç mücadelesi 30 dakika sürdü. Sonunda atladı. Su iyi geldi. O kadar zor değildi ve aslında korkulacak bir şey yoktu. Fakat annesinin çabaları geri tepmişti. Stevie'nin zihnine yazılan talihsiz mesaj şuydu, "Riskli bir şey yapmadan önce *zorlanmalıyım*. Diğer çocuklar gibi kendi başıma atlamaya cesaretim yok." Anne ve babasının da düşüncesi aynıydı, şöyle düşünmeye başlamışlardı: "Kendi haline bırakılırsa, Stevie hiçbir zaman suya girmeyi denemeyecek. Sürekli zorlanmazsa, kendi başına hiçbir şey yapmaz. Onu yetiştirmek uzun ve zor bir mücadele olacak."

Stevie büyüdükçe, aynı şey defalarca tekrarlandı. Okula gitmek, beyzbol takımına girmek, partilere gitmek ve daha birçok şey için hep *ikna edilmesi* ve *zorlanması* gerekti. Çok nadiren kendi başına birtakım hareketler yaptı. 21 yaşında bana başvurduğunda, kronik olarak depresyondaydı. Ebeveynleriyle yaşıyordu ve yaşamıyla ilgili fazla bir şey yapmıyordu. Halen çevresinde insanların ona neyi nasıl yapacağını söylemesini bekliyordu. Fakat artık ebeveynleri onu motive etmeye çalışmaktan bıkmıştı.

Her terapi seansı sonunda, gayretimle harekete geçerek, kendine yardım ödevlerini ne olursa olsun yapacağını söyleyerek ofisimden ayrılıyordu. Örneğin, bir hafta izolasyon duygusunu kırmak için küçük bir ilk adım olarak tanımadığı üç insana gülümsemeye ya da selam vermeye karar verdi. Fakat, sonraki hafta, ofisime başı öne eğik ve mahcup bir ifadeyle gelerek birine selam vermeyi unuttuğunu söyledi. Bir başka haftadaki ödevi, bir bekarlar dergisi için yazdığım evlenmemiş bir erkeğin yalnızlığının üstesinden gelmeyi nasıl öğrendiğine ilişkin üç sayfalık yazıyı okumaktı. Sonraki hafta Stevie geldi ve okuma fırsatı olmadan yazıyı kaybettiğini söyledi. Her hafta odadan çıktığında kendine yardım etmek için yoğun bir istek duyuyordu. Fakat asansöre bindiğinde bütün kalbiyle, haftanın ödevini yapmasının ne kadar basit olursa olsun, ona çok zor geleceğini biliyordu.

Stevie'nin sorunu neydi? Bunun açıklaması yüzme havuzundaki o güne kadar gidiyordu. Kafasında halen güçlü biçimde yerleşmiş şu düşünce vardı "Gerçekten kendi başıma hiçbir şey yapamıyorum. Ben zorlanılması gereken insanlardanım." Bu inanca meydan okumayı hiç düşünmediğinden, inancı kendini doğrulayan bir kehanet olarak işlemeye devam etmiş ve bu inancın gerçek olup olmadığını sorgulamayı on beş yıldan fazla bir süredir ertelemişti.

Çözüm neydi? Önce, Stevie'nin sorununun anahtarı olan iki zihinsel hatanın farkına varması gerekiyordu: zihinsel filtre ve etiketleme. Zihni yapmayı ertelediği çeşitli şeyler hakkındaki düşüncelerle meşguldü ve başka biri tarafından zorlanmadan her hafta yaptığı yüzlerce şeyi *görmezden geliyordu.*

Bunu tartıştıktan sonra "Bunların hepsi iyi güzel." dedi Stevie. "Sorunumu açıkladınız gibi gözüküyor ve bu doğru. Ancak durumu nasıl *değiştirebilirim*?"

Çözüm beklediğinden daha basit oldu. Bilekte taşıyacağı bir sayaç almasını önerdim (son bölümde tartışıldığı gibi) böylelikle her gün birilerinin onu cesaretlendirmesini ya da gaza getirmesini beklemeksizin kendi başına yaptığı şeyleri sayabilirdi. Gün sonunda toplam sayıyı yazacak vc bir günlük tutacaktı.

Birkaç haftalık dönem boyunca, günlük puanının arttığını fark etmeye başladı. Sayaca her dokunduğunda, kendisine, yaşamını *kendisinin* kontrol ettiğini hatırlattı ve böylece ne yaptığını gözlemleyebilmek üzere kendini eğitti. Stevie'in kendine güveni arttı ve kendini daha yeterli bir insan olarak görmeye başladı.

Bu kulağa basit mi geliyor? Öyle! Sizin için işe yarayacak mı? Olasılıkla yaramayacağını düşünüyorsunuz. Fakat neden bunu test etmiyorsunuz? Olumsuz bir tepkiniz varsa ve bu sayacın işinize yaramayacağını düşünüyorsanız, kötümser tahmininizi neden bir deneyle değerlendirmeyesiniz? Neyin hesaplanması gerektiğini bulmayı öğrenin, sonuçlara şaşırabilirsiniz!

"Yapamam"'larınızı Test Edin: Başarı yoluyla hareketlenebilmenizde önemli bir anahtarda, performansınız ve yeteneklerinizle ilgili yaptığınız ve sizi yenik düşüren tahminlere karşı bilimsel bir tavır almayı öğrenmektir. Bu kötümser düşünceleri test ederseniz, gerçeğin ne olduğunu keşfedebilirsiniz.

Yenik düşmenize neden olan düşüncelerden çok yaygın olanlarından biri de, depresif olduğunuz ya da ertelediğiniz dönemlerde, üretken bir şey yapmayı her düşündüğünüzde "yapamam" demektir.

Bu düşünce, hiçbir şey yapmamaktan dolayı suçlanacağınıza dair duyduğunuz korkudan kaynaklanıyor olabilir.

Basit bir şeyi yapmak için çok yetersiz ve beceriksiz olduğunuz yanılsamasını yaratarak kendinizi kurtarmaya çalışırsınız. Hareketsizliğinizi bu şekilde savunmanızdaki sorun şu ki gerçekten de, söylediğiniz şeye inanmaya başlayabilirsiniz! Eğer "yapamam" diye defalarca söylerseniz, bu hipnotik bir telkin haline gelir ve bir süre sonra, hiçbir şey yapamayan felçli, yetersiz biri olduğunuza gerçekten ikna olursunuz. Tipik yapamam düşünceleri şunları içerir: "Yemek pişiremem", "İş yapamam", "Çalışamam", "Dikkatimi toparlayamam.", "Okuyamam", "Yataktan çıkamam" ve "Evimi temizleyemem".

Bu düşünceler yenik düşmenize neden olmakla kalmayıp sevdiklerinizle olan ilişkilerinizi de tatsızlaştırır; çünkü, onlar tüm bu "yapamam" ifadelerinizi sinir bozucu bir sızlanma olarak görürler. Sizin için bir şey yapmanın gerçekten olanaksız *gözüktüğünü* algılamayacaklardır. Sizi rahat bırakmayacaklar ve sizinle sinir bozucu bir güç mücadelesine gireceklerdir.

Oldukça başarılı bilişsel bir teknik de, olumsuz tahminlerinizi gerçek deneylerle test etmeyi içerir. Örneğin, kendinize "Çok mutsuzum, okumak için dikkatimi yeterince toparlayamıyorum" diyorsunuz. Bu hipotezi test etmenin bir yolu olarak, bugünün gazetesini alın, oturun ve bir cümle okuyun ve sonra cümleyi yüksek sesle özetleyip özetleyemediğinize bakın. Sonra şöyle bir tahminde bulunabilirsiniz: "Fakat hiçbir zaman bütün bir paragrafı okuyamam ve anlayamam." Bunu da test edin. Bir paragraf okuyun ve özetleyin. Birçok ağır, kronik depresyon bu güçlü yöntemle açılmıştır.

"Kaybedemem" Sistemi: "Yapamam"larınızı test etmeye isteksiz olabilirsiniz; çünkü, başarısız olmak istemezsiniz. Risk almazsanız, en azından şimdilik işin içine girmemeye karar vermiş müthiş biri olduğunuz şeklindeki gizli inancınızı sürdürebilirsiniz. Kendinizi uzak tutmanızın ve taahhüt altına girmemenizin ardında güçlü bir yetersizlik duygusu ve başarısızlık korkusu yatmaktadır.

"Kaybedemem" Sistemi bu korkuyu yenmenize yardımcı olacaktır. Risk alırsanız ve gerçekten başarısız olursanız baş etmek zorunda kalacağınız olumsuz sonuçların bir listesini yapın. Sonra korkularınıza ilişkin çarpıtmalarla, hayal kırıklığı yaşasanız bile, üretken biçimde nasıl başa çıkabileceğinizi gösterin.

Kaçındığınız girişim, maddi, kişisel ya da kariyerinize ait bir risk içerebilir. Unutmayın ki başarısız olsanız bile, bundan da iyi bir şey çıkabilir. Üstelik, siz yürümeyi de bu şekilde öğrendiniz. Bir gün beşiğinizden çıkıp oda içinde volta atmadınız. Dengenizi kaybettiniz ve yüzünüzün üstüne düştünüz ve kalkıp yeniden denediniz. Hangi yaşta birden her şeyi bilmeniz ve artık daha fazla hata yapmamanız beklendi? Hata yaptığınızda kendinizi sever ve saygı duyarsanız, önünüze maceralar dünyası ve yeni deneyimler açılacaktır ve korkularınız ortadan kaybolacaktır. Yazılı bir "Kaybedemem Sistemi" örneği Şekil 5-10'da gösterilmiştir.

Ters İşler Yapmayın

Bahse girerim halen isteğin nereden kaynaklandığını kesin olarak bilmiyorsunuz. Size göre hangisi önce gelir - istek mi, eylem mi?

İstek dediyseniz, harika, mantıklı bir seçim yaptınız. Ne yazık ki, yanıldınız. İstek *değil*, *eylem* önce gelir. Hızlanmak için çaba sarf etmelisiniz. Sonra motive olmaya başlayacaksınız ve sular kendiliğinden akmaya başlayacak.

Erteleyen kişiler sıklıkla istek ve eylemi karıştırırlar. Bir şey yapmak için havaya girene kadar gereksiz yere beklersiniz. Onu yapacak havada hissetmediğiniz için de otomatik olarak ertelersiniz.

Hatanız, isteğin önce gelerek hareketliliğe ve eyleme neden olduğu şeklindeki yanlış inancınızdır. Genelde bunun tersi doğrudur, eylem önce gelmelidir ve istek daha sonra gelir.

Şekil 5-10 "Kaybedemem" Sistemi. Bir ev hanımı yarı-zamanlı bir işe başvurma korkusunu yenmek için bu tekniği kullandı

Bir işte geri çevrilmenin olumsuz sonuçları	**Olumlu düşünceler ve baş etme stratejileri**
1- Hiçbir zaman iş bulamayacağımı gösteriyor.	1- Aşırı genelleme. Bu olası değil. Bir dizi başka işe başvurarak ve ne olacağını görmek için en iyi yönümü ortaya koyarak bunu test edebilirim.
2- Kocam beni aşağılayacak.	2- Falcılık hatası: Ona sor. Belki anlayışlı davranacak.
3- Fakat ya anlayışlı olmazsa? Bu durumun mutfağa ait olduğumu ve gerekli donanıma sahip olmadığımı gösterdiğini söyleyebilir.	3- Ona elinden gelenin en iyisini yaptığını ve reddedici tavrının işe yaramadığını söyle. Hayal kırıklığına uğradığını, fakat çabaladığın için kendine değer verdiğini söyle.
4- Fakat neredeyse meteliksiz durumdayız. Paraya gereksinimimiz var.	4- Şimdiye kadar dayandık ve tek bir öğünü bile kaçırmadık.
5- Bir iş bulamazsam, çocuklara yeni okul giysileri alamayacağım. Düzensiz gözükecekler.	5- Sonradan bazı giysiler alabilirim. Bir süre için elimizdekiyle idare etmeyi öğrenmeliyiz. Mutluluk giysilerden değil, kendimize olan saygımızdan kaynaklanır.
6- Çoğu arkadaşımın işi var. İş dünyasında başarısız olduğumu görecekler.	6- Hepsi çalışmıyor ve işi olan arkadaşlarım da işsiz oldukları bir zamanı hatırlıyorlardır mutlaka. Şimdiye kadar beni aşağılayacaklarını hissettirecek hiçbir şey yapmadılar.

Bu bölümü ele alın mesela. Bu bölümün ilk müsveddesi fazla uzundu, biçimsiz ve sıradandı. Öyle uzun ve sıkıcıydı ki, gerçek bir erteleyici hiçbir zaman bunu okumaya tahammül edemezdi. Bunu gözden geçirip düzeltme işi bana beton ayakkabılarla yüzmeye çalışmak gibi geldi. Gözden geçirmeyi planladığım gün geldiğinde, oturup başlamak için kendimi zorlamak zorunda kaldım. İsteğim %1'di ve işi engelleme isteğim %99'du. Ne iğrenç bir iş!

İşi yapmaya başladıktan sonra, oldukça istekli hale geldim ve iş şimdi bana kolay gözüküyor. Her şeye rağmen sonra yazmak eğlenceli gelmeye başladı! Şöyle çalışıyor:

Birinci: Eylem

İkinci: İstek

Üçüncü: Daha fazla eylem

Erteleyen biri iseniz, olasılıkla bunun farkında değilsiniz. İlham gelmesini bekleyerek yatakta yatıyorsunuz. Biri bir şey yapmanızı önerdiğinde, "Bunu yapacak gibi hissetmiyorum" diyerek sızlanıyorsunuz. İyi de, kim böyle hissetmeniz gerektiğini söyledi? Keyfiniz gelene dek beklerseniz, sonsuza kadar sürebilir! Aşağıdaki tablo çeşitli hareketlenme tekniklerini gözden geçirmeniz ve size en çok yardım edebilecek olanını seçmeniz için fikir verecektir.

Tablo 5-1. Kendini harekete geçirme yöntemlerinin özeti

Hedef Belirtiler	**Kendini Harekete Geçirme Teknikleri**	**Yöntemin Amacı**
1. Dağınık hissediyorsunuz. Yapacak hiçbir şey yok. Haftasonları yalnız ve sıkıntılı oluyorsunuz.	1.Günlük Aktivite Programı	1. Her saat için aktviteleri planlayın ve ustalık ve zevk miktarını kaydedin. Kesinlikle herhangi bir eylem yatakta yatmaya göre daha iyi hissetmenizi sağlayacak ve yetersizlik algınızı azaltacaktır.
2. Erteliyorsunuz çünkü işler zor ve ödülde alamayacakmışsınız gibi gözüküyor.	2. Erteleme Karşıtı Formu	2. Olumsuz tahminlerinizi test edin.
3. Hiç birşey yapmama arzusuyla eziliyormuş gibi hissediyorsunuz.	3.İşlevsel Olmayan Düşüncelerin Günlük Kaydı	3. Sizi felç eden mantıksız düşüncelere maruz kalıyorsunuz. İsteğin, eylemi takip ettiğini öğreniyorsunuz, *tersi* doğru değildir.
4. Yalnız olduğunuzda bir şey yapmanın, bir anlamı olmadığını hissediyorsunuz.	4. Zevk Tahmin Etme Formu	4. Kişisel gelişmeyi sağlama ve tatmin etme potansiyeli olan aktiviteleri programlayın ve bunların ne kadar ödüllendirici olacağını tahmin edin. Yalnız olduğunuzda hissettiğiniz gerçek tatminle başkalarıyla olduğunuzda hissettiğinizi karşılaştırın.

5. Kaçınabilmek için kendinize bahaneler sunuyorsunuz.	5.Ama Delilleri Çürütme	5. Gerçekçi delil çürütmelerle savaşarak amaların ızdan kurtulursunuz.
6. Yaptığınız hiç birşeyin çok değerli olmadığı fikrindesiniz.	6. Kendini Onaylama	6. Kendinizi aşağılayan düşünceleri yazın ve onlarla konuşun." Hep ya da hiç düşünme "gibi çarpıtılmış düşünce biçimlerini bulun. Hergün başardığınız şeylerin bir listesini yapın.
7. Bir konuyla ilgili olarak kendinizi yenik duruma sokan tarzda düşünüyorsunuz.	7. İED-İOD tekniği	7. İş Odaklı Düşünceleri (İOD) İşi Engelleyen Düşüncelerin (İED) yerine koyun,
8. Yapmak zorunda olduğunuz herşeyin yoğunluğuyla ezilmiş hissediyorsunuz.	8. Küçük Ayaklar için Küçük Adımlar	8. İşi küçük parçalara bölün ve her seferinde birazını yapın
9. Suçlu, baskılanmış, zorlanmış ve görevlerle sıkıştırılmış hissediyorsunuz.	9.Zorlama Olmadan Motivasyon	9. a) Yönergeleri kendiniz verdiğinizde gereklilikleri, zorunlulukları ortadan kaldırmış olursunuz. b) Her aktivitenin avantajlarını ve sakıncalarını listeleyerek,yapmak *zorunda* olduğunuzdan çok yapmak *istedikleriniz* yönünde düşünmeye başlayabilirsiniz.
10.Size rahat vermiyorlar ve nutuk çekiyorlar.	10.Silahsızlandı ma Tekniği	10. Onlarla girişken bir şekilde uzlaşabilir ve onlara kendi düşünceniz gerçekleştirmek için yeterli olduğunuzu hatırlatırsınız.

11.Sigara içmek gibi bir alış- değiştirmekte zorluk ınuz.	11.Başarıyı Gözünüzde Canlandırın	11. Alışkanlığı değiştirmenin olumlu yönlerinin bir listesini yapın. Derin bir gevşeme durumu yarattıktan sonra bunları gözünüzde canlandırın.
12.Kendinizi erteleyen biri olarak gördüğünüz için insiyatifinizle hiçbirşey yapamayacağınızı hissediyorsunuz.	12.Ne Hesaplanmalıysa Onu Hesaplayın	12. Bir bilek sayacı kullanarak, kendi insiyatifinizle yaptığınız şeyleri her gün sayın. Bu, sürekli yetersizlikleriniz üzerine düşünme şeklindeki kötü alışkanlığınızın üstesinden gelmenize yardımcı olur.
13.Yetersiz ve beceriksiz hissediyorsunuz; çünkü, "Yapamam" diyorsunuz	13."Yapamam"larınızı Test Edin	13.Olumsuz tahminlerinize meydan okuyacağınız ve ters yöndeki kanıtlarını göstereceğiniz bir deney düzenleyebilirsiniz.
14.Başarısız olmaktan korkuyorsunuz, bu yüzden hiç riske girmezsiniz.	14."Kaybedemem" sistemi	14.Başarısızlığın olumsuz sonuçlarını yazın ve önceden bir baş etme stratejisi geliştirin.

Bölüm 6

Sözel Judo: Eleştiri Ateşi Altında Olduğunuzda Karşılık Vermeyi Öğrenin

Değersizlik hissinizin nedeninin süregiden özeleştirileriniz olduğunu öğreniyorsunuz. Bu durum, sürekli kendinize nutuk çektiğiniz ve sert, gerçekçi olmayan bir şekilde zulmettiğiniz, üzücü bir *iç* konuşma şeklini alır. Genellikle öz eleştiriniz başka birinin sert bir sözüyle tetiklenecektir. Eleştiriyle baş etmek için etkili teknikleri şimdiye kadar hiç öğrenmediğinizden eleştiriden korkabilirsiniz. Bunu yapmak göreli olarak *kolay* olduğundan, sözel istismar ve onaylanmama durumunda, savunma yapmadan ve özgüveninizi kaybetmeden baş edebilme sanatını öğrenmenin önemini vurgulamak istiyorum.

Çoğu depresif atak dışarıdan gelen tetiklenir. Profesyonel anlamda eleştiriye karşı koyabilecekleri varsayılan psikiyatristler bile eleştiriye ters tepki verebilirler. Art adında bir psikiyatri asistanı, yardım istediği danışmanından olumsuz geribildirim almıştı. Bir hasta, Art'ın seansta yaptığı bazı yorumların yıpratıcı olduğundan yakınmıştı. Asistan bunu duyduğunda bir panik ve depresyon dalgasıyla tepki verdi; çünkü, şöyle düşünüyordu. "Aman Tanrım! Bu gerçekten doğru. Hastalarım bile ne kadar değersiz, duyarsız birisi olduğumu görebiliyor. Olasılıkla beni bu devlet programından *atacaklar* ve hatta eyaletten de *gönderecekler*."

Bazıları çok istismar içeren saldırılarda bile sakin kalabilirken, neden bazı kişiler için eleştiri bu kadar incitici olabiliyor? Bu bölümde, onaylanmama durumuyla korkusuzca yüzleşen insanların sırlarını öğreneceksiniz ve eleştiriye karşı aşırı duyarlılığınızı bertaraf etmek ve üstesinden gelmek için özgül, somut adımlarla tanışacaksınız. Aşağıdaki bölümleri okurken, şunu aklınızda tutun: Eleştiri korkunuzun üstesinden gelmek, bir miktar çalışma gerektirir. Fakat, bu beceriyi geliştirmek ve iyice öğrenmek zor değildir ve özgüveniniz üzerindeki olumlu etkisi çok büyük olacaktır.

Size, Eleştirildiğiniz zaman, harap olma kabusundan nasıl kurtulacağınızı göstermeden önce, neden eleştirinin bazı insanlar için diğerlerine göre daha üzücü olduğunu göstereyim. İlk başta, sizi üzen şeyin *diğer* insanlar ya da onların eleştirel yorumları olmadığını hatırlamalısınız. Tekrarlamak gerekirse, yaşamınızda bir kez bile başka birinin eleştirel yorumları sizi üzmemiştir. Bu yorumlar ne kadar vahşi, kalpsiz ve zalim olursa olsunlar, sizi rahatsız etmek ya da *ufacık* bir sıkıntı yaratma güçleri *yoktur*.

Bu paragrafı okuduktan sonra, çatlak biri olduğum, yanıldığım, gerçekçi olmadığım, ya da bunların hepsinden biraz olduğum izlenimini edinebilirsiniz. Fakat böyle olmadığını size garanti ediyorum: Bu dünya da ancak bir tek kişi sizi *sinirlendirebilir* – o kişi de *sizsiniz*, başkası değil!

Bu durum şöyle gelişir. Başka biri sizi eleştirdiğinde, aklınızdaki belirli olumsuz düşünceler otomatik olarak tetiklenir. Duygusal tepkiniz diğer kişinin ne söylediğine değil de bu düşüncelerinize bağlı olarak ortaya çıkar. Sizi sinirlendiren düşünceler mutlaka 3. bölümde tanımlanan zihinsel hataların aynılarını içerecektir: aşırı genelleme, hep ya da hiç şeklinde düşünme, zihinsel filtre, etiketleme gibi.

Örneğin, Art'ın düşüncelerine bakalım. Paniğe girmesi, felaket içeren yorumunun sonucuydu: "Bu eleştiri ne kadar değersiz olduğumu gösteriyor." Hangi zihinsel hataları yapıyor? İlk olarak, Art, hastanın eleştirisinin geçerli ve mantıklı olduğuna hızlıca karar vererek sonuçlara atlıyordu. Bu asıl durum olabilir de olmayabilir de. Üstelik, gerçekte hastaya söylediği diplomatik olmayan lafların önemini *abartıyordu* (büyütme) ve davranışıyla ilgili herhangi bir hatayı düzeltmek için hiçbir şey yapamayacağını *varsayıyordu* (falcılık hatası). Bu tek bir hastaya karşı yaptığı yanlış her ne idi ise onu sürekli tekrarlayacağını düşünerek, gerçekçi olmayan bir şekilde reddedileceğini ve profesyonel olarak zedeleneceğini öngörmekteydi (aşırı genelleme). Bu hatası üzerine aşırı odaklanıp (zihinsel filtre) ve diğer terapötik başarılarını görmezden geliyordu. Olumluyu değersizleştirme ya da göz ardı etme). Hatalı davranışıyla özdeşleşmişti ve değersiz ve duyarsız bir insan olduğuna karar vermişti (etiketleme).

Eleştirilmeye ilişkin korkunuzu yenmede ilk adım zihinsel süreçlerinizle ilişkilidir: Eleştirildiğinizde gelişen olumsuz düşüncelerinizi tanımlamayı öğrenin. Son iki bölümde anlatılan çift-sütun tekniğini kullanarak bunları yazmak çok yardımcı olacaktır. Bu teknik, düşüncelerinizi analiz etmenizi ve düşüncenizin nerelerde mantıksız ya da yanlış olduğunu fark etmenizi sağlayacaktır. Son olarak, daha mantıklı ve daha az üzüntü veren tepkileri yazın.

Art'ın çift-sütun tekniğini kullandığı yazılı ödevinden bir alıntı Şekil 6-1'de verilmiştir. Durum hakkında daha gerçekçi bir şekilde *düşünmeyi* öğrendikçe felaketleştirme getirebilmekle ilgili zihinsel ve duygusal çaba harcamaya son vermiş ve enerjisini yaratıcı, hedef odaklı sorun çözmeye çevirebilmişti. Söylediği hakaret içeren ve kırıcı şeyleri dikkatlice değerlendirdikten sonra, gelecekteki benzer hataları en aza indirmek için hastalarıyla ilişkisindeki klinik tarzını değiştirmeye yönelik adımlar atmayı başardı. Sonuçta, bu durumdan bir şeyler öğrendi ve klinik becerileri ve olgunluğu arttı. Bu durum özgüvenini arttırmasına destek verdi ve mükemmel olmama korkusunu yenmesinde yardımcı oldu.

Kısaca, insanlar sizi eleştirdiğinde, yaptıkları yorumlar *doğru* veya *yanlış* olacaktır. Yorumlar yanlışsa, gerçekten, üzülecek hiçbir şey yoktur. Bir dakika bu konuyu düşünün! Çoğu hasta bana gözyaşları içinde, kızgın ve üzgün bir durumda gelmiştir; çünkü sevdikleri biri onlara düşüncesizce ve doğru olmayan önemli bir yorum yapmıştır. Böyle bir tepki gereksizdir. Başka birisi sizi haksız bir şekilde eleştirerek bir hata yapıyorsa neden rahatsız olmalısınız ki? Bu diğer adamın hatası, sizin değil. Neden kendinizi üzüyorsunuz? Diğer insanların mükemmel olacağını mı bekliyordunuz? Öte yandan, eğer eleştiri *doğruysa*, yine de kızgın hissetmek için bir *nedeniniz* yok. Mükemmel olmanız beklenmiyor. Sadece hatanızı bilin ve onu düzeltmek için gerekli adımları atın. Bu *basit* gözüküyor (ve öyle), ancak bu içgörüyü duygusal bir gerçekliğe dönüştürmek biraz çaba gerektirebilir.

Tabii ki eleştiriden korkabilirsiniz çünkü değerli ve mutlu olmak için diğer insanların sevgi ve onayına gereksiniminiz olduğunu hissedersiniz. Bu bakış açısıyla ilgili sorun şu ki, enerjinizin tümünü insanları memnun etmeye adamanız gerekecek ve yaratıcı, üretken bir yaşam için size pek bir şey kalmayacaktır. Çelişik olarak ta, çoğu insan kendine güvenen arkadaşlarınıza oranla sizi daha az ilginç ve istenir bulacak.

Şimdiye kadar size söylediklerim, önceki bölümde tanıtılan bilişsel tekniklerin bir gözden geçirmesiydi. Konunun en önemli noktası, yalnızca *sizin* düşüncelerinizin sizi üzebileceğidir, daha gerçekçi *düşünmeyi* öğrendikçe, daha az üzgün *hissedeceksiniz.*

Şimdi, biri sizi eleştirdiğinde aklınızdan geçen olumsuz düşünceleri yazın. Sonra çarpıtmaları belirleyin ve daha nesnel mantıklı yanıtlarla bu düşünceleri yer değiştirin. Daha az öfkeli ve daha az tehdit altındaymış gibi hissedeceksiniz.

Şimdi size, pratik açıdan gayet anlamlı olan bir kaç basit sözel teknik öğretmek istiyorum. Biri size saldırdığında ne söyleyebilirsiniz? Bu zor durumları bilginizi ve özgüveninizi arttıracak bir şekilde nasıl idare edebilirsiniz?

Şekil 6-1. Art'ın çift sütun tekniğini kullandığı yazılı ödevden alıntı. Zor bir hastayı idare etmesiyle ilgili olarak danışmanından aldığı eleştirel geribildirim yüzünden önce bir panik dalgası yaşadı. Olumsuz duygularını yazdıktan sonra bunların oldukça gerçek dışı olduğunu fark etti. Sonucunda rahatladı.

Otomatik Düşünceler (Özeleştiri)	**Mantıklı Yanıtlar (Öz Savunma)**
1. Oh, Tanrım! Benimle ilgili gerçek ortada. Hastalar bile ne kadar değersiz, duyarsız bir kişi olduğumu görebiliyorlar.	1. Sadece bir hastanın şikayet etmesi değersiz, duyarsız biri olduğum anlamına gelmez. Aslında, hastalarımın çoğu benim gibi yapıyor. Hata yapmak, gerçek özümü bozmaz. Herkesin hata yapmaya hakkı vardır.
2. Olasılıkla beni programdan atacaklar.	2. Bu aptalca ve birkaç hatalı varsayıma dayanıyor: a) tüm yaptıklarım kötü şeyler, b) büyümek/gelişmek için kapasitem yok. a) ve b) anlamsız olduğundan, buradaki pozisyonumun tehlikeye girmesi oldukça düşük bir olasılık. Çoğu durumda danışmanımdan övgü aldım.

1. Adım-Empati

Biri sizi eleştirdiğinde ya da saldırdığında, size yardım etmek istiyor da olabilir incitmek de isteyebilir. Eleştirenin söylediği *doğru* veya *yanlış* olabilir ya da *ikisi arasında bir yerdedir*. Fakat, ilk başta bu konulara odaklanmak pek akıllıca değildir. Bunun yerine, o kişinin *tam olarak* ne demek istediğini anlamak için ona bir dizi netleştirici soru sorun. Soruları sorarken yargılayıcı ya da savunmacı olmaktan kaçının. Sürekli olarak daha net bilgi sorun. Dünyayı, eleştirenin gözlerinden görmeye çalışın. Size belirsiz, aşağılayıcı etiketlerle saldırırsa, ona daha belirli olmasını ve sizinle ilgili hoşuna gitmeyen şeyin tam olarak ne olduğunu açıklamasını söyleyin. Bu ilk manevra tek başına bile eleştiren kişiyi sırtınızdan atabilmeniz için bayağı yardımcı olur ve saldırı - savunma etkileşimini bir işbirliği ve karşılıklı saygıya dönüştürmeyi sağlayabilir.

Genelde terapi seansında, bunu hayali bir durumda hastaya rol yaptırarak gösteriyorum, böylelikle bu özel beceriyi örnekleyebiliyorum. Size nasıl rol yapılacağını göstereceğim, bu geliştirilebilecek kullanışlı bir beceridir. Aşağıdaki karşılıklı konuşmada, kızgın bir eleştiren kişi olduğunuzu hayal etmenizi istiyorum. Aklınıza gelen en vahşi ve en üzücü şeyi bana söyleyin. Söylediğiniz şey doğru, yanlış ya da her ikisi olabilir. Saldırılarınızın her birine empati tekniğiyle yanıt vereceğim.

Siz: (kızgın eleştiren rolünü oynuyor) Dr. Burns, hiç bir işe yaramıyorsunuz.

David: Benimle ilgili berbat olan ne?

Siz: Yaptığınız ve söylediğiniz her şey. Duyarsız, bencil ve yeteneksizsiniz.

David: Bunların hepsini birer birer ele alalım. Daha açık olmaya çalışmanızı istiyorum. Bariz olarak sizi sinirlendirecek bir şey söyledim ya da yaptım. Duyarsız gözüken ne söyledim? Size bencil olduğum izlenimini ne verdi? Yeteneksiz olduğumu gösterecek ne yaptım?

Siz: Geçen gün, randevumu değiştirmek için aradığımda, sesiniz telaşlı ve sinirli geldi; sanki koşturuyordunuz ve benimle hiç ilgilenmediniz.

David: Tamam, telefonda telaşlı, ilgilenmeyen bir şekilde karşınıza çıktım. Sizi sinirlendirecek başka ne yaptım?

Siz: Her zaman seans sonunda beni aceleyle yolluyorsunuz. Burası sanki para kazanmak için bir çiftlik.

David: Tamam, seanslarda da çok hızlı olduğumu düşünüyorsunuz. Sizden daha çok paranızla ilgilendiğim izlenimi vermiş olabilirim. Başka ne yaptım? Sizi hayal kırıklığına uğrattığım, aptalca bir hata yaptığım ya da sinirlendirdiğim başka şeyler var mı?

Yaptığım şey basit. Size özel sorular sorarak, beni tamamen reddetme olasılığınızı en aza indiriyorum. Siz ve ben ilgilenebileceğimiz bazı belirli sorunların farkına varıyoruz. Üstelik, durumu *sizin gördüğünüz gibi* değerlendirebilmek için, sizi *dinleyerek* gününüzü göstermiş oluyorum.

Bu teknik, herhangi bir kızgınlığı ve düşmanlığı azaltmaya çalışır ve iftira atma ya da tartışma yerine bir sorun çözme yönelimi sunar. İlk kuralı hatırlayın, eleştirinin *tümüyle* haksız olduğunu düşünseniz bile, belirli sorular sorarak empati ile tepki verin. Eleştirenin ne demek istediğini kesin olarak bulun. Karşınızdaki kişinin tepesi atmışsa, sizi damgalayabilir, hatta müstehcen şeyler bile söylüyor olabilir. Yine de daha fazla bilgi için sorun. O kelimelerin anlamı ne? O kişi sizin için neden "bir baş belası" diyor? Bu kişiye *nasıl* hakaret ettiniz? *Ne* yaptınız? *Ne zaman* yaptınız? Bunu *ne sıklıkta* yaptınız? Bu kişinin hakkınızda hoşlanmadığı *başka* neler var? Davranışınızın onun için ne anlama geldiğini keşfedin. Dünyayı eleştiren kişinin gözlerinden görmeye çalışın. Bu yaklaşım sıklıkla kükreyen aslanı sakinleştirir ve daha duyarlı bir tartışma için zemin hazırlar.

2. Adım – Eleştireni Silahsızlandırmak

Eğer biri size ateş ediyorsa, üç seçeneğiniz vardır: Kalkıp karşı ateş açabilirsiniz – bu genellikle savaşa ve karşılıklı yıkıcılığa yol açar; kaçabilirsiniz ya da çevik bir hareketle kurtulursunuz – bu genellikle aşağılanma ve özgüven kaybıyla sonuçlanır; veya oturup beceriyle karşınızdaki düşmanı silahsızlandırırsınız. Diğer kişinin yelkenlerini suya indirdiğinizde, kazanan siz olursunuz ve çoğunlukla düşmanınız da kendini galip gibi hissedecektir.

Bu nasıl başarılır? Basit. Eleştiren doğru veya yanlış olsun, onunla aynı fikirde olmak için bir yol bulun. İlk başta, en kolay durumu tarif etmeme izin verin. Eleştirenin başlangıçta doğru olduğunu varsayalım. Önceki örnekte beni kızgınlıkla, birkaç kez çabuk davranmakla ve kayıtsız kalmakla suçladığınızda, şöyle diyebilirim: "Kesinlikle haklısınız. Aradığınızda acelem vardı ve olasılıkla çok resmi geldi sesim. Diğer insanlar da bunu bana birkaç kez söylediler. Şunu vurgulamak isterim ki duygularınızı incitmeyi istemedim. Ayrıca seanslarımızın bazılarında aceleci davrandığımız konusunda haklısınız. Randevularınızın uygun biçimde programlanabilmesi için, önceden kararlaştırdığımız sürece, seansların istediğiniz uzunlukta olabileceğini hatırlatırsınız. Olasılıkla 15 ya da 30 dakika daha uzun olan seanslar ayarlamayı isteyebilirsiniz ve bunun daha rahat olup olmadığını görürsünüz".

Şimdi, saldıran kişinin haksız ve geçersiz olduğunu düşündüğünüz eleştiriler yaptığını düşünelim. Sizin için değişmek çok gerçekçi değilse ne olur peki? Söylediği şeyin tümüyle saçmalık olduğundan kesin emin olduğunuz biriyle nasıl uzlaşabilirsiniz? Bu kolay eleştiriyle prensipte anlaşabilirsiniz, ifadede bir doğruluk payı bulabilir ve onunla uzlaşırsınız ya da kişinin kızgınlığı duruma nasıl baktığıyla ilişkili olduğundan bu durumun anlaşılabilir olduğuna kanaat getirebilirsiniz. Bunu en iyi rol-oynamaya devam ederek tarif edebilirim; bana saldırıyorsunuz, fakat bu kez asıl olarak yanlış şeyler söylüyorsunuz. Oyunun kurallarına göre, (1) söylediğiniz her neyse onunla uzlaşmak için bir yol bulmak (2) iğneleme ya da savunmadan kaçınmak (3) her zaman doğruyu söylemek . İfadeleriniz istediğiniz kadar tuhaf ve kaba olabilir ve bu kurallara uyacağıma söz veriyorum! Haydi!

Siz: (kızgın eleştiren rolünü oynamaya devam ediyor). Dr. Burns, Allah'ın cezasısınız!

David: Bazen öyle hissediyorum. Çoğunlukla işleri beceremiyorum.

Siz: Bu bilişsel terapi hiç işe yaramıyor.

David: Gelişme için yeterince fırsat var.

Siz: Ve siz aptalsınız.

David: Benden zeki olan bir yığın insan var. Dünyadaki en zeki insan olmadığıma eminim.

Siz: Hastalarınıza karşı duygularınız gerçek değil. Terapi yaklaşımınız sahte ve yutturmaca.

David: Her zaman olmak istediğim kadar sıcak ve açık değilim. Bazı yöntemlerim başlangıçta hileli gözükebilir.

Siz: Gerçek bir psikiyatrist değilsiniz. Bu kitap tamamen bir süprüntü. Durumumla baş edebilecek kadar güvenilir ve becerikli değilsiniz.

David: Çok üzgünüm. Size beceriksiz gözüküyorum. Bu sizin için rahatsız edici olmalı. Bana güvenmenin zor olduğunu düşünüyor olmalısınız ve birlikte iyi çalışabileceğimiz konusunda da gerçekten şüphedesiniz. Kesinlikle haklısınız, karşılıklı bir saygı ve ekip olmaya ilişkin ortak bir duygu paylaşmadıkça başarılı bir şekilde çalışamayız.

Bu noktada (veya yakında) eleştiren kızgın kişi genellikle hiddetini kaybedecektir. Çünkü ona karşı savaşmıyorum; fakat, onun yerine düşmanımla uzlaşmak için bir yol buluyorum, o kişinin çok çabuk cephanesi tükeniyor, başarıyla silahsızlanmış oluyor. Bunu mücadeleden kaçınarak kazanmak olarak düşünebilirsiniz. Eleştiren kişi sakinleşmeye başladıkça, iletişim kurmak için daha iyi bir duygusal tonda olacaktır.

Bu ilk iki adımı ofisimde bir hastaya gösterdiğimde, genellikle hastaya yöntemi iyice öğrenmesi için bir şans vermek adına rolleri değiştirmeyi öneriyorum. Bunu yapalım. Sizi eleştireceğim ve size saldıracağım, empatiyi çalışacaksınız ve kendi yanıtlarınızı bulacaksınız. Sonra bunların ne kadar doğru ve anlamlı olduğunu göreceksiniz. Daha yararlı bir alıştırma yapmak için, aşağıdaki konuşmada "siz" diye adlandırılan yanıtları kapatın ve kendi yanıtlarınızı bulun. Sonra, bunların benim yazdıklarımla ne kadar uyumlu olduğunu görün. Empati yöntemini kullanarak soru sormayı hatırlayın ve silahsızlandırma tekniğini kullanarak benimle uzlaşmak için yollar bulun.

David: (kızgın eleştirenin rolünü oynuyor): İyileşmek için burada değilsiniz. Sadece sempati peşindesiniz.

Siz: (saldırılan kişi rolünü oynuyor): Size sadece sempati aradığım izlenimini veren nedir?

David: Seanslar arasında kendinize yardım etmek için hiçbir şey yapmıyorsunuz. Tüm yapmak istediğiniz buraya gelmek ve şikayet etmek.

Siz: Verdiğiniz yazılı ödevlerin *bazılarını* yapmadığım doğru. Seanslarda şikayet etmemem gerektiğini mi düşünüyorsunuz?

David: Ne isterseniz onu yapabilirsiniz. Sadece hiçbir şey yapmadığınızı kabul edin.

Siz: İyi olmak istemediğimi mi düşünüyorsunuz yani?

David: Hiç de iyi değilsiniz! Bir çöp kadar bile değeriniz yok.

Siz: Yıllardır bu şekilde hissediyordum. Daha değişik hissetmem için ne yapabileceğim hakkında fikriniz var mı?

David: Vazgeçiyorum. Kazandınız!

Siz: Haklısınız. *Kazandım.*

Bunu bir arkadaşınızla yapmanızı kesinlikle tavsiye ediyorum. Rol yapmak, gerçek bir durum geliştiğinde gerekli olan becerileri iyice öğrenmenize yardımcı olacaktır. Sizinle etkili olarak rol yapabilecek ve rahat hissedebileceğiniz biri yoksa, okuduklarınıza benzer, siz ve düşmanca eleştiren biri arasında geçen hayali konuşmalar yazmak iyi bir seçenek olacaktır. Her şiddetli konuşmadan sonra, empati ve silahsızlandırma tekniğini kullanarak nasıl yanıt verebileceğinizi yazın. Başlangıçta zor gözükebilir; fakat, çabuk alışacağınızı düşünüyorum. Özünü kavradıktan sonra gerçekten oldukça kolaydır.

Haksız yere suçlandığınızda kendinizi *savunmak* için çok büyük, neredeyse karşı konulmaz bir eğiliminiz olduğunu fark edeceksiniz. Bu BÜYÜK bir hatadır! Bu eğilime izin verirseniz, düşmanınızın atağının şiddetinin *arttırdığını* göreceksiniz. Her kendinizi savunduğunuzda o kişinin silahına mermi ekliyor olacaksınız! Örneğin, siz yine eleştiren olun ve bu kez ben, anlamsız suçlamalarınıza karşı kendimi savunacağım. Etkileşiminizin ne kadar çabuk tam bir savaşa dönüştüğünü göreceksiniz.

Siz (yine eleştiren rolünde): Dr. Burns, hastalarınızla ilgilenmiyorsunuz.

David: (savunan bir tarzda yanıtlıyor): Bu doğru değil! Haksızsınız. Ne konuştuğunuzu bilmiyorsunuz! Hastalarım gösterdiğim başarılı çalışmaya saygı duyarlar.

Siz: Evet, duymayanlardan biri burada! Elveda! (çıkıyorsunuz beni bırakmaya karar verdiniz. Savunmacı tutumum tam bir kayba yol açıyor)

Aksine, empati ile yanıt verip düşmanca tepkinizi silahsızlandırırsam, çoğunlukla sizi *dinlediğimi* ve size *saygı duyduğumu* hissedersiniz. Sonucunda da savaşmak için şevkinizi kaybedersiniz ve sessizleşirsiniz. Bu, üçüncü adım için yolu açar – geribildirim ve müzakere.

Başlangıçta bu teknikleri uygulamadaki kararlılığınıza rağmen, eleştirildiğiniz gerçek bir durum meydana geldiğinde, duygularınız ve eski davranış biçimleriniz tarafından kuşatıldığınızı fark edebilirsiniz. Kendinizi somurturken, tartışırken ve şiddetle savunurken bulabilirsiniz. Bu, anlaşılabilir bir durumdur. Bunun hepsini bir gecede öğrenmeniz beklenmiyor ve her savaşı da kazanmak zorunda değilsiniz. Fakat, sonrasında hatalarınızı analiz etmek önemli; çünkü, böylece önerilen doğrultuda durumu nasıl daha farklı idare etmiş olabileceğinizi gözden geçirebilirsiniz. Zor olan durumlarla ilgili olarak rol oynamak için bir arkadaş bulmak oldukça yardımcı olabilir, böylelikle rahat hissettiğiniz bir yaklaşımı iyice öğrenene kadar çok çeşitli yanıtlar üzerinde çalışmış olabilirsiniz.

3. Adım – Geribildirim ve Müzakere

Eleştiren kişiyi empati yöntemini kullanarak *dinlediğinizde* ve onunla uzlaşmak için bir yol bularak onu *silahsızlandırdığınızda*, ona durumunuzu ve duygularınızı *nazikçe* ancak *kendine güvenen* bir tarzda açıklayacak ve gerçek farklılıkları müzakere edecek bir pozisyona gelmiş olacaksınız.

Eleştirenin tümüyle yanlış olduğunu düşünelim. Bunu kırıcı/yıkıcı olmayan bir şekilde nasıl anlatabilirsiniz? Bu kolay. Bakış açınızı, *yanlış* olabileceğinizin farkında olarak nesnel bir şekilde ifade edebilirsiniz. Çatışmayı kişilik ya da gururdan ziyade durum/olgu üzerine kurun. Eleştiren kişiye yıkıcı etiketler yapıştırmaktan kaçının. Unutmayın, hatası onu aptal, değersiz ya da yetersiz yapmaz.

Örneğin, bir hasta daha önceden ödemiş olduğu bir seans için fatura gönderdiğimi iddia etti. Bana "Neden muhasebenizi düzgün tutmuyorsunuz?" şeklinde hakaret etti. Onun hata yaptığını bilerek, şöyle yanıt verdim. "Kayıtlarım gerçekten yanlış olabilir. O gün çek defterinizi unuttuğunuzu hatırladım sanırım, ama bu noktada karıştırmış olabilirim. Hepimizin bazen hata yapabilme olasılığımız *var*, umarım bunu kabul edersiniz. Böylelikle birbirimize karşı daha rahat olabiliriz. İptal edilmiş bir çek var mı, ona neden bakmıyoruz? Bu yolla gerçeği görebilir ve uygun ayarlamaları yapabiliriz."

Bu durumda, kutuplaşmaya yol açmayan tepkim onun utanacağı bir durumda kalmasına engel oldu ve böylelikle kendine saygısının riske gireceği bir yüzleşme önlendi. Haksız olduğu ortaya çıkmasına rağmen, sonradan da hata yapabildiğimi kabul etmemden dolayı rahatlık hissettiğini ifade etti. Benim de, onun kadar mükemmeliyetçi ve talepkar olmamdan korktuğundan benimle ilgili olarak kendini daha iyi hissetti.

Bazen siz ve eleştiren kişi, bir olay hakkında değil de bir zevk/beğeni hakkında farklılaşabilirsiniz. Bir kez daha bakış açınızı diplomatik bir biçimde sunarak kazanan olabilirsiniz. Örneğin, ne giyersem giyeyim, bazı hastalar olumlu, bazıları ise olumsuz tepki veriyorlar. En çok bir takım ve kravatla ya da spor bir pantolon ve kravatla rahat hissediyorum. Diyelim ki, bir hasta giysilerim çok resmi diye beni eleştiriyor, bu onu sinirlendiren bir şey; çünkü, ona "kurum"un bir parçasıymış gibi gözüküyorum. Bu kişinin hakkımda hoşlanmadığı diğer şeyler hakkında daha özgül bilgi aldıktan sonra, şöyle yanıt verebilirim: "Takım elbisenin biraz resmi olduğu konusunda sizinle kesinlikle aynı fikirdeyim. Daha spor giyinsem çok daha rahat *edebilirsiniz.* Çeşitli giyim tarzlarını denedikten sonra, hoş bir takımın ya da spor bir ceketin bana gelen insanların çoğu için en kabul edilebilir olanı olduğunu bulduğumu ve bu yüzden bu tarz giyindiğimi anlayacağınıza eminim. Umarım bu durumun birlikte devam eden çalışmamızı bozmasına izin vermezsiniz."

Eleştirenle müzakere ettiğinizde birkaç seçeneğiniz var. Karşınızdaki kişi nutuk çekmeye devam edip aynı konuyu tekrar tekrar vurgularsa, hakkınızı savunan tepkilerinizi kibarca, ancak değişmez bir tarzda o kişi yorulana kadar tekrarlayabilirsiniz. Örneğin, beni eleştiren kişi, takım elbise giymemem konusunda ısrar etseydi, her seferinde şöyle demeye devam edebilirdim. "Ne demek istediğinizi tümüyle anlıyorum ve bu konuda haklı olduğunuz şeyler *var.* Ancak, daha resmi kıyafetler giyme konusunda sebatkarım."

Bazen çözüm arada bir yerdedir. Bu durumda müzakere ve anlaşma önerilir. İstediğinizin bir *kısmı* için anlaşabilirsiniz. Fakat önce *empati* ve *silahsızlandırma teknik-*

lerini uyguladıysanız, olasılıkla istediğinizden daha fazlasını alacaksınız.

Çoğu durumda siz tümüyle yanlış olacaksınız ve eleştiren de tümüyle doğru. Böyle bir durumda, girişken bir biçimde eleştirenle *hemfikir olursanız,* eleştirenin size olan saygısı büyük olasılıkla yörüngesel bir sıçrama göstererek artacaktır; size bu bilgiyi sağladığı için o kişiye teşekkür edin ve yaratmış olabileceğiniz herhangi bir incinme için özür dileyin. Bu eski moda bir anlayış gibi duruyor (ve de öyle) ama şaşırtıcı derecede etkili olabilir.

Şimdi şöyle diyor olabilirsiniz "Biri beni eleştirdiğinde kendimi savunma *hakkım* yok mu? Niye her zaman diğer insanla empati kurmalıyım? Üstelik budala olan *o* olabilir, ben değil. Sinirlenmek ve kendinden geçmek *insanca* değil mi? Niye her zaman ben bir şeyleri *düzeltmeliyim*?"

Evet, söylediğinizde hatırı sayılır bir gerçeklik payı var. Kendinizi eleştiriye karşı gayretle savunmaya ve istediğiniz zaman, seçtiğiniz birine sinirlenmeye hakkınız var. Ve genellikle sizin değil, sizi eleştiren kişinin düşüncesinin aptalca olduğu konusunu vurguladığınızda da haklısınız. "Üzülmektense delirmek iyidir." sloganının ardında da önemli bir gerçeklik var. Üstelik, birinin hiç işe yaramaz, çok kötü olduğunu söyleyecekseniz, bu niye diğer adam olmasın? Ve dahası, bazen diğer insana kızmak/çıldırmak çok daha iyi *hissettirir*.

Çoğu psikoterapist bu noktada sizinle aynı fikirde olacaktır. Freud depresyonun "içe dönük öfke" olduğunu düşünmüştü. Diğer bir deyişle, depresyondaki kişilerin öfkelerini kendilerine yönelttiklerine inanıyordu. Bu görüşe bağlı olarak, çoğu terapist hastalarının öfkelerinin farkında olmalarını ister ve bunu diğer kişilere daha sık ifade etmeye zorlar. Onlar bu bölümde tanımlanan yöntemlerin bazılarının engelleyici bir oyunbozanlığa neden olduğunu söyleyebilirler.

Bu yanlış bir noktadır. Önemli nokta, duygularınızı ifade edip etmediğiniz değil, bunu ne şekilde yaptığınızdır. Mesajınız "Kızgınım; çünkü, beni eleştiriyorsunuz ve siz de işe yaramazın tekisiniz." ise, o kişiyle ilişkinizi bozacaksınızdır. Kendinizi olumsuz geribildirimlere karşı savunmacı ve öfkeli bir yolla savunursanız, gelecekteki üretken bir etkileşim olasılığını azaltırsınız. Bu yüzden, öfke patlamanız anlık olarak *iyi gelse* de uzun dönemde köprüleri yaktığınız için yenik düşmüş olabilirsiniz. Durumu, olgunlaşmadan gereksiz yere kutuplaştırdınız ve eleştirenin anlatmak istediği şeyi öğrenme şansınızı yok ettiniz; ve daha kötüsü, öfke patlamanız yüzünden suçlu hissedebilir ve kendinizi aşırı biçimde cezalandırabilirsiniz.

Anti-Bozguncu Tekniği (Konuşmacıyı zor duruma düşürmeye çalışan kişilere karşı durma tekniği)

Bu bölümde tartışılan teknikler özellikle işlerinde sık sık sunum yapmak durumunda olan kişiler için yardımcı olabilir. "Bozguncularla Başaçıkma Tekniği"ni üniversitede ve profesyonel gruplara şimdiki depresyon araştırmasını anlatmaya başladığımda geliştirdim. Derslerim iyi dinlenilmesine rağmen, genelde dinleyiciler içinde bir kişinin konuşmacıyı zor duruma düşürmeye çalıştığını fark ettim. Genellikle, bu kişilerin yorumlarının birkaç özelliği vardır: 1) Bu yorumlar oldukça eleştirel, fakat ya doğru değildir ya da anlatılan konuyla çok ilgisiz gözüküyordur. 2) Bu yorumlar genelde kendi sınıf arkadaşları arasında iyi görülmeyen ya da kabul edilmeyen bir kişiden gelir. 3) Bu yorumlar nutuk tarzında, bozuk bir şekilde ifade edilir.

Bu yüzden, böyle bir kişiyi hakaret etmeden susturabileceğim bir başa çıkma tekniği geliştirdim; böylelikle, izleyicilerin geri kalan kısmının da soru sormak için eşit fırsatı olabilirdi. Aşağıdaki yöntemin oldukça etkili olduğuna inanıyorum. 1) Hemen, o kişiye yorumları için *teşekkür ediyorum.* 2) İleri sürdüğü noktaların *gerçekten* önemli olduğunu kabul ediyorum ve 3) İleri sürülen noktalar hakkında *daha fazla bilgiye gereksinim* olduğunu vurguluyorum ve eleştireni, konu hakkında anlamlı çalışma ve araştırmaları izlemesi için cesaretlendiriyorum. Sonunda, bu kişiyi ders bittikten sonra görüşlerini benimle paylaşmaya davet ediyorum.

Belirli bir sonuç elde etmek için sözel bir teknik garanti edilmese de, bu etkin yaklaşımı kullandığımda iyi bir sonuca ulaşamadığım çok nadirdir. Aslında, konuşmacıyı zor duruma düşüren bu kimseler, dersten sonra bana iltifat etmek ve kibar yorumlarıma teşekkür etmek için yanıma gelirler. Bazen de, başta bozguncu gibi görünen bu kişiler, duygularını paylaşabilen ve saygılı insanlar oluyor.

Özet: Eleştiriyle baş etmek için çeşitli bilişsel ve sözel ilkeler aşağıdaki diagramda özetlenmiştir (Şekil 6.2). Genel bir kural olarak, biri size hakaret ettiğinde, hemen, üç yoldan birini seçeceksiniz; üzgün yol, çılgın yol ve memnun yol. Seçtiğiniz yollardan herhangi biri bütünüyle bir tecrübe olacak ve düşüncenizi, duygularınızı, davranışınızı ve hatta bedeninizin nasıl işlediğini içerecektir.

Depresyona eğilimi olan çoğu kişi üzgün yolu seçer. *Otomatik olarak* eleştirenin doğru olduğu sonucuna varırsınız. Herhangi bir sistematik inceleme yapmaksızın yanlış olduğunuz ve bir hata yaptığınız sonucuna varırsınız. Sonra eleştirinin önemini bir dizi düşünme hatasıyla büyütürsünüz. *Aşırı genelleme* yapabilirsiniz ve tüm yaşantınızın hatalardan oluştuğu gibi yanlış bir sonuca ulaşırsınız. Ya da kendinizi tümüyle bir beceriksiz olarak *etiketlersiniz.* Hatasız olmanız gerektiği şeklindeki mükemmeliyetçi beklentinizden ötürü, sözde hatanızın, sizin değersizliğinizin kanıt olduğuna inanırsınız. Bu zihinsel hatalar sonucunda depresyon ve özgüven kaybı yaşarsınız. Sözel tepkileriniz kaçınma ve geri çekilme ile karakterizedir, etkisiz ve edilgendir.

Şekil 6-2. Eleştiriye karşı verebileceğiniz üç farklı tepki biçimi. Durum hakkında nasıl düşündüğünüze bağlı olarak, üzgün, çılgın ya da memnun olacaksınız. Davranışınız ve sonuç da zihinsel durumunuzdan fazlasıyla etkilenecektir.

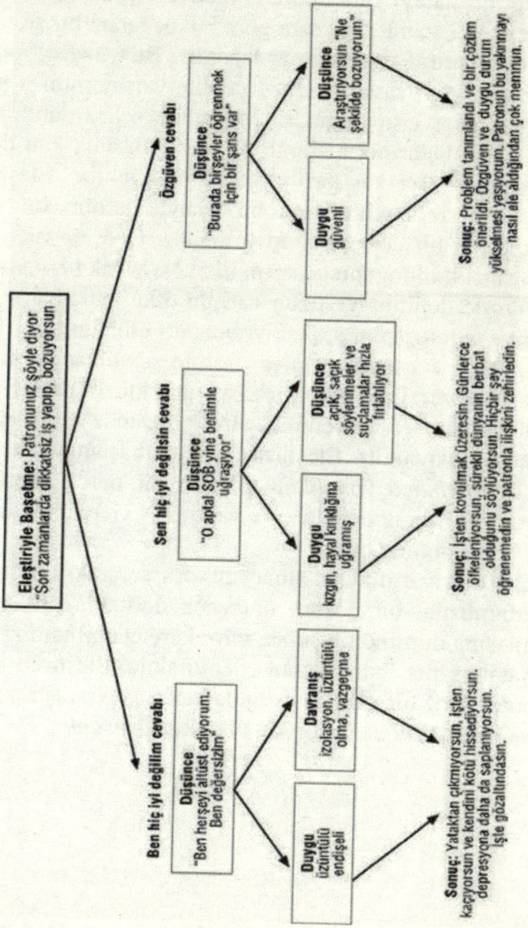

Aksine, çılgın yolu seçebilirsiniz. Mükemmel olamama dehşetine karşı, kendinizi, sizi eleştiren kişinin bir canavar olduğuna inandırmaya çalışarak *savunursunuz.* İnatla herhangi bir hatayı kabul etmeyi reddedersiniz; çünkü mükemmeliyetçi standartlarınıza göre bu, değersiz bir solucan olduğunuzu itiraf etmenize eşdeğerdir. Bu yüzden, suçlamaları hızla geri savurursunuz; çünkü, varsayımınıza göre saldırmak en iyi savunmadır. Mücadeleye hazırlandığınız sırada kalp atışlarınız hızlanır ve hormonlarınız kan dolaşımına dolar. Her kas gerilir ve çeneniz sıkılır. Eleştiren kişiye kendinizi haklı çıkaran bir öfkeyle defolmasını söylerken geçici bir coşku hissedebilirsiniz. Ona, ne işe yaramaz bir pislik olduğunu gösterirsiniz! Ne yazık ki, o sizinle aynı fikirde değildir ve uzun vadede öfke patlamanız sizi yenilgiye uğratır; çünkü, ilişkiyi bozmuş olursunuz.

Üçüncü seçenek, özgüven sahibi *olmanızı* ya da en azından *varmış gibi davranmanızı* gerektirir. Değerli bir kişi olduğunuz ve mükemmel olmak zorunda olmadığınız önermesine dayalıdır. Eleştirildiğinizde, başlangıçtaki tepkiniz *araştırmaya yöneliktir.* Eleştiri bir parça gerçeklik içeriyor mu? İtiraz edilecek ne yaptınız.? Gerçekten aptalca bir hata yaptınız mı?

Bir dizi yargılayıcı olmayan soru sorarak sorunu tanımladığınızda, bir çözüm önerecek durumda olursunuz. Bir anlaşma durumu oluşursa, müzakere edebilirsiniz. Alenen hatalıysanız, bunu kabul edebilirsiniz. Eleştiren hatalı ise, bunu zarif bir şekilde vurgularsınız. Davranışınız doğru olsa da olmasa da, bir insan olarak *doğrusunuz.*

Bölüm 7

Kızgın mı Hissediyorsunuz? IQ'nuz Kaç?

IQ'nuz kaç? Ne kadar zeki olduğunuzla ilgilenmiyorum; çünkü, zekanızın mutlu olma kapasitenizle hiç bir ilgisi yoktur. Öğrenmek istediğim Sinirlilik Katsayınızın (Irritability Quofficient) ne olduğu. Bu, günlük yaşantınızdaki kızgınlık ve rahatsızlık miktarına karşılık gelir. IQ'nuzun yüksek olması sizin için önemli bir sakınca oluşturur; çünkü, hayatınızı karartan bu öfke yüzünden, endişe ve hayal kırıklıklarına aşırı tepki verirsiniz.

İşte burada IQ'nuzu nasıl ölçebileceğiniz anlatılıyor. Aşağıda tarif edilen potansiyel olarak sıkıntı verici yirmi beş durumun listesini okuyun. Her olaydan sonra bırakılan boşluğa, bu basit derecelendirme ölçeğini kullanarak, olayın sizi ne derece kızdıracağıyla ilgili tahmininizi yazın.

0 Hiç rahatsızlık hissetmezsiniz.
1 Biraz huzursuzluk hissedersiniz.
2 Orta derecede sinirli hissedersiniz.
3 Oldukça kızgın hissedersiniz.
4 Çok kızgın hissedersiniz.

Bu örnekte olduğu gibi her sorudan sonra yanıtınızı işaretleyiniz:

Bir arkadaşınızı havaalanından almak için giderken oldukça uzun bir yük trenini beklemek zorunda kaldınız.__2__

Bu soruyu yanıtlayan kişi tepkisinin derecesini "2" olarak tahmin etmiştir. Çünkü kendisini orta derecede sinirli hissedecek; ancak, tren gittikten hemen sonra bu hissi geçecektir. Aşağıdaki rahatsız edici durumların her birine normalde nasıl tepki vereceğinizi ölçeği kullanarak tarif edin. Birçok önemli ayrıntı (nasıl bir gün geçiriyor olduğunuz, kimlerin yanınızda olduğu gibi) hesaba katılmamış olsa da en iyi tahmininizi yapın.

Novaco Öfke Ölçeği

1. Yeni aldığınız bir aleti açıyorsunuz, fişe takıyorsunuz ve çalışmadığını fark ediyorsunuz.____
2. Bir tamirci sizden çok fazla para istiyor.____
3. Diğerlerinin yaptıkları fark edilmezken, bir tek sizin hatalarınız göze batıyor.____
4. Arabanız çamura ya da kara saplanıyor.____
5. Birileriyle konuşuyorsunuz ve size yanıt vermiyor.____
6. Birileri kendilerini farklı göstermeye çalışıyor.
7. Kafeteryadaki masanıza dört fincan kahve taşımaya çabalarken, biri size çarpıyor ve kahveler dökülüyor.____
8. Giysilerinizi astınız; fakat, geçenler onları yere düşürüyor ve kaldırmıyor.____
9. Mağazaya girdiğiniz andan itibaren bir satıcı tarafından izleniyorsunuz.____
10. Biriyle bir yerlere gitmek için randevulaştınız. Bu kişi son dakikada vazgeçiyor ve sizi ortada bırakıyor.____
11. Size şaka yapılıyor ya da sizinle alay ediliyor.____
12. Trafik ışığında arabanız stop ediyor.____
13. Park yerinde yanlışlıkla hatalı bir dönüş yapıyorsunuz. Arabanızdan çıktığınızda birileri size "Araba kullanmayı nerede öğrendin?" diye bağırmaya başlıyor.____

14. Biri bir hata yapıyor ve suçu üzerinize atıyor.1____

15. Konsantre olmaya çalışıyorsunuz; fakat, yanınızda bir kişi ayaklarını yere vuruyor.2____

16. Birine önemli bir kitap ya da bir alet ödünç verdiniz; fakat, geri vermedi.1____

17. Çok yoğun bir gün geçirdiniz, ve birlikte yaşadığınız kişi önceden anlaştığınız bir şeyi yapmayı unuttuğunuz için şikayet etmeye başlıyor.4____

18. Arkadaşınızla ya da sevgilinizle önemli bir şeyi tartışmaya çalışıyorsunuz; fakat, o kişi sizi dinlemiyor.3____

19. O konu hakkında çok az fikri olmasına rağmen, ısrar eden kişilerle tartışıyorsunuz.3____

20. Biri, sizle başka biri arasındaki tartışmaya burnunu sokuyor.4____

21. Acele olarak bir yere yetişmelisiniz; fakat, önünüzdeki araç 90 km hızla gidilecek bir yerde 30 km hızla gidiyor ve onu geçemiyorsunuz.4____

22. Bir sakızın üstüne bastınız.2____

23. Yanlarından geçerken bir grup insan sizinle alay ediyor.2____

24. Bir yere yetişme telaşıyla, iyi bir pantolonu sivri bir yere takarak yırtıyorsunuz.2____

25. Son jetonunuzu bir telefon konuşması yapmak için kullanıyorsunuz; fakat, daha çevirmeniz bitmeden hat kopuyor ve jeton boşa gidiyor.4____

Şimdi Öfke Envanteri'ni tamamladığınıza göre, IQ'nuzu hesaplayabilecek durumdasınız; yani Sinirlilik Katsayınızı. Hiçbir maddeyi atlamadığınızdan emin olun. Yirmi beş durum için de puanlarınızı toplayın. Testte olabilecek en düşük toplam puan 0'dır. Bu durumda her maddeye 0 puan vermişsiniz demektir. Bu sonuç bir yalancı veya bir ermiş olduğunuzu gösterir.

En yüksek puan 100 dür. Bu durumda da 25 maddenin her birine 4 puan verdiniz demektir. Kaynama noktasının ya çok yakınındasınız ya da kaynamaktasınızdır.

Toplam puanınızı aşağıdaki ölçeğe göre yorumlayabilirsiniz.

0-45 : Yaşadığınız öfke ve rahatsızlık miktarı oldukça az. Nüfusun ancak küçük bir yüzdesi testte bu kadar az puan alacaktır. Seçilmiş azınlıktan birisiniz.

46-55 : Ortalama insandan daha huzurlu ve barışçılsınız.

56-75 : Yaşamın getirdiği sıkıntılara ortalama bir öfkeyle yanıt veriyorsunuz.

76-85 : Yaşamın getirdiği sıkıntılara öfkeli bir şekilde tepki veriyorsunuz. Sıklıkla, ortalama birinden daha sinirlisiniz.

86-100: Gerçek bir öfke şampiyonusunuz. Kendinizi kolayca kurtaramadığınız yoğun duygularla istila edilmiş durumdasınız. Büyük olasılıkla, sizi inciten olaydan çok sonra bile olumsuz duygularla savaşıyorsunuz. Tanıdığınız insanlar arasında bir "delifişek" olarak biliniyor olabilirsiniz. Çok sık, baş ağrıları ve yüksek tansiyon gibi sorunlar yaşayabilirsiniz. Öfkeniz kontrolden çıkabilir ve zaman zaman başınızı derde sokacak dürtüsel saldırgan patlamalara yol açabilir. Yetişkin nüfusun sadece küçük bir yüzdesi sizin kadar yoğun tepki verir.

Şimdi ne kadar öfkeli olduğunuzu bildiğinize göre, bu konuda ne yapabileceğinizi görelim. Geleneksel olarak, psikoterapistler (ve genel kamuoyu) öfkeyle baş edebilmek için iki ana yol olduğunu düşünürler. a) öfkenin içe yönelmesi ya da b) öfkenin dışa yönelmesi. Birinci çözümün "hastalıklı" olduğu düşünülür, saldırganlığınızı içe döndürürsünüz, ve öfkeyi içinize çekip yutarsınız. Bu kesinlikle sizi çürütür; suçluluk ve depresyona yol açar. Freud gibi bazı psikanalistler içe atılmış öfkenin depresyonun nedeni olduğunu düşünmekteydi. Ne yazık ki, bu noktayı destekleyen inandırıcı kanıt yoktur.

İkinci yolun ise "sağlıklı" olduğu söyleniyor – olasılıkla öfkenizi ifade eder, duygularınızı dışa vurdukça kendinizi daha iyi hissedersiniz. Bu basit yaklaşımdaki sorun bunun çok da işe yaramamasıdır. Ortalıkta öfkenizi tamamen dışa vurmuş biçimde gezinirseniz, insanlar bir süre sonra kaçık olduğunuzu düşüneceklerdir. Aynı zamanda toplumda öfkeli *olmadan* insanlarla nasıl başa çıkabileceğinizi de öğrenmemiş olursunuz.

Bilişsel çözüm ise her ikisinden de üstündür. Üçüncü bir seçeneğiniz var: Öfke *yaratmaya son verin.* Öfkenizi yaşamak ya da öfkenizden kurtulmak arasında karar vermek zorunda değilsiniz; çünkü, artık öfkeniz olmayacak.

Bu bölümde, çeşitli durumlarda öfke yaşamanızın iyi ve kötü taraflarını değerlendirmenize yardımcı olacak ipuçları vereceğim. Böylelikle, öfkenin ne zaman yararınıza olup ne zaman olmadığına karar verebilirsiniz. Duygularınızı kontrol etmeyi seçerseniz, yaşantınızı boş yere tatsızlaştıran aşırı sinirlilik ve hayal kırıklığı ile kuşatılmış olmayacaksınız.

Sizi kim kızdırıyor?

"İnsanlar!
Kahretsin!
Hepsinden bıktım!
İnsanlardan uzaklaşmalıyım."

Bu düşünceyi sabaha karşı saat 02.00'da kaydeden kadın uyuyamamıştı. Apartmanındaki gürültücü komşuları ve köpekler nasıl bu kadar düşüncesiz olabilirlerdi? Eminim ki, siz de onun gibi, sizi kızdıran şeyin diğer insanların aptalca, ben merkezci hareketleri olduğunu düşünüyorsunuz.

Dıştan gelen olayların sizi sinirlendirdiğini düşünmek doğaldır. Birine kızdığınızda, otomatik olarak kızdığınız insanların kötü duygularınızın tümünün nedeni olduğunu düşünürsünüz. Dersiniz ki "Beni kızdırıyor*sunuz*! Benim sinirlerimi tepeme çıkarıyor*sunuz*." "Böyle düşündüğünüzde, gerçekten de kendinizi kandırıyorsunuz; çünkü, diğer insanlar sizi kızdıramaz. Evet, beni doğru duydunuz. Bir ergen, sinemadaki sırada, önünüzde gürültü çıkarabilir. Dolandırıcı bir sanatçı, antika dükkanında size sahte bir madeni para satabilir. Bir "arkadaşınız" karlı bir iş anlaşmasında payınızı zorla alabilir. Erkek arkadaşınız sizin için dakik olmanın ne kadar önemli olduğunu bilmesine rağmen randevularına her zaman geç gelebilir. Diğerleri size ne kadar terbiyesiz ya da haksız gözükürse gözüksün, *onlar* sizi üzmezler, hiç üzmediler ve hiç de üzmeyecekler. Acı gerçek şu ki, yaşadığınız her korkunç öfkenin her damlasını *yaratan* kendinizsiniz.

Bu size alakasız bir düşünce ya da aptallık gibi mi geliyor? Çok bilinen bir şeye ters düştüğümü düşünüyorsanız, bu kitabı yakmak ya da tiksintiyle fırlatmak isteyebilirsiniz. Öyleyse size okumaya devam edin derim; çünkü-

Öfke, diğer tüm duygular gibi, bilişlerinizle yaratılır. Düşünceleriniz ve öfkeniz arasındaki ilişki Şekil 7-1'de gösterilmiştir. Fark edeceğiniz gibi, bir olaya sinirlenmeden önce, ilk olarak ne olduğunun farkına varmanız ve kendi yorumunuzu yapmanız gerekir. Duygularınız, olaya verdiğiniz anlam sonucu ortaya çıkar, olayın kendisinden kaynaklanmaz.

Şekil 7-1. Duygusal tepkinizi yaratan, olumsuz olaylar değil, bu olaylar hakkındaki algılarınız ve düşüncelerinizdir.

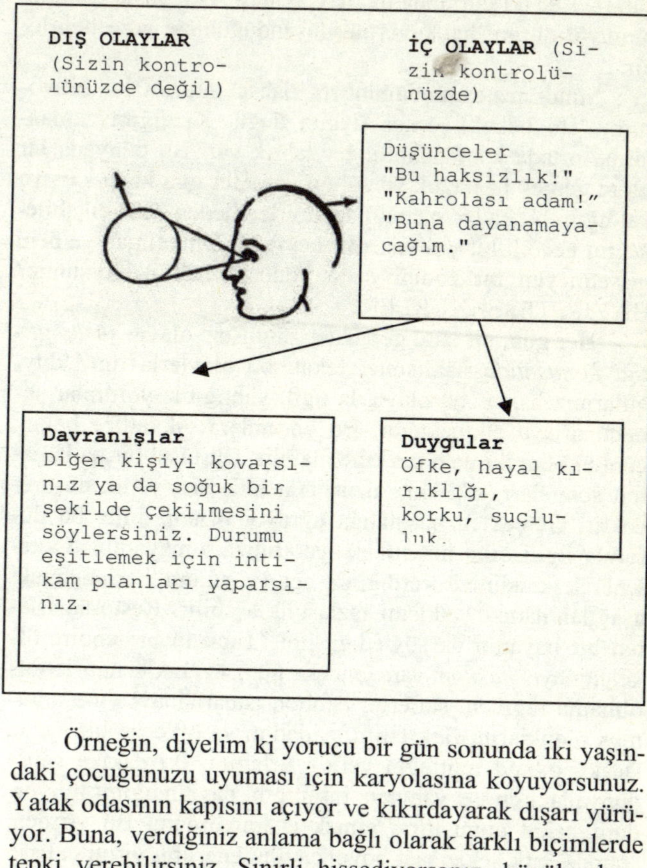

Örneğin, diyelim ki yorucu bir gün sonunda iki yaşındaki çocuğunuzu uyuması için karyolasına koyuyorsunuz. Yatak odasının kapısını açıyor ve kıkırdayarak dışarı yürüyor. Buna, verdiğiniz anlama bağlı olarak farklı biçimlerde tepki verebilirsiniz. Sinirli hissediyorsanız, büyük olasılıkla "Kahretsin. Her zaman sorun yaratıyor. Neden yatağında uslu uslu uyumaz ki? Bana bir dakika bile dinlenme fırsatı vermiyor!" diye düşünürsünüz. Öte yandan, onun odasından çıkmış olduğunu gördüğünüze memnun olabilirsiniz, çünkü "Harika! İlk kez kendi başına karyolasından çıktı. Büyüyor ve daha da hareketleniyor." diye düşünürsünüz. Her iki durumda da olay aynıdır. Duygusal tepkiniz tümüyle durum hakkında ne düşündüğünüze göre belirlenir.

Şimdi ne düşündüğünüzü, bahse girerim ki, biliyorum: "Bu bebekli örnek uygun değil. Kızdığım zamanlarda, ortada kanıtlanabilir bir tahrik var. Bu dünyada bir yığın gerçek haksızlık ve zülum var. Her gün karşı karşıya kaldığım bu kadar saçmalıkla sinirlenmeden başa çıkabileceğim geçerli bir yol yok. Bir beyin lobumu almak ve beni hissetmeyen bir zombiye mi dönüştürmek istiyorsunuz? HAYIR, TEŞEKKÜRLER."

Her gün, bir sürü gerçekten olumsuz olayın *sürüp gittiği konusunda* haklısınız; fakat, bu olaylarla ilgili duygularınız halen bu olaylarla ilgili yaptığınız yorumlar sonucu ortaya çıkmaktadır. Bu yorumlara dikkatlice bakın; çünkü, öfke iki uçlu bir kılıç olabilir. Dürtüsel bir patlamanın sonuçları, sıklıkla, uzun dönemde sizi yenik düşürecektir. Gerçekten haksızlığa uğruyor olsanız bile, bu durumla ilgili öfke hissetmek yararınıza olmayabilir. Öfkelenerek kendinize verdiğiniz acı ve sıkıntı başlangıçtaki aşağılanmanızın etkisini fazlasıyla aşabilir. Restoran işleten bir bayanın da söylediği gibi "Tabii ki birdenbire öfkelenmeye *hakkım* var. Önceki gün, özellikle hatırlatmış olmama rağmen, şeflerin, jambon ısmarlamayı yine unutmuş olduklarını fark ettim, patladım ve öfke ile bir kazan sıcak çorbayı mutfağın yerine fırlattım. İki dakika sonra dünyadaki en işe yaramaz insan gibi davrandığımı biliyordum, fakat bunu itiraf etmek istemiyordum. Bu yüzden, sonraki kırk sekiz saat boyunca tüm enerjimi yirmi çalışan önünde, düşüncesizce gibi davranmaya hakkım olduğuna inandırmaya çalışarak harcadım. Buna değmedi!"

Çoğu durumda öfkeniz, gizli bilişsel çarpıtmalarınız tarafından oluşturulur. Depresyonda olduğu gibi, algılarınızın çoğunun anlamı saptırılmıştır; tek taraflıdır ya da sadece yanlıştır. Bu çarpıtılmış düşünceleri daha gerçekçi ve işlevsel olan diğerleriyle değiştirmeyi öğrendikçe daha az sinirli hissedecek ve kendi kontrolünüzü daha çok kazanabileceksiniz.

Öfkeli olduğunuzda en sık oluşan çarpıtma biçimleri nelerdir? En büyük suçlulardan biri *etiketlemedir.* Sizi kızdıran insanı "kaba saba biri" veya "serseri" ya da "pislik" olarak tanımlarsanız, onu tümüyle olumsuz bir şekilde görürsünüz. Bu genelleştirmenin en aşırı biçimini "canavarlaştırma" olarak tanımlayabilirsiniz. Biri gerçekten de güveninizi boşa çıkarmış olabilir ve bu insanın *yaptığı* şeye sinirlenmek kesinlikle doğrudur. Tam aksine, bir insanı etiketlediğinizde, onun kötü bir ruhu olduğu izlenimini edinirsiniz. Öfkenizi o insanın "ne" olduğuna yönlendirirsiniz.

İnsanların bu şekilde değerini sıfıra indirirseniz, zihninizde onlar hakkında hoşlanmadığınız her şeyi toparlarsınız (zihinsel filtre) ve iyi noktaları ya görmezden gelir ya da değerini düşürürsünüz (olumluyu değersizleştirme). Öfkeniz için yanlış bir hedef oluşturmuş olursunuz. Gerçekte, her canlı insan, olumlu, olumsuz ve nötr özellikleri olan karmaşık bir bileşimdir.

Etiketleme, kendinizi öfkeli ve manevi olarak daha üstün hissetmenize neden olan çarpıtılmış bir düşünce sürecidir. Kendilik imajınızı bu şekilde kurmak yıkıcıdır. Etiketleme, mutlaka, diğer kişiyi suçlama gereksinimi doğuracaktır. İntikam alma isteğiniz çatışmayı iyice şiddetlendirir ve sizi sinirlendiren kişide de benzer tavırlar ve duygular ortaya çıkarır. Etiketleme, kaçınılmaz olarak kendini doğrulayan kehanet olarak işlev görür. Diğer kişiyi öbür uca itersiniz ve bir savaş ortamı oluşturursunuz.

Tüm bu mücadele gerçekten neyle ilgilidir? Çoğunlukla özgüveninizi savunmakla meşgulsünüzdür. Diğer kişi küçümseyerek veya eleştirerek, ya da sevmeyerek, hoşlanmayarak, fikirlerinize katılmayarak sizi yıldırmış olabilir. Sonucunda, kendinizi, ölümüne bir gurur düellosunun ortasında bulabilirsiniz. Buradaki sorun, ne kadar ısrar ederseniz edin diğer kişinin tümüyle değersiz, işe yaramazın teki *olmadığıdır*! Ve ayrıca, geçici olarak kendinizi iyi hissetseniz bile özgüveninizi bir başkasına iftira atmak suretiyle güçlendiremezsiniz. 4. Bölüm'de belirtildiği gibi ancak olumsuz, çarpıtılmış düşünceleriniz kendinize olan saygınızı zedeleyebilir. Bu dünyada özgüveninizi tehdit edecek güce sahip *sadece tek bir kişi* var – o da sizsiniz. Değeriniz, ancak kendinizi aşağıya çekerseniz azalır. Gerçek çözüm, içinizdeki anlamsız konuşmalara bir son vermektir.

Öfke yaratan düşüncelerle ilgili diğer bir karakteristik çarpıtma *akıl okumadır* –diğer kişinin neyi niçin yaptığını işinize gelecek biçimde yorumlarsınız. Bu hipotezler çoğu zaman yanlıştır, çünkü diğer kişinin gerçek düşüncelerini ve algılarını yansıtmazlar. Kızgınlığınız yüzünden, kendinize söylediğiniz şeyi test etmek aklınıza gelmez.

Diğer kişinin size ters gelen davranışına yönelik sunabileceğiniz belli başlı açıklamalar "Kötü bir damarı var" "O haksız", "O zaten böyledir", "O aptaldır", "Onlar kötü çocuklar" olabilir. Bu açıklamalar, gerçekten geçerli bilgi vermeyen ek etiketler olduğundan sorun çıkarırlar. Gerçekte, bunlar tamamıyla yanlıştır.

Burada bir örnek verelim: Joan, kocası onunla konsere gitmek yerine TV'de pazar futbol maçını seyretmeyi tercih ettiğini söylediğinde çok öfkelendi, darıldı; çünkü, kendine "Beni sevmiyor! Hep kendi istediğini yapıyor! Bu haksızlık!" diyordu.

Joan'ın yorumlamasının gerçekçi olmaması sorun oluşturmaktaydı. Kocası onu *seviyor*, her zaman kendi istediğini yapmıyor ve bile bile ona haksız davranmıyordu. Bu Pazar günü Dallas Cowboys, Pittsburgh Steelers ile karşılaşıyordu ve o da bu maçı *gerçekten* görmek istiyordu! Kendi isteği ile konsere gitmesini sağlamanın hiçbir yolu yoktu.

Joan kocasının isteklerine öyle mantıksız bir şekilde yaklaştığında, bir yerine iki sorun yaratmış oluyordu. Bir yandan kendi içinde yarattığı sevilmediği varsanısı ile uğraşmak zorunda kalmakta, bir yandan da konserde kocasının yanında olması fırsatını kaçırmaktaydı.

Öfkeye yol açan üçüncü çarpıtma *büyütmedir*. Olumsuz olayın önemini abartırsanız duygusal tepkinizin yoğunluğu ve süresi tümüyle kontrolden çıkabilir. Örneğin, geç kalmış bir otobüsü bekliyorsanız ve önemli bir randevunuz varsa, kendinize "Yetişemeyeceğim!"diyebilirsiniz. Bu biraz abartma değil mi? Otobüsü daha önce yakalamış olduğunuza göre şimdi de yakalayabilirsiniz; öyleyse, niye *yapamayacağınızı* söylüyorsunuz? Otobüs beklemenin rahatsızlığı, böyle bir huzursuzluk ve üzüntü yaratmadan da, kendi başına yeterince kötü. Gerçekten böyle öfkelenmek istiyor musunuz?

Uygunsuz *–meli, - malı* ifadeleri öfkenizi besleyen dördüncü çeşit çarpıtmayı temsil eder. Bazı kişilerin davranışlarının hoşunuza gitmediğini fark ettiğinizde, kendinize yaptıkları şeyi yapmamaları ya da yapmadıkları şeyi yapmaları gerektiğini söylersiniz. Örneğin, bir otele rezervasyon yaptırıyorsunuz ve onların bu rezervasyon kaydını kaybettiklerini görüyorsunuz. Üstelik şimdi boş oda da yok. Öfkeyle söyleniyorsunuz. "Bu böyle olmamalıydı! Lanet olası aptal yetkililer."

Gerçekten oda bulamamanıza mı öfkeleniyorsunuz? Hayır. Bu yoksunluk/mahrum kalma, ancak bir kayıp, hayal kırıklığı ya da huzursuzluk duygusu yaratabilir. Öfke hissetmeden önce, bu durumda istediğinizi elde etmeye hakkınız olduğu yorumunu yapmış olmalısınız. Sonucunda, rezervasyonla ilgili yanlışlığı haksızlık olarak görürsünüz. Bu algılama öfkeli hissetmenize yol açar.

Öyleyse, buradaki yanlışlık ne? Yetkililerin bu hatayı yapmamaları *gerektiğini* söylediğinizde, gereksiz bir gerginlik hissedersiniz. Rezervasyonunuzun kaybolmuş olması şansızlık; fakat, birinin size kasten haksız davranmaya çalışması ya da yetkililerin özellikle aptal olmaları da pek mümkün değil. Fakat bir hata *yaptılar*. Diğerlerinin mükemmel olmaları konusunda ısrarcı davranırsanız, çok basit bir şekilde *kendinizi* mutsuz edersiniz ve hareket edemez hale gelirsiniz. Buradaki güçlük şudur: Öfkeniz, olasılıkla sihirli bir şekilde bir odanın ortaya çıkmasını sağlamayacaktır. Başka bir otele gitmenin rahatsızlığı, kaybolan rezervasyon hakkında saatlerce ya da günlerce düşünerek kendine vereceğiniz mutsuzluktan çok daha az olacaktır.

Mantıksız –meli,-malı ifadeleri, her zaman istediklerinizin hemen yapılmasına *hakkınız* olduğu şeklindeki varsayımınızla ilintilidir. Buna bağlı olarak ta, istediğinizi elde edemediğiniz durumlarda, X'i alamazsanız öleceğinizi ya da sonsuza dek keyiften mahrum kalacağınızı hissettiren tavrınız yüzünden ya panik ya da öfke yaşarsınız (X aşkı, sevgiyi statüyü, saygıyı, dakikliği, mükemmelliği güzelliği, v.b temsil edebilir.) İsteklerinizin her zaman doyurulması konusundaki ısrarınız, kendinizi yenik duruma düşüren öfkenin temelini oluşturur. Öfkeye eğilimli kişiler arzularını çoğu zaman şöyle ahlaki terimlerle anlatırlar: Birine iyi davranırsam, o bunu n kıymetini bilmelidir.

İnsanların özgür iradeleri vardır ve çoğunlukla hoşunuza gitmeyen şekillerde düşünür ve davranırlar. Onların düşünce ve davranışlarının arzularınızla ve isteklerinizle örtüşmesi yönündeki tüm ısrarlarınız bu sonucu değiştirmeyecektir. Çoğunlukla tersi doğrudur. Öfkeli taleplerle insanları zorlama ve yönlendirme girişimleriniz çoğunlukla bu kişileri yabancılaştıracak ve karşı kutba itecektir ve sizi memnun etmeyi daha az ister olacaklardır. Çünkü, insanlar da sizin gibi kontrol edilmeyi ve yönetilmeyi sevmezler.

Öfkeniz, çok basit olarak, sorun çözmeye yönelik yaratıcı olasılıkları sınırlandıracaktır.

Haksızlık ya da adaletsizlik algısı, tamamen olmasa da çoğunlukla öfkenin en büyük nedenidir. Aslında, öfkeyi, size haksızlık edildiği inancınızla birebir örtüşen bir duygu olarak tanımlayabiliriz.

Şimdi acı bir hap ya da aydınlatıcı bir keşif olarak görebileceğiniz bir gerçeğe ulaştık. Evrensel olarak kabul edilmiş bir haklılık ve adalet kavramı yok. Einstein'in zaman ve mekanın göreceliliğini gösterdiği gibi haklılığın da tartışılmaz bir *göreceliliği* vardır. Einstein, tüm evrende standart olarak kabul edilen "mutlak bir zaman"olmadığını ifade etmiştir – ki bu deneysel olarak da kanıtlanmıştır. Zamanın hızlı veya yavaş geçmesi, gözlemcinin bakış açısına göre değişir. Benzer olarak, "mutlak haklılık" yoktur. "Haklılık" gözlemciye bağlıdır, ve biri için haklı gözüken şey diğerine haksız gözükebilir. Hatta, bir kültürde kabul edilmiş sosyal kurallar ve ahlaki sınırlamalar başka bir kültürde farklılık gösterebilir. Durumun böyle olmadığını iddia edebilirsiniz ve bireysel ahlaki sisteminizin evrensel olduğunda ısrar edebilirsiniz; ama durum bu değil!

İşte kanıtı: Bir aslan bir koyunu yerse, bu haksızlık mıdır? Koyun açısından bu durum *adil değildir;*hiçbir tahrik olmaksızın gaddarca ve kasten öldürülmüştür. Aslan açısından bakıldığında ise bu durum *adildir.* Aslan açtır ve bu günlük yiyeceği hak ettiğini düşünmektedir. Kim haklı? Bu sorunun *mutlak ve evrensel bir yanıtı* yok; çünkü, bu sorunu çözmek için gereken "mutlak bir haklılık" yok. Aslında, haklılık bir algısal yorumlama, bir soyutlama, kendi kendine yaratılan bir kavramdır. Bir hamburger *yediğinizde* durum nasıl? Bu haksızlık mıdır? Size göre, hayır. Dana açısından bu kesinlikle haksızlıktır (ya da haksızlıktı)! Kim haklı? Mutlak " doğru" bir yanıt yok.

"Mutlak haklılık" varolmamasına rağmen, bireysel ve sosyal ahlaki kurallar önemli ve yararlıdır. Anarşiyi önermiyorum. Haklılık hakkındaki ahlaki ifadelerin ve yargıların şartlanma olduğunu, nesnel gerçekleri ifade etmediğini söylüyorum. Aslında, On Emir gibi sosyal ahlaki sistemler, grupların uymaya karar verdiği kurallar bütünüdür. Bu tür sistemlerin temellerinden biri, grubun her bir üyesinin kendi ilgi alanlarıyla ilgilidir. Diğer insanların duygularını ve çıkarlarını dikkate alan bir şekilde hareket etmezseniz, sonucunda mutsuz olma şansınız oldukça yüksektir; çünkü, er ya da geç onlardan faydalandığınızı fark ettiklerinde intikam alacaklardır.

"Haklılığı" tanımlayan bir sistemin genel olma özelliğini kazanması, onu kaç kişinin kabul ettiğine bağlı olarak değişir. Bir davranış kuralı bir kişiye özgü ise, diğer insanlar bunu garip olarak görebilirler. Buna bir örnek olarak, "işleri yoluna koymak" ve yoğun suçluluk ve endişe duygularından kaçabilmek için törensel olarak ellerini günde 50 kereden fazla yıkayan hastamı verebilirim. Bir kural neredeyse evrensel olarak kabul edildiğinde genel ahlaki kuralların bir parçası olur ve kanunlar bütününün bir parçası haline gelebilir. Cinayetin yasaklanması bir örnektir. Yine de, ne kadar genel kabul görürse görsün, bu sistemler, her koşulda "mutlak" veya " kesinlikle geçerli" olmaz. Çoğu günlük öfkeler kişisel isteklerimizi genel ahlaki kurallarla karıştırdığımızda ortaya çıkar. Birine kızdığınızda ve "haksız" davrandığını iddia ettiğinizde, çoğunlukla o kişiler sizinkinden farklı bir bakış açısı ve standartlar dizisi açısından "haklı" olacak şekilde hareket etmişlerdir. Onların "haksız" oldukları şeklindeki varsayımınız, olaylara bakış açınızı evrensel olarak kabul ettiğinizi gösterir. Evrensel olsaydı, herkes aynı olurdu. Fakat öyle değiliz. Hepimiz farklı düşünüyoruz. Bunu hesaba katmazsanız ve diğer kişiyi "haksız" olmakla suçlarsanız, gereksiz olarak etkileşimi kutuplaştırırsınız, çünkü diğer kişi kendini küçük düşürülmüş ve savunmada hissedecektir. Böylece, ikiniz anlamsızca kimin "haklı" olduğunu tartışacaksınız. Tüm tartışma, "mutlak haklılık" yanılsaması üzerine kuruludur.

Haklılığınız göreli olduğundan içten gelen öfkenizde yanlış bir mantık gütmektesinizdir. Diğer adamın *haksızlık* ettiğine ikna olmuş hissediyor olsanız da, onun sadece *sizin* değer sisteminize göre haksız davrandığını fark etmelisiniz. O da *kendi* değer sistemine göre hareket ediyordur. Çoğunlukla, o kişinin hareketi, kendisine oldukça haklı ve mantıklı gözükecektir. Bu yüzden, onun bakış açısıyla –ki eylem için olası tek temeli de budur- yaptığı şey haklıdır. İnsanların haklı davranmasını mı istiyorsunuz? Öyleyse onun yaptığından *hoşlanmasanız* bile, nasıl davranıyorsa öyle davranmasını *istemelisiniz*; çünkü, o, kendi sistemine göre haklı davranıyor! Onu, tavırlarını değiştirmeye ve sonucunda da standartlarını ve hareketlerini kesin olarak farklılaştırmaya ikna etmek için çalışabilirsiniz ve bu zaman süresince de yaptıklarından dolayı üzülmemek için belirli adımlar atabilirsiniz. Ama, "haksız davranıyor" dediğiniz sürece kendinizi kandırıyorsunuz ve bir serabı kovalıyorsunuz!

Bu durum, öfkenin tamamıyla uygunsuz olduğu ve "haklılık" ve "ahlak" gibi kavramların göreceli olmalarından dolayı gereksiz oldukları anlamına mı gelir? Bazı popüler yazarlar bu izlenimi verirler. Dr. Wayne Dyer şöyle yazar:

"Yaşamda adaleti aramak için şartlanmışız ve bulamadığımızda, öfke, endişe ve hayal kırıklığı hissetmeye eğilimliyiz. Aslında, sonsuz gençliğin kaynağını ya da benzer bir miti aramak da eşdeğer üretkenlik taşımaktadır. Adalet var olmamıştır. Hiç olmadı ve hiç de olmayacak. Dünya basit haliyle bu biçimde yaratılmadı. Kuşlar solucanları yer. Bu solucanlar için adil değil. Dünyada adalet olmadığının farkına varmak için doğaya bakmanız yeterli. Kasırgalar, gelgitler, seller, kuraklıklar hepsi haksızlık."

Bu durum zıt uç noktayı temsil eder ve hep ya da hiç düşünmenin bir örneğidir. "Bu, tüm saatleri ortadan kaldırın; çünkü, Einstein zamanın kesin olmadığını gösterdi." demek gibidir. Zaman ve haklılık kavramları kesin olarak varolmamalarına karşın sosyal olarak *kullanışlıdırlar*.

Haklılık kavramının bir yanılsama olduğu inancına ek olarak, Dr. Dyer öfkenin gereksiz olduğunu da iddia etmektedir:

"Öfkeyi yaşamınızın bir parçası olarak kabul edebilirsiniz; fakat, bunun faydalı bir amaca hizmet etmediğini fark ediyor musunuz? Buna sahip olmak zorunda değilsiniz ve öfke, mutlu, iyi hisseden biri olmaya ilişkin hiçbir amaca hizmet etmez.

Öfkenin ironik yanı da, diğer insanları değiştirme konusunda hiç işe yaramamasıdır."

Dr. Dyer'in bu iddiaları da bilişsel bir çarpıtma gibi gözükmektedir. Öfkenin *hiç bir* amaca hizmet etmediğini söylemek sadece hep ya da hiç tarzı bir düşüncedir ve hiçbir zaman işe yaramadığını söylemek aşırı genellemedir. Aslında, bazı durumlarda öfke uyum sağlayıcı ve üretken olabilir. Öyleyse, asıl soru "Öfke hissetmeli miyim yoksa hissetmemeliyim? değil "Sınırı nerede çizeceğim?" sorusu olmalıdır.

Aşağıdaki iki ilke, öfkenizin ne zaman üretken olup ne zaman olmadığını belirlemede yardımcı olacaktır. Bu iki ölçüt, öğrendiklerinizi sentezlemede ve öfke hakkında anlamlı, kişisel bir felsefe oluşturmada yardımcı olabilir.

1. Öfkem *bilerek, isteyerek ve gereksizce* kırıcı bir biçimde hareket eden birine mi yönelik?

2. Öfkem yararlı mı? İstediğim amaca ulaşmama yardımcı olur mu ya da sadece beni yenilgiye mi uğratır?

Örneğin: Basketbol oynuyorsunuz ve diğer takımdaki biri bilerek sizi huzursuz etmek ve oyundan çıkmanızı sağlamak için midenize dirsek atıyor. Öfkenizi üretken bir şekilde yönlendirmeyi becererek daha iyi oynar ve yenebilirsiniz. Şimdiye kadar, öfkeniz *uyum sağlayıcı* bir nitelikte. Oyun bittiğinde, o öfkeyi artık daha fazla istemeyebilirsiniz. Şimdi *uyum sağlayıcı nitelikte değildir.*

Diyelim ki 3 yaşındaki oğlunuz bilinçsizce caddeye doğru koşuyor ve yaşamını tehlikeye atıyor. Bu durumda bilerek zarar *vermiyor.* Yine de, ortaya koyduğunuz öfkeli tavır uyumlu olabilir. Sesinizdeki duygusal hareketlenme alarm ve önemlilik mesajı verir ve ona sakin, bütünüyle nesnel bir şekilde davransaydınız, bu mesajı veremeyebilirdiniz. Her iki örnekte de, öfkeli olmayı *seçtiniz* ve duygunuzun şiddeti ve ifade ediliş biçimi kontrolünüz altındaydı. Öfkenizin *olumlu* ve *uyum sağlayıcı* etkileri onu düşmanlıktan farklılaştırır. Düşmanlık dürtüseldir, kontrolsüzdür ve saldırganlığa yol açar.

Diyelim ki gazetede okuduğunuz anlamsız bir şiddet olayı karşısında öfkelendiniz. Buradaki hareket açıkça zarar verici ve haksız gözüküyor. Yine de bu konuda yapmayı planladığınız hiçbir şey yoksa -ki durum genellikle böyledir- öfkeniz uyumlu olmayabilir. Aksine, kurbanlara yardım etmeyi ya da bir şekilde suç ile mücadele etmek için bir kampanya başlatmayı tercih ederseniz, öfkeniz yine uyumlu olabilir.

Bu iki ölçütü aklınızda tutarak, sizin için çok avantajlı olmadığı durumlarda öfkenizi azaltmak için kullanabileceğiniz bir dizi yöntem önermeme izin verin:

Arzuyu Geliştirin: Öfke değiştirilmesi en zor duygu olabilir; çünkü, sinirlendiğinizde, gözü dönmüş bir buldog köpeği gibi olursunuz ve diğer kişinin bacağına dişlerinizi geçirmemeniz için sizi ikna etmek çok güç olabilir. Kendinizi bu duygulardan arındırmayı *gerçekten istemezsiniz;* çünkü intikam arzusu ile kuşatılmışsınızdır. Üstelik, öfke haksız olarak algıladığınız bir duruma karşı geliştiğinden *ahlaki bir duygudur* ve bu doğru duygudan vazgeçmekte oldukça isteksiz olursunuz. Öfkenizi, savunmak ve haklı çıkarma isteği duyarsınız. Bunun üstesinden gelmek büyük irade gerektirecektir. Öyleyse neden canınızı sıkıyorsunuz?

İlk adım: Öfkeli hissetmenin ve misilleme yapmanın avantajlarının ve sakıncalarının bir listesini yapmak için çift–sütun tekniğini kullanın. Öfkenizin kısa ve uzun dönemdeki sonuçlarını düşünün. Sonra, listenizi gözden geçirin ve zararlarının mı yoksa yararlarının mı daha fazla olacağını kendinize sorun. Kızmanızın gerçekten yararınıza olup olmadığını belirlemenize yardımcı olacaktır. Çoğumuz sonucunda bizim için en iyi olanı istediğimizden, bu daha barışçı ve üretken bir tavra yol açabilir.

Bu nasıl işler: Sue 31 yaşında, önceki evliliğinden 2 kızı olan bir kadındır. Kocası John da önceki evliliğinden bir genç kızı olan, çalışkan bir avukattır. John'un zamanı çok sınırlı olduğundan, Sue çoğunlukla kendini ihmal edilmiş ve incinmiş hissediyordu. Bana, kocasının, ona yeterince zaman ayırmadığı ve özenmediği için evlilikte kendine düşen haklı payı alamadığını söyledi. Şekil 7-2' de öfkesinin avantajlarının ve sakıncalarının listesini yaptı.

Ayrıca, öfkesini bertaraf etmesinin getirebileceği olumlu sonuçların da bir listesini yaptı (1) İnsanlar beni daha çok sevecek. Yanımda olmayı isteyecekler. (2) Daha fazla önceden anlaşılabilir olacağım. (3) Duygularımı daha iyi kontrol edebileceğim. (4) Daha rahat hissedeceğim. (5) Kendimle daha rahat olacağım. (6) Olumlu, tartışılmayan, pratik bir insan olarak görüleceğim. (7) İstediğini tutturan bir çocuktan çok, çoğunlukla bir yetişkin gibi davranacağım (8) İstediğimi, talepkar bir tutumla değil, mantıklı uzlaşmalarla elde edeceğim ve (9) Çocuklarım, kocam ve ebeveynlerim bana daha fazla saygı duyacaklar. Bu değerlendirmenin sonucunda, Sue bana, öfkenin bedelinin faydalarını fazlasıyla aştığına ikna olduğunu söyledi. Öfkenizle baş etmede ilk adım olarak aynı türden bir analiz yapmanız önemlidir. Öfkenizin avantajlarının ve sakıncalarının listesini yaptıktan sonra, kendinize aynı testi yapın. Kendinize sorun, üzücü durum hemen değişmezse, kızmak yerine bununla başa çıkmayı istiyor muyum? Evet diye yanıt veriyorsanız, değişmek için açıkça isteklisiniz demektir. Büyük olasılıkla daha fazla iç huzur ve öz güven kazanma konusunda başarılı olursunuz ve yaşamdaki etkinliğinizi arttırırsınız. Bu seçim size bağlıdır.

Şekil 7-2. Öfke Kar – Zarar Analizi

Öfkemin avantajları	Öfkemin sakıncaları
1- İyi hissettiriyor	1- John'la ilişkimi daha da tatsızlaştıracağım
2- John onu gerçekten onaylamadığımı anlayacak.	2- Beni reddetmek isteyecek.
3- İstersem istifimi bozabilirim.	3-İstifim bozulduktan onra çoğunlukla kendimi daha suçlu hissedeceğim ve neşesiz olacağım.
4- Bir paspas olmadığımı bilecek.	4- Büyük olasılıkla bana misilleme yapmaya kalkacak ve sinirlenecek; çünkü, o da kullanılmayı sevmez.
5- Ona kullanılmak için orada olmadığımı göstereceğim.	5- Öfkem, ilk olarak ikimizin de başta öfke yaratan sorunu çözmesini engeller. Bizi sorunlarla ilgilenmekten alıkoyar.
6- İstediğimi elde edemesem de, en azından intikam almanın tatminine ulaşırım. Onun kıvranmasını ve benim gibi kırılmış hissetmesini sağlayabilirim. Böylelikle, kendine çekidüzen vermek zorunda kalır.	6- Bir an iyi hissediyorum, bir an kötü.Sinirli halim John'u ve çevremdeki kişileri, hiçbir zaman ne beklemeleri gerektiğini bilmeyecek hale sokar. Kaprisli, huysuz, dağılmış ve olgunlaşmamış biri olarak etiketlenirim. Beni şıöarık bir yumurcak olarak görürler.
	7- Çocuklarımı, nörotik yapabilirim. Büyüdükçe, öfke patlamalarıma üzülebilirler ve yardım etmektense uzak durulması gereken biri olarak görebilirler.
	8- John dırdır etmem vekafasını şişirmemden bıkarsa beni terk edebilir.
	9- Yarattığım keyifsiz duygulardan dolayı kendimi kötü hissettiriyor. Yaşam tatsız ve acı bir deneyim haline geliyor ve çok değer verdiğim zevki ve yaratıcılığı kaçırıyorum.

Sıcak Düşünceleri Serinletin. Sakinleşmeye karar verdiğinizde, sinirli olduğunuzda aklınızdan geçen çeşitli "sıcak düşünceleri" yazmak size yardım edebilecek kolay bir yöntemdir. Sonrasında, çift-sütün yöntemini kullanarak, daha az üzücü, daha nesnel "serin düşünceler" yerleştirin. Kafanızdan geçen düşmancıl cümleleri yatıştırmak için o "sıcak düşünceleri","üçüncü kulağınız" ile dinleyin. Bu özel konuşmayı sansürsüz kaydedin. Eminim çok renkli bir dil ve intikam almaya yönelik fanteziler içerdiğini fark edeceksiniz -hepsini yazın. Sonra, daha nesnel ve daha az tahrik edici "serin düşünceler"le yer değiştirin. Bu, kendinizi daha sakin ve daha az bunalımlı hissetmenize yardımcı olacaktır.

Sue, John'un kızı Sandy'nin yönlendirici davrandığını ve John'u parmağında oynattığını hissettiği zaman yaşadığı hayal kırıklığıyla baş etmek için bu tekniği kullandı. Sue, her seferinde, ona Sandy'e karşı daha fazla girişken ve daha az yumuşak davranmasını söyledi, fakat John onun önerilerine hep olumsuz yaklaştı. Sue'nun dırdır ettiğini, kendi isteğini yaptırmak için böyle söylediğini düşünüyordu. Bu durum John'un, Sue ile daha *da az* zaman geçirmek istemesine neden oldu. Tabii ki, bu da bir kısır döngü halini aldı.

Sue, kendisini kıskanç ve suçlu hissetmesine neden olan "sıcak düşünceleri" yazdı. (Şekil 7-3) Yerine "serin düşünceleri" koydukça daha iyi hissetti ve John'u kontrol etme arzusuna karşı ilaç gibi geldi. Halen, John'un Sandy'nin kendisini parmağında oynatmasına izin veriyor olması konusunda yanlış yaptığını düşünse de, John'un yanlış yapmaya hakkı olduğuna karar verdi. Sonuç olarak, Sue John'a daha az baskı yaptı ve John da daha az baskı altında olduğunu hissetti. İlişkileri karşılıklı özgürlük ve saygı ortamında iyileşti ve olgunlaştı. Doğruyu söylemek gerekirse, tabii ki, "sıcak düşünceleri"ni Sue ile konuşmak hem Sue hem de John için başarılı bir ikinci evliliğe yol açan tek etken değildi. Ancak bu olmasa her ikisi de yerinden kımıldayamayacak hale gelebilirdi. Bu gerekli ve kocaman bir adımdı.

Şekil 7-3. John, genç kızının bencil yönlendirmeleri karşısında yumuşak hareket ettiğinde, Sue aklına gelen "sıcak düşünceleri" yazdı. Daha az üzücü "serin düşünceleri" yazdığında kıskançlığı ve intikam arzusu azaldı.

Sıcak Düşünceler	Serin Düşünceler
1. Nasıl olur da beni dinlemez!	1. Kolayca! Her şeyi benim istediğim gibi yapmak durumunda değil. Üstelik dinliyor. Fakat ben ısrarcı olduğum için savunmaya geçiyor.
2. Sandy yalan söylüyor. Çalıştığını söylüyor ama çalışmıyor. John'un yardımını bekliyor.	2. Yalan söylemek, tembel olmak ve ders çalışmak söz konusu olduğunda insanları kullanmak onun doğası. Çalışmaktan nefret ediyor.
3. John'un fazla zamanı yok ve bu zamanını ona yardım ederek geçirirse, yalnız kalmam ve çocuklarımla tek başıma ilgilenmem gerekiyor.	3. Öyleyse öyle. Yalnız kalmaktan hoşlanırım. Çocuklarıma kendim bakabilirim. Ben çaresiz değilim. Yapabilirim. Sürekli öfkeli olmamayı öğrenebilirsem benimle daha fazla birlikte olmak isteyebilir.
4. Sandy benim zamanımı çalıyor.	4. Bu doğru. Fakat ben yetişkin bir kadınım. Yalnız kalmaya tahammül edebilirim. Benim çocuklarımla uğraşıyor olsaydı bu kadar kızmazdım.
5. John saf. Sandy insanları kullanıyor.	5. O yetişkin bir adam. Ona yardım etmek istiyorsa edebilir. Bunun dışında kal. Bu benim işim değil.
6. Buna dayanamıyorum.	6. Dayanabilirim. Bu sadece geçici. Daha kötüsüne dayandım
7. Ben küçük bir yaramazım. Suçlu hissetmeyi hak ediyorum.	7. Bazı zamanlarda olgun davranmamaya hakkım var. Mükemmel değilim ve olmam da gerekmiyor. Suçlu hissetmek gerekli değil. Bu işe yaramayacak.

Şekil 7.4. İşlevsel olmayan Düşüncelerin Günlük Kayıtları

Tahrik Eden Durum	Duygular	Düşünceler	Serin Düşünceler
Bir gazetede gördüğüm "Yarım gün çalışmak üzere tıbbi metin yazarı aranıyor." ilanına telefon açtım. İlanda "biraz deneyim" gerektiği yazılıydı. Telefondaki adam şirketin ne tür bir şirket olduğunu bile anlatamadı. Sonra da bana bu işi için yeterince deneyimim olmadığını söyleyerek işe almayı kabul etmedi.	Kızgınlık Nefret Hayal kırıklığı 98%	1. Lanet olası! Aptal herif, *o kim olduğunu düşünüyor ki*! Ben yeterinden fazla tecrübeliyim. 2. Bu, gazetedeki en iyi ilandı ve o işi kaybettim. 3. Annem babam beni öldürecek. 4. Ağlayacağım.	1. Niye bu kadar heyecanlanıyorum! Zaten sesinin tonunu beğenmedim. O yüzden tecrübemi anlatma fırsatını da vermedi bana,iyi olduğumu biliyorum. Öyleyse işe alınmamış olmak benim hatam değil onun hatası. Ayrıca böyle biri için çalışmayı istiyor muyum? 2. Olayları abartıyorum. Alabileceğim bir sürü başka iş var. 3. Tabii ki yapmayacaklar. En azından uğraşıyorum. 4. Şimdi bu komik değil mi? Biri niye beni ağlatsın? Bu ağlamaya değmez. Değerimi biliyorum önemli olan bu.

Öfkenizle baş etmek için "işlevsel olmayan düşüncelerin günlük kayıtları"nı, kullanabilirsiniz. (Şekil 7-4'e bakın) Tahrik edici durumu tarif edebilir ve egzersizi yapmadan önce ve yaptıktan sonra ne kadar öfkeli hissettiğinizi değerlendirebilirsiniz.

Şekil 7-4, genç bir kadının, patronu olabilecek kişiyle telefonda yaptığı kısa bir iş görüşmesi sonucu yaşadığı hayal kırıklığıyla nasıl baş ettiğini gösteriyor. Kadın, sıcak düşüncelerini belirlemenin ve onları ortaya çıkartmanın bir duygusal patlamanın daha başlamadan önünü kestiğini söyledi. Böyle yaparak, normalde tüm gününü mahvedecek mırıldanmaları, söylenmeleri engellemiş oldu. Bana şöyle dedi; "Alıştırmayı yapmadan önce düşmanımın telefonun diğer ucundaki adam olduğunu düşünüyordum. Fakat, kendime ondan on kat daha fazla kötü davranıyordum. Bunu fark ettiğimde, daha serin düşünceleri yerleştirmek daha kolay oldu ve hemen çok daha iyi hissederek kendimi şaşırttım!"

Canlandırma Teknikleri: Öfkeli olduğunuzda aklınızdan geçen o olumsuz sıcak düşünceler, zihninizde yansıttığınız bir filmin senaryosu gibidir. Hiç ekrandaki görüntüyü fark ettiniz mi? Gerçekten de, intikam ve şiddetin imajlarını, hayalleri ve fantezileri çok renkli olabilir.

Bu zihinsel resimlere bakmadıkça, onları arayıp ortaya çıkarmadıkça onlardan haberdar olmayabilirsiniz. Şöyle açıklayayım. Diyelim ki, size, şu anda kahverengi bir sepet içinde kırmızı bir elmayı gözünüzde canlandırmanızı söylüyorum. Bunu gözleriniz açık ya da kapalıyken yapabilirsiniz. İşte! Şimdi görüyor musunuz? Kastettiğim aynen bu. Çoğumuzun gün boyu böyle görsel hayalleri var. Bunlar normal bilincin bir parçası, düşüncelerimizin resimsel anlatımları. Örneğin, hatıralar bizde bazen zihinsel resimler şeklinde belirir. Çok canlı, geçmişteki bir olayın zihninizde bir görüntüsünü hayal edin (onu halen hatırlıyor musunuz?), uzun bir yürüyüş gibi mesela. Onu şimdi görüyor musunuz?

Bu hayaller sizi çok etkileyebilir, ve bunların etkisi olumlu ya da olumsuz yönde tahrik edici olabilir; erotik rüyalar veya kabuslar gibi. Olumlu bir hayalin canlandırıcı etkisi yoğun olabilir. Örneğin, lunaparka giderken dönme dolaptaki inişin ilk göz kamaştırıcı hayalini kurabilir ve karnınızda o heyecan dolu hareketi hissedebilirsiniz. Bu gündüz düşü, zevk verici beklentiyi yaratır. Benzer olarak, olumsuz hayaller, duygusal heyecanlanma seviyesinde güçlü bir rol oynarlar. Şimdi yaşamınızın bir döneminde iyi ve bazen de kötü geçindiğiniz birini hayal edin. Hangi görüntüler aklınıza geliyor? Onların burunlarının ortasına bir yumruk atmayı mı, yoksa kaynayan bir yağ fıçısına atmayı mı hayal ediyorsunuz?

Bu hayaller, aslında, başlangıçtaki kötü davranış olup bittikten çok uzun zaman sonra bile öfkenizi canlı tutar. Hiddet algınız, sinirlendiren olayın üzerinden çok zaman geçmiş olsa da sizi saatler, günler, aylar ve hatta yıllar boyu yiyip bitirir. Fantezileriniz, acının canlı kalmasına yardım eder. Olay hakkında her hayal kurduğunuzda sisteminize yeni dozlarda hareketlenmeler gönderirsiniz. Yediği zehirli otu geviş getiren bir inek gibi olursunuz.

Peki bu öfkeyi kim yaratıyor? Siz; çünkü, bu hayalleri zihninize koymayı siz tercih ettiniz! Şunu bilin ki, sizi çıldırtan kişi Timbuktu'da yaşıyor, belki de artık yaşamıyor bile. Öyleyse onun suçlu olması çok zor. Şimdi filmin yönetmeni ve yapımcısı sizsiniz, ve daha kötüsü salondaki tek kişisiniz. Tüm canlandırmayı izlemek ve deneyimlemek zorunda olan kim? Siz! Sürekli dişleri sıkmaya, sırt kaslarının gerilmesine ve kan dolaşımına adrenalin hormonlarının taşmasına maruz kalan sizsiniz. Tansiyonu yükselen sizsiniz. Az ve öz olarak: Kendinize zarar veriyorsunuz. Bunu sürdürmek istiyor musunuz?

Yanıtınız hayırsa, zihninize yansıttığınız öfke yaratan hayalleri azaltmak için bir şeyler yapmak isteyeceksiniz. Bir yardımcı teknik, onların yaratıcı bir biçimde şekillerini değiştirmektir, böylelikle daha az üzücü hale gelirler. Mizah, kullanabileceğiniz iyi bir araçtır. Örneğin, çok kızdığınız birinin boğazını sıkmayı hayal etmek yerine, kalabalık bir mağazada altı bezle bağlı yürüdüğünü düşleyin. Tam detayları hayal edin: göbeği, çocuk bezi bağları, kıllı bacakları. Şimdi öfkenize ne oluyor? O yüzünüze yayılan büyük bir tebessüm mü yoksa?

İkinci bir yöntem düşünce durdurmayı içerir. Her gün aklınızdan geçen hayalleri fark ettiğinizde, kendinize projektörü kapatma hakkınızın olduğunu hatırlatın. Başka bir şey düşünün. Birini bulun ve onunla sohbet edin veya iyi bir kitap okuyun. Ekmek pişirin. Yürüyüşe gidin. Öfke hayallerini uyarılarak ödüllendirmezseniz, daha az sıklıkla ortaya çıkarlar. Onlar üzerine kafa yormak yerine, sizi heyecanlandıran gelecekteki bir olay hakkında düşünün ya da erotik bir fanteziye geçin. Sinirlendirici hatıra inatçı ise, zıplama, hızlı yürüme ya da yüzme gibi kuvvetli fiziksel egzersizle uğraşın. Bunların potansiyel olarak zarar verici uyarılmışlığınızı oldukça yararlı bir biçime çevirmek anlamında ek faydası vardır.

Kuralları Yeniden Yazmak. Gereksiz olarak hayal kırıklığı yaşıyor ve kendinizi üzüyor olabilirsiniz; çünkü, sizin her zaman boşuna hayal kırıklığı yaşıyor olmanıza neden olan kişisel ilişkileriniz hakkında gerçekçi olmayan bir kuralınız var. Sue'nin öfkesinin odak noktası onun "Ben iyi ve sadık bir eşsem, sevilmeyi hak ediyorum" kuralı yüzünden John'un sevgisine hakkı olduğu inancıdır.

Bu masum gözüken varsayımın sonucunda, Sue evliliğinde sürekli bir tehlike algısı yaşıyordu; çünkü, her defasında, John ona sevgi ve şefkat konusunda uygun yardımı sağlamadığında, bunu yetersizliğinin bir onaylanması olarak değerlendiriyordu. Sonrasında da kendini bir özgüven kaybına karşı savunmak için sürekli bir mücadele yürütecek, ilgi ve saygı isteyecekti. Onunla yakınlaşmak buzlu bir tepenin kenarına doğru yavaş yavaş kaymaya benzemişti. Hiç şüphesiz, ümitsizce John'a el koymaya çalışıyordu ve onun kayıtsızlığını algıladıkça patlayacak gibi oluyordu –John onun yaşamının tehlikede olduğunu fark etmiyor muydu?

Onun "sevgi" kuralı yarattığı yoğun hoşnutsuzluğa ek olarak; bu, uzun dönemde çok da işe yaramadı. Bir süre boyunca, Sue'nun yönlendirmeleri, gerçekten de, şiddetle arzu ettiği ilginin bir kısmını almasını sağladı. Üstelik, duygusal patlamasıyla John'u sindirebiliyor, buz gibi geri çekilmesiyle onu cezalandırabiliyor ve onun suçluluğunu canlandırarak onu yönetebiliyordu.

Fakat, Sue'nun ödediği bedel aldığı sevginin özgürce ve kendiliğinden verilmemesi, verilememesiydi. John, yorgun, kapana kısılmış ve kontrol ediliyor hissedecekti. Biriktirdiği kızgınlık açığa çıkmak için baskılayacaktı. Sue'nun arzularına karşılık vermek zorunda olduğu inancına ortak olmaktan vazgeçtiğinde, özgürlük isteği onu çok etkileyecek ve patlayacaktı. Sevgi için olup bitenin yıkıcı etkileri hiçbir zaman beni şaşırtmaktan vazgeçmeyecek!

Eğer ilişkileriniz bu döngüsel gerilim ve zulümle tanımlanıyorsa, kuralları yeniden yazmanız daha iyi olur. Eğer daha gerçekçi bir tavır benimserseniz, hayal kırıklığınıza son verebilirsiniz. Bu, dünyayı değiştirmeye çalışmaktan çok daha kolaydır. Sue sevgi kuralını şu şekilde yenilemeye karar vermişti: "Eğer John'a olumlu bir biçimde davranırsam, o da bana çoğu zaman sevgi dolu bir şekilde karşılık verecektir. Böyle olmasa da halen kendime saygı duyabilirim ve etkin olarak idame edebilirim." Beklentilerini böyle formülleştirmesi daha gerçekçiydi ve onun duygudurumunu ve özgüvenini kocasının keyfine bırakmamıştı.

Sizi kişiler arası zorluğa sokan kurallar genellikle zarar verici gözükmezler. Aksine, çoğunlukla oldukça ahlaklı ve insani dururlar. Son zamanlarda, evliliklerin % 50 - % 50 olması gerektiğine inanan Margaret adında bir kadını tedavi ettim. Her eş diğeri için eşit derecede davranmalıydı. Bu kuralı tüm insan ilişkilerine uyguluyordu. "Ben insanlar için güzel şeyler yapıyorsam, onlar da karşılık vermeliler."

Bundaki sorun nerede? Kesinlikle mantıklı ve haklı geliyor kulağa. Bu bir çeşit Altın Kural'dan dönmek. Bununla ilgili yanlışlık şurada. Evlilik de dahil olmak üzere, insan ilişkilerinin, çok nadiren kendiliğinden "karşılıklı" olduğu inkar edilemez bir olgudur; çünkü, insanlar farklılardır. Karşılıklılık/karşılıklı ilişki geçici ve doğasında sabit olmayan bir idealdir; ancak uzun süreli çaba sayesinde buna yaklaşılabilir. Bu karşılıklı oybirliği, iletişim, anlaşma ve gelişmeyi içerir. Anlaşma ve çok çalışma gerektirir.

Margaret'in sorunu bunu fark etmemiş olmasıydı. O, karşılıklılığın varsayılan bir gerçeklik olarak varolduğu bir masal dünyasında yaşıyordu. Ortalıkta kocası ve diğerleri için iyi şeyler yapmak için dolanıyordu ve sonra onların karşılığını bekliyordu. Ne yazık ki, bu tek taraflı anlaşmalar bozulmuştu; çünkü, diğer insanların onun karşılık ödenmesini beklediğinden haberi yoktu.

Örneğin, yerel bir yardım örgütü birkaç ay içinde işe başlamak üzere maaşlı bir yönetici asistanı için ilan vermişti. Margaret bu işle bayağı ilgilendi ve başvurusunu gönderdi. Sonra, zamanının büyük bir bölümünü örgüt için gönüllü çalışmalara harcadı; diğer çalışanların onu beğenerek karşılık vereceğini, ona saygı duyacağını, yöneticinin de işi kendisine vererek karşılık göstereceğini bekliyordu. Gerçekte, diğer çalışanlar hiç de sıcak bir şekilde tepki vermediler. Büyük olasılıkla onun hoşluk ve erdemle kendilerini kontrol etme girişimini algılamış ve kızmışlardı.

Yönetici, pozisyon için başka bir aday seçtiğinde, tepesi attı, çok kötü ve hayal kırıklığına uğramış hissetti; çünkü karşılıklı ilişki kuralı ihlal edilmişti.

Kuralı ona bir yığın sorun ve hayal kırıklığı yaşattığından, onu tekrar yazmaya karar verdi ve karşılıklı ilişkiyi önceden verilmiş bir şey olarak değil, kendi çıkarlarını elde etmeye çalışarak ulaşabileceği bir hedef olarak belirledi. Aynı zamanda diğerlerinin onun aklını okuyup onun istediği gibi davranması isteğinden de vazgeçti. Buna zıt olarak, daha az beklemeyi öğrendikçe, daha fazla elde etti!

Eğer size hayal kırıklığı ve kızgınlık yaratan bir "meli, -malı" kuralınız varsa, bunu daha gerçekçi terimlerle yeniden yazın. Bunda size yardımcı olması için birkaç örnek Şekil 7-5'te gösterilmiştir. Bir kelimenin yerinin değiştirilmesinin –"meli"'nin yerine "güzel olurdu eğer" konulmasının – kullanışlı bir adım olabildiğini fark edeceksiniz.

Çılgınlık Beklemeyi Öğrenin. Sue'nun John'la ilişkisinde öfke soğudukça, daha yakınlaştılar, daha sevgi dolu oldular. Fakat, John'un kızı Sandy, bu ortak yakınlığa daha da büyük yönlendirmelerle karşılık verdi. Yalan söylemeye başladı, geri vermeden para ödünç aldı, Sue'nun yatak odasına sinsice girdi, çekmecelerini karıştırdı ve Sue'nun kişisel eşyalarını çaldı, mutfağı dağınık bıraktı ve bunun gibi. Tüm bu hareketler Sue'nin sinirine dokundu; çünkü, kendine "Sandy bu kadar sinsi davranmamalı. O çılgın! Bu haksızlık!" diyordu. Sue'nun kızgınlık hissi iki gerekli maddenin ürünüydü.

1. Sandy'nin tiksindirici / iğrenç davranışı.
2. Sue'nin onun daha olgun bir şekilde davranması gerektiğine dair beklentisi.

Kanıtlar Sandy'nin değişmeyeceğini gösterdiğinden, Sue'nun tek bir seçeneği vardı: Sandy'nin bir yetişkin, hanımefendi tarzında davranacağına dair gerçekçi olmayan beklentisini bir kenara atmalıydı! Aşağıdaki kısa notu haklı olduğunu düşünerek yazdı:

Şekil 7–5. "meli, malı" kurallarını yenilemek

Yenik düşmenize neden olan–meli,-malı kuralı	**Yenilenmiş hali**
Ben birine karşı iyiysem, onlar da takdir edici olmalılar.	İnsanlar her zaman takdir edici olsalar çok güzel olurdu fakat bu gerçekçi değil. Genellikle takdir edici olacaklar, bazen de olmayacaklar.
Yabancılar bana saygılı davranmalılar.	Öfkem burnumun ucundaymış gibi hareket etmezsem çoğu yabancı bana saygılı davranır. Ara sıra, bazı mızmız kimseler iğrenç davranabilir. Bu beni niye sıkıntıya soksun ki? Yaşam, olumsuz detaylara konsantre olarak zaman kaybetmek için çok kısa.
Bir şey için çok çalışırsam, onu elde etmeliyim.	Bu komik. Her şeyde her zaman başarılı olacağıma dair bir garantim yok. Mükemmel değilim ve olmak zorunda da değilim.
Biri bana haksızlık yaparsa, öfkelenmeliyim, çünkü buna hakkım var. Öfkelenmek, beni daha fazla insan yapıyor.	Tüm insanlar haklı muamele görseler de görmeseler de öfkelenme hakkına sahipler. Asıl konu –bu benim için avantajlı mı? Öfkeli hissetmek istiyor muyum? Yararları ve zararları ne?
Benim başkalarına yapmayacağım şeyleri onlar da bana yapmamalılar.	Uydurma! Herkes benim kurallarımla yaşamıyor, öyleyse neden böyle olmalarını bekliyorum? İnsanlar çoğunlukla bana benim onlara davrandığım gibi iyi davranırlar, fakat her zaman değil.

Sandy neden kötü davranmalı?

İdareci davranmak Sandy'nin doğası; çünkü, o sevgi ve ilgiyi hak ettiğini düşünüyor. İlgi ve sevgi görmenin bir yaşam ve ölüm meselesi olduğuna inanıyor. Yaşamını sürdürmek için ilginin merkezi olması gerektiğini düşünüyor. Bu yüzden, herhangi bir sevgi eksikliğini haksızlık ve özgüven duygusuna büyük bir tehlike olarak görüyor.

İlgi çekmek için yönlendirici olması gerektiğini hissettiğinden, o şekilde hareket etmeli. Bu yüzden, değişene kadar bu şekilde davranmaya devam edeceğini tahmin edebilirim ve bekleyebilirim. Yakın gelecekte değişmesi pek mümkün olmadığı için, belli bir süre daha böyle davranmaya devam etmesini bekleyebilirim. Bunun sonucunda, kızmak ya da şaşırmak için hiçbir nedenim olmayacak çünkü o davranması gerektiği gibi davranıyor olacak.

Üstelik, ben, Sandy de dahil tüm insanların kendi haklı olduklarına inandıkları tarzda davranmalarını istiyorum. Sandy'nin daha fazla ilgiyi hak ettiğini düşünüyorum. Tiksindirici davranışı, onun hak ettiği algısına dayandığı için, yaptığının kendi bakış açısıyla haklı olduğunu kendime hatırlatmalıyım.

Sonuç olarak, duygularımın benim kontrolümde olmasını istiyorum, onun kontrolünde değil. Kendimi onun "haklı, tiksindirici" davranışına karşı öfkeli ve mutsuz hissettirmek istiyor muyum? Hayır! Bu yüzden, ona tepki şeklimi değiştirmeye başlayabilirim.

1. Ona çaldığı için teşekkür edebilirim çünkü bu onun yapması gereken şey!

2. Kendi kendime onun bu manevralarına gülebilirim; çünkü, hepsi çocukça.

3. Belli bir amaca ulaşmak için öfkeyi kullanmak benim kararım olmadıkça öfkeli olmamayı tercih edebilirim.

4. Sandy'in manevralarına bağlı olarak bir özgüven kaybı hissedersem, kendime sorabilirim, Bir çocuğa kendim üzerinde bu kadar güç vermeyi istiyor muyum?

Böyle bir notun istenen etkisi nedir? Sandy'nin tahrik edici hareketleri olasılıkla bilerek kötü niyetli. Hissettiği kızgınlık ve çaresiz hayal kırıklığı sonucu, Sandy bilerek Sue'yu hedef alıyor. Sue ise kızdığında, paradoksal olarak, Sandy'e tam olarak istediğini veriyor. Beklentilerini değiştirdikçe kızgınlığını da büyük oranda azaltabilir.

Bilgi edinmiş yönlendirme. Beklentilerinizi değiştirir ve öfkenizden vazgeçerseniz kolay aldanan biri olmaktan korkuyor olabilirsiniz. Diğer insanların sizden faydalanacağını hissedebilirsiniz. Bu endişe hem sizin yetersizlik hissinizi, hem de büyük olasılıkla istediğinizin peşinden gitmenin daha akıllıca yöntemleri konusunda eğitimli olmadığınızı gösterir. Olasılıkla, insanlardan taleplerde bulunmazsanız, elinizin bomboş kalacağına inanıyorsunuz.

Öyleyse, alternatif ne? İlk olarak, kocaların eşleri tarafından davranışsal şartlandırılmaları üzerine harika ve yaratıcı klinik araştırmalar yapan bir psikolog olan Dr. Mark. K. Goldstein'ın çalışmasını gözden geçirelim. İhmal edilmiş ve öfkeli eşlerle yaptığı bu çalışmasında, kocalarından istediklerini almak için kullandıkları yıkıcı bazı yöntemlerin farkına varmıştı. Kendisine şunu sordu: Tüm canlı organizmaları, bakterileri, bitkileri ve hatta fareleri etkilemek için etkili olan bilimsel yöntemler hakkında laboratuarda neler öğrendik? Bu ilkeleri inatçı ve bazen de vahşi kocalara uygulayabilir miyiz?

Bu sorulara yanıt gayet açık -istenmeyen davranışı cezalandırmak yerine istenen davranışı ödüllendir. Ceza, nefret ve kızgınlığa neden olur ve yabancılaşma ve kaçınma yaratır. Tedavi ettiği mahrum bırakılmış ve terkedilmiş eşlerin çoğu, yanlış yolu seçerek, istediklerini yaptırarak kocalarını cezalandırmaya çalışıyorlardı. İstenen davranışın bol ilgi gördüğü ödül modeline geçerek, dramatik dönüşler gözlemledi.

Dr. Goldstein'in tedavi ettiği eşler eşsiz değillerdi. Çoğumuzun karşı karşıya kaldığı sıradan evlilik çatışmalarına düşüyorlardı. Bu kadınlar uzun bir dönem boyunca ya rasgele ya da bazı vakalarda istenmeyen davranışa yanıt olarak eşlerine ilgi göstermişlerdi. Kocalarından istedikleri fakat alamadıkları tepkiyi almaları için büyük bir değişim olmalıydı. Kocalarıyla etkileşimlerinin çok titiz bilimsel kayıtları tutularak, kadınlar tepkileri üzerinde kontrol sağlamayı becerebildiler.

İşte, Dr. Goldstein'in hastalarından birinde bunun nasıl işe yaradığı. Yıllarca kavga ettikten sonra, eş X kocasını kaybettiğini söyledi. Onu terk etmiş ve kız arkadaşıyla yaşamaya başlamıştı. Karısı X ile ilk etkileşimleri kötü muamele ve kayıtsızlık çevresinde odaklanmıştı. Görünüşte karısıyla çok fazla ilgilenmiyordu. Fakat, onda bir ilgisi olabileceği belirtir şekilde, ara sıra onu arıyordu. Bu ilgiyi beslemek ya da süregiden uyumsuz yanıtlarla ezmek arasında seçim yapabilirdi.

Eş X hedeflerini belirledi. Kocasını gerçekten geri alıp alamayacağını görmesini sağlayacak ilk önemli işaret, kocasının kendisiyle görüşme sıklığını gerçekten arttırıp arttırmayacağı olacaktı. Onun her açtığı telefonun ya da ev ziyaretinin süresi ve sıklığını çok titizlikle hesapladı ve buzdolabı kapısına yapıştırdığı bir grafik kağıdına bu bilgiyi kaydetti. Kendi davranışı (uyaran) ve onun görüşmelerinin sıklığı (yanıt) arasındaki önemli ilişkiyi dikkatlice değerlendirdi.

Kendisi neredeyse onunla hiç kontağa geçmedi, fakat bunun yerine aramalarına olumlu ve sevgi dolu tepki verdi. Stratejisi açıktı. Onun hakkında hoşuna gitmeyen tüm şeylerin farkına varıp onlara tepki göstermek yerine, hoşuna giden şeyleri sistematik olarak pekiştirmeye başladı. Kullandığı ödüllerin hepsi övgü, yiyecek, cinsellik, sevgi gibi kocasını heyecanlandıran şeylerdi.

Onun nadir arayışlarına neşeli, olumlu, övgü dolu bir tarzda yanıt vermeye başladı. Onun gururunu okşadı ve cesaretlendirdi. Herhangi bir eleştiri, tartışma, talep ya da düşmanca tavırdan kaçındı ve 6.Bölümde anlatılan silahsızlandırma / dost kazandırıcı tekniği kullanarak, onun söylediği her şeyle anlaşmak için bir yol buldu. Başlangıçta sohbetlerin bir tartışmaya dönüşmesi ya da ona sıkıcı gelmesi olasılığını ortadan kaldırmak için tüm bu aramaları 5–10 dakika sonrasında sonlandırdı. Bu, geribildiriminin kocasına memnuniyet verdiğinden ve kocasının da buna karşılığının engellenmediğinden veya göz ardı edilmediğinden emin oldu.

Bunu birkaç kez yaptıktan sonra, kocasının onu daha sık aramaya başladığını fark etti; çünkü aramalar kocası için olumlu, ödüllendirici deneyimlerdi. Bu telefonlaşmanın artan oranını, tıpkı bir bilim adamının deneysel bir farenin hareketlerini gözlemleyip not ettiği gibi grafik kağıdına not etti. Telefon aramaları arttıkça, daha cesaretlenmiş hissetmeye başladı. Sinirinin ve öfkesinin kısmen kaybolduğunu gördü.

Bir gün, kocası kapıda göründü ve planına göre, şöyle dedi, "Uğramana çok sevindim; çünkü, dondurucuda taze, yüksek kaliteli, ithal Küba purom var senin için. Senin sevdiğin pahalı cinsten." Gerçekten de bekleyen bir kutu purosu vardı; böylelikle her ziyaret ettiğinde bunu tekrarlayabilirdi –onun neden ve ne zaman geldiğini gözetmeksizin. Ziyaretlerinin sıklığının gerçekten arttığını fark etti.

Benzer biçimde, zorlama yerine ödül kullanarak kocasının davranışını şekillendirmeye devam etti. Kocası kız arkadaşını terk etmeye karar verdiğini söyleyip, yeniden yanına taşınıp taşınamayacağını sorduğunda, ne kadar başarılı olduğunun farkına vardı.

Bunun insanlarla ilişki kurmada ve etkilemede tek yol olduğunu mu söylüyorum? Hayır, bu garip olurdu. Bu sadece keyifli bir tat; tüm ziyafet ya da ana yemek bile değil. Ancak az insanın direnebileceği, sıklıkla gözden kaçan bir lezzet. Bunun işe yarayacağının bir garantisi yok; bazı durumlar geri dönülemez olabilir ve her zaman istediğinizi alamayabilirsiniz.

Mutlaka bu kıpır kıpır ödül sistemini deneyin. Gizli stratejinizin fark edilir etkinliğine mutlulukla şaşırabilirsiniz. Sizin için önemli olan insanların çevrenizde olmasını sağlamanın yanı sıra, duygu durumunuzu da iyileştirecektir. Çünkü olumsuzlar üzerine düşünmektense olumlu şeyleri fark edip onlara odaklanmayı öğrenirsiniz.

"-meli, -malı"ların Azaltılması. Öfkenizi yaratan düşüncelerin çoğunun ahlaki "-meli, -malı" ifadeleri içermesinden ötürü, bazı "-meli, -malı" ortadan kaldırma tekniklerini öğrenmek size yardımcı olabilir. Bir yol, çift-sütun yöntemini kullanarak, diğer kişinin, neden davrandığı gibi davranmaması gerektiğine inanmanızı sağlayan tüm nedenlerin bir listesini yapmaktır. Sonra bu nedenlerin neden gerçekçi olmadığını ve aslında kulağa anlamlı gelmediğini görene kadar onlara meydan okuyun.

Örnek: Diyelim ki, marangoz yeni evinizdeki mutfak dolaplarında kalitesiz bir iş çıkardı. Kapaklar aynı hizada değil ve düzgün kapanmıyor. Öfkeli hissediyorsunuz çünkü bunun haksızlık olduğuna inanıyorsunuz. Her şeyin ötesinde, bütün yevmiyeyi ödediniz ve usta bir esnaftan en iyi işi hak ettiğinizi düşünüyorsunuz. Kendi kendinize söylenirken öfkeleniyorsunuz "Tembel herif, insan işine biraz özen göstermeli. Dünya nereye gidiyor?" Şekil 7-6'da verilen nedenleri ve karşıt delilleri listelersiniz.

"-meli, -malı" ifadenizden kurtulmak için mantık gayet basit: Bir şeyi istemeniz, onu hak ettiğiniz anlamına gelmez. Anlaşma yapmak durumundasınız. Marangozu arayın, şikayet edin ve işin düzeltilmesinde ısrar edin. Fakat kendinizi aşırı kızıştırıp sıkıntıya sokarak sorununuzu ikiye katlamayın. Aslında marangoz size zarar vermeye çalışmıyordu ve öfkeniz onu kolaylıkla diğer kutba itebilir ve savunmacı duruma koyabilir. Bununla beraber, insan tarihi boyunca tüm marangozların yarısı (ve psikiyatristlerin, sekreterlerin, yazarların ve diş hekimlerinin) beceri olarak ortalamanın altında olmuşlardır. Buna inanabiliyor musunuz? Bu tanım olarak doğru çünkü "ortalama" orta nokta olarak tanımlanır. Bu marangozun ortalama becerisinin "haksız" olduğundan ya da kendinden farklı olması gerektiğinden yakınmak ve buna öfkelenmek güldürücü.

Şekil 7–6.

İşiyle daha fazla gurur duyması için nedenler	Delillerle çürütme
Çünkü en yüksek ücreti ödedim.	İşiyle fazla gurur duysa da duymasa da aynı ücreti alıyor.
Çünkü sadece iyi bir iş yapmak ahlaki bir şeydir.	Olasılıkla yeterli bir iş yaptığını düşünüyor ve yaptığı aynalık tahtaları da gayet iyi gözüküyor.
Çünkü onu doğru yaptığından emin olmalı.	Neden olmalı ki?
Çünkü ben bir marangoz olsaydım yapardım.	Fakat o ben değil, benim standartlarımı yakalamaya çalışmıyor.
Çünkü ürününe daha çok ilgi göstermeli.	Onun daha çok özen göstermesi için bir neden yok. Bazı marangozlar işlerine çok daha fazla özen gösterirler ve diğerleri için de bu sadece bir iştir.
Öyleyse niye ben dikkatsiz iş yapanla uğraşmalıyım?	Evinizde iş yapan tüm işçiler dikkatsiz iş yapmadılar. Yüzde 100 iyi kalitede insanları bulmayı bekleyemezsiniz. Bu gerçekçi olmaz.

Anlaşma / müzakere stratejileri. Bu noktada öfkeleniyor çünkü şöyle düşünüyor olabilirsiniz. "İyi! İş iyice karıştı! Dr. Burns bana tembel, beceriksiz marangozların orta derecede iş yapmaları gerektiğine inanarak mutluluğu bulabileceğimi söylüyor gibi. Üstelik, bu onların doğası diye iddia ediyor iyi doktor! Amma da yüreksiz bir uydurmaca! İtibarımın elimden alınmasına göz yummayacağım ve bir servet ödememe rağmen aldığım ikinci sınıf servisle yetinmeyeceğim. İnsanların beni ezip geçmelerine izin vermeyeceğim."

Sakin olun! Kimse, marangozun sizi kukla gibi oynatmasına izin vermenizi söylemiyor. Etkinizi daha iyi bir şekilde hissettirmek istiyorsanız, öfkeden bunalmak ve içsel bir sıkıntı yaratmak yerine, sakin, sıkı, baskın bir yaklaşım çoğunlukla en başarılısı olacaktır. Ahlaki "meli, malı"lar, aksine, sizi şiddetlendirecek ve onu kutba uzaklaştıracak, onun savunmacı davranmasa ve karşı atağa geçmesine neden olacaktır. Unutmayın, savaşmak yakınlığın bir çeşididir. Bu marangozla bu kadar yakın olmayı gerçekten istiyor musunuz? Onun yerine istediğinizi elde etmeyi tercih etmez misiniz?

Enerjinizi öfkede tüketmeye son verdiğinizde, çabalarınızı istediklerinizi elde etmeye odaklayabilirsiniz. Böyle bir durumda aşağıdaki müzakere ilkeleri oldukça etkili işleyebilir:

1. Onu kötülemektense, doğru yaptığı şey için övün. İnsan doğasının inkar edilemez bir durumu olarak, övgü açıkça samimiyetsiz olsa bile çok az insan övgüye karşı durabilir. Zaten, onun işi hakkında iyi bir şey bulabileceğinizden, övgünüzü de dürüstçe yapabilirsiniz. Sonra, dolap kapaklarıyla ilgili sorunu kibarca hatırlatır ve sakince yeniden gelmesini ve hizayı düzeltmesini istediğinizi anlatırsınız.

2. Eğer tartışırsa, ifadeleri ne kadar tuhaf olursa olsun anlaşmak için bir yol bularak onu silahsızlandırın. Bu onun ağzını kapatacak ve yelkenlerini suya indirecektir. Sonra hemen,

3. Anlatmak istediğiniz noktayı tekrardan, sakin ve net bir şekilde açıklayın.

Marangoz ikna oluncaya ya da bir uzlaşmaya varıncaya kadar, yukarıdaki teknikleri değişik bileşimlerde tekrarlayın. Ültimatomları ve göz korkutan tehditleri sadece son çare olarak kullanın, hazır olduğunuzdan ve bunları yaptığınızda devam etmeye istekli olduğunuzdan emin olun. Genel bir ilke olarak, işiyle ilgili tatminsizliğinizi ifade ederken diplomasi kullanın. Onu küçük düşürücü bir biçimde etiketlemekten veya kötü, şeytani ya da habis olduğunu ima etmekten kaçının. Ona olumsuz duygularınızı söylemeye karar verirseniz, bunu abartmadan ya da tahrik edici dili fazlasıyla kullanmadan, nesnel olarak yapın. Örneğin, "Ben senin ____!" Senin ___işin yerin dibine batsın." demek yerine "Daha profesyonel bir iş çıkarma kabiliyetin olduğunu hissettiğimden, yapılan bu adi işe içerliyorum." Aşağıdaki konuşmada bu tekniklerin her birini tanımlayacağım:

Siz: Ortaya çıkan işin bir kısmından gayet memnunum ve diğer insanlara işin tümünden mutlu olduğumu söyleyebileceğimi umuyorum. Aynalık tahtaları özellikle çok iyi yapılmıştı. Fakat mutfak dolapları hakkında biraz endişeliyim, neyse. (övgü)

Marangoz: Sorun ne gibi duruyor?

Siz: Kapılar aynı hizada değil ve kapı kollarının çoğu eğri.

Marangoz: Evet, bu benim tarz dolaplarla yapabildiğimin en iyisi. O dolaplar toptan üretiliyor ve çok da iyi olmuyorlar..

Siz: Evet bu doğru. Bunlar pahalı çeşitlerde olduğu kadar iyi yapılmıyorlar. (Silahsızlandırma tekniği) Yine de bu şekilde bunlar kabul edilebilir değil, ve eğer bunları düzeltmek için bir şeyier yapabilirseniz çok memnun olurum. (Açıklama, net)

Marangoz: Üreticiyle konuşmanız gerekecek. Bunun hakkında benim yapabileceğim bir şey yok.

Siz: Endişenizi anlayabiliyorum (silahsızlandırma tekniği), fakat bu dolapları bizim tatmin olacağımız şekilde tamamlamak sizin sorumluluğunuz. Bunlar bu halde kabul edilemez. Adi gözüküyorlar ve düzgün kapanmıyorlar. Bunun bir zahmet olduğunu biliyorum ama benim durumum da şu ki, iş bitmiş sayılmaz ve düzeltene kadar hesap ödenmeyecek (ültimatom). Diğer işlerinizden görüyorum ki fazladan zaman alacak olsa da bunların düzgün görünmesini sağlayacak beceriniz var. Bu sayede işinizden tamamıyla tatmin olacağız ve size iyi bir referans verebiliriz (övgü).

Biri ile ters düştüğünüzde bu müzakere tekniklerini kullanın. Bunların öfkeden patlamaktan daha çok işe yaradığını göreceğinizi ve istediğinizin büyük bir kısmını elde etmenizle sonuçlanacağı için daha iyi hissedeceğinizi düşünüyorum.

Doğru Empati Empati, etkili bir öfke gidericidir. Bu kitapta tanımlanan sihrin en kuvvetli halidir ve harikulade etkileri gerçeklikte sıkıca sabittir. Hile aynaları gerekmez.

Kelimeyi tanımlayalım. Empati ile, birinin hissettiğinin aynısını hissetmek kapasitesini kastetmiyorum. Bu sempatidir. Sempati oldukça popülerdir, ancak bana göre fazla önemsenmektedir. Empati ile yumuşak, anlayışlı bir şekilde davranmayı kastetmiyorum. Bu destektir. Destek de oldukça değerlidir ve önemsenir.

Öyleyse empati ne? Empati diğer insanların düşünce ve güdülerini doğru bir şekilde kavrama yeteneğidir, öyle ki insanlar "Evet, işte bu tam benim geldiğim yer." diyeceklerdir. Bu sıra dışı bilgiye sahip olduğunuzda, diğer insanların hareketleri hoşunuza gitmese de neden öyle davrandıklarını kızmadan anlayıp kabul edebilirsiniz.

Hatırlayın, öfkenizi yaratan aslında kendi düşüncele-riniz, diğer kişinin davranışı değil. Şaşırtıcı şey şu ki; diğer kişinin neden öyle davrandığını anladığınız anda, bu bilgi sizin öfke üreten düşüncelerinize bir sınır koyma eğilimine giriyor.

Peki empati sayesinde öfkeyi ortadan kaldırmak o kadar kolaysa, niye insanlar her gün birbirlerine kızıyorlar? Yanıtı şu, empatinin kazanılması zordur. İnsan olarak biz-ler kendi algılarımızla donatılmışız ve otomatik olarak in-sanların yaptıklarına anlamlar yüklüyoruz. Diğer insanın kafasının içine girmek çok çalışma gerektirir ve çoğu insan bunun nasıl yapılacağını bile bilmiyor. Siz biliyor musu-nuz? Nasıl olduğunu önümüzdeki birkaç sayfa sonunda öğreneceksiniz.

Bir örnekle başlayalım. Bir işadamı çok sık tekrarla-nan öfkeli patlama ve küfürlü, çevresine kötü muamele et-tiği davranış nöbetlerinden ötürü yardım istiyordu. Ailesi ya da çalışanları, onun istediğini yapmadığında, kafalarını kopartacak gibiydi. İnsanları sindirmekte genellikle başa-rılı oluyordu; onlara hükmetmekten ve hakaret etmekten zevk alıyordu. Fakat, bu dürtüsel patlamalarının onun için sorun yarattığını anladı; çünkü, sadist, öfkeli biri olarak ün salmıştı.

Katıldığı bir partide, garsonun şarap kadehini doldur-mayı unuttuğunu anlattı. Düşüncesinden dolayı bir intikam ateşi hissetmişti. "Garson benim önemsiz olduğumu düşü-nüyor. O kim ki? Kahrolası herif!"

Ona öfkeli düşüncelerinin ne kadar mantıksız ve ger-çek dışı olduğunu göstermek için empati yöntemini kul-landım. Bir oyun oynamayı önerdim. O garson rolünü oy-nayacaktı ve ben de bir arkadaş rolünü oynayacaktım. Be-nim sorularıma mümkün olduğunca doğru yanıt verecekti. Aşağıdaki konuşma ortaya çıktı.

David: (garsonun arkadaşı rolünü oynuyor): Oradaki iş adamının şarap kadehini doldurmadığını fark ettim.

Hasta: (garson rolünü oynuyor) Oh, kadehi doldurmadığını görüyorum.

David: Niye kadehi doldurmadın? Onun önemsiz biri olduğunu mu düşünüyorsun?

Hasta: (bir duraksamadan sonra) Yo, öyle değil. Aslında onun hakkında fazla bir şey bilmiyorum.

David: Fakat onun önemsiz biri olduğuna karar verip bu yüzden ona bir kadeh şarap vermeyi reddetmedin mi?

Hasta: (gülerek) Hayır, ona şarap vermememin nedeni bu değil.

David: Öyleyse niye ona şarap vermedin?

Hasta: (düşündükten sonra) Yani, bu akşamki randevumu hayal ediyordum. Üstelik, masadaki o hoş kıza bakıyordum. Onun mini elbisesiyle dikkatim dağıldı ve adamın boş kadehini fark etmedim.

Bu rol oynama hastada büyük rahatlama sağladı; çünkü, kendini garsonun yerine koyarak yorumunun ne kadar gerçekçi olmadığını görebildi. Bilişsel çarpıtması sonuçlara atlıyordu. (akıl okuma) Otomatik olarak garsonun haksız davrandığı sonucuna varmıştı, bu da ona kendi gururunu koruması için misilleme yapması gerektiğini hissettirmişti. Biraz empati kazandığında, dürüst kızgınlığının tümüyle ve sadece kendi çarpıtılmış düşüncelerinden ortaya çıktığını, garsonun hareketlerinin hiçbir etkisi olmadığını gördü. Kızmaya hazır kişiler için başlangıçta bunu kabul etmek genellikle çok zordur; çünkü, onların diğerlerini suçlamak ve intikam almak için dayanılmaz bir istekleri vardır. Siz nasılsınız? Öfkeli düşüncelerinizin çoğunun geçersiz olduğu fikri nefret uyandırıp kabul edilemez gibi mi geliyor?

Empati tekniği diğer kişinin hareketleri açıkça ve kasten zarar verici olduğunda da gayet kullanışlı olabilir. 28 yaşında Melisa adındaki kadın kocasından ayrılacağı dönemde danışmanlık istiyordu. 5 yıl önce Melisa, kocası Howard'ın işyerinde çalışan çekici bir sekreter olan Ann ile bir ilişkisi olduğunu öğrenmişti. Bunun açığa çıkması

Melisa için ağır bir darbeydi, fakat olayları daha da kötüleştirmek istermiş gibi Howard, Ann ile ilişkisini bitirmekte isteksizdi ve ilişki 8 ay daha devam etti. Bu dönemde Melissa'nın hissettiği aşağılanma ve öfke, kesinlikle Howard'ı terk etme kararına yönelten asıl etkendi. Düşünceleri şu alanlarda sürüklendi: 1. Onun böyle davranmaya hakkı yoktu. 2. Ben-merkezciydi. 3. Bu haksızlıktı. 4. O, kötü bir insandı. 5. Ben kaybetmiş olmalıydım.

Bir terapi seansı sırasında, Melissa'dan Howard'ın rolünü oynamasını istedim ve onun neden Ann ile ilişkiye girdiğini ve öyle davrandığını net olarak anlatıp anlatamayacağını görmek için onu inceledim. Rol oynama sürdükçe, birden Howard'ın nereden geldiğini gördüğünü ve o anda ona olan öfkesinin tamamen kaybolduğunu söyledi. Seanstan sonra yıllardır barındırdığı öfkenin yok oluşunun dramatik bir tanımını yazdı:

"Howard'ın Ann ile ilişkisi tahminen bittikten sonra, onu görmeye devam etmekte ısrar etti ve halen ona oldukça bağlıydı. Bu bana acı veriyordu. Howard'ın bana saygı duymadığını ve kendini benden daha önemli gördüğünü hissettiriyordu. Eğer beni gerçekten sevseydi beni bu hale sokmazdı diye düşünüyordum. Bunun beni ne kadar kötü hissettirdiğini bilerek Ann'i görmeye nasıl devam edebilirdi? Howard'a çok kızmış ve kendimi çok aşağılanmış hissetmiştim. Empati yaklaşımını denediğimde ve Howard rolünü oynadığımda, "bütün"ü görebildim. Birden olaylara farklı bakmaya başladım. Howard olduğumu hayal ettiğimde, ona neler olduğunu anlayabildim. Kendimi onun yerine koyduğumda, hem karım Melissa'yı ve hem sevgilim Ann'i sevme sorununu fark ettim. Howard'ın düşünceleri ve duygularıyla yaratılan "kazanamazsın" sisteminde tuzağa düştüğü kafama dank etti. Beni seviyordu, fakat Ann'den de umutsuzca etkileniyordu. Ne kadar isterse istesin onu görmekten vazgeçemiyordu. Çok suçlu hissediyordu ve kendine engel olamıyordu. Ann'i terk ederse onu kaybedeceğini, ya da beni terk ederse beni kaybedeceğini düşünüyordu. Her iki çeşit kayıpla da karşılaşmak istemiyordu ve kafasını toplayıp karar vermekte ağır davranmasına neden olan benim tarafımdaki yetersizlik değil onun kararsızlığıydı.

Bu deneyim benim için her şeyin açığa çıkmasıydı. İlk defa ne olduğunu gördüm. Howard'ın beni isteyerek kırmak için bir şey yapmayacağını biliyordum ancak olanlardan başka yapabileceği hiçbir şey yoktu. Bunu görebilmek ve anlayabilmekle iyi hissettim.

Bir dahaki sefer onunla görüştüğümde Howard'a söyledim. Bunun hakkında ikimiz de çok daha iyi hissettik. Empati tekniğiyle yaşadığım deneyimden gerçekten iyi bir duygu aldım. Çok heyecan vericiydi ve önceki gördüklerimden çok daha gerçekti."

Melissa'nın öfkesinin odak noktası özgüvenini kaybetme korkusuydu. Howard gerçekten olumsuz bir şekilde davranmış olsa da, onun üzüntü ve öfke duygusuna neden olan bu deneyime yüklediği anlamdı. "İyi bir eş" olarak "iyi bir evliliği" hak ettiğini varsayıyordu. Onu duygusal sıkıntıya sokan bu mantıktı:

Önerme: Eğer ben iyi ve yeterli bir eşsem, kocam beni sevmek ve bana sadık olmak zorunda.

Gözlem: Kocam sevecen, sadık bir şekilde davranmıyor.

Sonuç: Bu yüzden, ya ben iyi ve yeterli bir eş değilim, ya da Howard kötü, ahlaksız biri; çünkü, benim kurallarıma uymuyor.

Böylelikle, Melissa'nın öfkesi, günü kurtarmak için zayıf bir girişimi temsil ediyordu; çünkü, onun varsayımlar sisteminde bu özgüven kaybından doğacak üzüntüye karşı tek alternatifti. Çözümüyle ilgili sorunlar a) kocasının iyi olmadığına gerçekten inanmaması. b) onu sevdiği için gerçekten ondan vazgeçmek istememesi ve c) kendisinin kronik tatsız öfkesinin iyi hissettirmemesi, iyi gözükmemesi ve kocasını daha da uzaklaştırıyor olmasıydı.

İyi olduğu sürece kocasının onu seveceği önermesi hiçbir zaman sorgulamadığı bir peri masalıydı. Empati yöntemi, onun önermesinin içindeki gösterişlilikten vazgeçmesine fırsat vererek, düşüncesini oldukça yararlı bir yola çevirdi. Kocasının yanlış davranışı, *kocasının* çarpıtılmış düşünceleriyle oluşmuştu, Melissa'nın yetersizliğiyle değil. Bu yüzden, içinde bulunduğu karmaşadan da kendisi sorumluydu, Melissa değil.

Bu ani içgörü onu yıldırım gibi çarptı. Dünyayı kocasının gözlerinden gördüğü anda, öfkesi yok oldu. Kocasının ve çevresindeki insanların davranışlarından kendini sorumlu tutmayacak kadar küçük bir insan haline geldi. Fakat, aynı zamanda, özgüveninde de ani bir artış fark etti.

Sonraki seansta, Melissa'nın yeni edindiği içgörüyü asit testine koymaya karar verdim. Başlangıçta onu üzen olumsuz düşüncelere karşı etkili bir şekilde yanıt verip vermeyeceğini görmek için onu bu düşüncelerle karşı karşıya getirdim:

David: Howard kısa bir zaman sonra onu görmekten vazgeçebilirdi. Seni aptal yerine koydu.

Melissa: Hayır, bırakamazdı; çünkü, kapana kısılmıştı. Dayanılmaz bir takıntı hissetti ve Ann'den etkileniyordu.

David: Fakat öyleyse onunla gitmeliydi ve bu işkenceye son vermek için seninle ilişkisine son vermeliydi. Yapabileceği tek dürüstçe şey buydu.

Melissa: Benden de ayrılamayacağını hissetti; çünkü beni seviyordu, bana ve çocuklarımıza bağlıydı.

David: Fakat bu haksızlık, seni bu kadar oyalamak.

Melissa: Haksız olmak istemedi. Sadece böyle oldu.

David: Sadece böyle oldu! Amma Pollyanna saçması! Olay şu, ilk başta böyle bir duruma girmemeliydi.

Melissa: Fakat bu zaten onun olduğu yerdi. Ann ona heyecanı temsil ediyordu. Howard, o dönem yaşamdan sıkılmış ve bunalmıştı. Bir gün daha fazla karşı koyamadı. Bir zayıflık anında çizginin diğer tarafına adım attı, ilişki başladı ve devam etti.

David: Evet, sana sadık davranmadığı için artık daha kötü, yetersiz bir insan olarak hissediyorsun kendini. Bu seni ikinci sınıf yapar.

Melissa: Bunun daha aşağı bir insan olmakla alakası yok. Değerli hissetmek için her zaman istediğimi elde etmek zorunda değilim.

David: Fakat yeterli bir eş olsaydın, başka yerde heyecan aramazdı. Arzulanmıyorsun ve sevilmiyorsun. İkinci sıradasın ve bu yüzden kocanın bir başka ilişkisi var.

Melissa: Olay onun Ann yerine beni seçmesi aslında, fakat bu beni Ann'den daha iyi yapmaz, yapar mı? Benzer biçimde, onun sorunlarıyla başa çıkmak için kaçmayı seçmesi benim sevilmez ve daha az istenen biri olduğum anlamına gelmez.

Melissa'nın, onun sinirine dokunmak için yaptığım kuvvetli girişimlere karşı gayet sakin olduğunu gördüm ve bu, onun yaşamının bu acılı dönemini atlattığını gösterdi. Öfkesi, zevk ve özgüvenle yer değiştirmişti. Düşmanlık, şüphe ve umutsuzluk içinde kalmaktan onu kurtaran anahtar empatiydi.

Hepsini Bir Araya Getirmek. Bilişsel Tekrar. Öfkelendiğinizde, çok hızlı tepki verdiğinizi, oturup durumu nesnel olarak değerlendirmek ve bu bölümde anlatılan çeşitli teknikleri uygulamanın mümkün olmadığını söyleyebilirsiniz. Bu, öfkenin özelliklerinden biridir. Daha sabit ve kronik olan depresyonun aksine, öfke daha püsküren ve ayrı ayrı olaylardan meydana gelen bir şeydir. Öfkenizin farkına vardığınızda çoktan kontrolünüzü kaybetmiş hissedebilirsiniz.

Bilişsel tekrar bu sorunu çözmek ve şimdiye kadar öğrendiğiniz araçları sentezleyip kullanmak için etkili bir yöntemdir. Bu teknik, gerçekten durumu yaşamadan öfkenizi, öncesinde nasıl yeneceğinizi öğrenmenizde yardımcı olacaktır. Sonrasında gerçek olay olduğunda, bununla uğraşmak için hazırlıklı olacaksınız.

Şekil 7-7' de gösterildiği gibi sizi en çok tetikleyen olayların bir "öfke hiyerarşisi"ni listeleyin ve bunları +1 (en az öfkelendiren)'den +10 (en fazla öfkelendiren)'a kadar sıralayın. Bu kışkırtmalar / tahrikler sizin daha etkili olarak baş etmek isteyeceğiniz şeyler olmalı çünkü öfkeniz uyumsuz ve istenmez durumdadır.

Hiyerarşi listesindeki sizin için en az öfkelendiren ilk maddeyle başlayın ve mümkün olduğunca canlı, durumun içinde olduğunuzu hayal edin. Sonra sıcak düşüncelerinizi kelimelere dökün ve yazın. Şekil 7-7'de verilen örnekte, öfkeli hissediyorsunuz çünkü kendinize "Kahrolası pis garsonlar ne yaptıklarını bilmiyorlar! Bu tembel herifler neden kıçlarını toplayıp gitmiyorlar? Ne olduklarını zannediyorlar? Bana bir mönü ve bir kadeh şarap verene kadar ben açlıktan ölecek miyim?" diye söyleniyorsunuz.

Ardından, tepenizin attığını, söylendiğinizi, hiddetten delirdiğinizi ve restoranın kapısını çarptığınızı hayal edin. Şimdi %0 ile %100 arasında ne kadar öfkeli hissettiğinizi kaydedin.

Sonra yine aynı zihinsel senaryoyu devam ettirin, fakat daha uygun serin düşünceler yerleştirin, rahatlamış ve sakinleşmiş hissettiğinizi düşleyin, durumu daha kibarca, baskınca ve etkin hallettiğinizi hayal edin.

Örneğin, kendinize şöyle diyebilirsiniz "Garsonlar beni fark etmiyor gibi duruyorlar. Sanırım meşguller ve benim halen bir mönü almadığımın farkına varmadılar. Bunun için öfkelenmeye gerek yok"

Sonra, şef garsona yaklaşmayı ve net bir biçimde aşağıdaki ilkeleri izleyerek durumu anlatmayı deneyin: Nazikçe, beklediğinizi belirtin; eğer meşgul olduklarını söylerse onunla aynı fikirde olarak onu silahsızlandırın, yaptıkları iyi iş için onları övün ve daha iyi servis için isteğinizi sıkı ama arkadaşça bir yolla tekrarlayın. Sonucunda, onun size özür dileyen ve en üstün kalitede VİP hizmeti veren bir garson göndererek yanıt verdiğini hayal edin. İyi hisseder ve yemekten keyif alısınız.

Şekil 7-7. Öfke Hiyerarşisi

+ 1 - Bir restoranda 15 dakikadır oturuyorum ve garson gelmiyor.

+ 2 - Bir arkadaşımı arıyorum ve bana geri dönmüyor.

+ 3 - Bir müşteri randevusunu hiçbir açıklama yapmadan son anda iptal ediyor.

+ 4 - Bir müşteri beni bilgilendirmeden randevusuna gelmiyor.

+ 5 - Biri beni iğrenç bir şekilde eleştiriyor.

+ 6 -Bir grup genç tiyatrodaki sırada önümde gürültü yapıyorlar.

+ 7 - Gazetede tecavüz gibi anlamsız şiddet olayları üzerine haberler okuyorum.

+ 8 - Bir müşteri benim verdiğim eşyalar için faturayı ödemeyi reddediyor. Kasabayı terk ediyor ve parayı alamıyorum.

+ 9 - Birkaç aydır çevredeki suçlular gecenin ortasında benim posta kutumu yumrukluyorlar. Onları yakalamak ya da durdurmak için yapabileceğim hiç birşey yok.

+ 10 - Bir televizyon haberi görüyorum. Bir grup genç, gece hayvanat bahçesine giriyorlar, küçük kuşları ve hayvanları öldürene kadar taşlıyorlar, diğerlerini sakatlıyorlar.

Şimdi senaryonun bu versiyonunu tümüyle öğrenene ve durumu bu şekilde etkili ve sakince halletmeyi düşleyene kadar çalışın Bu bilişsel tekrar sizin kendinizi gerçek durumla karşı karşıya kaldığınızda daha girişken ve rahat bir yolla yanıt vermeniz için programlamaya olanak sağlayacaktır.

Bu işleme bir itirazınız olabilir: Restoranda olumlu bir sonuç hayal etmenin gerçekçi olmadığını düşünebilirsiniz; çünkü, gerçekte çalışanların arkadaşça yaklaşacakları ve istediğinizi vereceklerine dair bir garanti yok. Bu itiraza yanıt çok basit. Yıpratıcı bir şekilde davranacaklarına dair de bir garantiniz yok, ancak olumsuz bir tepki beklerseniz, böyle bir tepki alma olasılığınızı arttırırsınız; çünkü, öfkenizin kendini doğrulayan kehanet olarak işleme kapasitesi oldukça fazla. Aksine, eğer olumlu bir sonuç bekler ve düşlerseniz, ve iyimser bir yaklaşım uygularsanız, bunun olması daha olasıdır.

Tabii ki olumsuz bir sonuç için de bilişsel tekrar yöntemini kullanarak benzer bir şekilde hazırlanabilirsiniz. Garsona yaklaştığınızı hayal edin; size küstah ve kibirli davranıyor ve kötü hizmet ediyor. Şimdi sıcak düşüncelerinizi kaydedin, sonra serin düşüncelerle yer değiştirin ve önceden yaptığınız gibi yeni bir başa çıkma stratejisi belirleyin.

Karşılaştığınız tahrik edici durumların çoğunda daha barış dolu ve etkili düşünmeyi, hissetmeyi ve davranmayı öğrenene kadar hiyerarşi listesinin tümünü bu yolla çalışmaya devam edebilirsiniz. Bu durumlara yaklaşımınız esnek olmak zorunda ve farklı tahrikler için farklı baş etme stratejileri gerekebilir. Bir durumda empati yanıt olurken, diğerine sözel girişkenlik ve bir üçüncüsüne beklentilerinizi değiştirmek en uygun yaklaşım olabilir.

Öfkenizi azaltma programında ilerlemenizi hep ya da hiç olarak değerlendirmemeniz önemli; çünkü, duygusal gelişme özellikle de öfke söz konusu olduğunda biraz zaman alır. Bir tahrik durumunda normalde %99 öfkeyle tepki veriyorsanız ve bir sonraki seferde %70 olduğunu fark ederseniz, bunu başarılı bir ilk deneme olarak görebilirsiniz. Bilişsel tekrar yöntemini kullanarak onun üzerinde çalışmaya devam edin ve %50'ye sonra da %30'a indirip indiremeyeceğinize bakın. Sonunda onun tamamen kaybolmasını sağlayacaksınız, ya da en azından kabul edilebilir, azaltılamaz minimum bir noktaya getirmiş olacaksınız.

Sıkıştığınızda arkadaşlarınızın ve dostlarınızın bilgisinin, kullanabileceğiniz potansiyel altın madeni olduğunu hatırlayın. Sizin kör noktanız olduğu bir alanda onlar çok net görebilirler. Sizi üzgün, çaresiz, kızgın yapan belirli bir durumda onların nasıl düşündüğünü ve davrandığını sorun. Kendilerine ne söylüyorlar? Gerçekte ne yaparlardı? Eğer sormaya istekli olursanız, şaşırtıcı miktarda şeyi çok çabuk öğrenebilirsiniz.

Öfke Hakkında Bilmeniz Gereken On Şey.

1- Bu dünyanın olayları, sizi öfkelendirmiyor. Sıcak düşünceleriniz öfkenizi yaratıyor. Gerçekten olumsuz bir olay olduğunda bile duygusal tepkinizi belirleyen ona yüklediğiniz anlamdır.

Öfkenizden sorumlu olduğunuz düşüncesi kesinlikle sizin yararınızadır. Çünkü bu size nasıl hissetmek istediğiniz hakkında kontrol sağlama ve özgürce seçim yapma fırsatı verir. Eğer böyle olmasaydı, duygularınızı kontrol etmekte çaresiz olacaktınız; duygularınızın çoğu, sizin kontrolünüzde olmayan bu dünyanın her dış olayına çözümsüz olarak bağlı olacaktı.

2- Çoğu zaman öfkeniz size yardımcı olmayacak. Sizi hareketsizleştirecek ve hiçbir üretken amaç olmaksızın düşmanlığınızda donup kalacaksınız. Yaratıcı çözümler için aktif aramanızı vurgularsanız daha iyi hissedersiniz. Gelecekte aynı şekilde yanma şansınızı en azından azaltmak ya da zorluğu düzeltmek için ne yapabilirsiniz? Bu tavır, bir durumla etkili olarak baş edemediğinizi hissettiğinizde sizi yiyip bitiren çaresizlik ve kızgınlığı bir noktaya kadar ortadan kaldıracaktır. Eğer tahrik tümüyle sizin kontrolünüz dışında olduğundan, hiçbir çözüm mümkün değilse, sadece kendinizi kızgınlığınızla kötü yaparsınız, öyleyse niye ondan kurtulmuyorsunuz? Aynı anda öfke ve zevk hissetmek olanaksız olmasa da güçtür. Öfkeli duygularınızın özellikle değerli ve önemli olduğunu düşünüyorsanız, öyleyse yaşamınızın en mutlu anlarından birini düşünün. Şimdi kendinize sorun, o barış ve zafer şenliği döneminin kaç dakikasını hayal kırıklığı ve sinirlilik hissetmekle değiştirmeye istekli olabilirim.

3- Öfke yaratan düşünceler çoğunlukla çarpıtmalar içerir. Bu çarpıtmaları düzeltmek öfkenizi azaltır.

4- Kesinlikle öfkeniz birinin haksız davrandığı ya da bir olayın adil olmadığı inancınız yüzünden oluştu. İşin içinde fazlaca kötü niyet ve davranışta kasıt algılıyorsanız öfkenin de şiddeti artacaktır.

5- Eğer dünyayı diğer insanların gözünden görmeyi öğrenirseniz, onların bakış açısıyla kendi davranışlarının haksız olmadığını fark ettiğinizde genellikle şaşıracaksınız. Bu durumlardaki haksızlık sadece sizin zihninizde varolan bir illüzyon haline gelir. Sizin doğruluk, adalet ve haklılık kavramlarınızın herkes tarafından paylaşıldığına dair gerçekçi olmayan fikirden vazgeçmeye istekliyseniz, kızgınlık ve hayal kırıklığınızın çoğunluğu ortadan kaybolacaktır..

6- Diğer insanlar genelde cezanızı hak etmediklerini düşünürler. Bu yüzden, intikam, onlarla etkileşiminizde, olumlu bir hedef başarmanıza pek yardımcı olmayacaktır. Öfkeniz çoğunlukla daha ileri seviyede kötüleşme ve kutuplaşmaya neden olacak ve kendi kendini doğrulayan bir kehanet olarak işlev görecektir. Geçici olarak istediğinizi elde etseniz de, böyle bir düşmanca manevradan kısa dönemli kazançlara kıyasla, zorladığınız insanlardan uzun dönemde bir misilleme ve intikamla karşı koyulma daha fazla olacaktır.

7- Öfkenizin büyük bir kısmı insanlar sizi eleştirdiğinde, size katılmadığında ya da istediğiniz gibi davranmadığını gördüğünüzde özgüven kaybına karşı savunmanızı içerir. Böyle bir öfke her zaman uygunsuzdur. Çünkü sadece olumsuz çarpıtılmış düşünceleriniz özgüveninizi kaybetmenize neden olabilir. Değersizlik duygunuz için diğer kişiyi suçladığınızda, her zaman kendi kendinizi kandırırsınız.

8- Hayal kırıklığı, karşılanmamış beklentiler sonucu ortaya çıkar. Sizi hayal kırıklığına uğratan olay bir gerçekliğin parçası olduğundan, bu gerçekçiydi Yani, hayal kırıklığınız her zaman sizin gerçekçi olmayan beklentinizden ortaya çıkar. Gerçekliği beklentilerinizle aynı çizgiye getirmek için değiştirmeye çalışabilirsiniz tabii ki, fakat bu her zaman pratik olmayacaktır; özellikle de bu beklentiler, diğer kişilerin insan doğası anlayışlarına karşılık gelmeyen idealleri temsil ediyorsa. En basit çözüm beklentilerinizi değiştirmek olacaktır. Örneğin, hayal kırıklığına yol açan, gerçekçi olmayan beklentilerden bazıları şunlardır:

a) Eğer bir şey istiyorsam (sevgi, mutluluk, terfi, gibi) bunu hak ederim.

b) Bir şey için çok çalışırsam, başarılı olmalıyım.

c) Diğer insanlar benim standartlarıma erişmeli ve benim haklılık kavramıma inanmalı.

d) Herhangi bir sorunu kolay ve çabuk çözebilmeliyim.

e) Eğer iyi bir eşsem, kocam beni sevmeli.

f) İnsanlar benim yaptığım gibi düşünmeli ve hareket etmeli.

g) Ben birilerine karşı iyiysem, onlar da aynı şekilde karşılık vermeli.

9- Kızgın olmaya hakkınız olduğunda ısrar etmek sadece çocukluktur. Tabii ki hakkınız var! Öfkeye Amerika Birleşik Devletleri'nde yasal olarak izin veriliyor. Önemli konu, öfkeli hissetmek sizin yararınıza mı? Öfkenizden siz ya da dünya gerçekten faydalanacak mı?

10- İnsan olmak için çok nadiren öfkeye gereksiniminiz var. O olmazsa duygusuz bir robot olacağınız doğru değil. Aslında, bu tatsız sinirlilikten kendinizi kurtardığınızda, daha fazla lezzet, zevk, huzur ve üretkenlik hissedeceksiniz. Özgürlüğü ve aydınlığı tadacaksınız.

Bölüm 8

Suçluluğu Yenmenin Yolları

Depresyonla ilgili hiç bir kitap suçluluktan bahsetmeksizin tamamlanmış olamaz. Suçluluğun işlevi nedir? Yazarlar, ruhani liderler, psikologlar ve filozoflar her zaman bu soruyla boğuşup durmuşlardır: Suçluluğun temeli nedir? "İlk günah" kavramından mı ortaya çıkmıştır? Ya da Freud'un öne sürdüğü Ödipal fantezilerden veya diğer tabulardan mı? İnsan yaşantısının gerçekçi veya işe yarar bir parçası mıdır? Veya son zamanlarda ünlenen bazı psikoloji yazarlarının önerdiği gibi insanın sahip olmamasının daha iyi olduğu "işe yaramaz" bir duygu mu?

Hesap matematiği geliştirildiğinde bilim adamları, daha eski yöntemler kullanılarak halledilmesi çok güç olan hareket ve ivmeye ait karmaşık sorunların kolaylıkla çözülebildiğini gördüler. Bilişsel teori, bazı zor felsefik ve psikolojik soruların çözümünü çok kolay hale getiren bir tür "duygusal hesaplama" yöntemi sağlamıştır.

Şimdi, bilişsel yaklaşımdan neler öğrenebileceğimize bir bakalım. Aşağıdaki düşüncelere sahipseniz yaşayacağınız duygu suçluluktur:

1. Yapmamam gereken bazı şeyleri yaptım (veya yapmam gereken bir şeyi yapmayı başaramadım), çünkü eylemlerim ahlaki değerlerime uymuyor ve adalet kavramıma tersdüşüyor.
2. Bu "kötü davranış" benim kötü bir insan olduğumu gösterir (ya da bende kötülük var, veya benim karakterim kusurlu, çürümüş gibi)

Özün "kötülüğü" kavramı suçluluğun merkezidir. Böyle bir düşünceniz yoksa, sorunlu davranışlarınız sadece sağlıklı bir pişmanlık duygusuna neden olur, suçluluğa değil. Pişmanlık, kendinize veya başka bir kişiye, ahlaki değerlerinize uymayan bir şekilde gereksiz yere zedeleyici davrandığınızın farkındalığıdır. Bu farkındalıkta düşünsel çarpıtma bulunmaz. Pişmanlık, suçluluktan farklıdır; çünkü, sizin doğuştan kötü, şeytan veya ahlaksız olduğunuzu ima eden bir yanı bulunmaz. Pişmanlık ve vicdan azabı davranışa yönelikken, suçluluk kendiliği yani özü hedef alır.

Suçluluğunuza ek olarak, kendinizi üzgün, endişeli ve utanç içinde hissediyorsanız olasılıkla aşağıdaki varsayımlardan birinde bulunuyorsunuzdur:

1. "Kötü davranışım" nedeniyle aşağılığım veya değersizim (bu yorum depresyona neden olur).
2. Diğerleri ne yaptığımı anlarsa beni aşağılarlar (bu biliş utanmaya neden olur).
3. Cezalandırılacağım veya yaptıklarıma misilleme yapılacak (bu düşünce endişe yaratır).

Böylesi düşüncelerin yarattığı duyguların yararlı mı yoksa zarar verici mi olduğunu değerlendirmenin en basit yolu; Bölüm 3'deki on bilişsel çarpıtmadan herhangi birini içerip içermediğini saptamaktır. Bu düşünce hataları olduğu oranda suçluluğunuz, depresyonunuz, endişeniz veya utancınız gerçekçi veya geçerli olamaz. Olumsuz düşüncelerinizin pek çoğunun temelde böylesi düşünce hatalarına dayandığını fark edeceğinizi sanıyorum.

Kendinizi suçlu hissederken ilk potansiyel çarpıtmanız, yanlış bir şey yaptığınızı varsaymanızdır. Aslında durum böyle olabilir de olmayabilir de. Kendinizi kınadığınız davranışınız gerçekte bu kadar kötü, ahlaksız veya yanlış mı? Ya da siz bazı şeyleri büyütüyor musunuz? Cazibeli bir tıbbi teknolog yakın zamanda kendiyle ilgili bir şeyler bulunan bir yazıyı kapalı bir zarf içinde bana getirdi. Yüksek sesle söyleyemeye dayanamayacağı için yazılı bir halde getirmeyi uygun görmüştü. Zarfı verirken eli titriyordu ve benden yüksek sesle okumamam veya ona gülmemem için söz istedi. İçindeki mesaj şöyleydi "Burnumu yakaladım ve yedim!" Yazdığı ıvır zıvıra karşı yüzündeki korku ve endişe bana o kadar komik göründü ki tüm profesyonelliğimi bir kenara koyup kahkahalara boğuldum. Neyse ki, o da kahkaha atmaya başladı ve rahatlama hissetti.

Hiç kötü davranmadığınızı mı iddia ediyorum? Hayır. Bu durum çok aşırı ve gerçek dışı olurdu. Sadece, kendinizi aptal gibi hissetmekle ilgili algınızı çok büyüttüğünüzü ve kendinizi kötü olarak değerlendirmenizin uygunsuz ve gereksiz olduğunu söylüyorum.

Suçluluğa yol açan ikinci bir çarpıtma ise, yaptıklarınızdan dolayı kendinizi "kötü insan" olarak damgalamanızdır. Bu durum, aslında bir tür ortaçağdaki cadı avına yol açan batıl inançları da içeren yıkıcı düşüncelerdir! Kötü, öfke dolu veya zarar veren bir eylem içine girmiş olabilirsiniz; ancak, kendinizi "kötü" veya "çürümüş" bir insan olarak damgalamak işinize yaramaz. Çünkü, enerjiniz yaratıcı sorun çözme stratejileri üretmek yerine, söylenme ve kendini kötü niteleme yönüne akmaya başlar.

Suçluluğu tetikleyen diğer bir yaygın çarpıtma *kişiselleştirmedir.* Neden olmadığınız bir olayda uygunsuz biçimde sorumluluk almaktasınız. Varsayalım, saldırgan ve incitici şekilde davranan erkek arkadaşınıza yapıcı bir eleştiri yönelttiniz. Onun üzülmesinden dolayı kendinizi suçlayabilir ve yorumlarınızın uygunsuz olduğu noktasına gelebilirsiniz. Aslında, onu üzen sizin yorumlarınız değil, kendi *olumsuz* düşünceleridir. Ayrıca, bu düşünceler büyük olasılıkla çarpıtılmıştır. Eleştirinizin iyi olmadığı anlamına geldiğini düşünmüş ve onu saymadığınız sonucuna varmış olabilir. Şimdi, bu mantıksız düşünceyi onun aklına *siz* mi soktunuz? Elbette ki, hayır. Bunu o yaptı, onun davranışının sorumluluğunu siz üstünüze alamazsınız.

Bilişsel terapi duygularınızı sadece düşüncelerinizin yarattığını iddia ettiğine göre, ne yaparsanız yapın insanları incitemeyeceğiniz ve bu nedenle de *her şeyi* yapmaya yetkiniz olduğu inancına kapılabilirsiniz. Öyleyse neden karınızı aldatmayasınız, neden iş ortağınızı finansal olarak zor durumda bırakmayasınız ki? Üzülürlerse, bu onların sorunudur; çünkü, onların düşünceleridir. Doğru mu?

Yanlış! Burada, bilişsel çarpıtma kavramının önemi ortaya çıkıyor. Eğer bir insanın üzüntüsü kendi çarpık düşüncelerinden kaynaklanıyorsa, acısından kendi sorumlu olduğunu söyleyebilirsin. Kendini bu kişinin bireysel acısı için suçluyorsan, bu bir kişiselleştirme hatasıdır. Aksine, kişinin acısı geçerli, çarpıtılmamış bir düşünceye dayanıyorsa, acı gerçektir ve dışsal bir nedeni olabilir. Örneğin; karnıma bir tekme atabilirsiniz ve ben de şöyle düşünebilirim "Tekmelendim! Acıyor!" Bu durumda acımın nedeni *sizsiniz* ve beni incittiğiniz şeklindeki algınız çarpıtılmış değil. Sizin pişmanlığınız ve benim rahatsızlığım gerçek ve geçerli.

Uygunsuz "-meli, -malı" cümleleri suçluluğa giden "ortak son yolu" temsil eder. Mantıksız –meli, - malı cümleleri sizin mükemmel olmayı, herşeyi bilmeyi ve her şeye gücünüzün yetmesini beklediğinizi gösterir. Mükemmeliyetçi –meli, -malılar, olanaksız beklentiler ve katılıklar yaratarak, yenilgiye uğramanızı sağlayan kurallar içerir. Bunların bir örneği "Her zaman mutlu olmalıyım."dır. Bu kuralın sonucu, her üzgün olduğunuzda kendinizi başaramamış hissetmek olacaktır. Bir insanın ebedi mutluluğu yakalaması gerçek dışı olduğundan bu kural kendinize zarar verici ve aşırıdır.

Her şeyi bildiğiniz inancını dayanak alan -meli, -malı cümleleri, evrendeki tüm bilgilere sahip olduğunuzu ve geleceği kesin biçimde öngörebileceğinizi varsayar. Örneğin; "Bu hafta sonu plaja gitmemeliydim, çünkü grip olmak üzereydim. Ne kadar aptalım! Şimdi, öyle hastayım ki bir hafta boyunca yatakta kalmak zorundayım." Kendinizi böyle değerlendirmek gerçekçi olamaz. Plaja gitmenin sizi böylesine hasta edeceğini kesin olarak bilmiyordunuz. Bilmiş olsaydınız farklı davranırdınız. İnsan olarak bir karar verdiniz ve sonuç yanlış oldu.

Her şeye gücünüzün yeteceği inancını dayanak alan -meli, -malı cümleleri, sizin Tanrı gibi her şeye kadir olduğunuzu, her hedefi başarmak için kendinizi ve diğer insanları kontrol edebileceğinizi varsayar. Teniste servisi kaçırdınız ve "Bu servisi kaçırmamalıydım!" iddiasıyla irkildiniz. Niye kaçırmamalısınız? Teniste hiç bir servisi kaçırmayacak kadar muhteşem misiniz?

Bu üç kategorideki –meli, -malı cümlelerinin uygunsuz bir suçluluk duygusu yarattığı kesindir; çünkü, duyarlı ve etik standartları temsil etmezler.

Çarpıtmalara ek olarak, normal olmayan suçluluğu sağlıklı pişmanlık veya vicdan azabından ayırt etmek için pek çok başka ölçüt yardımcı olabilir. Bunlar, olumsuz duygularınızın *yoğunluğu, süresi ve sonuçlarıdır*. Bu ölçütleri Janice isimli elli iki yaşında, evli bir gramer öğretmeninin kendini aciz kılan suçluluk duygusunu değerlendirmek için kullanalım. Janice yıllardır şiddetli bir depresyon geçirmekteydi. On beş yaşında iki kez yaptığı dükkanlardan eşya çalma olayını saplantı haline getirmişti. O güne kadar dürüst bir yaşam sürmesine rağmen bu iki olayın etkisini unutamadı. Suçluluk uyandıran düşünceler onu bezdiriyordu: "Ben hırsızım. Yalancıyım. İyi değilim. Sahtekarım." Suçluluğunu yarattığı ıstırap o kadar çoktu ki her gece Tanrı'ya uykuda ölmüş olmak için dua ediyordu. Her sabah uyandığında halen yaşadığını fark ettiğinde hayal kırıklığına uğruyor ve "O kadar kötü bir insanım ki Tanrı bile beni istemiyor." Sonuçta eşinin tüfeğini doldurdu, kalbini nişan alarak tetiği çekti. Silah tutukluk yaptı, Janice silahı iyi ayarlamamıştı. Son yenilgi: kendisini bile öldüremiyordu! Silahı yere bıraktı ve umutsuzluk içinde ağlamaya başladı.

Janice'in suçluluğu sadece belirgin çarpıtmalarından dolayı değil, aynı zamanda hissettiklerinin ve kendisine söylediklerinin *yoğunluğundan, süresinden ve sonuçlarından* kaynaklanıyordu. Hissettiği şeyler gerçek bir eşya çalma olayıyla ilişkili yaşanabilecek sağlıklı bir pişmanlık veya vicdan azabı olarak tanımlanamaz. Benlik değerinde, şimdi ve buradayı yaşamasına engel olan, aşırı bir düşme vardır ve bu düşüş gerçek kusurla orantısızdır. Aşırı suçluluğunu sonucunda ironik bir durum gelişmiştir: kötü biri olduğuna dair inancı, onu en anlamsız ve yıkıcı davranış olan kendini öldürmeye yönlendirmiştir.

Suçluluk Döngüsü

Suçluluğunuz sağlıksız olsa ve çarpıtmalara dayansa bile, bir kere kendinizi suçlu hissetmeye başaldığınızda suçluluğu geçerli kılan bir yanılsama içine girebilirsiniz. Bu yanılsamalar çok güçlü ve ikna edici olabilir.

1. Kendimi suçlu hissediyor ve kınıyorum. Bu, kötü olduğum anlamına gelir.
2. Kötü olduğuma göre acı çekmeyi hak ediyorum.

Suçluluğunuz sizi kötü olduğunuza ikna etmekte ve daha fazla suçluluğa neden olmaktadır. Bu bilişsel - duygusal bağlantı, düşüncelerinizi ve duygularınızı birbirine kilitler. "Suçluluk döngüsü"olarak adlandırdığım bir döngü içinde sıkışıp kalırsınız.

Duygusal kararlar bu döngüyü besler. Kendinizi suçlu hissettiğiniz için otomatik olarak acı çekmeyi hak ettiğiniz sonucuna varırsınız. "Kendimi kötü *hissediyorsam* kötü *olmalıyım"*. Bu mantıksızdır; çünkü, kendinizden nefret ediyor olmanız ille de yanlış bir şey yaptığınızı göstermez.

Suçluluğunuz, sadece, kötü davrandığınıza dair duyduğunuz *inancı* temsil eder. Durum bazen böyle *olabilir;* ancak, sıklıkla böyle değildir. Örneğin, sıklıkla bir ebeveyn yorgun, huzursuz olup, çocuğunun davranışlarını yanlış yorumladığında, onu uygunsuz olarak cezalandırabilir. Bu koşullar altında, zavallı çocuğun suçluluk duyguları onun yanlış bir şey yaptığının kanıtı olamaz.

Kendinizi cezalandırmaya yönelik davranış kalıbınız, suçluluk döngüsünün şiddetini arttırır. Suçluluk uyandıran düşünceleriniz, kötü olduğunuza yönelik inancınızı pekiştiren eylemlere yol açar. Örneğin, suçluluğa yatkın bir nörolog, tıp uzmanlığı sertifika sınavlarına hazırlanıyordu. Test yapmakta zorlandığında çalışamadığı için kendini suçlu hissetti. Her gece televizyon seyrederek o kadar çok zamanını boşa harcadı ki, aklında şöyle fikirler uçuşmaya başladı: "Televizyon seyret*memeliyim.* Sınavlara *hazırlanmalıyım.* Tembelin tekiyim. Doktor olmayı hak etmiyorum. Çok keyfime düşkünüm. Cezalandırılmalıyım." Bu düşünceler suçluluğunu çok daha fazla arttırdı. "Bu suçluluk hissim benim ne kadar tembel ve işe yaramaz biri olduğumu kanıtlar." Kendini cezalandırıcı düşünceler ve suçluluk duyguları birbirini pekiştirir.

Suçluluk duygusuna yatkın pek çok kişi gibi, kendini yeterince cezalandırsa tekrar harekete geçebileceğini düşünüyordu. Ne yazık ki, doğru olan tam da tersiydi. Suçluluğu, tüm enerjisini tüketmekte, tembel ve yetersiz olduğu inancını pekiştirmekteydi. Bu kendinden nefret etme duygusunun sonucunda gelişen tek eylem, dondurma veya fıstık ezmeli tereyağ yemek üzere geceleri buzdolabına yapılan yolculuklar oldu.

Sıkışıp kaldığı kısır döngü Şekil 8-1'de görülmektedir. Olumsuz düşünceleri, duyguları ve davranışları bir araya gelerek kendine zarar veren, kötü ve keyif düşkünü biri olduğuna ilişkin kırıcı yanılsamalar yaratmıştı.

Şekil 8-1 Bir nörologun kendini eleştiren düşünceleri kendini o kadar çok suçlu hissetmesine neden oldu ki, sertifika sınavına çalışmakta hazırlanmakta zorlandı. Kaytarıyor olması, kötü olduğu ve cezayı hak ettiği inancını pekiştirdi. Bu durum onun sorun çözme motivasyonunu çökertti.

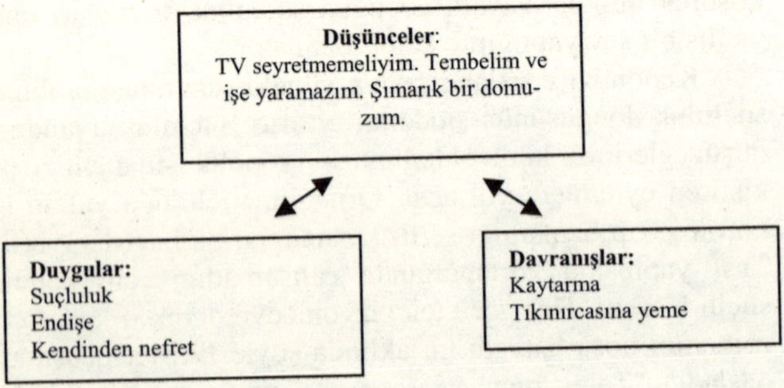

Suçluluğun Sorumsuzluğu. Gerçekten uygunsuz veya incitici bir şey yaptığınızda, acı çekmeyi hak etmiş mi oluyorsunuz? Cevabınız evet olacamış gibi hissediyorsanız kendinize sorun, "Ne kadar süre acı çekmeliyim? Bir gün mü ? Bir yıl mı? Tüm yaşamım boyunca mı?" Size uygun cümle olarak hangisini seçeceksiniz? Cümleniz bittiğinde acı çekmeyi ve kendinizi kötü hissetmeyi kesmek istiyor musunuz? Bu, kendini cezalandırmanın en azından *sorumlu* bir yolu, çünkü zaman sınırı var. Ancak, ilk planda suçluluk hissetme yoluyla kendinize kötü davranmanın ne anlamı var? Bir hata yaptıysanız veya incitici biçimde davrandıysanız suçluluk hissetmeniz hatanızı geri döndüremez. Aynı hatayı gelecekte yapmamayı öğrenme sürecini de hızlandırmayacaktır. Kendinizi suçlu hissettiğiniz ve aşağılık pozisyonlara soktuğunuz için diğer insanlar sizi daha çok sevmeyecek ve saymayacak. Ya da suçluluğunuzu size daha üretken bir yaşam sunmayacak. Pekiyi, öyleyse bunun anlamı ne?

Pek çok kişi sorar, "Suçluluk hissetmezsem nasıl ahlaklı davranabilir ve dürtülerimi nasıl kontrol edebilirim?" Bu yaşama karşı acemice bir yaklaşımdır. Kendinizi o kadar arzulu ve kontrolsüz olarak görüyorsunuz ki, kendinizi kaybetmemek için için kendinizi ağır biçimde cezalandırıyorsunuz. Gerçekten de, eğer davranışınız başkalarını gereksiz yere incittiyse, küçük, acı dolu bir pişmanlık farkındalığınızı, hiç bir duygulanma hissetmeden steril bir şekilde algılamanızdan daha etkili olarak arttıracaktır. Kendini kötü bir insan olarak görmek *hiç kimsenin* işine yaramaz. Aksine kötü olduğunuza inanmak, kötü davranışlara katkıda bulunur.

a) Bir hata olduğunu anladığınızda ve b) sorunu düzeltmek için bir strateji geliştirdiğinizde değişim ve öğrenme gerçekleşir. Kendini sevme ve gevşeme tutumu bunu kolaylaştırırken, suçluluk bu duruma engel oluşturur.

Örneğin, bazen hastalarım onları yanlış yola sevk edebilecek keskin yorumlar yaptığım için beni eleştirirler. Bu eleştiriler, ancak içinde gerçek payı varsa beni incitir ve suçluluk uyandırır. Kendimi suçlu hissettiğim ve "kötü"olarak damgaladığım oranda savunmacı davranma eğiliminde olurum. Hatamı inkar etme veya savunma arzusu duyarım veya "kötü kişi" olma duygusu çok rahatsız ediciyse karşı saldırıya geçerim. Bu da, hatamı kabul etmemi ve düzeltmemi zorlaştırır. Aksine, kendime nutuk çekmezsem veya kendime saygımı kaybetmezsem, hatamı kabul etmem daha kolay olur. Sorunu daha kolaylıkla düzeltir ve ondan bir şey öğrenirim. Kendimi ne kadar az suçlu hissedersem, o kadar daha etkili olabilirim.

Aptallık yaptığınızda işleyen süreç, tanıma, öğrenme ve değişimdir. Suçluluk bunlardan herhangi birine yardımcı olabilir mi? Hiç sanmıyorum! Hatanızı fark etmeyi sağlamak yerine, suçluluk sizi kuşatır. Kulaklarınızı eleştirilere kapatmak istersiniz. Çok kötü hissettirdiğinden hatalı olmaya dayanamazsınız. Bu nedenle de suçluluk, üretkenliğin karşıtı bir durumdur.

"Kendimi suçlu hissetmesem yanlış bir şey yaptığımı nasıl anlayabilirim? Benim suçum değil diyerek kendimi kontrolsüz, yıkıcı bir bencillikle mi şımartayım?" şeklinde isyan edebilirsiniz.

Herşey olabilir; ancak, bunun böyle olacağından şüphe duymaktayım. Suçluluk duygunuzu ahlaki bir davranışa daha aydınlık bir zemin teşkil eden empatiyle yer değiştirebilirsiniz. Empati, davranışlarınızın iyi veya kötü sonuçlarını görebilme becerisidir. Empati, kendinize ve diğerlerine yaptıklarınızın etkisini kavrayabilme ve kendini doğuştan kötü olarak damgalamadan uygun ve gerçek bir pişmanlık ve üzüntü hissedebilme kapasitesidir. Empati, suçluluk hissetmeksizin, davranışlarınızı ahlaki ve işleri kolaylaştırıcı biçimde yönlendirecek gerekli zihinsel ve duygusal iklimi sağlar.

Aşağıdaki ölçütleri kullanarak, duygularınızın sağlıklı ve normal bir pişmanlığı mı yoksa çarpıtılmış ve kendine zarar veren bir suçluluk duygusunu mu temsil ettiğini belirleyebilirsiniz. Kendinize sorun:

1. Bilerek ve isteyerek yapmamam gereken "kötü", "haksız" veya başkasını incitici bir şey mi yaptım? Ya da kendimden mantıksız biçimde mükemmel olmayı, her şeyi bilmeyi ve her şeye yetebilmeyi mi bekliyorum?

2. Kendimi bu hareket yüzünden *kötü veya kusurlu biri* olarak mı damgalıyorum? Düşüncelerimde abartma, aşırı genelleme v.b. gibi bilişsel çarpıtmalar yer alıyor mu?

3. Davranışımın sonuçları nedeniyle gerçekçi bir üzüntü veya pişmanlık mı yaşıyorum? Bu acı verici duy-

gularımın şiddeti ve süresi gerçekte hatalı davranışımla orantılı mı?

4. Hatalarımdan öğreniyor ve değişmek için çalışıyor muyum yoksa kısır bir şekilde söyleniyor veya yıkıcı şekilde kendimi eleştiriyor muyum?

Abartılı suçluluk duygularınızı uzaklaştıracak ve kendinize saygınızı en üst düzeye çıkaracak bazı yöntemleri gözden geçirelim.

1- İşlevsiz Düşüncelerin Günlük Kaydı Daha önceki bölümlerde, düşük benlik saygısını ve yetersizlik duygularını alt etmek için kullanılan İşlevsiz Düşüncelerin Günlük Kaydı kavramıyla tanıştınız. Bu yöntem suçluluk da dahil pek çok istenmeyen duyguda işe yarar. "Durum" olarak belirtilen sütunda suçluluk duymanıza yol açan olayları kaydedin. Şöyle yazabilirsiniz, "Bir arkadaşımla sert konuştum." Kafanızdaki azarlayıcı sese kulak verin ve suçluluk yaratacak düşünceleri saptayın. Son olarak, bilişsel çarpıtmaları saptayın ve daha nesnel düşünceleri yazın. Bu çalışma sizi rahatlatacaktır.

Bu örnek Şekil 8-2'de görülmektedir. Shirley sanatçı olarak kariyerini sürdürmek için New York'a taşınmaya karar vermiş genç bir kadındır. O ve annesi ev aramak için yorucu ve uzun bir gün geçirdikten sonra Filadelfiya'ya dönmek için bir trene binerler. Trene bindikten sonra, trenin yemek servisi ve restoran vagonu olmadığını fark ederler. Shirley'nin annesi yemek servisinin olmamasından dolayı şikayet etmeye başlar. Bununla beraber, Shirley de suçlu hissetmeye ve kendini eleştirmeye başlar. Ancak, düşüncelerini kaydettikten ve suçluluk uyandıran düşüncelere zihninde karşılık verdikten sonra sonra belirgin bir rahatlama hisseder. Shirley daha sonra bana, normalde böyle zorlayıcı durumlarda öfke nöbeti yaşadığını; ancak, suçluluk duygusuyla bu şekilde baş ederek bu sefer bundan kaçınabildiğini söyledi. (Şekil 8-2'ye bakınız, sayfa 209)

Şekil 8-2

Durum	**Duygular**	**Suçluluk uyandıran düşünceler**	**Bilişsel çarpıtmalar**	**Mantıklı cevaplar**	**Sonuç**
Annem çok yoruldu ve tren tarifelerinden anlamadığı için hiçbir konforu olmayan bir trene bindik.	Aşırı suçluluk, engellenme, öfke; kendine acıma	1. Aman Tanrım! Annem bütün gün NewYork'ta benimle beraber yürüdü ve şimdi bir içki bile içemeyecek. Çünkü ona tren tarifesini yeterince iyi açıklayamadım. 2. Kötü hissediyorum. Çok bencilim. 3. Neden böyle durumlarda hep şaşkınlık yapıyorum. 4. O bana çok yardım ediyor, ben işe yaramazın biriyim.	1-Kişiselleştirme; zihinsel filtre – meli,-malı cümleleri 2. Duygusal Karar Verme 3. Aşırı genelleme, Kişiselleştirme 4. Etiketleme, Hep veya Hiç şeklinde düşünme	1.Annem için kötü hissediyorum-ancak tren yolculuğu sadece yarım saat sürecek. Herşeyi açıkladığımı düşünüyorum. Sanırım herkes hata yapabilir. 2. Annemden daha üzgünüm. Ne olduysa oldu. Söylenmenin faydası yok. 3. Herşeyi berbat etmiyorum. Onun yanlış anlaması benim suçum değil. 4. Tek bir hata beni işe yaramaz yapmaz.	Belirgin rahatlama.

2- Meli, -malıları Ortadan Kaldırma Teknikleri. Kendinize vurmakta kullandığınız tüm mantıkdışı "-meli- malı" cümlelerini azaltmak için bazı yöntemlerden bahsedebiliriz. Bunlardan ilki kendinize "Kim yapmam gerektiğini söylüyor? Yapmam gerektiği nerede yazıyor?" diye sormaktır. Buradaki önemli nokta, kendinizi gereksiz yere eleştirdiğinizi fark etmenizdir. Kendi kurallarınızı kendiniz koyduğunuza göre, bir kuralın işe yaramadığına karar verdiğinizde bu kuralı değiştirebilir veya bu kuraldan vaz geçebilirsiniz. Eşinizi her zaman mutlu etmeniz gerektiğini kendinize söylüyor olduğunuzu varsayalım. Deneyimleriniz size bunun gerçekçi ve işe yarayan bir şey olmadığını öğretmişse bu kuralı daha geçerli bir hale sokarak tekrar yazın. "Eşimi bazen mutlu edebilirim; ancak, bunun her zaman olması olanaklı değil. Sonuçta mutluluğu ona bağlı bir şey. Ondan daha mükemmel değilim. Bu nedenle de, her yaptığımın her zaman takdir göreceğini beklemeyeceğim."

Belli bir kuralın işe yarayıp yaramadığına karar verirken kendinize şunu sormanız yararlı olabilir "Bu kuralın benim için avantajları ve sakıncaları nelerdir?" "Eşimi *her zaman* mutlu *edebilmeliyim* inancı ne karar işime yaramaktadır ve bu inancın bana bedeli nedir?" Şekil 8-3'de gösterilen çift sütun yöntemini kullanarak, yarar - zarar değerlendirmesini yapabilirsiniz.

Şekil 8-3 "Karımı her zaman mutlu etmeliyim" inancının yararları ve zararları

Yararları	**Zararları**
1- O mutluysa yapmam gerekeni yaptığımı hissedeceğim.	1- Mutsuz olduğunda kendimi suçlu hissederim ve suçlarım.
2- İyi bir koca olmak için çok çalışacağım.	2- Suçluluğumdan dolayı beni yönlendirebilir. Bunu her istediğinde mutsuz gibi davranabilir. Bu durumda kendimi öyle kötü hisederim ki geri çekilmek zorunda kalırım.
	3- Mutsuz olduğunda kendimi başarısız hissederim. Mutsuzluğu benimle ilgili olmadığından bu enerji kaybı olur.
	4- Beni duygusal olarak bu derecede etkilemesine izin verdiğim için ileride ona kinlenmiş hissedebilirim.

-Meli, -malı cümlelerinden kurtulmanın diğer bir basit ama etkili yolu "çift sütun tekniği" kullanarak "–meli,-malı" yerine başka kelimeler koymaktır. "Olursa iyi olur." veya "Olmasını isterdim."cümleleri iyi iş görür. Daha gerçekçi ve daha az üzücüdür. Örneğin; "Karımı mutlu etmeliyim" yerine "Şimdi karımı mutlu edersem iyi olur; çünkü, üzgün görünüyor. Niye üzgün olduğunu sorabilirim ve yardımcı olabileceğim bir şey olup olmadığına bakarım." cümlesi gelebilir. Veya "Dondurma yememeliydim" yerine "Dondurma yememiş olsaydım iyi olurdu; ancak, bu yaptığımla dünyanın sonu gelmez."

Diğer bir –meli, -malı karşıtı yöntem ise, kendinize –meli, -malı cümlelerinin gerçeğe uymadığını göstermektir. Örneğin; "X'i yapmamalıydım" dediğinizde 1) *yapmamanızın gerekli olduğunu* gerçek olarak kabul ediyorsunuz ve 2) bunu söylemek işinize yarayacak demiş oluyorsunuz. "Gerçek yöntemi" - sizin için sürpriz olacak şekilde- doğrunun tam da tersi olduğunu ortaya koyar: a) Gerçek açısından, yaptığınızı *yapmalıydınız* ve b) *yapmamanız gerektiğini* söylemek sizi incitecektir.

İnanılmaz mı? Göstermeme izin verin. Varsayalım, diyettesiniz ve dondurma yediniz. Ve düşündünüz ki "Bu dondurmayı *yememeliydim.* "Diyalogumuzda dondurmayı *yememeniz gerektiğinin gerçekten doğru* olduğunu savunmanızı istiyorum, ben de tersini savunacağım. Aşağıdaki konuşma, işe yarar ve keyifli bulacağınızı umduğum gerçek bir konuşma model alınarak gerçekleştirilmiştir:

David: Anlıyorum ki diyet yapıyorsunuz ve dondurma yemişsiniz. Bu dondurmayı yemeniz *gerektiğine* inanıyorum.

Siz: Yo, hayır. Bu olanaksız. Diyette olduğum için dondurmayı *yememeliydim.* Gördüğünüz gibi kilo vermeye çalışıyorum.

David: Bu dondurmayı yemeniz *gerektiğine* inanıyorum.

Siz: Burns, kalın kafalı mısınız? *Yememeliydim*, çünkü kilo vermeye çalışıyorum. Size bunu anlatmaya çalışıyorum. Dondurma yersem nasıl kilo veririrm?

David: Gerçekte dondurmayı yediniz değil mi?

Siz: Evet. Sorun da bu. Bunu *yapmamalıydım*. Şimdi görebiliyor musun?

David: "Bir şeylerin olduğundan farklı olması gerektiğini" iddia ediyorsunuz. Bazı şeylerin öyle olması için iyi bir neden vardır. Yaptığını niye yapmış olduğunu düşünüyorsun? Neden dondurma yedin?

Siz: Üzgündüm ve sinirliydim ve temelde de ben bir domuzum.

David: Tamam, sinirliydin ve üzgündün. Yaşamında üzgün ve sinirli olduğun zamanlarda yemek yemek gibi bir davranış kalıbın var mı?

Siz: Evet. Doğru. Kendimi hiç kontrol edemiyorum.

David: Öyleyse, geçen hafta sinirli olduğunda alışkanlık gereği hep yaptığın şeyi yapmanı beklemek doğal değil mi?

Siz: Evet.

David: Öyleyse, uzun süredir alışık olduğunuz için *yapmanız gerekeni* yaptığınız sonucuna varmak akla yatkın olmaz mı?

Siz: Bana dondurma yemeye devam etmem *gerektiğini* ve sonunda şişko bir domuz veya onun gibi bir şey olacağımı söylüyormuşunuz gibi geliyor.

David: Müşterilerimin çoğu sizin kadar zorlu değil! Size bir domuz gibi davranmanızı söylemiyorum ve üzgün olduğunuzda yemek yemek gibi kötü bir alışkanlığı sürdürmenizi önermiyorum. Size söylediğim, kendinize bir sorun yerine iki sorun yarattığınız! Birincisi, gerçekte diyeti bozdunuz. Kilo kaybedecekseniz bu sizi yavaşlacaktır. İkinci sorun ise, bunu yaptığınız için kendinize çok sert davranıyor olmanız. İkinci bir baş ağrısına gereksiniminiz yok.

Siz: Sinirlenince yemek yemek gibi bir alışkanlığım olduğu için bu alışkanlığı değiştirme yöntemlerini öğrenene kadar bunu yapmaya devam edeceğim öngörülebilir demek istiyorsunuz.

David: Benden iyi söylediniz.

Siz: Bu nedenle de, alışkanlığımı henüz değiştirmediğim için dondurmayı *yemeliydim.* Bu alışkanlık devam ettiği sürece, sinirli olduğum zamanlarda aşırı yemeyi *sürdüreceğim ve sürdürmeliyim.* Ne demeye çalıştığınızı anlıyorum. Kendimi çok daha rahat hissediyorum. Bir şey dışında, doktor. Bunu yapmayı durdurmayı nasıl öğrenebilirim? Davranışımı daha üretken bir biçimde değiştirmek için bazı stratejileri nasıl geliştirebilirim?

David: Kendinizi bir kamçı veya bir havuçla motive edebilirsiniz. Bütün gün boyunca kendinize "Bunu *yapmalıyım"* veya "Bunu *yapmamalıyım." d*ediğinizde yaşam içinde –meli,-malı yaklaşımıyla boğulursunuz. Ve sonuçta ne olacağını biliyorsunuz - duygusal katılaşma. Durumu daha iyiye götümek istiyorsanız, kendinizi motive etmeniz için cezadan çok ödülü öneririm. Bu tutumu daha etkin bulacaksınız.

Kendi diyetimde "şekerleme ve donuts" diyetini kullandım. Şekerleme ve pudra şekerli donuts en sevdiğim iki tatlıdır. Yememi kontrol etmekte en fazla zorluk çektiğim zaman TV izlediğim ve çalıştığım akşam saatleridir. Dondurma yeme isteği duyuyorum. Bu isteği kontrol altına alabilirsem kendimi sabah büyük, taze bir donut ile ve akşam bir kutu şekerleme ile ödüllendireceğimi söyledim. Sonra da onların ne kadar lezzetli olduklarına odaklandım. Bu zihinsel davranışım dondurmayı unutmama yardımcı oldu. Ayrıca, bir kuralım daha vardı, bir aptallık *yapıp* dondurma yersem deneme yaptığım için bir ödül olarak veya yaptığım şeyin acısını azaltmak için *halen* şekerleme ve donut yiyebilecektim. Her durumda bu iş bana yaradı, böylece elli poundun üzerinde kilo verdim.

Ayrıca aşağıdaki konuları da düşündüm:

A) Diyet yapan insanlar da zaman zaman diyeti bozabilir.

B) Ben bir insanım.

C) Bu nedenle, zaman zaman *diyeti bozmalıyım.*

Bu, bana çok yardımcı oldu, hafta sonları oburluk yaptım ve kendimi iyi hissettim. Hafta sonlarında aldığımdan fazlasını hafta içinde verdim, böylece de hem kilo vermiş oldum, hem de çok keyif aldım. Diyeti her bozduğumda kendimi bu nedenle eleştirmedim veya suçluluk hissetmedim. Şöyle düşünmeye başladım: "Suçluluk hissetmeden ve eğlenerek ne zaman istersen oburluk yap, ne istersen tıkın" O kadar eğlenceliydi ki istediğim kiloya ulaştığımda biraz hayal kırıklığına uğradım. Diyet çok eğlenceli olduğundan bu noktada on poundu fazladan vermiştim. Uygun *tutum* ve *duyguların* anahtar olduğuna inanıyorum. Onlarla dağları bile hareket ettirebilirsiniz-etten dağları bile.

Yemek, sigara içmek veya alkol almak gibi kötü alışkanlıkları değiştirmeye çalışırken sizi geri tutan başlıca konu; kontrol dışı olduğunuza inanıyor olmanızdır. Bu kontrol eksikliğinin nedeni ise –meli, -malı cümleleridir. Bu cümleler sizi yener. Varsayalım; dondurma yemekten kaçınmaya çalışıyorsunuz. Televizyon seyrederken "Gerçekten *çalışmalıyım* ve dondurma *yememeliyim*" diyorsunuz. Şimdi kendinize sorun, "Kendime bunları söylersem ne hissederim?" Sanırım cevabı biliyorsunuz: Kendinizi suçlu ve sinirli hissedersiniz. Sonra ne yaparsınız? Gider, yersiniz! İşte ana nokta bu. Yeme nedeniniz kendinize yememeniz gerektiğini söylemiş olmanız! Suçluluk ve kaygı duygularınızın yiyeceklerin altına saklamaya çalışıyorsunuz.

Diğer bir –meli,- malı'ları ortadan kaldırma tekniği ise; bilek sayacınızdır. –Meli, -malı'ların sizin için bir avantaj oluşturmadığına ikna olduktan sonra onları sayabilirsiniz. Her –meli,- malı cümlesi kurduğunuzda sayacınıza basın. Bunu yaparsanız günlük toplama dayalı bir ödül sistemi kurduğunuzdan da emin olun. Bu yolla ne kadar çok –meli, -malı yakalarsanız o kadar çok ödülü hak edeceksiniz. Haftalar sonra, günlük –meli, -malı cümle sayınız düşmeye başlayacak ve kendinizi daha az suçlu hissettiğinizi gözlemleyeceksiniz.

Diğer bir –meli, -malıları ortadan kaldırma tekniği kendinize güvenmediğiniz gerçeğine dayanır. Tüm bu –meli, -malı cümleleri olmazsa vahşileşeceğinize, zara vereceğinize veya cinayet işleyeceğinize ve hatta dondurma yiyeceğinize inanmış olabilirsiniz. Bunu değerlendirmenin iyi bir yolu; kendinize şunu sormanızdır: Yaşamımda kendimi mutlu, üretken, kontrol altında ve tatminkar hissettiğim bir dönem var mı? Okumadan önce bir an düşünün ve bu zamanın zihinsel resminin kafanızda olduğundan emin olun. Şimdi kendinize sorun, "Yaşamımın bu döneminde kendimi pek çok –meli, -malı cümlesiyle kırbaçlıyor muydum?" İnanıyorum ki, cevabınız hayır olacak. Şimdi bana söyleyin- o zamanda böyle iğrenç, vahşi şeyler yaptınız mı? Sanırım, "–meli, -malılardan uzak ve kontrol altında olabildiğinizi fark ettiniz. Bu da, tüm bu –meli, -malılar olmadan mutlu ve üretken bir yaşam sürdürebileceğinizin kanıtıdır.

Bu hipotezi ilerlyen haftalarda bir deneyle kanıtlamaya çalışabilirsiniz. Çeşitli teknikler kullanarak –meli, -malı cümlelerini azaltmaya çalışın ve duygu durumunuzun ve kendinizi kontrol edebilme duygunuzun ne olduğuna bir bakın. Sanırım, memnun kalacaksınız.

Uygulayabileceğiniz bir diğer teknik ise; Bölüm IV'de tanımlanan saplantılı iş uzatma tekniğidir. Günde üç kez iki dakika boyunca tüm –meli, -malı cümlelerini ve kendinize yönelttiğiniz kötülemeleri ezberden yüksek sesle okuyun: "Kapanmadan önce markete *gitmeliydim"* ve "Şehir kulübünde burnumu *karıştırmamalıydım"* ve "Boktan herifin biriyim" vb. Düşünebileceğiniz en kötü, zarar verici kendinize yönelik eleştirileri not edin. Bunları yazmak veya bir teybe kaydetmek bazen çok yararlı olabilir. Sonra onları yüksek sesle okuyun veya teybi dinleyin. Bu cümlelerin ne kadar saçma, gülünç olduğunu görmenize yardımcı olacaktır.-Meli, -malılarınızı bu planlanmış dönemde sınırlandırmaya çalışın; böylece, diğer zamanlarda bunlar canınızı sıkmaz.

-Meli, -malı cümleleriyle savaşmanın diğer bir yöntemi de, bilginizin sınırlarıyla yakın temasa geçmektir. Büyürken insanlar sık sık "Sınırlarını kabullenmeyi öğren, daha mutlu bir insan olacaksın" derlerdi. Ancak hiç kimse bunun anlamını açıklamak veya bunu yapmanın nasıl olacağını söyleme zahmetinde bulunmuyordu. Biraz da aşağılama içeriyor gibiydi. "Aslında ne kadar işe yaramaz, ikinci sınıf biri olduğunu öğren". Gerçekte, her şey bu kadar kötü değildir. Varsayalım, sık sık geçmişe bakıyorsunuz ve hatalarınızdan dolayı üzgünsünüz. Örneğin, hisse senedinizi finansal olarak gözden geçirirken kendinize şöyle deyin "Bu hisse senedini almamalıydım. İki puan geriledi. Şimdi kendinize sorun. "Senedi aldığım zaman değerinin düşeceğini biliyor muydum?" Sanırım, cevabınız hayır olacak. Şimdi sorun, "Düşeceğini bilseydim alır mıydım?" Cevabınız yine hayır olacak. Aslında gerçek anlamda söylediğiniz; böyle olduğunu bilseydiniz farklı davranırdınız. Bunu yapabilmek için geleceği tam bir kesinlikle kestirebiliyor olmanız gerekir. Pekiyi, bunu yapabiliyor musunuz? Cevabınız yine "hayır" olmalı. İki seçeneğiniz var: Ya kendinizi sınırlı bilgisi olan ve mükemmel olmayan ve zaman zaman hata yapabilen biri olarak kabul edeceksiniz ya da kendinizden nefret edeceksiniz.

-Meli, -malı cümleleriyle savaşmanın diğer bir etkili yolu ise; "Niye yapmalıyım?" diye sormaktır. Hatalı mantığı ortaya çıkarabilmek için elde ettiğiniz delillerle mücadele edin. Bu yolla -meli, -malı cümleleriniz saçmalık düzeyine indirgenebilir. Varsayalım, işlerinizin bir kısmını yapması için birisini tuttunuz. Bu, çim kesme veya boyama işi ya da herhangi bir iş olabilir. Makbuzunu size verdiğinde fiyat size anladığınızdan daha fazla gelmiş olabilir; ancak, o çok hızlı konuşur, siz de vazgeçer ve faturayı ödersiniz. Daha katı davranmadığınız için kendinizi olumsuz değerlendirmeye başlarsınız. Biraz rol yapalım ve siz çok fazla ödeme yapmış olan bir budala gibi davranın.

Siz: Dün, o faturanın çok fazla olduğunu o adama *söylemeliydim.*

David: Ona daha düşük bir fiyat vermesini mi söylemeliydiniz?

Siz: Evet. Daha girişken *olmalıydım.*

David: Neden *olmalıydınız?* Konuşmanızın sizin için avantajlı olacağı konusunda hemfikirim. Girişkenlikle ilgili becerilerinizi geliştirmeye çalışabilirsiniz; böylece gelecekte bu gibi durumlarda daha iyi davranacaksınız. Buradaki nokta şudur: Dün neden daha etkin *olmalıydınız?*

Siz: Çünkü insanların benden yararlanmasına izin veriyorum.

David: Tamam, sizin mantık zincirinizde düşünelim. "İnsanların benden yararlanmasına izin verdiğim için dün daha girişken *olmalıydım."* Şimdi bunun mantıklı cevabı nedir? Cümlelerinde biraz olsun mantıksız görünen bir şey var mı? Mantığınızın inanılması güç bir yanı var mı?

Siz: Düşünmeme izin verin. Bir kere, insanların *her zaman* benden yararlanmasına izin verdiğim tam olarak doğru değil. Bu biraz aşırı genelleme oldu. Bazen de kendi bildiğimi yapıyorum. İşin gerçeği zaman zaman oldukça talepkar bile olabiliyorum. Ayrıca da, bu *doğru* olsaydı bazı durumlardan *her zaman* yararlanıyor olurdum, bu benim huyum olduğundan tam da böyle davranmam *gerekirdi.* İnsanlarla anlaşmak için bazı yeni yollar bulana kadar bu sorunu yaşamaya devam ederdim.

David: Harika. Ben daha iyi ortaya koyamazdım. -Meli, -malı cümleleriyle ilgili size söylediğim şeyleri sindirdiğinizi görüyorum! *Tüm* okuyucularımın sizin kadar akıllı ve özenli olmasını umarım! Farklı davranmanızı *gerektiren* başka nedenler olduğunu düşünüyor musunuz?

Siz: Bir bakayım. Bu nasıl: Daha girişken *olmalıyım*, çünkü gerekenden daha fazlasını ödememeliyim?

David: Tamam, buna verilecek mantıklı cevap nedir? Bu tartışmadaki mantıksızlık nedir?

Siz: Bir insan olduğuma göre her zaman doğru şeyleri yapmayabilirim.

David: Tam da böyle. Aşağıdaki düşünce zinciri size yardımcı olabilir. İlk dayanak noktası: Tüm insanlar hata yapar, çok fazla para ödemek gibi. Benimle bu noktaya kadar hemfikir misiniz?

Siz: Evet.

David: Peki, siz nesiniz?

Siz: Bir insan.

David: Peki sonra?

Siz: Hata yapmalıyım.

David: Doğru.

Bu, sizin için yeterli bir –meli,- malı ortadan kaldırma tekniği olmalı. Kendi kendime yaptım! Bu yöntemleri işe yarar bulmanız çok hoş olur. Bu zihinsel zulmü azaltarak kendinizi daha iyi hissedeceksiniz; çünkü, kendinizi derecelendirmeye kalkmayacaksınız. Suçlu hissetmek yerine, enerjinizi gerekli değişiklikleri yapmaya ve kendi kontrolünüzü ve üretkenliğinizi arttırmaya yönelik olarak kullanabileceksiniz.

3- Silahlarınızı Kuşanmayı Öğrenmek. Suçluluğa yatkın olmanın en büyük sakıncalarından biri, diğerlerinin, suçluluğunuzu sizi yönlendirmek için kullanmasıdır. Kendinizi herkesi memnun etmeye zorunlu hissederseniz, aileniz ve arkadaşlarınız sizi çok da ilgi alanınıza girmeyen şeyler yapmaya etkin biçimde zorlayabilecekler. Bir örnek olarak, birilerini incitmemek için kaç sosyal daveti yarım ağızla kabul ettiniz? Bu durumda gerçekte "hayır" demeyi tercih ederken "evet" demenin bedeli çok fazla olmayabilir. Sadece bir akşamınız ziyan olmuş olur. Ve bir ceza vardır. Kendinizi suçlu hissetmekten kaçınmış olursunuz ve çok hoş bir insan olduğunu hayal edersiniz. Ayrıca daveti kabul etmemeyi denerseniz hayal kırıklığına uğramış ev sahibi "Ama seni bekliyorduk. Eski arkadaşlarını kıracak mısın, haydi?" dediğinde ne söyleyeceksiniz? Kendinizi nasıl hissedeceksiniz?

Başkalarını memnun etme saplantınız, kararlarınızda suçluluk duygusu baskın olup sonuçta kendinizi sıkışmış ve sefil bir durumda hissettiğinizde daha trajik bir hal alabilir. Buradaki ironi şudur: suçluluk duygusuyla birilerinin sizi yönetmesine izin vermek, hem siz hem de başkaları için yıkıcı olacaktır. Suçluluğun yönlendirdiği davranışlarınız sıklıkla idealizminize dayanmakla birlikte, vermenin kaçınılmaz sonucu tam da tersi olmaktadır.

Örneğin, Margaret mutlu bir evliliği olan yirmi yedi yaşında bir bayandı. Şişman ve kumarbaz erkek kardeşi çeşitli yollarla ondan faydalanmaya çalışmaktaydı. Sıkıştığı zamanlarda borç alıp sonra ödemeyi unutuyordu. Kasabadayken (sıklıkla aylarca) her gece dışarıda ailesiyle yemek yemeye, içki içmeye ve Margaret'in yeni arabasını canı istediği zaman kullanmaya hakkı olduğunu düşünüyordu. Margaret onun taleplerini karşılarken şöyle bir mantık yürütüyordu: "Kardeşimden bir iyilik istesem veya ona gereksinimim olsa o da aynısı yapardı. Birbirini seven kardeşler, birbirlerine yardımcı olurlar. Ayrıca da, ona hayır dersem öfkelenebilir ve onu kaybedebilirim. Sonra da kendimi yanlış bir şey yapmış gibi hissederim."

Aynı zamanda sürekli veriyor olmanın olumsuz sonuçlarını görebiliyordu: 1) Onun bağımlı ve kendine zarar veren yaşam biçimini ve kumar bağımlılığını desteklemiş oluyordu 2) Kendini sıkışmış ve kullanılmış hissediyordu 3) İlişkinin temeli sevgi değil de şantajdı- kendi suçluluk duygusundan ve onun öfkeli zorbalığından kaçınmak için sürekli onun taleplerine "evet" demek durumunda kalıyordu.

Margaret ve ben, hayır demeyi öğrenmesi ve silahlarını duyarlı ancak katı biçimde kuşanması için rol yaptık. Ben Margaret'in rolünü oynadım, o da kardeşi oldu:

Kardeş (Margaret oynuyor): Bu akşam arabanı kullanıyor musun?

Margaret (ben oynuyorum): Şu anda bir planım yok.

Kardeş: Almamın bir sakıncası var mı?

Margaret: Almamanı tercih ederim.

Kardeş: Neden? Sen kullanmayacaksın. Burada böyle duracak.

Margaret: Sana vermeye mecbur olduğumu mu düşünüyorsun?

Kardeş: Arabam olsaydı ve gereksinimin olsaydın ben de aynısını yapardım.

Margaret: Böyle hissetmene sevindim. Araba kullanmayı planlamamakla birlikte, sonra bir yere gitmeye karar verirsem diye arabanın hazırda durmasını istiyorum.

Kardeş: Ama kullanma planın yok! Birbirimize *yardımcı* olma anlayışıyla büyütülmedik mi?

Margaret: Evet, öyle büyütüldük. Bunun anlamını hep sana evet demek olduğunu mu düşünüyorsun? Sen benim arabamı pek çok kereler kullandın, bundan sonra da ulaşım sorununu kendi başına halledersen kendimi çok daha rahat hissedeceğim.

Kardeş: Arabayı bir saatliğine istiyorum, sonra sana gerekmesi durumunda geri getirmiş olacağım. Çok önemli ve sadece yarım mil uzaklıkta. Arabanı yemeyeceğim, sana söz veriyorum..

Margaret: Senin için önemli bir şey gibi görünüyor. Belki başka bir ulaşım yolu ayarlarsın. Bu mesafeyi yürüyemez misin?

Kardeş: Bu çok iyi! Böyle hissediyorsan *benden* bir iyilik bekleme!

Margaret: İstediğini yapmadığım için çıldırmış gibisin. Sana her zaman evet demeye mecbur muyum sanıyorsun?

Kardeş: Sen ve senin felsefen! Bu pislikleri daha fazla dinlemek istemiyorum! (Çok öfkelenmeye başlar)

Margaret: Artık bu konudan bahsetmeyelim. Belki bir kaç gün sonra bu konuyu tekrar konuşacak kadar iyi hissedersin. Sanıyorum böyle yapmamız gerekecek.

Bu diyalogdan sonra rolleri değiştik, Margaret böylece daha girişken olma pratiği yapabildi. Onun kardeşi rolündeyken, ona elimden geldiği kadar zor zaman geçirttim ve benimle baş etmeyi öğrendi. Bu pratik cesaretini arttırdı. Kardeşinin yönlendirmelerine dayanmaya çalışırken bazı ilkeleri akılda tutmanın yararlı olduğunu gördü. Bunlar: 1) Onun tüm taleplerine evet dememe şeklinde bir hakkı olduğunu hatırlamalıydı. 2) Kardeşinin yelkenlerini suya indirmek için onun tezlerindeki doğruluk payını (silahsızlandırma tekniği) bulabilirdi ve böylece sevmenin her zaman vermek olmadığını anlayabilirdi. 3) Olabildiğince duyarlı biçimde kararlı, güçlü ve uzlaşmaz bir pozisyona uyum sağlamalıydı. 4) Kardeşinin ayakları üzerinde duramayan zayıf, yetersiz bir küçük çocuk gibi davranmasına olanak tanımamalıydı. 5) Kardeşinin öfkesine kendine öfkelenerek tepki vermemeliydi, çünkü bu davranış, kardeşinin kaba, bencil bir cadı tarafından haksız yere yoksun bırakılan bir kurban olduğuna dair inancını destekliyordu.

6) Onunla konuşmayı veya onun bakış açısını göz önüne almayı reddederek kardeşinin geçici bir süreyle kendini uzaklaştırması olasılığını göze almak zorundaydı. Kardeşi böyle yaptığında öfkelenmesine izin vermeliydi, ancak kardeşine iletişime daha açık hale geldiğinde onunla konuşmak istediği şeyler olduğunu söylemeliydi.

Margaret, kardeşiyle yüzleştiğinde onun hayal ettiği kadar zor bir rakip olmadığını gördü. Kardeşi daha rahatlamış görünüyordu ve ilişkiye bazı sınırlar koyduğunda daha erişkin gibi davranmaya başladı.

Bu tekniği uygulamayı seçerseniz silahlarınızı kuşanmaya karar vermiş olacaksınız, çünkü arkadaşınız onların ricalarını yerine getirmediğiniz için ölümcül biçimde yaralandıkları blöfünü yapmayı deneyebilir. Kendi isteklerinizin peşinde gitmeyerek yol aldığınız uzun koşuda yaşadığınız incinmenin çok daha fazla olduğunu hatırlayın.

İlerisi için pratik yapmak başarının anahtarıdır. Bir arkadaşınız sizinle rol yapmaktan keyif alabilecek ve bazı geri bildirimlerde bulunabilecektir. Böyle birisi yoksa veya istemeye çok utanıyorsanız, yukarıda gösterildiği gibi bir diyalogu hayali olarak yazın. Böylece kafanızdaki uygun devreler ateşlenecek ve diplomatik olmayan bir şey koyma ancak güçlü bir şekilde hayır demek için gereken beceri ve cesarete sahip olacak ve zamanı geldiğinde de silahınızı kuşanacaksınız!

4- Sızlanma karşıtı tekniği Bu yöntem, bu kitaptaki en sürpriz, zevkli ve etkili yöntemlerden biridir. Birisinin- genellikle sevilen biri- sizi, şikayet ederek, sızlanarak ve dırdır ederek, suçlu, engellenmiş ve işe yaramaz hissettirmesi durumunda sihirli bir biçimde işe yarar. Tipik kalıp şöyle işler: Sızlanan kişi birisi veya bir şey hakkında size şikayette bulunur. Yardımcı olabilmek için samimi bir istek duyarak bir öneride bulunursunuz. Karşınızdaki sizi hemen susturur ve şikayete devam eder. Kendini gergin ve yetersiz hisseder ve daha çok çalışarak yeni bir öneride bulunursunuz. Aynı cevabı alırsınız. Her konuşmadan kaçmaya çalıştığınızda diğer kişi vazgeçtiğinizi ima eder ve kendinizi suçluluk nehrinde sürükleniyor bulursunuz.

Shiba liseyi bitirdiğinde annesiyle yaşıyordu. Annesini seviyordu, ancak, onun parasızlık, boşanma gibi konularla ilgili nutuklarını o kadar dayanılmaz buluyordu ki tedavi için başvurdu. Ona ilk seansta sızlanma karşıtı yöntemi öğrettim: Annesi ne derse desin, Shiba bir öğüt vermek yerine *hemfikir* (silahsızlandırma tekniği) olmanın bir yolunu bulmalıydı ve gerçekte övecek bir şeyler söylemeliydi. Shiba başlangıçta bu yöntemi şaşırtıcı ve hatta garip buldu, çünkü onun geleneksel yaklaşımından radikal biçimde farklıydı. Aşağıdaki diyalogda, ben Shiba rolünü oynarken, onun da anne rolünü oynamasını istedim, böylece ona tekniği gösterebilecektim:

Shiba (annesi olarak): Boşanma işlemleri sırasında babanın işindeki payının satışı konusununun gündeme geldiğini ve bunu son öğrenen kişinin ben olduğunu biliyor muydun?

David (Shiba olarak): Tamamen doğru. Boşanma işlemlerine kadar bu konuda bir şey duymadın. Gerçekten de daha iyisini hak ediyordun.

Shiba: Para konusunda ne yapacağımızı bilmiyorum. Kardeşlerini koleje nasıl gönderebileceğim?

David: Bu bir sorun. Paradan yana sıkıntıdayız.

Shiba: Tam da babanın tarzı. Kafası hiç çalışmıyor.

David: Bütçe yapma konusunu hiç bir zaman beceremedi. Sen her zaman ondan daha iyiydin.

Shiba: İşe yaramazın biridir! İşte, şimdi yoksulluğun sınırındayız. Hastalanırsak ne olacak? Sonumuz fakirler evinde olacak!

David: Haklısın! Fakirler evinde yaşamak *hiç de* eğlenceli değil. Seninle tamamen aynı fikirdeyim.

Shiba annesi rolündeyken; onunla hep hem fikir olduğum için şikayet etmenin eğlenceli olmadığını söyledi. Rolleri değiştik, böylece teknikte ustalaşabildi.

Şikayet eden kişilere monoton etkileşimlerini sürdürme konusunda yardımcı olan aslında sizin teşviğinizdir. Paradoksal olarak; onların karamsar sızlanmalarıyla hem fikir olduğunuzda bu davranışı hemen terkederler. Bunun açıklaması belki daha az şaşırtıcı olacaktır. Bir insan sızlandığında ve şikayet ettiğinde kendisini huzursuz, güvencesiz ve ezik hissediyordur. Onlara *yardım etmeye* çalıştığınızda, bir şeyi uygun biçimde halledemediklerinin ima edildiğini inandıklarından, kendilerini eleştirilmiş hissederler. Aksine; onlarla hemfikir olduğunuzda ve bir de iltifat kattığınızda, kendilerini onaylanmış hissederler ve genellikle gevşer ve sessizleşirler.

5- *Moorey Sızlanma Yöntemi* Bu teknik , Filadelfiya'da grubumuzda çalışan ve 1979 yazında terapi seansları sırasında yanımda bulunan parlak bir İngiliz tıp fakültesi öğrencisi Stirling Moorey tarafından işe yarar biçimde değiştirilmiştir. Harriet adlı elli iki yaşında kronik ve şiddetli depresyonu olan bir heykeltraşla çalışıyordu. Harriet'in sorunu; kulağını dedikodularla ve kişisel sorunlarla dolduran arkadaşlarıydı. Aşırı empati kapasitesi nedeniyle bu sorunları çok üzücü buluyordu. Arkadaşlarına nasıl yardım edeceğini bilemediğinden, "Moorey Sızlanma Yöntemi"ni öğrenene kadar kendini kıstırılmış ve kırgın hissediyordu. Stirling, Harriet'e, insanların söyledikleriyle hemfikir olmanın ve şikayetinde olumlu bir nokta bularak ve bunu yorumlayarak, sızlanan kişiyi bu işten uzaklaştırmanın bir yolunu öğretti. İşte çeşitli örnekler:

1. SIZLANAN: Kardeşim için bu dünyada yapabileceğim ne var? Yine çok bira içiyor.
   CEVAP: Bugünlere çok kişi bira içiyor. Kardeşin halen herkesten farklı sanat çalışmaları yapıyor

mu? Son günlerde önemli bir ödül aldığını duydum.

2. SIZLANAN: Patronum bana terfi vermedi, en son terfim yaklaşık bir ay önceydi. Burada yirmi yıldır çalışıyorum ve sanırım daha iyisini hak ediyorum. CEVAP: Kesinlikle bu işyerinde kıdemin var ve inanılmaz katkıların oldu. Yirmi yıl önce işe ilk başladığın gün nasıldı, anlatsana? İddiaya girerim her şey çok farklıydı.

3. SIZLANAN: Kocam evde hiç yeterli zaman geçirmiyor. Her gece bowling ligi için dışarı çıkıyor. CEVAP: Son zamanlarda sen de bowling oynamıyor muydun? İyi skorlar elde ettiğini duydum!

Harriet, Moorey Sızlanma Yönteminde hızla ustalaştı ve gerçek ve boğucu sorunları halletmek için basit ve etkili bir yöntem öğrendiği için duygudurumunda ve dış görünümünde dramatik bir değişiklik oldu. Bir sonraki seansta, on yıldan fazladır kendisini ciddi biçimde engelleyen depresyonu tamamen düzelmişti. Coşkulu ve neşeliydi ve Stirling'e övgüler yağdırıyordu. Annenizle, kayınvalidenizle veya arkadaşlarınızla benzer sorunlarınız varsa, Stirling'in yöntemini deneyin. Harriet gibi siz de kısa süre içinde gülümsemeye başlayacaksınız.

6- Perspektif Geliştirmek, Suçluluk duygusuna yola açan en yaygın çarpıtmalardan biri kişiselleştirmedir- diğer insanların duygularından ve eylemlerinden veya doğal olarak oluşan olaylardan kendinizi nihai sorumlu hissetme şeklinde yanlış bir kavram. Belirgin bir örnek şöyle olabilir: Klubünüzün emekli olmuş başkanının onuruna organize ettiğiniz büyük piknik gününde beklenmedik biçimde yağmur yağdığında hissettiğiniz suçluluk duygusu! Bu durumda bu saçma tepkinizi çok çaba sarf etmeden değiştirebilirsiniz, çünkü havayı kontrol edemezsiniz.

Birisi önemli ağrı ve rahatsızlıktan yakındığında ve bunun sizinle yaşadığı kişisel etkileşimin sonucu olduğu konusunda ısrarcı olduğunda suçlulukla baş etmek çok daha zor olur. Böylesi durumlarda, gerçek anlamda sorumluluğu nereye kadar alabileceğinizin netleştirilmesi yararlı olabilir. Sizin sorumluluğunuz nerede bitiyor ve diğerininki nerede başlıyor? Bunu teknik adı "üzerinden atma'dır" , ancak siz bir şeyleri perspektif içine sokmak olarak da adlandırabilirsiniz.

Bunun nasıl işe yaradığını görelim Jed hafif depresyon geçirmekte olan bir lise öğrencisidir, ikizi Ted ise şiddetli depresyonu nedeniyle okulu bırakmış, ve herşeyden elini ayağını çekmiş bir halde ailesiyle yaşamaktadır. Jed kardeşinin depresyonu nedeniyle suçluluk hissetmektedir. Niçin? Jed her zaman kardeşinden daha yakın ve daha çalışkan olmuştu. Sonuç olarak, erken çocukluk döneminden beri Ted'den daha iyi notlar almış ve daha çok arkadaşı olmuştu. Jed keyif aldığı sosyal ve akademik başarısının kardeşinin kendisini aşağılık hissetmesine ve her şeyi terk etmesine neden olduğu mantığını yürütüyordu ve Ted'in depresyonunun nedeni olduğu sonucuna varmıştı.

Jed, bu düşünceler zincirini öyle mantıksız bir uç noktaya getirmişti ki kendini depresif hissederek, bir tür ters psikoloji yoluyla Ted'in kendini depresif ve alçak hissetmesini durdurmaya yardım edebileceği hipotezini öne sürmeye başladı. Tatillerde eve gittiğinde olağan sosyal aktivitelerden kaçındı, akademik başarılarını küçümsedi ve kardeşinin hissettiği hüznü vurguladı.

Jed bu planı o kadar ciddiye aldı ki; ona öğretmeye çalıştığım duygu durum kontrol tekniklerini uygulamakta çok tereddüt etti. Daha iyi hissetmekten dolayı suçluluk duyduğu ve iyileşmesinin Ted üzerinde haraplayıcı etkisi olacağından korktuğu için başlangıçta *dirençliydi.*

Pek çok kişiselleştirme hatası gibi, Jed'in kardeşinin depresyonun onun hatası olduğu şeklindeki acı verici yanılsaması yarı doğru şeylerin inadırıcı olmasına neden oluyordu. Kardeşi erken çocukluk döneminden beri kendini yetersiz ve aşağılık hissediyordu ve Jed'in başarısı ve mutluluğu bazı kıskançlıklara ve gücenmelere neden olmuş olabilirdi. Ancak çok önemli sorular şunlardı: Bunun sonucu olarak, kardeşinin depresyonuna Jed mi *neden olmuştu* ve Jed kendini kötü hale koyarak bu durumu etkin biçimde tersine çevirebilir miydi?

Şekil 8-4

Otomatik düşünceler	Bilişsel çarpıtmalar	Mantıksal tepkiler
1- Erken çocukluk döneminden beri ilişkimize bağlı olarak Ted'in depresyonunun kısmi nedeni benim. Her zaman daha çok çalıştım ve daha başarılı oldum.	1- Sonuçlara varmak (zihin okuma) kişiselleştirme	1- Ben Ted'in depresyonunun nedeni değilim. Depresyona neden olan Ted'(in mantıksız düşünce ve tutumları. Alabileceğim tek sorumluluk. Ted'in olumsuz ve çarpıtılmış olarak algıladığı bir ortamın parçası olmaktır.
2- Ted evde hiçbir şey yapmazken ona iyi vakit geçirdiğimi söyleseydim Ted'in üzülebileceğini hissederim.	2- Sonuçlara varmak (falcılık hatası)	2- Kendimi daha iyi hissettiğimi ve iyi vakit geçirdiğimi bilmek Ted'e umut verebilir, onu neşelendirebilir. Sefil gibi davranmam ise, onun umudunu tükettiğinden onu daha da depresif yapar.
3- Ted hiçbir şey yapmadan oturuyorsa bu durumu düzeltmek benim sorumluluğum.	3- Kişiselleştirme	3- Onu bir şeyler yapmaya teşvik edebilirim, ancak onu zorlayamam. Sonuçta bu onun sorumluluğu.
4- Kendim için bir şey yapacağım Depresyonda olmam ona yardımcı olacak.	4- Sonuçlara varmak (zihin okuma)	4- Eylemlerim onunkilerden tamamen bağımsız. Depresyonumun ona yardımcı olacağını düşünmek için bir neden yok. Buna engel olmak istemediğini bile söyledi. Düzeldiğimi görürse cesaretlenebilir. Mutlu olabileceğimi göstererek onun için iyi bir model olabilirim. Hayatımı baştan savma yaşayarak onun yetersizlik duygusunu ortadan kaldıramam.

Rolünü daha nesnel biçimde değerlendirebilmesine yardım etmek için Jed'e üçlü sütun tekniğini kullanmasını önerdim (Şekil 8-4). Bu egzersizin sonucunda, suçluluk duygularının kendine zarar verdiğini ve mantıksız olduğunu görebildi. Ted'in depresyonunun ve aşağılık duygusunun nedeninin, kendi mutluluğu veya başarısı değil, Ted'in çarpıtılmış düşünceleri olduğu mantığını yürütmeye başladı. Jed'in bu durumu kendini sefil hale koyarak düzeltmeye çalışması, ateşe benzin dökmek kadar mantıksızdı. Jed bunu fark ettiğinde, suçluluğu ve depresyonu ortadan kalktı ve kısa zamanda normal işlevselliğine döndü.

III

"GERÇEKÇİ" DEPRESYONLAR

Bölüm 9

Üzüntü Depresyon Değildir

"Dr. Burns, çarpıtılmış düşüncelerin depresyonun tek nedeni olduğunu iddia ediyor gibisiniz. Peki ya problemlerim gerçekse?" sorusu, seminerlerde ve bilişsel terapi çalışma gruplarında en çok karşılaştığım sorulardan biri. Birçok hasta tedavinin başında bunu sorar ve bir sürü "gerçek depresyon" olduğuna inandıkları "gerçek" nedenleri sıralarlar. Bunların en yaygın olanları:

- iflas ya da yoksulluk
- yaşlılık (bazı kişiler bebeklik, çocukluk, ergenlik, genç erişkinlik, orta yaş dönemlerini kaçınılmaz bir kriz dönemi olarak tanımlarlar)
- yaşam boyu sürecek bir bedensel engel,
- ölümcül bir hastalık,
- sevilen birinin trajik kaybı

Listeye daha eklemeler yapabileceğinize eminim. Ancak yukarıdakilerden hiçbiri "gerçekçi depresyon"a neden olmaz. Aslında öyle bir şey de yoktur! Buradaki asıl soru, istenen ve istenmeyen olumsuz duygular arasındaki çizgiyi nasıl çizeceğimizdir. "Sağlıklı üzüntü" ile depresyon arasındaki fark nedir?

Ayrım basittir. Üzüntü, kaybı veya hayal kırıklığı yaratan olumsuz bir olayı çarpıtmadan tarif eden gerçekçi algılar tarafından yaratılan, normal bir duygudur. Depresyon ise, her zaman, bir şekilde çarpıtılmış düşüncelerin neden olduğu bir hastalıktır. Örneğin, sevdiğiniz biri ölünce, haklı olarak "Onu kaybettim, paylaştığımız dostluğu ve sevgiyi özleyeceğim" diye düşünürsünüz. Bu düşüncenin yarattığı duygular dokunaklı, gerçekçi ve istenen duygulardır. Duygularınız insanlığınızı kuvvetlendirip hayatınıza derinlik katar. Bu sayede kaybınızdan *kazanırsınız.*

Bunun aksine, kendinize "Bir daha asla mutlu olamayacağım; çünkü, o öldü. Bu haksızlık." diyebilirsiniz. Bu düşünceler kendinize acıma ve umutsuzluk duygunuzu tetikleyecektir. Bu duygular da tamamen çarpıtmaya dayalı olduğu için sizi yenecektir.

Bir kayıp ya da sizin için önemli bir kişisel hedefe ulaşma çabalarınızdaki başarısızlığın ardından depresyon ya da üzüntü gelişebilir. Üzüntü, çarpıtma olmaksızın gelir. Bir duygu akışı vardır ve belli bir zaman sınırı da içerir. Hiçbir zaman özgüveninizin azalmasını getirmez. Depresyon ise donmuştur - sürekli olma ya da sürekli tekrar etme eğilimini ve her zaman kendine güvenin kaybedilmesini getirir.

Depresyon, net olarak sağlığın bozulması, sevilen birinin kaybı, ya da bir iş başarısızlığı gibi belirgin bir stresin ardından ortaya çıkmışsa, buna "reaktif depresyon" diyoruz. Bazen, bu dönemi tetikleyen stresli olayı belirlemek daha zor olabilir. Bu tip depresyonlara genelde "endojen" denir; çünkü, belirtiler havadan gelmiş gibidir. Her iki durumda da depresyonun nedeni benzerdir – çarpıtılmış ve olumsuz düşünceleriniz. Hiçbir uyumlu ve olumlu fonksiyonu olmadığı gibi, acı çekmenin en kötü cinslerinden biridir. Bundan sıyrıldığınızda elinize tek kalan, bu tecrübe ile biraz daha yıpranmış olmanızdır.

Demek istediğim şu: Gerçekten olumsuz bir olay olduğunda, duygularınız, düşünceleriniz ve algılarınızla şekillenecektir. Hisleriniz, olanlara yüklediğiniz anlamlardan oluşacaktır. Çektiğiniz acının önemli bir kısmı düşüncelerinizdeki çarpıtmalar yüzünden olacaktır. Bu çarpıtmalardan kurtulduğunuzda, "gerçek problemle" uğraşmanın daha az acı verici olduğunu göreceksiniz.

Bunun nasıl işlediğine bakalım: Gerçekçi olduğu net olan problemlerden biri ciddi bir hastalık; örneğin, habis ur gerçekçi olduğu net olan bir problemdir. Ailesi ve arkadaşlarının, hasta kişinin depresyona girmesini normal kabul etmesi bir şanssızlıktır, çoğunlukla geri dönüşü olabilen bu depresyonun nedenini araştırmazlar. Aslında, tedavisi en kolay depresyonlardan biri muhtemel bir ölümü bekleyen insanlarınkidir. Neden mi? Bu cesur insanlar hayat tarzları sefalet olmayan "süper başa çıkıcılar"dır. Kendilerine, yapabilecekleri her yardımı yapmaya isteklidirler. Bu kişiler, geri dönüşü olmayan ve gerçek zorlukları, kişisel gelişim için bir fırsata dönüştürürler. Bu nedenle, "gerçekçi depresyon" kavramından nefret ediyorum. Depresyonun gerekli olduğu tutumu, bana, yıkıcı, insanlık dışı ve kısıtlayıcı edici geliyor. Şimdi bazı detaylara girelim ve kendiniz karar verin.

Hayat kaybı: Naomi, doktordan göğüs röntgeninde bir "nokta" görüldüğü raporunu aldığında kırklı yaşların ortalarındaydı. Doktorlara gitmenin başına bela aramak demek olduğuna inandığından, bu raporun kontrolüne gitmeyi aylarca sürüncemede bıraktı. Acılı bir biyopsi habis hücrelerin varlığını doğruladı ve ardından yapılan akciğer biyopsisi kanserin çoktan yayılmış olduğunu gösterdi.

Bu haber Naomi ve ailesinde, bomba etkisi yarattı. Aylar geçtikçe, Naomi zayıf düşmüş hali için iyice ümitsizliğe kapılmıştı. Neden? Hastalığın ya da kemoterapinin neden olduğu fiziksel rahatsızlıktan öte – evet, bunlar oldukça rahatsızlık vericiydi - onun kimliği ve gururu için çok şey ifade eden günlük aktivitelerden vazgeçmesine neden olan, zayıf hissettiği gerçeği yüzünden. Artık evde iş yapamıyordu (şimdi eşi günlük işleri yapmak zorundaydı) ve iki yarı zamanlı işini bırakmak zorunda kalmıştı – ki bunlardan biri görme engelliler için gönüllü okumaydı.

"Naomi'nin problemleri gerçek. Acısı çarpıtmalardan kaynaklanmıyor. Durumdan kaynaklanıyor." diye ısrar edebilirsiniz. Ama depresyonu o kadar kaçınılmaz mıydı?

Naomi'ye etkinliklerinin azalmasının neden onu bu kadar altüst ettiğini sordum. Ona, "otomatik düşünceler" kavramını anlattım ve o da şu olumsuz bilişleri yazdı: (1)Topluma bir katkıda bulunmuyorum; (2)Kendi ölçülerime göre başarılı olmadığımı düşünüyorum. (3)Aktif eğlenceye katılamıyorum ve (4)Eşimin sırtında bir yüküm. Bu düşüncelere eşlik eden duygular: öfke, üzüntü, hayal kırıklığı ve suçluluktu.

Yazdıklarını gördüğümde kalbim sevinçten yerinden fırlayacaktı. Bunlar hergün gördüğüm, fiziksel olarak sağlıklı depresif hastalarımınkilerden farklı değildi. Naomi'nin depresyonu habis tümörden değil, değerini ürettiği ile ölçmesine neden olan habis *tutumdan* kaynaklanıyordu! Kişisel değerini her zaman başarısıyla eşit tuttuğundan, kanser ona "Sen artık bittin. Çöpe atıldın." diyordu. Bu bana müdahale fırsatı verdi!

Ona, doğum anından ölüm anına kadar kişisel değerinin bir grafiğini yapmasını istedim (bkz. Şekil 9-1.). Değerini, 100'lü hayali bir ölçek üzerinden 85 olarak sabit görüyordu. Aynı dönem için bir de "verimlilik"ini belirlemesini istedim. Bebeklikte düşük olup erişkinlikte tepe noktasına erişen ve daha ileride tekrar düşen bir eğri çizdi (Şekil 9-1). Buraya kadar çok iyi. O anda iki şeyi farketti. Birincisi, hastalığı verimliliğini azaltmasına rağmen, kendisine ve ailesine hala birçok küçük ama önemli ve değerli katkılarda bulunuyordu. Sadece "ya hep ya hiç" düşüncesi ona, katkısının sıfır olduğunu düşündürebilirdi. İkincisi ve daha da önemlisi, kişisel değerinin sabit ve düzenli olduğunun farkındaydı; bunun onun başarılarına endeksli olmadığı açıktı. Bu da insan olarak değerinin kazanılmasının gerekmediği, zayıf haliyle de aynen değerli olduğu anlamına geliyordu. Yüzünü bir gülümseme kapladı, ve o anda depresyonu eridi gitti. Bu küçük mucizeye tanık olmak ve rol almak benim için gerçek bir mutluluktu. Tümörü yok etmedi, ama kaybettiği özgüvenini yeniden kazandırdı, ve hislerindeki tüm farklılığı yaratan da buydu.

Şekil 9.1.

Özgüven – Bir insan olarak değerlilik

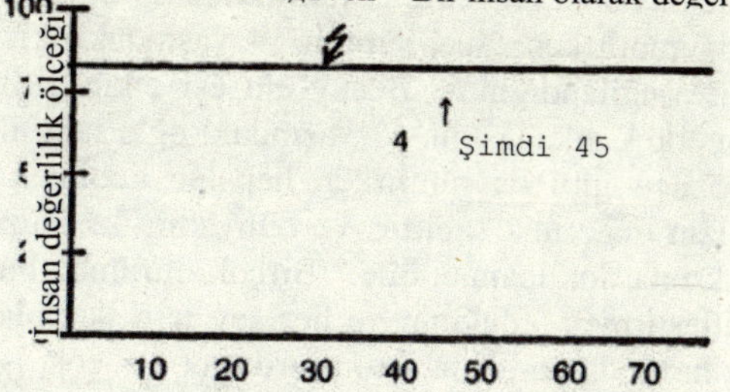

Topluma, aileye ve benliğe toplam katkı

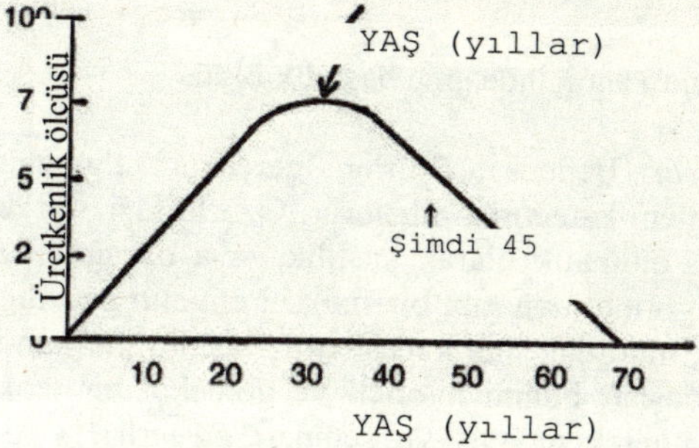

Naomi bir hasta değildi, 1976 kışında Kaliforniya'da tatil yaparken konuştuğum bir kişiydi. Ondan, kısa süre sonra sizle burada paylaşmak istediğim bir mektup aldım.

David,

Geçen mektubuma oldukça gecikmiş ama gerçekten önemli bir dipnot. Yaptığınız o küçük verimlilik ile özdeğer ve özgüven grafikleri ya da her ne derseniz, beni ayakta tutan şey oldular ve onları özgürce, istediğim dozda alabiliyorum. Beni, doktora yapmama gerek kalmadan bir psikoloğa çevirdi. Bunun insanları canını sıkan ve rahatsız eden birçok şeyde işe yaradığını gördüm. Bu fikirleri bazı arkadaşlarımın üzerinde de denedim. Stephanie'ye, yaşı kendisinin üçte biri olan bir sekreter tarafından bir mobilya parçası gibi davranılırken; Sue, sürekli 14 yaşındaki ikizleri tarafından aşağılandığında, Becky'nin eşi çıkıp gittiğinde, Ilga'ya erkek arkadaşının 17 yaşındaki oğlu tarafından bir arabozucu gibi davranılırken hepsine dedim ki: "Evet, ama sizin değeriniz sabittir, ve dünyanın üzerinize yığdığı çöplük ona dokunamaz bile." Birçok durumda bunun bir "basitleştirme" olduğunu ve her şey için ilaç olamayacağının farkındayım, ama çok yardımcı ve çok işe yarıyor!

Tekrar teşekkürler.

Sevgiyle.

Naomi

Altı ay sonra acı içinde ama başı dik öldü.

Uzuv kaybı: Bedensel özürler "gerçekçi" algılanan ikinci bir problem kategorisi oluşturur. Özürlü kişi –ya da aile bireyleri-, otomatik olarak yaşlılık veya bacağın kesilmesi ya da görme özrü gibi bir fiziksel engelin getirdiği kısıtlamaların, mutluluk için kapasitemizi azalttığını kabul ederler. Arkadaşlar, bunun insancıl ve gerçekçi bir tepki olduğunu düşünerek anlayış ve sempati gösterirler. Aslında, durum bunun tam tersi de olabilir. Duygusal acının, çarpıtılmış bir bedenden değil, çarpıtılmış düşüncelerden kaynaklanması da olasıdır. Bu durumda, sempatik bir tepki, kendine acıma hissini güçlendirme ya da özürlü kişinin diğerlerinden daha az mutluluk ve tatmine mahkum olduğu tutumu gibi istenmeyen bir etki de yaratabilir. Tersine, özürlü kişi ya da aile bireyi düşüncelerindeki çarpıtmaları düzeltmeyi öğrendiğinde, genellikle dolu ve tatminkar bir duygusal hayata kavuşulur.

Örneğin; Fran, 35 yaşında evli, iki çocuk annesi, eşinin omurilik zedelenmesinden sonra sağ bacağının tedavi edilemeyecek biçimde felçli kalmasıyla depresyon belirtileri yaşamaya başlamış bir kadındı. Altı yıl boyunca gittikçe artan umutsuzluğundan kurtulmanın yollarını aradı ve hastanelerde ve dışarıda antidepresanlar ve elektroşok terapisi de dahil olmak üzere birçok tedavi gördü. Hiçbiri işe yaramadı. Bana geldiğinde şiddetli depresyondaydı ve problemlerinin çözümsüz olduğunu düşünüyordu.

Gözyaşları içinde eşinin azalan hareket kabiliyeti ile başa çıkabilmeye uğraşırken yaşadığı kaygıları anlatıyordu.

"Diğer çiftleri bizim yapamadığımız şeyleri yaparken gördüğümde gözlerime yaşlar doluyor. Yürüyüş yapan, havuza ya da denize atlayan, birlikte bisiklete binen çiftlere her baktığımda bu bana acı veriyor. Bu gibi şeyleri John ile birlikte yapabilmemiz oldukça zor. Onlar ise bunu, eskiden bizim yaptığımız gibi normal karşılıyor. Şimdi bunları yapabilmek harika olurdu. Ama siz de, ben de, John da biliyoruz ki, yapamayız."

Başlarda, ben de Fran'in problemlerinin gerçekçi olduğunu düşünmüştüm. Ne de olsa, çoğumuzun yapabildiği bir çok şeyi yapamıyorlardı. Aynı şeyler, yaşlı insanlar, görme ya da duyma özürlüler, ya da bir uzvunu kaybetmiş olanlar için de geçerliydi.

Aslında, düşünecek olursak hepimizin bazı engelleri var. O halde belki hepimiz çok kötü hissetmeliyiz? Bu kafama takılmışken, birden Fran'in çarpıtmasını fark ettim. Ne olduğunu biliyor musunuz? Sayfa 207 daki listeye bakın. Bakalım, bulabilecek misiniz? Evet, Fran'i gereksiz mutsuzluğuna iten çarpıtmasının nedeni zihinsel süzgeçti. Fran yapamayacağı her aktiviteyi seçip onun üzerinde uğraşıyordu. Aynı zamanda John ile birlikte yapabileceği bir sürü şey aklına gelmiyordu. Hiç şüphesiz hayatının boş ve anlamsız olduğunu düşünüyordu.

Çözümün şaşırtıcı derecede kolay olduğu ortaya çıktı. Fran'e şunu söyledim: "Farzedelim iki seans arasında evde, John'la birlikte yapabileceğin şeylerin listesini yaptın. İkinizin yapamayacağı şeyler yerine, yapabileceğiniz şeylere odaklan. Örneğin, ben aya gitmek isterdim, ama astronot olmadığım için böyle bir imkanı elde etmem pek mümkün görünmüyor. Şimdi, eğer ben bu mesleğimle ve bu yaşımla aya gitmemin mümkün olamayacağı gerçeğine odaklanırsam, altüst olabilirim. Diğer taraftan, yapabileceğim bir sürü şey var; bunlara odaklanırsam, hayal kırıklığı yaşamam. Şimdi, bir çift olarak senin ve John'un yapabileceği şeyler nelerdir?

Fran: Hala birbirimizin dostluğundan zevk alıyoruz. Yemeğe çıkıyoruz ve kanka olduk.

David: Tamam, başka?

Fran: Arabayla geziyoruz, iskambil oynuyoruz. Filmler, tombala. Bana araba kullanmayı öğretiyor. Film izliyoruz tombala oynuyoruz.

David: Gördün mü, otuz saniyeden az bir zamanda birlikte yapabildiğiniz altı şey sıraladın bile. Bu listeye devam etmen için, sana bir sonraki seansa kadar zaman verdim. Kaç madde yazabileceğini düşünüyorsun?

Fran: Bir sürü. Hiç düşünmediğimiz fikirler de bulabilirim, belki yamaç paraşütü gibi uçuk birşey.

David: Tamam. Birkaç tane daha maceracı fikir bulabilirsin. John ile yapamayacağınızı düşündüğünüz birçok şeyi aslında yapabileceğinizi aklında tut. Örneğin, plaja gidemeyeceğinizi söyledin. Yüzmeye gitmeyi ne kadar çok istediğini de söyledin. Biraz daha sakin bir plaja gidemez misiniz, hem bu kadar utanmazsında. Ben plajda olsaydım ve sen de John ile orada olsaydın, onun engeli benim için tek bir fark bile yaratmazdı. Aslında, daha geçenlerde eşim ve ailemle Kaliforniya'daki Tahoe gölünün kuzey kıyısında güzel bir plaja gittik. Yüzerken birden kendimizi çıplaklar kampının önlerinde bulduk, ve üzerinde giysi olmayan bir sürü genç insan vardı. Tabi ki, durup onlara bakmadım, bunu anlamanı istiyorum. Ama buna rağmen genç bir adamın sağ dizinden aşağısının olmadığını farkettim, ve o da oturmuş diğerleriyle eğleniyordu. Yani birinin sakat ya da eksik uzuvlu olması yüzünden plaja gidip eğlenemeyeceğine çok da ikna olmadım. Sen ne düşünüyorsun?

Bazıları bu kadar "zor ve gerçek" bir problemin, ya da Fran'inki gibi ciddi bir depresyonun bu kadar basit bir müdahale ile bu kadar kolay çözülebileceği fikriyle alay edebilirler. Gerçekten de Fran rahatsız edici fikirlerinin tamamen kaybolduğunu ve seansın sonunda yıllardan beri bu kadar iyi hissetmediğini belirtmiştir. Bu düzelmeyi korumak için, düşünce paternlerini sürekli olarak değiştirme çabasını göstermelidir, böylece çapraşık bir zihinsel ağ örmek ve bu tuzağa düşmek gibi kötü bir huydan da kurtulabilir.

İş kaybı: Birçok insan, iş değişikliğini ya da geçim kaynağını kaybetmenin, batı kültüründe yer alan kişinin değeri ve mutluluk kapasitesinin direkt olarak mesleki başarıya bağlı olduğu varsayımı yüzünden, insanı potansiyel olarak aciz bıraktığını düşünür. Bu değer yargısına bakarak, duygusal depresyonun maddi kayıp, iş başarısızlığı ya da iflasla bağlantılı olduğunu düşünmek çok açık ve gerçekçi olacaktır.

Eğer böyle düşünüyorsanız, Hal hakkında birşeyler öğrenmek isteyeceğinizi düşünüyorum. Hal onyedi yıl eşinin babasıyla başarılı bir şirkette çalışmış, kırk beş yaşında, üç çocuk babası bir adamdı. Bana tedavi için başvurmadan üç yıl once, kayınpederi ile şirketin yönetimi hakkında birçok fikir ayrılığına düşmüşlerdi. Hal bir anda, şirketteki tüm haklarından vazgeçerek istifa etti. Sonraki üç yıl, birkaç iş değiştirdi ama tatmin edici bir iş bulmakta zorlandı. Hiçbirşeyi başaramamış görünüyordu ve kendini tam bir başarısızlık örneği olarak nitelendiriyordu. Eşi, ay sonunu getirebilmek için çalışmaya başladı, ve bu Hal'ın utancını daha da arttırdı çünkü her zaman ekmek getiren kişi olmakla övünürdü. Aylar, yıllar geçtikçe, maddi durumu iyice kötüye gitti, ve özgüveninin dibe vurmasıyla artan bir depresyona girdi.

Hal ile ilk karşılaştığımda, bir emlak satış ofisinde üç aydan beri çalışmaya gayret ediyordu. Birçok bina kiralamış ama henüz bir satışı sonlandıramamıştı. Katı bir komisyon bazında çalıştığı için bu dönemdeki geliri oldukça düşüktü. Depresyon ve sürekli sürüncemede bıraktığı şeylerle başı dertteydi. Bazen evde bütün gün yatakta yatar, kendi kendine "Ne gereği var? Ben bir hiçim. İşe gitmenin bir manası yok. Böylece yatmak daha az acı veriyor." diye düşünürdü.

Hal, Pensilvanya Üniversitesindeki eğitim programımızda yer alan psikiyatrik hastalarının, psikoterapi seanslarımızdan birini tek taraflı aynadan izlemeleri için izin verdi. Bu seans sırasında, Hal kulüpteki soyunma odasındaki bir sohbeti anlattı. Durumu iyi olan bir arkadaşı Hal'a bir binayı almakla ilgilendiğini söylemişti. Bunu öğrenince sevinçten zıpladığını düşünüyorsunuz belki; çünkü, bu satıştan gelecek komisyon işinde, güveninde ve banka hesabında çok da gerekli olan bir patlama yaşatacaktı. İletişimi sürdürmek yerine, Hal işi haftalarca sürüncemede bıraktı. Neden mi? "Ticari emlak satmak karmaşık bir iş. Bunu daha önce hiç yapmadım. Belki de son dakikada vazgeçecek. Bu da bu işi beceremediğimi gösterecek. Bu da benim bir hiç olduğum demek olacak." diye düşünüyordu da ondan.

Daha sonra, seansı izleyenlerle değerlendirirken, onlara Hal'ın kötümser, kendine zarar verici tavrı hakkında ne düşündüklerini sordum. Onlar da Hal'ın aslında satışta yeteneği olduğunu ama kendine gerçek dışı bir şekilde çok katı davrandığını söylediler. Bunu, bir sonraki seansta silah olarak kullandım. Hal de kendine, başkalarına olduğundan çok daha eleştirel davrandığını kabul etti. Örneğin, bir arkadaşı büyük bir satışı kaçırsa sadece "Bu dünyanın sonu değil. Denemeye devam et." derdi. Ama kendine olunca "Ben bir hiçim!" diyordu. Aslında, Hal çifte standard uyguluyordu - başkalarına karşı toleranslı ve destekleyici, kendine karşı ise katı, eleştirel ve cezalandırıcı. Sizde de aynı eğilim olabilir. Hal, önce, bu çifte standardı kendisine yararlı olacağını söyleyerek savundu.

Hal: Öncelikle, başka biri için taşıdığım sorumluluk, kendim için taşıdığımla aynı değil.

David: Tamam. Biraz daha anlat.

Hal: Eğer onlar başaramazsa, bu benim elimden kaçmış bir kazanç ya da ailemde oluşacak negatif bir düşünce olmayacaktır. Onlarla ilgilenmemin tek nedeni herkesin başarmasına yardım etmenin güzel bir şey olması, ama bazı…

David: Bekle-bekle-bekle! Onlarla ilgileniyorsun çünkü başarmalarına yardım etmek güzel, öyle mi?

Hal: Evet. Dedim ki…

David: Onlara başarılı olmalarına yardımcı olacak bir standard mı uyguluyorsun?

Hal: Evet.

David: Peki kendine uyguladığın standart da başarılı olmana yardımcı edecek mi? "Bir satışı kaçırmam benim beceriksizliğimi gösterir" deyince ne hissediyorsun?

Hal: Cesaretim kırılıyor.

David: Bu faydalı mı?

Hal: Pek de olumlu sonuçlar vermedi, açıkçası hiç de faydalı değil.

David: Peki, "Kaçan bir satış ben başarısızım demektir!" gerçekçi mi sence?

Hal: Hayır, pek değil.

David: Peki neden kendine bu "ya hep ya hiç" standardını uyguluyorsun? O kadar da aldırmadığın diğer insanlara yararlı ve gerçekçi standartları uygularken, yıkıcı ve acı veren standartları önemsediğin kendine uyguluyorsun?

Hal de, çifte standart ile yaşamanın kendisine yardımcı olmadığını görmeye başlamıştı. Kendisini, başka hiç kimseye uygulamayacağı katı kurallarla yargılıyordu. İlk başta bu eğilimini - birçok mükemmeliyetçinin yaptığı gibi - kendine karşı başkalarına olduğundan daha katı olmanın işe yarayacağını söyleyerek savunuyordu. Sonra, kişisel standartlarının gerçek dışı ve yıkıcı olduğunu kabul etti; çünkü, binayı satmaya çalışır ve başaramazsa bunu bir felaket olarak görecekti. Bu "ya hep ya hiç" diyen kötü huyu, onu felç eden ve denemesini engelleyen korkunun anahtarıydı. Sonuçta zamanının çoğunu yatakta geçirir olmuştu.

Hal, bu mükemmeliyetçi çifte standardından kurtularak, kendi de dahil olmak üzere herkesi, tek bir objektif standart ile değerlendirebilmek için bir kılavuz istedi. İlk adım olarak, otomatik düşünce - mantıklı tepki tekniğini kullanmasını önerdim. Örneğin, işi erteleyerek evde oturuyorsa "Eğer işe gidip bütün gün kalıp tüm işlerimi tamamlamayacaksam, denemeye gerek bile yok. Böylece yatakta yatarım, daha iyi." diye düşünüyor olabilir. Bunu bir yere yazdıktan sonra, bunun yerine mantıklı bir tepki koyabilir: "Bu ya hep ya hiç düşüncesi bir saçmalık. Yarım gün bile işe gitmek önemli bir adımdır ve benim daha iyi hissetmemi sağlayabilir."

Hal, gelecek seanstan önce kendini değersiz ve kötü hissettiği zamanlarda bazı altüst edici düşünceleri yazmayı kabul etti. (Şekil 9-2) İki gün sonra işvereninin gönderdiği işten çıkarılma kağıdı eline ulaştı ve ertesi seansta özeleştirel düşüncelerinin tutarlı ve gerçekçi olduğuna kesin ikna olmuş geldi. Tek bir mantıklı tepki bulamamıştı. Bu haber, işe gitmedeki başarısızlığının işten atılmasını gerektirdiğini gösteriyordu. Seansta, eleştirel sesiyle nasıl konuşacağını öğrenebileceğini tartıştık.

Şekil 9-2. Hal'in özeleştirel düşüncelerini kayıt ettiği ve çürütmeye çalıştığı meydan okuma ödevi. Mantıklı Tepkileri terapi seansı sırasında yazdı.

Negatif Düşünceler (Özeleştiri)	**Mantıklı Düşünceler (Özsavunma)**
1. Ben tembelim.	1. Hayatımın çoğunda çok çalıştım.
2. Hasta olmaktan zevk alıyorum.	2. Hiç de eğlenceli değil.
3. Yetersizim. Başarısızım.	3. Belli bir başarı elde ettim. İyi bir evimiz oldu. Üç harika çocuk büyüttük. İnsanlar beni takdir ediyor ve seviyor. Toplum için aktivitelere katıldım.
4. Böyle hiçbirşey yapmadan yatmak tam bana gore.	4. Bir hastalığın belirtilerini yaşıyorum. Bu "gerçek ben" değil.
5. Daha iyisini yapabilirdim.	5. En azından birçok başka insandan daha çok şey yaptım, "daha fazlasını yapabilirdim" demek manasız ve amaçsız, çünkü herkes bunu söyleyebilir.

David: Tamam, şimdi negatif düşüncelerine bazı yanıtlarını Mantıklı Tepki sütununa yazabiliyor muyuz bakalım. Geçen seans konuştuklarımız doğrultusunda bir yanıt düşünebiliyor musun? "Ben yetersizim" ifadeni ele alalım.

Bunun ya hep ya hiç düşüncenden ve mükemmeliyetçi standartlarından kaynaklanma ihtimali var mı?

Rol değişimi yaparsak yanıt sana daha net görünebilir. Bazen başka biriyle objektif olarak konuşmak daha kolaydır. Diyelim ki, sana, senin hikayenle geldim ve eşimin babasının patronum olduğunu söyledim. Üç yıl önce bir kavga ettik. Benden faydalanıldığını düşündüm. Çıkıp gittim çıktım. O günden beri sıkıntılıyım ve işten işe dolaşıyorum. Şimdi de komisyon bazında çalıştığım bir işten atıldım. Bu da benim için gerçek bir çifte yenilgi. Birincisi, bana hiçbir ödeme yapmadılar; ikincisi, o kadar bile etmediğimi düşündüler ve beni işten attılar. Ben de yetersiz olduğum sonucuna vardım – yetersiz bir insanoğlu. Bana ne derdin?

Hal: Eee, ben ... bu noktaya geldiğinize göre, hayatınızın ilk kırk küsur yılı, birşeyler yapıyordunuz demektir.

David: Tamam, Mantıklı Tepki kolonuna yaz bunu. Hayatının ilk kırk yılında yaptığın bütün güzel, yeterli şeylerin bir listesini yap. Para kazandın, başarılı çocuklar yetiştirdin, vs.

Hal: İyi. Bazı başarılar edindiğimi yazabilirim. İyi bir evimiz oldu. Üç harika çocuk yetiştirdik. İnsanlar beni takdir ediyor ve saygı duyuyor. Toplum için aktivitelere katıldım.

David: Tamam, bütün yaptığın bu. Bunu nasıl yetersiz olduğun düşüncesi ile bağdaştırıyorsun?

Hal: Ama daha fazlasını yapabilirdim.

David: Harika. İyi noktalarını diskalifiye edecek akıllı bir yol bulabileceğine emindim. Bunu diğer bir negatif düşünce olarak yaz: "Daha fazlasını yapabilirdim". Çok güzel!

Hal: Tamam. Beşinci madde olarak yazdım.

David: İyi, şimdi bunun yanıtı ne? (uzun sessizlik)

David: Nedir? Bu düşüncedeki çarpıtma nedir?

Hal: Sen kurnaz bir herifsin!

David: Yanıt ne?

Hal: En azından başka insanlardan daha çok şey yaptım.

David: Doğru, peki buna yüzde kaç inanıyorsun?

Hal: Yüzde yüz inanıyorum buna!

David: Harika, Mantıklı Tepki sütununa yaz bunu. Şimdi şu "Daha fazlasını yapabilirdim"e geri dönelim. Diyelim ki, sen, milyonlarıyla, milyarlarıyla kulesinde oturan Howard Hughes'sın. Kendini mutsuz etmek için ne söylerdin?

Hal: Düşünmeye çalışıyorum.

David: Yalnızca kağıda yazdığını oku.

Hal: Oh. "Daha fazlasını yapabilirdim."

David: Bunu her zaman söyleyebilirsin, öyle değil mi?

Hal: Evet.

David: İşte bu yüzden ün ve servet kazanmış birçok insan mutsuz. Mükemmeliyetçi standartların bir örneği. Yaparsın, yaparsın, yaparsın, ne kadar başarı kazanırsan kazan, her zaman "Daha fazlasını yapabilirdim" dersin. Bu da kendince bir "kendini cezalandırma" yolu. Aynı fikirde misin?

Hal: Eee, evet, bunu görebiliyorum. Mutlu olmak için birden fazla şey gerekiyor. Eğer iş para olsaydı, o zaman her milyoner, trilyoner mutluluk sarhoşu olurdu. Ama mutlu olmak, kendinle tatmin olmak için paradan daha fazla birşeyler var. Beni felç eden dürtü bu değil. Ben hiçbir zaman paranın peşinde olmadım.

David: Neydi dürtülerin? Bir aile geçindirme dürtün var mıydı?

Hal: Bu benim için önemliydi. Çok önemli. Ve çocukların büyütülmesinde rol aldım.

David: Çocuklarını büyütmek için neler yaptın?

Hal: Onlarla çalışırdım, öğretirdim, oynardım.

David: Nasıl yetiştiler peki?

Hal: Bence harikalar.

David: Şimdi oraya "Ben yetersizim. Ben bir hiçim." yazıyordun. Bunu amacının üç çocuk büyütmek olduğu ve bunu yaptığın fikriyle nasıl bağdaştırıyorsun?

Hal: Yine, sanırım bunu dikkate almadım.

David: Pekiyi, kendini bir hiç olarak nasıl değerlendiriyorsun?

Hal: Para kazanamıyorum... Yıllardır eve yeterli para getiremiyorum.

David: Buna dayanarak kendini "bir hiç" olarak görmen gerçekçi mi? İşte, üç yıldır depresyonda olan bir adam, işe gitmekte zorlanıyor, ve şimdi ona "bir hiç" demek gerçekçi mi yani? Depresyondaki insanlar birer "hiç" midir?

Hal: Eğer depresyona neden olan şey hakkında daha fazla birseyler bilseydim, daha iyi bir yorum yapabilirdim.

David: Depresyonun asıl nedenini bir süre daha bilemeyeceğiz. Ama anladığımız, depresyonun ilk nedeninin kendi kendine söylediğin cezalandırıcı, incitici ifadeler olduğu. Bu eğilim neden bazı insanlarda diğerlerinden daha çok görülüyor, bunu bilmiyoruz. Biyokimyasal ve genetik faktörler henüz çalışılmadı. Büyütülme tarzın da mutlaka bir rol oynuyor ama bunu başka bir seansta konuşabiliriz, istersen.

Hal: Depresyonun asıl nedeni hakkında bir kanıt olmadığına göre, bunun kendisini bir başarısızlık olarak göremez miyiz? Yani, nereden geldiğini bilmiyoruz... Bende bir terslik olmalı... Depresyona neden olacak şekilde kendimi başarısızlığa uğrattığım bir durum.

David: Bunun için bir kanıtın var mı?

Hal: Yok. Sadece bu mümkün.

David: Peki. Bu kadar cezalandırıcı bir varsayım yapmak...*herşey* mümkün. Ama bunun için *kanıt* yok. Hastalar depresyonun üstesinden geldiğinde, eskiden oldukları gibi üretken olabiliyorlar. Bana kalırsa sorun onların bir hiç olmaları olsaydı, depresyonları geçtiğinde hala birer hiç olurlardı. Bana gelen profesörler ve şirket yöneticileri var. Depresyonları yüzünden oturup öylece duvara bakıyorlardı. Depresyonun üstesinden geldiklerinde ise, konferanslar vermeye ve işlerini eskisini gibi idare etmeye başlıyorlardı. Nasıl olur da depresyon onların birer hiç olmalarına bağlıdır diyebilirsin? Bence bunun tam tersi; başarısızlık depresyon yüzünden oluyor.

Hal: Bunu cevaplayamayacağım.

David: Beceriksiz olduğunu söylemen geçici. Bir depresyon geçirdin, ve depresyondaki insanlar depresyonda olmadıkları zamanlardaki kadar iş yapmazlar.

Hal: Demek ki ben başarılı bir depresifim.

David: Doğru! Doğru! Ve başarılı bir depresif olmanın bir parçası da iyiye gitmek demektir. Umarın şu anda yaptığımız budur. Varsayalım, son altı aydır zatürreesin. Hiç para kazanamayacaktın. Yine diyebilirsin, "Ben bir hiçim". Bu gerçekçi olur muydu?

Hal: Bunu nasıl söyleyebilirdim ki? Tabi ki zatürreeyi isteyerek yaratmış olamazdım.

David: Tamam. Aynı mantığı depresyonuna da uygulayabilirsin.

Hal: Evet, anlayabiliyorum. Doğrusu depresyonumun da istekli olarak yaratıldığını düşünmüyorum.

David: Tabi ki öyle olmamıştı. Onu başlatmak istedin mi?

Hal: Yok, yok. Hayır!

David: Bilinçli olarak onu başlatacak birşey yaptın mı?

Hal: Bildiğim kadarıyla hayır.

David: Ve eğer depresyonunun nedenini bilseydik elimizi oraya atabilirdik. Bilmediğimize göre, Hal'ı kendi depresyonu için suçlamamız saçma olur. Bildiğimiz şey, depresif insanların kendileri hakkında bu olumsuz düşüncelere sahip olduğu. Ve herşeyin bu olumsuz yönüne bakarak hissediyorlar ve davranıyorlar. Bunu bilinçli olarak yapmadın ve iş yapamaz olmayı seçmedin. çalıştığım diğer hastalar gibiysen, bu görüşleri bırakıp olaylara depresif olmayan yönünle bakmaya başladığında, her zaman olduğu kadar ya da daha verimli olacaksın. Demek istediğimi anlıyor musun?

Hal: Evet görebiliyorum.

Hal için, yıllarca ekonomik olarak başarısız olsa da, kendini "bir hiç" olarak nitelendirmenin manasız olduğunu görmek rahatlatıcıydı. Bu olumsuz kendine bakışı ve hareketsizlik duygusu onun ya hep ya hiç düşüncesinden kaynaklanmıştı. Değersizlik hissi, hayatındaki olumsuzluklara odaklanma eğiliminden (zihinsel filtre) ve başarılı olduğu birçok alanı gözardı etmesinden kaynaklanıyordu (olumluyu indirgemek). Kendini, "daha fazlasını yapabilirdim" diyerek gereksiz yere daha da yıktığını ve maddi başarının bir insanın değeri demek olmadığını görüyordu. Son olarak, Hal, yaşadığı belirtilerin, yorgunluk ve ertelemenin, geçici bir hastalık sürecinin belirtileri olduğunu, onun "gerçek benlik"inin göstergesi olmadığını kabul edebilmişti. Depresyonunun, zatürreeden daha fazla kişisel bir yetersizliğin cezası olduğunu düşünmesi saçmaydı.

Seans sonunda Beck Depresyon Ölçeği Hal'de %50 bir gelişme olduğunu gösterdi. İzleyen haftalarda, çift sütun tekniğini kullanarak kendine yardım etmeye devam etti. Kendini, altüst eden düşünceleriyle geri konuşmak için eğittiğinde acımasız değerlendirmelerindeki çarpıtmaları azaltmayı başardı ve duygu durumu düzelmeye devam etti.

Hal, emlak işini bıraktı ve bir kitapçı açtı. Kendini çevirmeyi başardı, ama ciddi gayretlerine rağmen ilk deneme yılını işi devam ettirmeye ikna olacak kar elde etmeyi başaramadı. Yani, dışarıdaki başarı bu sürede pek de değişmemişti. Buna rağmen Hal, ciddi bir depresyondan kaçmayı başardı ve özgüvenini korudu. Kitapçı işinden havlu atmaya karar verdiği gün, maddi olarak hala sıfırın altındaydı, ama kendine saygısı zedelenmemişti. Yeni bir iş ararken, her sabah okumaya karar verdiği aşağıdaki kısa makaleyi yazdı:

Neden Değersiz Değilim?

Kendime ve başkalarına katacak birşeylerim olduğu sürece, değersiz değilim.

Yaptığımın olumlu bir etkisi olabiliyorsa, değersiz değilim.

Hayatta olmam bir kişi için bile fark yaratıyorsa, değersiz değilim.

Sevgi göstermek, anlayış, dostluk, destek, sosyalleşme, destek, dayanışma birşeyler demekse, değersiz değilim.

Kendi fikirlerime, zekama saygım varsa, ben değersiz değilim. Başkaları da bana güveniyorsa, bu bir artı!

Çalışanlarımın ailelerinin hayatına katkıda bulunmak bir artıysa, değersiz değilim.

Müşterilerime ve işverenlerime üretkenliğim ve yaratıcılığımla yardım etmek için elimden gelenin en iyisini yapıyorsam, değersiz değilim.

Bu çağda varolmam diğerleri için bir fark yaratıyorsa, değersiz değilim.

Ben değersiz değilim. Fazlasıyla değerliyim.

Sevilen birinin kaybı: Kariyerimin başlarında tedavi ettiğim en ciddi depresyonlu hastalardan biri Kay'di. Küçük erkek kardeşi, onun dairesinin önünde altı hafta önce korkunç bir şekilde intihar etmişti. Kay'e asıl acı veren, bu intihardan kendini sorumlu tutmasıydı, ve bu konuda öne sürdüğü ifadeler oldukça ikna ediciydi. Kay tamamen gerçekçi ve çözülmesi mümkün olmayan işkence gibi bir sorunla karşılaştığını düşünüyordu. Kendisinin de ölmeyi hakettiğine inanıyordu ve bana geldiğinde intihar eğilimi vardı.

İntihar eden kendini öldüren birinin ailesine ve arkadaşlarına tek eziyet veren nokta suçluluk duygusudur. Kendinize "Neden buna engel olmadım? Neden bu kadar aptaldım?" diye işkence etme eğiliminiz vardır. Psikoterapistlerin ve danışmanların bile bu reaksiyonlara bağışıklığı yoktur ve kendilerini kınayabilirler. "Gerçekten benim suçum. Geçen seansta daha farklı konuşsaydım keşke! Neden intihar eğilimi olup olmadığını belirleyemedim? Daha güçlü müdahale edebilirdim. Onu ben öldürdüm!" Birçok durumda trajedi ve ironiyi arttıran şey, hastanın, tarafsız bir gözle bakıldığında o kadar bunaltıcı gelmeyecek ve tabi ki intihara değmeyecek bir problemin, çözülemeyecek bir problem olduğuna dair çarpıtılmış inancından dolayı intihar etmesidir.

Kay'in özeleştirisi daha da yoğundu çünkü hayata kardeşinden daha iyi bir başlangıç yaptığını düşünüyordu ve bunu telafi edebilmek için depresyonla geçen uzun savaşında ona fazlasıyla duygusal ve maddi destek sağlamıştı. Onun için psikoterapi ayarlamış, ödemesine yardım etmiş, hatta kötü hissettiğinde hemen kendisini çağırabilmesi için yakınında bir daire tutmuştu.

Kardeşi Filadelfiya'da fizyoloji öğrencisiydi. İntihar günü, sınıfta yapacağı bir konuşma için karbonmonoksitin kan üzerindeki etkilerini sormak üzere Kay'i aramıştı. Kay, kan uzmanı olduğu için, sorunun masum olduğunu düşünmüş ve hiç düşünmeden bilgi vermişti. Onunla çok uzun konuşamamıştı, çünkü ertesi gün çalıştığı hastanede yapacağı önemli bir konuşma için hazırlık yapıyordu. Kay hazırlığını yaparken, kardeşi, ondan aldığı bilgiyi, yine onun dairesinin penceresi önünde dördüncü ve son intihar girişimi için kullandı. Kay, kardeşinin ölümünden kendini sorumlu tutuyordu.

Karşılaştığı trajik durum gözönüne alıdığında, acısı anlaşılabilirdi. İlk birkaç terapi seansında, neden kendini suçladığını ve ölse daha iyi olacağına ikna olduğunu anlattı: "Kardeşimin hayatından kendimi sorumlu hissediyordum. Başaramadım, o zaman ölümünden sorumlu olduğumu hissediyorum. Bu, benim onu yeteri kadar destekleyemediğimi gösterir. Akut bir durumda olduğunu bilmeliydim; müdahale edemedim. Geçmişe bakınca, yeniden intihar eğilimine girdiği belliydi. Daha önce üç ciddi intihar girişimi olmuştu. Beni aradığında sormuş olsaydım, hayatını kurtarabilirdim. Ölmeden önceki ay içinde ona birçok defalar kızdım, açıkçası bazen bir yük ve endişe kaynağı oluyordu. Bir keresinde çok canım sıkıldı ve kendime onun ölmesinin daha iyi olacağını söylediğimi anımsıyorum. Bunun için korkunç suçluluk duyuyorum. Belki de ölmesini *istedim*! *Biliyorum*, onu yarı yolda bıraktım, o yüzden ölmeyi hakettiğimi düşünüyorum."

Kay, suçunun ve acısının yerinde ve tutarlı olduğunu düşünüyordu. Katı Katolik bir tarzda yetişmiş çok ahlaklı bir insan olarak, cezalandırma ve acı çekmenin olması gereken şeyler olduğunu düşünüyordu. Mantık zincirinde biryerlerde yanlış olan bir şey vardı, ama mantıksızlığına birkaç seans boyunca hiç giremedim; çünkü, akıllı ve ikna ediciydi ve kendine karşı akla uygun bir durum yaratmıştı. Neredeyse, duygusal acısının gerçekçi olduğu inancına ben de kapılıyordum. Sonra, onu bu zihinsel hapisten kurtaracağını ümit ettiğim anahtar birden zihnimde beliriverdi. Yaptığı hata 3.Bölümde bahsedilen "kişiselleştirme" idi.

Beşinci seansta, bu düşünceyi Kay'in bakış açısındaki kavram yanlışlığına itiraz etmek için kullandım. Herşeyden önce, eğer kardeşinin ölümünden sorumluysa, bunun sebebi de olmalıydı. Uzmanlar tarafından bile intiharın nedeni bilinmediğinden, bu sonuca varmak için bir neden yoktu.

Ona, eğer bu intiharın nedenini tahmin etmemiz gerekirse, bunun kardeşinin ümitsiz, değersiz olduğu ve hayatının yaşamaya değer olmadığına dair yanlış inancından kaynaklandığından söyleyebileceğimizi anlattım. Kardeşinin düşüncesini kontrol edemediğine göre, onun kendini öldürmesine neden olan yanlış varsayımlardan da sorumlu olamazdı. Bunlar kardeşinin hatalarıydı, kendinin değil. Yani, onun duygu durumu ve hareketlerinin sorumluluğunu üstlenerek, kendi kontrol alanında olmayan bir şey yapmaya çalışıyordu. Birinin ondan bekleyebileceği en fazla bir yardımcı rolü üstlenmesi olabilirdi ki, bunu da zaten yapmıştı.

Kardeşinin ölümünü engelleyecek bilgiye sahip olmamasının bir şanssızlık olduğunu belirttim. Eğer bir intihar girişiminde bulunacağını sezseydi, ne olursa olsun müdahale ederdi. Ama bu bilgiye sahip olmadığı için müdahale etmesi mümkün değildi. O halde, kardeşinin ölümü için kendini suçlayarak, geleceği mutlak bir kesinlikle bilebileceğine ve kainattaki tüm bilgiye sahip olduğuna dair mantıksız bir varsayımda bulunuyordu. Bu her iki sav da büyük ölçüde gerçek dışıydı, ve Kay'in kendinden nefret etmesi için bir neden yoktu. Profesyonel terapistlerin bile insan doğasına ait bilgilerinde yanılabileceklerini, muhtemelen var olan tecrübelerine rağmen intihar eğilimli hastalar tarafından aldatılabildiklerini söyledim.

Bütün bu nedenlerden dolayı, Kay'in kardeşinin davranışından kendini sorumlu tutması büyük bir hataydı, çünkü işler onun kontrolünde değildi. Ona, kendi hayatından ve durumundan sorumlu olduğunu vurguladım. Bu noktada sorumsuzca davrandığını sezdi, bunun nedeni kardeşini yarı yolda bırakması değil, kendini depresyona itmeye ve kendi intiharını tasarlamaya başlamasıydı. Yapılacak en sorumlu hareket suçluluk duygusunu reddetmek ve depresyona son vererek, mutlu ve tatmin olduğu bir hayat sürmekti. Bu sorumlu bir davranış örneği olurdu.

Bu tartışmadan sonra duygu durumunda belirgin bir düzelme yaşadı. Kay, bunu tutumlarındaki ciddi değişikliklere bağladı. Onda kendini öldürme isteği yaratan yanlış fikirleriyle yüzleştiğini farketti. Hayat kalitesini arttırmak ve kardeşinin ölümünden önce de onun başına dert olan kronik baskı hissinden kurtulmak için terapiye biraz daha devam etmeyi seçti.

Acı çekmeden üzüntü: O zaman akıllara şu soru geliyor. Çarpıtmalarla kirlenmemiş "sağlıklı üzüntü"nün doğası nedir? Ya da başka bir deyişle –üzüntü gerçekten acı çekmeyi gerektirir mi?

Bu sorunun kesin cevabını bilmediğimi söylesem de, kendine çok güvenmeyen bir tıp öğrencisi olarak Kaliforniya'daki Stanford Üniversitesi Tıp Merkezi'nde üroloji servisine doğru yürürken yaşadığım bir olayı paylaşmak istiyorum. Böbreklerindeki tümör daha geçenlerde başarıyla temizlenmiş yaşlı bir adamla ben ilgilenecektim. Hastaneden hemen çıkabileceği söylenmiş, ancak karaciğer fonksiyonları birden kötüye gitmeye başlayınca, tümörün karaciğere sıçramış olduğu anlaşılmıştı. Bu üzücü komplikasyonun tedavisi mümkün değildi. İzleyen birkaç gün içinde hastanın sağlığı hızla kötüleşmişti. Karaciğer fonksiyonları bozuldukça bilinç kaybına doğru gitmeye başlamıştı. Eşi, durumun ciddiyetinin farkındaydı ve 48 saat, gece-gündüz onun yanında oturdu. Yorulduğunda başı yatağa düşüyor, ama yanından hiç ayrılmıyordu. Bazen, adamın başını sallıyor "Sen benim erkeğimsin ve seni seviyorum." diyordu. Durumu kritik olduğundan, geniş ailesindeki çocuklar, torunlar, küçük torunlar Kaliforniya'nın çeşitli yerlerinden hastaneye gelmeye başladılar.

O akşam nöbetçi doktor benden hastayla kalmamı ve durumla ilgilenmemi istedi. Odaya girdiğimde, adamın komaya girmek üzere olduğunu farkettim. Yanında kimi genç kimi yaşlı, on kadar akrabası vardı. Durumun ciddiyetinin az çok farkında olsalar da, o andaki ağırlığı hakkında bir bilgi verilmemişti. Oğullarından biri, adamın ölmek üzere olduğunu farkederek, idrarın atılması için konan kateteri çıkarmak isteyip istemeyeceğimi sordu. Kateterin çıkarılması ailesi için onun ölmekte olduğu anlamını taşıyacağından, bunu yapmanın doğru birşey olup olmadığını hemşireye sordum. Onlar da bunun yapılabileceğini, çünkü adamın gerçekten ölmekte olduğunu söyledi. Bana kateterin nasıl çıkarıldığını gösterdikten sonra, tekrar hastanın yanına döndüm ve ailesi de varken bu işlemi yaptım. İş bittiğinde, bir desteğin çekildiğini farkettiler. Oğlu bana "Teşekkür ederiz. Bunun ona rahatsızlık verdiğini biliyordum, eminim size minnettardır." dedi. Bu işaretin anlamını doğrulatmak istercesine tekrar bana dönerek "Doktor, durumu nedir? Ne olacak?" diye sordu.

Birden içime bir keder çöktü. Bu kibar, saygıdeğer beyefendiye bir yakınlık hissetmiştim çünkü bana büyükbabamı hatırlatıyordu, yanaklarımdan yaşların aktığını farkettim. Orada kalıp ailenin yaşlarımı görmesine izin vermek ile çıkıp duygularımı saklamak arasında bir karar vermem gerekiyordu. Kalmaya karar verdim ve duygusallıkla "O güzel bir insan. Nerdeyse komada ama sizi hala duyabilir, şimdi ona yaklaşma ve bu akşam elveda deme zamanı." dedim ve odayı terkederek ağladım. Aile üyeleri de ağlıyordu ve yatağa oturup, onunla konuşarak vedalaştılar. Bir kaç saat içinde koması ağırlaştı, bilincini yitirdi ve hayatını kaybetti.

Ölümü ailesi ve benim için derin bir acı olduysa da, bu olayda hiç unutmayacağım bir sevecenlik ve güzellik vardı. Kaybetme duygusu ve ağlamam "Sevebilirsiniz, önemseyebilirsiniz." sözlerini aklıma getirdi. Kederim, acıdan uzak, yüceltici bir tecrübe olmuştu benim için. O zamandan beri beni aynı şekilde yaşlara boğan birçok olay yaşadım. Benim için keder, en yüksek seviyede bir yücelme anlamı taşır.

Tıp öğrencisi olduğum için davranışımın medikal personel tarafından uygunsuz görülebileceğinden endişelenmiştim. Bölüm başkanı daha sonra beni kenara çekerek, hasta ailesinin yanlarında, o son anların yakın ve güzel geçmesine yardımcı olmamdan dolayı minnettarlık duyduklarını belirtti. Kendisinin de bu beye karşı yakın hissettiğini söyledi ve duvarda asılı duran yaşlı adamın yaptığı resmi gösterdi.

Bu kesit, bir gitmeye izin verme, bir bitiş duygusu, ve bir veda anlamı taşıyordu. Bu korkunç ya da bir felaket değildi, sakin ve sıcaktı, ve hayat tecrübemi zenginleştiriyordu.

IV

ÖNLEME VE KİŞİSEL GELİŞİM

Bölüm 10

İşte! Hepsinin nedeni

Depresyonunuz kaybolmaya başladığında bunun yerine hayattan keyif alma ve rahatlama isteği dolar. Kesinlikle de buna hakkınız vardır. Terapinin sonuna doğru pek çok hastam yaşamlarının en iyi dönemini yaşadıklarını söylemişlerdir. Bazen depresyon ne kadar dirençli, umutsuz ve şiddetliyse, bittiğinde hissedilen mutluluğun tadı ve yaşanan benlik saygısı da o kadar alışılmadık ve hoş görünmektedir. Kendinizi iyi hissetmeye başlayınca, karamsar düşünme tarzınız da ilkbahar geldiğinde karların erimesi gibi dramatik bir şekilde kaybolacaktır. Hatta böylesi gerçekdışı düşüncelere kapıldığınıza inanmakta güçlük çekersiniz. İnsan ruhundaki bu büyük değişim beni her zaman hayrete düşürmüştür. Günlük pratiğimde bu büyüsel değişimi defalarca izleme fırsatı buldum.

Dış görünüşünüzdeki bu değişiklik çok dramatik olduğundan, hüznünüzün tamamen kaybolduğuna ikna olabilirsiniz. Ancak, duygu durum bozukluklarının görünmeyen bir parçası her zaman kalıcı olmaktadır. Bu kalan parça düzeltilmezse gelecekte depresif ataklar geçirmeye yatkın olursunuz.

İyi hissetmekle iyi olmak arasında pek çok fark bulunmaktadır. İyi hissetmek, basit haliyle acı veren semptomların geçici olarak ortadan kaybolmasıdır. İyi olmak ise:

1. Neden depresif olduğunu anlamaktır.
2. Niye ve nasıl iyileştiğini bilmektir. Bu bilme durumu, tekrar uygulayabileceğiniz ve istediğinizde tekrar devreye sokabileceğiniz, sizin için özel olarak hazırlanmış olan olan kendine yardım teknikleri yardımıyla sağlanabilir.

3. Kendine güvenin ve benlik değerinin sağlanmasıdır. Kendine güven, kişisel ilişkilerinizde ve kariyerinizde başarılı olma alanında şansınız olduğu hissine dayanır. Benlik değeri ise, yaşamınızın herhangi bir noktasında başarılı olun veya olmayın azami düzeyde kendinizi sevebilmeyi ve eğlenebilmeyi yaşantılama kapasitesidir.

4. Depresyonunuzun daha derindeki nedenlerine işaret edebilmektir.

Bu kitabın 1. 2. ve 3. kısımları size ilk iki amacın başarılabilmesi konusunda yardımcı olacaktır. Bundan sonraki bir kaç bölüm ise size, üçüncü ve dördüncü amacın gerçekleştirilmesi konusunda yol gösterebilir.

Bir depresif atak geçtikten sonra çarpıtılmış olumsuz düşünceleriniz azalmasına veya kaybolmasına rağmen, halen zihninizi kurcalayan "sessiz" varsayımlar bulunmaktadır. Bu sessiz varsayımlar, büyük ölçüde, başlangıçta niye depresyona girdiğinizi açıklayabilecektir ve ne zaman tekrar depresyona yatkın hale gelebileceğinizi kestirebilmenizde yardımcı olacaktır. Ve bunlardan dolayı da tekrarı önlemek için anahtar niteliğindedir.

Peki, nedir bu sessiz varsayımlar? Sessiz bir varsayım, kişisel değerinizi tanımladığınız bir denklemdir. Sizin değer sisteminizi, kişisel felsefenizi ve benlik değerinizi temellendirdiğiniz malzemeyi temsil eder. Örnekler: 1) "Biri beni eleştirirse bu otomatik olarak bende yanlış bir şeyler olduğu anlamına geldiğinden kendimi çok kötü hissederim", 2) "Tam anlamıyla bir insan sayılabilmek için seviliyor olmam gerekir. Yanımda biri yoksa, yalnız ve mutsuz olmaya mahkumum.", 3) "İnsan olarak değerim başardıklarımla orantılıdır.", 4) "Mükemmel olarak davranmazsam (hissetmezsem) başarısız sayılırım." İleride öğreneceğiniz gibi, bu mantıksız varsayımler kendinize zarar verir niteliktedir. Sizi rahatsız edici duygudurum oynamalarına açık kılabilecek bir yatkınlık durumu oluştururlar. Sizin için psikolojik açıdan Aşil topuğunu simgelerler.

Önümüzdeki bir kaç bölümde kendi sessiz varsayımlarınızı tanımlamayı ve değerlendirmeyi öğreneceksiniz. Onaya, sevgiye, başarıya ve mükemmeliğe duyulan bağımlılığın, duygudurum oynamalarınız için temel oluşturduğunu fark edeceksiniz. Kendinize zarar veren bu düşünce sisteminizle yüzleştikçe ve mücadele ettikçe geçerli ve kendi yaşamınızı kolaylaştıran kişisel felsefe için bir temel oluşturabileceksiniz. Haz ve duygusal aydınlanma yoluna girmiş bulunacaksınız.

Duygudurumundaki çalkantıların nedenlerini anlamak için çoğu psikiyatrist uzun ve acı verici bir terapi sürecin gerekli olduğunu düşünür, ancak bunun ardından bile depresyonu açıklamakta güçlük çekerler. Bilişsel terapinin en büyük katkılarından biri bu durumun önüne geçmektir.

Bu bölümde, sessiz varsayımları saptamak için iki farklı yol öğreneceksiniz. Birincisi, "dikey ok tekniği" olarak adlandırılan ve ruhunuzu yönlendirmenize olanak tanıyacak etkili bir yöntemdir.

Dikey ok tekniği, Bölüm 4'de tanımlanan ve sol sütuna üzüntü veren otomatik düşüncelerin yazıldığı ve daha mantıklı ve nesnel cevapların bulunduğu iki sütun yönteminin bir yan ürünüdür. Bu yöntem, düşünce kalıplarınızdaki çarpıtmalarla ilgili kısırdöngüyü bozduğundan kendinizi daha iyi hissetmenize yardımcı olacaktır. Şekil 10-1'de kısa bir örnek gösterilmiştir. Bu örnek, hocası yapıcı bir eleştiri önerdikten sonra kendini üzgün hisseden psikiyatri asistanı Art (Bölüm 7'de tanımlanmıştır) tarafından yazılmıştır.

Bu üzüntü veren düşüncelerin yanlış olduğunu görmek Art'ın suçluluk ve kaygılarını azalttı. Ancak, o, ilk başında bu mantık dışı yorumu nasıl ve neden yapmış olduğunu öğrenmek istedi. Belki de, kendinize sormaya başladınız: "Olumsuz düşüncelerim için kalıtsal bir kalıp olabilir mi? Zihnimin derinlerinde ruhsal bir patika olabilir mi?"

Şekil 10-1

Otomatik Düşünceler	Mantıklı Cevaplar
1. Dr.B. hasta yorumumu yıpratıcı buldu. Belki de benim iğrenç bir terapist olduğumu düşünüyor	1. Zihin okuma, zihinsel filtre, etiketleme. Dr.B, benim hatama işaret ettiğine göre "İğrenç bir terapist" olduğumu düşünmüyor. Gerçekten ne düşündüğünü ona sormalıyım. Pek çok kez beni övdü ve yetenekli olduğumu söyledi.

Art, dikey ok yöntemini bu soruları cevaplamak için kullandı. İlk olarak, otomatik düşüncesinin altına aşağı doğru bir ok çizdi (Şekil 10-2'ye bakınız). Aşağı ok, Art'ın kendisine sorduğu soruları bize anlatmanın kısa yoludur. "Bu otomatik düşünce gerçekten doğru olsaydı benim için anlamı neydi? Bu düşünce beni niye üzdü?". Ardından, Art hemen gelen bir sonraki otomatik düşünceyi yazdı. Görebileceğiniz gibi, "Dr.B. benim iğrenç bir terapist olduğumu düşünüyorsa bu benim iğrenç olduğum anlamına gelir; çünkü, Dr. B, bir uzmandır." Bir sonraki adımda Art bu düşüncenin altına ikinci bir aşağı ok çizdi ve şekil 10-2'de görüldüğü gibi, diğer bir otomatik düşünceyi ortaya koymak için aynı süreci tekrarladı. Her yeni otomatik düşünce ortaya çıktığında altına dik bir ok çizdi ve kendisine sordu "Bunu doğru kabul edersek, beni niye üzdü?"

Bu işi defalarca yaptığında sorunlarına neden olan sessiz varsayımların ortaya çıkmasına neden olan otomatik

Şekil 10-2 Dikey ok yöntemi kullanarak otomatik düşüncelere neden olan sessiz varsayımları ortaya çıkartmak. Aşağı ok yöntemi aşağıdaki soruların yan ürünüdür. "Bu düşünce doğru idiyse beni niye üzdü?" Örnekteki her aşağı okla temsil edilen soru bir ilerisini gösterir. Otomatik düşünceleri yazarsanız sizin de kendinize soracağınız soru bu olabilir. Bu süreç sorunun kökteki nedeni olan otomatik düşünce zincirini ortaya çıkarır. Şekil 10-2'de görüldüğü gibi bu, oldukça basit ve açıktır.

Otomatik Düşünceler	**Mantıklı Cevaplar**
1. Dr.B. olasılıkla Kötü bir terapist olduğumu düşünüyor. ↓ "Böyle düşünseydi bu beni niye üzerdi?"	→
2. Benim kötü bir terapist olduğum anlamına gelir, çünkü o bir uzman ↓ "Farz edelim kötüyüm, bunun benim için anlamı ne?"	→
3. Benim tamamen başarısız olduğum anlamına gelir. Anlamı hiç bir iyi yanım olmadığıdır. ↓ "Farz edelim iyi değilim. Bu neden bir sorundur? Benim için ne anlama gelir?"	→
4. Bu durum yayılacak ve herkes benim ne kadar Kötü biri olduğumu anlayacak. Hiç kimse bana saygı duymayacak. Tıp camiasından atılacağım ve başka bir eyalete taşınmam gerekecek. ↓ "Ve bunun benim için anlamı nedir?"	→
5. Benim değersiz olduğum anlamına gelir. Kendimi öyle kötü hissederim ki ölmek isterim.	→

düşünce zinciri beliriverdi. Aşağı ok yöntemi, bir alttaki zarı ortaya çıkarmak için soğan zarlarını soymaya benzetilebilir.

Dikey ok tekniğinin otomatik düşüncelerinizi kaydederken kullandığınız geleneksel stratejinin tersi olduğunu fark edeceksiniz. Alışılmış olarak, otomatik düşüncenizin neden çarpıtılmış veya geçersiz olduğunu gösteren mantıklı bir cevabı yerine koyuyorsunuz. (Şekil 10-1) Bu davranış, şimdi ve burada ile ilgili düşünce kalıplarınızı değiştirmenize yardımcı olur. Böylelikle yaşama daha nesnel bakabilir ve kendinizi daha iyi hissedebilirsiniz. Dikey ok yönteminde çarpıtılmış otomatik düşüncenizin kesinlikle geçerli olduğunu hayal ediyorsunuz ve altında yatan gerçeği arıyorsunuz. Böylelikle de sorunlarınızın çekirdeğine inmiş olursunuz.

Şimdi, Şekil 10-2'de Art'ın otomatik düşünce zincirini gözden geçirin ve onu suçluluk, depresyon ve anksiyete hissetmeye yönelten sessiz varsayımları kendinize sorun. İşte bir kaçı:

1. Biri beni eleştirirse, bu eleştiriler doğru olmak durumundadır.
2. Değerim, başarımla belirlenir.
3. Bir hatayla her şey berbat olur. Hep başarısız oluyorsam bir hiçim demektir.
4. Diğerleri benim mükemmel olmayışıma katlanmayacaklardır. İnsanların saygısını kazanmak ve beğenilmek için mükemmel olmalıyım.
5. Bu onay vermeme durumu benim kötü, değersiz biri olduğumu gösterir.

Otomatik düşünce zincirinizi ortaya çıkardığınızda ve sessiz varsayımlarınızı netleştirdiğinizde çarpıtmalara işaret etmek ve genellikle yaptığınız gibi onları mantıksal cevaplarla değiştirmek en can alıcı noktadır. (Şekil 10-3'e bakınız)

Aşağı doğru ok yönteminin güzelliği tümevarımsal ve sokratik olmasıdır: Düşünce içeren bir sorgulama yoluyla size zarar veren inançlarınızı keşfetmiş olacaksınız. Aşağıdaki soruları defalarca sorarak sorunlarınızın kaynağına inmiş olacaksınız: "Bu olumsuz düşünce doğru olsaydı benim için ne anlam ifade ederdi? Beni niye üzdü?" Terapistin öznel hatalarını, kişisel görüşlerini veya teorik bilgilerini işin içine katmadan, sorunlarınızın doğrudan kökenine nesnel ve sistematik bir biçimde gitmiş olacaksınız. Böylece psikiyatri tarihinde başa bela olan bir zorluğun üstesinden gelmiş olacaksınız. Tüm düşünce ekollerinden gelen psikiyatristlerin namı, hastanın yaşantılarını, deneysel geçerliliği az olan veya olmayan öğrenilmiş nosyonlarla yorumlamalarından dolayı kötüye çıkmıştır. Terapistinizin sorununuzun kaynağına yönelik açıklamasını "satın almazsanız" bu durum gerçeğe karşı "direnç" göstermeniz şeklinde yorumlanacaktır. Bu ustaca hazırlanmış durumda, ne derseniz deyin terapistinizin kalıplarına uymaya zorlanacaksınız. Acı çekmeyle ilgili olarak dini bir danışmandan (ruhsal faktörler), Komünist bir ülkede yaşayan bir psikiyatristten (sosyal- politik- ekonomik ortam), Freud'cu bir analistten (içselleştirilmiş öfke), bir davranış terapistinden (düşük olumlu pekiştirme), ilaç yönelimli bir psikiyatristten (genetik faktörler ve beyin kimyası dengesizlikleri) ve bir aile terapistinden (kişilerarası ilişkilerde bozulma) gibi farklı açıklamalar duyacaksınız.

Aşağı ok yöntemini kullanırken dikkat edilecek önemli bir nokta vardır. Duygusal tepkilerinizin tanımlarını içeren düşünceleri yazarsanız süreçte kısa devre yapmış olursunuz. Bunun yerine, duygusal tepkilerinize neden olan düşüncelerinizi yazın. Aşağıda yanlış yapılmış bir duruma örnek görülmektedir:

Şekil 10-3 Aşağı ok yöntemini kullanarak otomatik düşünce zincirini ortaya koyduktan sonra Art bilişsel çarpıtmaları saptadı ve onları nesnel tepkilerle değiştirdi.

Otomatik Düşünceler	**Mantıklı Tepkiler**
1- Dr.B belki de benim iğrenç bir psikiyatrist olduğumu düşünüyor. ↓ "Böyle düşündüyse bu beni niye üzdü?" →	1- Dr.B Benim hatama işaret ettiğine göre benim iğrenç bir psikiyatrist olduğumu düşünemez. Gerçekte ne düşündüğünü anlamak için ona sormalıyım, pek çok kez beni övdü ve yetenekli olduğumu söyledi.
2- O uzman olduğuna göre bunun anlamı benim iğrenç bir psikiyatrist olduğumdur. ↓ "Farz edelim iğrenç bir psikiyatristim, bunun benim için anlamı ne?" →	2- Uzman bir terapist olarak sadece benim güçlü yanlarıma ve zayıflıklarıma işaret edebilir. Herhangi bir zamanda birisi beni iğrenç olarak damgalarsa, sadece global, yıkıcı ve işe yaramaz açıklamalar yapıyordur. Hastalarıma ilişkin pekçok başarım var, kim ne söylerse söylesin iğrenç olduğum doğru olamaz.
3- Bunun anlamı ben tamamen başarısızım. Yani hiçbir iyi yanım yok. ↓ "Farz edelim, iyi değilim. Bu neden bir sorun? Benim için ne anlama geliyor? →	3- Aşırı genelleme terapist olarak göreceli olarak beceriksiz ve etkisiz bile olsaydım tamamen hatalı olduğum veya iyi olmadığım anlamına gelmez. Kariyerimle ilgisi olmayan güçlü yanlarım, ilgilerim arzulanan niteliklerim var.
4- Laflar yayılacak ve herkes ne kadar kötü biri olduğumu anlayacak. Kimse beni saymayacak. Tıp camiasından atılacağım. Ve başka bir eyalete gitmem gerekli. "Bunun anlamı ne?" → ↓	4- Bu saçmalık. Bir yanlış yaptıysam onu düzeltebilirim. Bir yanlış yaptım diye laflar yangın gibi tüm eyalete yayılmaz! Ne yapacaklar, gazeteye ilan mı verecekler, "PSİKİYATRİST HATA YAPTI?
5- Değersiz olduğum anlamına gelir. Kendimi öyle kötü hissederim ki ölmek isterim. →	5- Dünyadaki herkes beni onaylamasa veya eleştirse bile bu beni değersiz kılmaz, çünkü ben değersiz değilim. Değersiz değilsem bir değerim olmalı. O zaman niye kendimi bu kadar sefil hissediyorum ki?

İlk Otomatik Düşünce: Erkek arkadaşım bana söz verdiği halde bu hafta sonu beni aramadı.

"Bu durum beni niye üzdü? Benim için anlamı ne?"

İkinci Otomatik Düşünce: Bu çok korkunç bir durum çünkü buna dayanamıyorum.

Bunlar hiç bir işe yaramaz. Sizin kendinizi korkunç hissettiğinizi zaten biliyoruz. Buradaki soru - kendinizi bu kadar üzgün hissetmene neden olan ve kafanıza otomatik olarak gelen düşünceler nelerdir? Eğer sizi ihmal ediyorsa bile bu durum sizin için ne anlama gelmektedir?

Bu da düşünmenin doğru yolu:

1. Söz verdiği halde erkek arkadaşım bu hafta sonu beni aramadı.

"Bu durum beni niye üzdü? Benim için anlamı ne?"

2. Beni ihmal ettiği anlamına gelir. Bu da beni gerçekten sevmiyor demektir.

"Farz edelim ki bunlar doğru. Benim için anlamı nedir?"

3. Bunun anlamı ben de yanlış bir şeyler olduğudur. Yoksa daha nazik olurdu.

"Farz edelim ki bunlar doğru. Benim için anlamı nedir?

4. Bunun anlamı benim reddedileceğimdir.

"Gerçekten reddedilsem ne olacak? Benim için anlamı nedir?"

5. Bunun anlamı benim sevilmeyen biri olduğumdur ve her zaman reddedilebilirim.

"Böyle bile olsa bu beni niye üzdü?"

6. Bunun anlamı benim hep yalnız kalacağım ve sefil olacağımdır.

Duygulardan çok anlamların peşine düşülürse sessiz varsayımlar açık hale gelebilir: 1) Sevilmiyorsam değersiz biriyimdir ve 2) Yalnızsam sefil durumda olmaya mahkumumdur.

Düşünceleri dillendirmek duygularınızın önemsiz olduğu anlamına gelmez. Asıl nokta gerçek McCoy'u yakalamaktır- geçerli duygusal dönüşüm.

İşlevsel Olmayan Tutum Ölçeği (İTÖ). Duygudurumunuzdaki oynamalara neden olan sessiz varsayımları ortaya çıkartmak bir dönüm noktası oluşturduğundan, grubumuzun üyelerinden biri olan Dr. Arlene Weissman tarafından bu amaçla "İşlevsel Olmayan Tutum Ölçeği" adı altında ikinci ve basit bir yöntem geliştirildi. Duygusal bozukluklara yatkın bireylerde sıklıkla gözlenen kendine zarar veren yüz tutumu listeledi. Araştırmasında, depresyon atakları arasında olumsuz otomatik düşünceler belirgin olarak azalırken, kendine zarar veren bir inanç sisteminin depresyon atakları sırasında ve iyileşme (remisyon) döneminde sabit kaldığını göstermiştir. Dr. Weismann'ın çalışmaları, sessiz varsayımların her zaman devam eden duygusal çalkantılara bir yatkınlığı temsil ettiği kavramını doğrulamıştır.

İşlevsel Olmayan Tutum Ölçeğinin uzun halini bütünüyle burada göstermek bu kitabın alanının dışında olduğundan, daha sık karşılaşılan bazı tutumları seçtim ve yararlı olabilecek başkalarını da ekledim. Anketi doldururken her tutum için ne kadar katılıp katılmadığınızı belirtmeniz gerekecek. Bitirdiğinizde cevap anahtarıyla cevaplarınızı derecelendirebilecek ve kendi kişisel değerler sisteminizi ortaya çıkarmış olacaksınız. Psikolojik olarak güçlü ve duyarlı olduğunuz alanları görebileceksiniz.

Bu testi cevaplamak oldukça kolaydır. Otuz beş tutumun her birinden sonra çoğu zaman hangisini düşündüğünüzle ilgili varsayımınızı ilgili sütuna işaretleyin. Her tutum için sadece tek bir cevabı seçtiğinizden emin olun. Hepimiz farklı olduğumuzdan "doğru" veya "yanlış" cevap diye bir şey yoktur. Sözü edilen tutumun sizin felsefeniz açısından tipik olup olmadığına karar vermek için, olaylara çoğu zaman nasıl baktığınızı hatırlayın.

ÖRNEK :

	Tamamen katılıyorum	*Biraz katılıyorum*	*Nötral*	*Biraz katılıyorum*	*Hiç katılmıyorum*
35. Başarı emareleri (iyi görünüm, sosyal statü,sağlık veya ün) gösterenler gösterme-yen lerden daha mutludur.					

Bu örnekte "Biraz Katılıyorum" sütununa işaretlenmesi anketi dolduran kişi için bu tutumun bir miktar tipik olduğunu gösterir. Şimdi ilerleyelim.

İşlevsel Olmayan Tutum Ölçeği*

	Tamamen katılıyorum	*Biraz katılıyorum*	*Nötral*	*Biraz katılıyorum*	*Hiç katılmıyorum*
1.Eleştirilmek eleştirilen kişiyi üzer.					
2.Başkalarını memnun etmek için en iyisi kendi ilgilerimden vazgeçmektir.					
3.Mutlu olmak için diğerlerinin onayına gereksinimim var.					
4.Benim için önemli olan biri benden bir şey yapmamı beklerse mutlaka yapmalıyım.					
5.İnsan olarak değerim büyük ölçüde başkalarının benimle ilgili düşüncelerine dayanır.					
6.Başka birisi tarafından sevilmezsem mutluluğu bulamam.					
7.Diğerleri seni beğenmezse daha az mutlu olmaya mahkumsun.					
8.İlgilendiğim kişiler beni reddederse bende yanlış bir şeyler var demektir.					
9.Sevdiğim biri beni sevmezse sevilmeyecek biriyim demektir.					
10.Diğerlerinden uzak olmak mutsuzluğa yol açar.					

11.Değerli bir insan olacaksam en az bir ana konuda gerçekten üstün olmalıyım.					
12.İşe yarar, üretken, yaratıcı biri olmalıyım ya da yaşamın amacı yok.					
13.Güzel fikirleri olan insanlar olmayanlardan daha değerlidir.					
14.Diğerleri kadar iyi yapamazsam alt düzeydeyim demektir.					
15.İşte hata yaparsam insan olarak yanlış biriyim demektir.					
16.Bir şeyi iyi yapamazsan yapmanın pek bir anlamı yoktur.					
17.Bir insanın zayıflığını ortaya koyması utanç vericidir.					
18.Kişi üzerine aldığı her işi en iyi şekilde yapmaya çalışmalıdır.					
19.Yanlış yaparsam üzülmeliyim.					
20.Kendim için en yüksek standartları koymazsam ikinci sınıf bir insan olurum.					
21.Bir şeyi hak ettiğime güçlü biçimde inanırsam elde etmeyi beklemek için bir nedenim olur.					
22.İstediğiniz şeylerin önüne engel çıktığında hayal kırıklığına uğramak gereklidir.					
23.Diğer insanların gereksinimlerini kendiminkinin önüne alıyorsam, ben onlara gereksinim duyduğumda onlar da bana yardım etmeliler.					

24.İyi eşsem, eşim beni sevmek zorundadır.				
25.Birisi için hoş şeyler yaparsam beni sayacaklarını ve onlara davrandığım gibi davranacaklarını öngörebilirim.				
26.Bana yakın insanların nasıl hissettiği ve davrandığı konusunda kendimi sorumlu hissederim.				
27.Birisini yaptığı bir şey nedeniyle eleştirdiğimde onlar bana kızar veya depresif olurlarsa bu, onları üzdüğüm anlamına gelir.				
28.İyi, değerli ve ahlaklı birisi olmak için gereksinimi olan herkese yardım etmeyi denemeliyim.				
29.Bir çocuk duygusal veya davranışsal zorluk çekiyorsa bu, çocuğun ebeveynlerinin bazı önemli alanlarda yanlış yaptığını gösterir.				
30.Herkesi memnun edebilmeliyim.				
31.Kötü bir şey olduğunda hislerimi kontrol etmeyi bekleyemem.				
32.Üzücü duyguları değiştirmeye çalışmanın anlamı yok çünkü onlar günlük yaşamın geçerli ve vazgeçilmez bir parçasıdır.				
33.Duygudurumum, geçmiş, vücut kimyası, hormon döngüleri, biyoritimler veya şans, kader gibi büyük ölçüde kontrolüm dışındaki faktörlere bağlıdır.				
34.Mutluluğum büyük ölçüde bana ne olduğuna bağlıdır.				

35. Başarı emareleri(iyi görünüm, sosyal statü, sağlık veya ün) gösterenler göstermeyenlerden daha mutludur.					

İTÖ'yü tamamladınız, şimdi aşağıdaki gibi derecelendiriniz. Otuz beş tutuma verdiğiniz cevabı anahtara göre derecelendiriniz:

Tamamen katılıyorum	Biraz katılıyorum	Nötral	Biraz katılıyorum	Hiç katılmıyorum
-2	-1	0	+1	+2

Şimdi derecelendirmenizi ilk beş tutum için yapın. Bu ölçüm, diğerlerinin fikirleri ve aldığınız onay ve eleştirinin miktarı açısından değerinizi ölçme eğiliminizi ölçer. Bu beş maddedeki derecenizin +2,+1,-1,+2,0 olduğunu varsayalım. Bu dört soru için toplam skorunuz +4 olacaktır.

1 ile 5, 6 ile 10, 11 ile 15, 16 ile 20, 21 ile 25, 26 ile 30 ve 31 ile 35 arası maddelerdeki skorlarınızı toplayarak ilerleyin ve aşağıda gösterilen örnekteki gibi kaydedin:

DERECELENDİRME ÖRNEĞİ:

Değer sistemi	*Tutumlar*	*Bireysel skorlar*	*Top lam sko rlar*
I. Onay	1'de 5'e	+ 2, + 1, -1, +2, 0	+ 4
II. Sevgi	6 'dan 10'a	- 2, -1, - 2, -2, 0	- 7
III. Başarı	11'den 15'e	+ 1, + 1, 0, 0, - 2	0
IV. Mükemmelliyetçi lik	16'dan 20'ye	+ 2, + 2, + 1, + 1, + 1	+ 7
V. Haklılık	21'den 25'e	+ 1, + 1, - 1, + 1, 0	+ 2
VI. Tanrıyı Oy- nama	26'dan 30'a	- 2, - 1, 0, - 1, + 1	- 3
VII. Özerklik	31'den 35'e	- 2, - 2, - 1, - 2, - 2	- 9

Ölçekteki beş maddelik kümelerin her biri yedi değer sisteminden birini ölçer. Beş maddelik her kümeden aldığınız toplam skor +10 ile -10 arasında değişir. "Kişisel-felsefe profili"nizi geliştirmek için yedi değişkenden her birinden elde ettiğiniz toplam skoru tablonuza yerleştirin:

DERECELENDİRME ÖRNEĞİ:

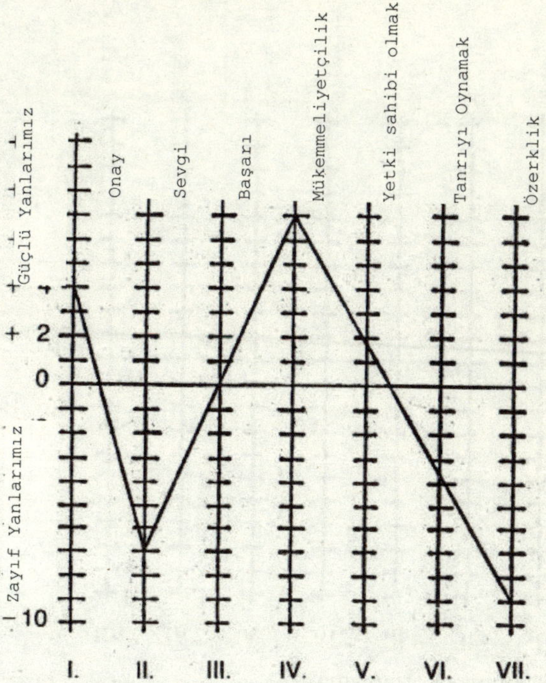

Görebileceğiniz gibi, pozitif skor psikolojik açıdan güçlü olduğunuz alanı temsil eder. Negatif skor ise duygusal olarak duyarlı olduğunuz alanı temsil eder.

Bu birey, onay, yetki sahibi olma ve mükemmeliyetçilik alanında güce sahiptir. Duyarlılıkları ise, sevgi, omnipotans ve özerkliği alanındadır. Bu kavramların anlamları ileride tanımlanacaktır. İlk önce, kendi kişisel- felsefe profilinizi buraya aktarın.

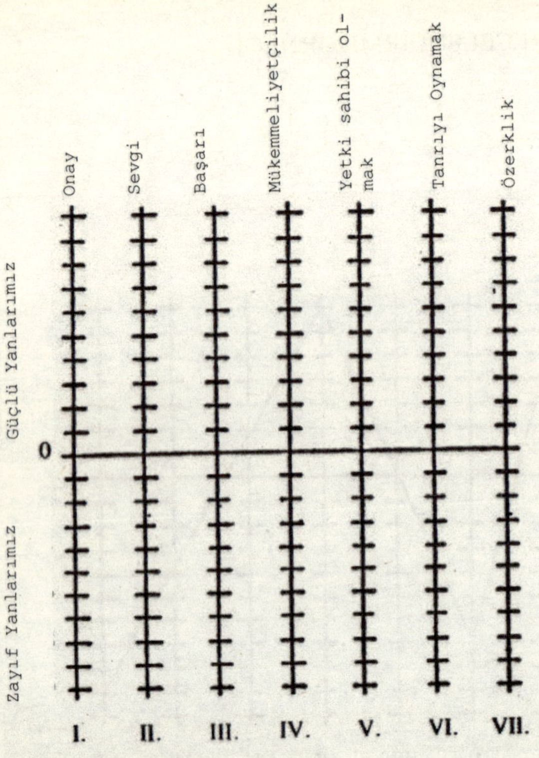

DAS Puanınızı Yorumlamak

1. *Onay*. DAS testindeki ilk beş tutum insanların size nasıl tepki verdikleri ve sizin hakkınızda neler düşündüklerine bağlı olarak kendi özgüveninizi ölçme eğiliminizi gösterir. 0 ile 10 arasındaki pozitif bir puan eleştiri ve onaylanmama durumunda bile sağlıklı bir ben değeri taşıyan bağımsız bir kişi olduğunuzu gösterir. 0 ve -10 arasındaki negatif bir değer ise kendinizi başka insanların gözünden değerlendirdiğiniz için aşırı bağımlı olduğunuzu

gösterir. Eğer birisi size hakaret eder ya da yarı yolda bırakırsa, otomatik olarak kendinizi aşağılarsınız. Duygusal sağlığınız insanların hakkınızda ne düşündüğüne çok duyarlı olduğundan, kolaylıkla yönlendirilebilirsiniz, diğerleri sizi eleştirdiğinde ya da size öfkelendiğinde kaygı ve depresyona daha yatkın olursunuz.

2. *Sevgi*: Testteki ikinci beş tutum, değerinizi sevilip sevilmediğinize göre belirleme eğiliminizi ölçer. Pozitif bir puan sevginin istenen bir şey olduğunu, ama daha tatmin edici ve doyurucu başka ilgilerinizin olduğunu gösterir. Yani, sevgi, özgüveniniz ve mutluluğunuz için bir gereklilik değildir. Sağlıklı bir öz sevgi duygusu yaydığınız ve yaşamın birçok alanıyla ilgili olduğunuz için insanlar sizi çekici bulurlar.

   Negatif puan sizin bir "sevgi bağımlısı" olduğunuzu gösterir. Sevgiyi, onsuz yaşayamayacağınız bir ihtiyaç olarak görürsünüz. Puanınız -10'a yaklaştıkça bu sevgiye daha da bağımlı olduğunuzu gösterir. Sizin için önemli insanları kaçırmaktan korktuğunuz için ilişkilerinizde aşağı rolleri kabullenirsiniz. Bunun sonucunda çoğunlukla size olan saygılarını kaybederler ve onların sevgisi olmadan yıkılacağınız tutumunuzdan dolayı sizi bir yük olarak görürler. İnsanların sizden uzaklaştığını gördüğünüzde acı veren, korkunç bir yoksunluğun pençesine düşersiniz. Günlük sevgi ve şevkat dozunuzla yetinemeyeceğinizi farkedersiniz. "Sevgi alma" zorlantısı ile tükenirsiniz. Bir çok bağımlı gibi, "mal"ı almak için zorlayıcı, yönlendirici davranışlara girersiniz. İronik olarak, ihtiyaç içinde, bu aç gözlü sevgi bağımlılığınız birçok insanı uzaklaştırarak yalnızlığınızı arttırır.

3. *Başarı*: 11-15 arasındaki tutumlardan elde ettiğiniz puan değişik bir bağımlılığı ölçmenize yarayacaktır. Negatif bir puan, bir işkolik olduğunuzu gösterir. İnsanlığınızı dar bir kalıba sıkştırmışsınızdır ve kendinizi pazar yerindeki bir mal gibi görürsünüz. Puanınız ne kadar negatifse, benlik değeriniz ve mutluluk kapasiteniz de o kadar verimliliğinize bağlı demektir. Tatile çıkarsanız, işleriniz kötü giderse, emekli ya da hasta ve çalışamaz olursanız, duygusal yıkılma tehlikesinde olacaksınız demektir. Ekonomik ve duygusal depresyonlar size çok tanıdık gelecektir. Bunun tersine pozitif bir skor, yaratıcılık ve üretkenlikten zevk aldığınızı, ama onları benlik saygısı ve tatmin için zorunluluk olarak görmediğinizi gösterir.

4. *Mükemmeliyetçilik*: 16-20 arasındaki maddeler mükemmeliyetçilik eğilimlerinizi gösterir. Negatif bir puan "kutsal kase" yi aramaya saplandığınızı gösterir. Kendinizden mükemmeli beklersiniz - yanlışlar tabudur, başarısızlık ölümden beterdir, olumsuz duygular bile felakettir. Her zaman iyi görünmek, iyi hissetmek, iyi düşünmek zorundasınızdır. Mükemmelin biraz altında olmak cehennem ateşinde yanmak gibidir. Büyük bir hızla ilerleseniz de, yeterli tatmini alamazsınız. Bir hedefe ulaştığınızda, daha uzaktaki başka bir hedef hemen sizi cezbeder; böylece, dağın tepesine ulaşma zevkine hiç varamazsınız. Sonuçta, bütün çabanıza karşılık vaat edilen kazançların neden bir türlü gerçekleşmediğini merak eder durursunuz. Hayatınız zevksiz, monoton bir yürüme bandına döner. Gerçek

dışı, mümkün olmayan kişisel standartlarla yaşıyorsunuz; bunları yeniden gözden geçirmeniz gerekiyor. Sorun performansınızda değil, onu ölçmeye çalıştığınız alette. Eğer beklentilerinizi gerçekle bir çizgiye getirebilirseniz, endişe yerine düzenli olarak mutluluk ve başarı hissedersiniz.

Pozitif bir puan; anlamlı, esnek ve uygun standartlar koyabilme kapasiteniz olduğunu gösterir. Süreçlerden ve deneyimlerden büyük tatmin alıyorsunuz ve sadece sonuçlara odaklanmış değilsiniz. Herşeyde mükemmel olmanız gerekmiyor, ve her zaman elinizden gelenin en iyisi için uğraşmak zorunda da değilsiniz. Hatadan korkmuyorsunuz ve onları öğrenmek ve insanlığınızı geliştirmek için birer altın fırsat olarak görüyorsunuz. Mükemmeliyetçi meslektaşlarınızdan çok daha üretken olabiliyorsunuz; çünkü, detaylara ve kusursuzluğa takılmıyorsunuz. Buzul gibi katı, mükemmeliyetçi arkadaşlarınızla karşılaştırıldığında, hayatınız akan bir nehir gibi.

5. *Haklılık*: 21-25 arasındaki maddeler "haklılık" eğiliminizi ölçer. Negatif bir puan başarı, aşk, mutluluk gibi şeylere hakkınız olduğuna inandığınızı gösterir. Varolan iyiliğiniz ve çok çalışmanızın karşılığında isteklerinizin başkaları ve hatta bütün kainat tarafından karşılanmasını ister ve beklersiniz. Bu olmadığında da – ki genellikle olmaz- iki tepkiden birine kilitlenirsiniz. Ya depresif ve yetersiz hissedersiniz, ya da öfkelenirsiniz. Böylelikle de korkmuş, üzülmüş, ya da kızmış olarak büyük enerji sarfedersiniz. Hayatı çoğunlukla berbat, tatsız bir deneyim olarak görürsünüz. Sıklıkla yüksek sesle şikayet edersiniz, ama problem çözmek için çok az gayret gösterirsiniz. Ne de olsa

onları çözdürmeye hakkınız var; neden çaba sarfedesiniz ki? Bu keskin, talepkar tutumunuz karşısında, hayattan istediklerinizin çok azını elde edebilirsiniz.

Pozitif bir puan kendinizi otomatik olarak hakkı olan kişi olarak görmediğinizi, istedikleriniz için uğraştığınızı ve genellikle de başardığınızı gösterir. Diğerlerinin biricik ve farklı olduğunu düşündüğünüzden, olayların sizin istediğiniz gibi gelişmesinin şart olmadığının farkındasınızdır. Olumsuz bir sonuçta hayal kırıklığına uğrayabilirsiniz, ama bu bir trajedi değildir, çünkü siz yüzdelerle oynarsınız ve her zaman mükemmel bir karşılı ve adalet beklemezsiniz. Sabırlı ve inatçısınız, ve endişeye toleransınız yüksek.

6. *Tanrıyı Oynamak*: 26-30 arasındaki tutumlar kendinizi kainatın merkezi olarak görme eğiliminizi ve çevrenizde olanların çoğundan kendinizi sorumlu tuttuğunuzu gösterir. Negatif bir puan ise, Bölüm 3 ve 6'da bahsedilen kişileştirme hatasını yaptığınız anlamına gelir. Gerçekte sizin kontrolünüz altında olmayan kişilerin olumsuz davranışları ve tutumları için de kendinizi suçlarsınız. Sonuçta, suçluluk ve kendinizi lanetleme duyguları ile dolarsınız. Paradoksal olarak, tümgüçlü olma eğiliminiz sizi neredeyse sakatlar, kaygılı ve etkisiz kılar.

Bunun tersine, pozitif bir puan, evrenin merkezi olmadığınızı kabullenmekten duyduğunuz mutluluğu gösterir. Diğer yetişkinler sizin kontrolünüzde olmadığı için, onlardan değil, sadece kendinizden sorumlusunuzdur. Bu tutum sizi diğerlerinden izole etmez. Bunun tam tersi de doğrudur. İnsanlarla iyi bir iş birliği içinde temas kurar, sizin fikirlerinize ters düştüklerinde ya da sizin önerileriniz doğrultusunda hareket etmediklerinde hakarete uğramış hissetmezsiniz. Tutumunuz insanlarda bir özgürlük hissi ve saygınlık uyandırıyor, neredeyse bir insan mıknatısı oluyorsunuz. Kontrol etme girişimleriniz olmadığından insanlar size yakın olmak istiyorlar. Genellikle sizi dinliyor ve fikirlerinize saygı duyuyorlar, çünkü sizlerle aynı fikirde olmaları gerektiği şeklinde öfkeli bir ısrarla onları bunaltmıyorsunuz. Güç hırsından vazgeçtikçe, insanlar sizi etkili bir insan yerine koyarak bunun karşılığını verirler. Çocuklarınız, arkadaşlarınız ve meslektaşlarınızla ilişkileriniz bağımlılık yerine paylaşımla karakterizedir. İnsanlara egemen olmaya çalışmadığınız için sizi takdir eder, sever ve saygı duyarlar.

7. *Özerklik*: 31-35 arasındaki maddeler hareket serbestliğinizi ölçer. Bu, kendi içinizde mutluluğu bulabilme becerinizi gösterir. Pozitif bir puan, bütün duygudurumlarınızın, düşüncelerinizin ve tutumlarınızın çocukları olduğunu gösterir. Duygularınızın sorumluluğunu üstlenirsiniz, çünkü onların sonuçta sizin tarafınızdan yaratıldığının farkındasınızdır. Bu tanım, yalnız ve izole olduğunuz gibi bir fikir yaratabilir, çünkü tüm anlam ve duyguların kafanızda oluşturulmuş olduğunun bilincindesinizdir. Paradoksal olarak, bu otonomi duygusu sizi zihninizin ufak tefek sınırlarından kurtarır ve dünyayı bütün tatmini, gizemi ve heyecanıyla ayaklarınıza getirir.

   Negatif bir puan, hala mutluluk ve özgüven potansiyelinizin dışarıdan geldiği inancına kısılıp kaldığınızı gösterir. Bu sizi dezavantajlı bir duruma sokar çünkü diğer her şey kontrolünüz dışındadır. Duygudurumunuz dış etkenlerin kurbanı olur. Bunu ister misiniz? Yanıtınız hayır ise, yılanın derisinden kurtulması gibi net bir şekilde bu tutumdan sıyrılabileceğinizi, ancak bu kitaptaki çeşitli yöntemlerle çalışmanız gerektiğini söyleyebiliriz. Sonuçta özerklik ve kişisel sorumluluğu yaşama sıranız geldiğinde, inanılmaz derecede şaşıracak, mutlu olacak, keyif alacaksınız. Bu da kendinizle böyle bir anlaşma yapmaya değer.

Önümüzdeki bölümlerde bu tutum ve değer sistemlerinden birkaçı detaylı olarak incelenecektir. Her birinin üzerinden giderken kendinize sorun: (1) Bu inancı sürdürmek yararıma mı? (2) Bu inanç gerçek ve geçerli mi? (3) Bu kendime zarar veren ve gerçekçi olmayan tutumlardan kurtularak yerine daha objektif ve beni zenginleştirecek olanlarla değiştirmemi sağlayacak ne gibi adımlar atabilirim?

Bölüm 11

Onay Bağımlılığı

Birisi sizi onaylamazsa bunun bir felaket olduğu inancınız üzerinde duralım. Bu onay vermeme davranışı niye sizin için bir tehdit oluşturmaktadır? Belki de mantığınız şöyle demektedir: "Birisi bana onay vermezse bunun anlamı beni kimsenin onaylamayacağıdır. Bu da bende yanlış bir şeyler var demektir."

Bu düşünceler sizin için geçerli ise, aldığınız her darbede moraliniz yara alacaktır. "Kendimi iyi hissedebilmem için olumlu geri bildirim almalıyım."

Bu düşünce neden mantık dışıdır? Çünkü, ruhunuzu yüceltecek gücün, sadece kendi düşünceleriniz ve inançlarınız olduğu gerçeğini gözden kaçırmaktasınız. Başkalarının söylediği şeylerin geçerli olduğuna inanmadığınız sürece, onların onayının duygu durumunuzu etkilemesi olanaklı değildir. Ancak, bir iltifatı hakederek kazandığınıza inanıyorsanız, size iyi hissettiren de bu inancınızdır. Duygu durumunuzdaki yükselmeyi yaşantılamadan önce dış onayı geçerli hale getirmelisiniz. Bu geçerli hale getirme işlemi sizin kendinizi onaylamanızı temsil eder.

Farz edelim, bir hastanenin psikiyatri koğuşunu ziyaret ediyorsunuz. Konfüze, varsanıları olan bir hasta yanınıza yaklaşıyor ve diyor ki, "Harikasınız. Ben Tanrı ile haberleşiyorum. Bana kapıdan giren onüçüncü kişinin "Mesih" olduğunu söyledi. Sen onüçüncüsün, bu yüzden de biliyorum ki, sen Tanrı'nın seçtiği kişisin, Barış Prensisin, Kutsalların Kutsalısın. İzin ver, ayaklarını öpeyim." Bu abartılı onay duygu durumunuzu yükseltir mi? Olasılıkla kendinizi sinirli ve rahatsız hissedersiniz. Çünkü, hastanın söylediklerinin doğru olduğuna inanmazsınız. Bu yorumları dikkate almazsınız. Nasıl hissedeceğinizi etkileyecek tek şey kendinizle ilgili inançlarınızdır. Diğer insanlar hakkınızda iyi veya kötü ne isterlerse düşünebilirler veya söyleyebilirler, sizin duygularınızı etkileyecek tek şey kendi düşüncelerinizdir.

Onay bağımlılığınızı pekiştirmek için ödeyeceğiniz bedel, başkalarının fikirlerine karşı aşırı duyarlı olmak olacaktır. Herhangi bir bağımlılıkta olduğu gibi, yoksunluk ataklarından kaçınabilmek için sürekli onay alma gereksinimi içinde olacaksınız. Sizin için önemli olan bir kişi bir an için sizi onaylamazsa tam bir bağımlının dozunu alamaması gibi acı içinde çökersiniz. Diğer insanlar bu duyarlılığınızı sizi ellerinde oynatmak için kullanırlar. Sizi reddedecekleri veya aşağı görecekleri korkusuyla, istediğinizden çok daha sık olarak onların taleplerine cevap vermek durumunda kalacaksınız. Duygusal şantaja açık bir hale gelmiş olacaksınız.

Onay bağımlılığınızın sizin için bir avantaj olmadığını göreceksiniz; ancak, halen insanların, gerçekten de sadece söylediklerinizin veya yaptıklarınızın değerini değil de insan olarak sizin değerinizi de yargılamaya hakkı olduğuna inanmaktasınız. Farz edelim ki, psikiyatri koğuşuna ikinci bir ziyaret daha yaptınız. Bu sefer başka bir varsanılı hasta yanınıza yanaştı ve dedi ki, "Kırmızı tişört giyiyorsunuz. Bu sizin Şeytan olduğunuzu gösterir! Siz şeytansınız." Bu eleştiri ve onay vermeme davranışı karşısında kendinizi kötü hisseder misiniz? Tabii ki hayır. Neden bu onay vermez sözler sizi üzmez? Basit- çünkü, onların doğru olduğuna inanmazsınız. Diğer insanların eleştirilerine ortak oluyorsunuz ve kendinizde iyi bir şey olmadığına inanıyorsunuz. Size birisi onay vermediğinde, bu durumun onun sorunu olabileceğini hiç düşündünüz mü? Onay vermeme davranışı genellikle diğer insanların mantıkdışı inançlarını yansıtır. Uç bir örnek verelim. Hitler'in Yahudilerin aşağı insanlar olduklarına ilişkin nefret dolu doktrini zarar vermeyi planladığı insanların iç dünyalarıyla ilgili hiç bir şeyi yansıtmaz.

Onay alamamanın sizin yaptığınız hataların sonucu olduğu durumlar da elbette, olmaktadır. Böyle olması, sizin değersiz, iyi yanı olmayan biri olduğunuzu mu gösterir? Tabii ki, hayır. Diğer insanların olumsuz tepkisi yaptığınız özgül bir şeyle ilgilidir, sizin değerinizle bir ilgisi yoktur. Bir insan her zaman yanlış olamaz!

Madalyonun bir de öbür yüzüne bakalım. Pek çok iyi bilinen katilin, işledikleri cinayetler ne kadar iğrenç ve nefret dolu olursa olsun, pek çok ateşli taraftarı bulunmaktadır. Charles Manson'u düşünelim. Sadist bir katil olan bu adam, önerdiği herşeyi yapma eğiliminde olan pek çok izleyeni tarafından mesih olarak kabul edilmektedir. Bu gaddar davranışı savunmadığımı ve Charles Manson'un taraftarı olmadığımı açıklığa kavuşturmak istiyorum. Ancak kendinize şu soruları sorun: Charles Manson yaptıkları veya söyledikleri bir şey için tamamen reddedilmediyse, herkes tarafından reddedilecek kadar kötü ne yapmış olabilirsiniz? Halen şu eşitliğe inanıyor musunuz, onay = değerlilik? Charles Manson'un ailesi kendisine neredeyse tapmıştır; ancak, bu onay onu değerli bir insan yapmış mıdır? Bu, tam bir saçmalıktır.

Onayın insanı iyi hissettirdiği açıktır. Bunda yanlış bir şey yok, doğal ve sağlıklı bir durum. Ayrıca da, onay alamama ve reddedilme, ağızda acı bir tat bırakan sevimsiz bir durumdur. Ancak insanidir ve anlaşılabilir. Onay alıp almamanın sizin değerinizi ölçmek için uygun ve nihai kıstaslar olduğuna inanmaya devam ettikçe derin ve bulanık sularda yüzüyor olacaksınız.

Yaşamınızda hiç birini eleştirdiniz mi? Bir arkadaşınızın düşüncesine ters düştüğünüz oldu mu? Huzursuz hissettiğiniz bir anda sevdiğiniz birine karşı kırıcı konuştuğunuz oldu mu? Size karşı tatsız davranışları olan biriyle ilişki kurmamayı tercih ettiğiniz oldu mu? Kendinize sorunaynı fikirde olmadığınızda, eleştirdiğinizde veya onaylamadığınızda- diğer kişinin tamamen değersiz, hiç bir iyi yanı olmayan bir insan olduğu yargısına mı varıyorsunuz? Diğer insanlar hakkında böyle genel yargılara varma gücüne sahip misiniz? Veya, basit olarak, o kişiyle farklı bakış açınız olduğunu mu ifade ediyorsunuz? Peki diğerinin yaptığı veya söylediği şey sizi üzdü mü?

Örneğin, çok kızgın bir anınızda eşinize şu sözleri ağzınızdan kaçırdınız: "Çok kötü bir insansın. Hiç bir iyi yanın yok!" Ancak bir veya iki gün sonra biraz yatıştığınızda onun "kötülüğünü" abarttığınızı kendinize itiraf etmiyor musunuz? Emin olun, sevdiğiniz kişinin pek çok hatası olabilir, onay vermeme durumunuzun veya eleştiri patlamalarınızın onu tamamen ve sonsuza kadar değersiz kıldığını düşünmek saçma değil mi? Onay vermeme davranışınızın diğer kişinin yaşamının anlamını ve değerini mahvetmeye yetecek bomba etkisinde bir gücünüz olmadığını kendinize itiraf ederseniz, onların onay vermeme davranışı neden sizin kendinize verdiğiniz değeri yok edecek güçte olsun ki? Onları bu kadar özel yapan nedir? Birisi sizi sevmediği için dehşete düşüyorsanız, o insanın sahip olduğu aklı ve bilgiyi büyütüyorsunuz ve aynı zamanda kendinizle ilgili övgü dolu yargılara varamayacağınız konusuna destek vermiş oluyorsunuz. Tabii ki, birisi sizin düşüncenizle ilgili bir yanlışa veya davranışınızdaki bir ayıba parmak basabilir. Umarım, böyle de olur ve siz bu yolla öğrenebilirsiniz. Hiçbirimiz mükemmel değiliz ve diğerlerinin de zaman zaman bunu bize söylemeye hakları var. Ancak, birilerinin sizi eleştirdiği her durumda kendinizi sefil hissetmek ve kendinizden nefret etmek zorunda mısınız?

Sorunun Kaynağı. Bu onay bağımlılığınız ilk ne zaman başladı? Bu sorunun cevabı çocukken sizin için önemli kişilerle ilişkilerinizde yatıyor olabilir diye yorum yapılabilir. Yanlış davrandığınızda çok eleştirel yaklaşan veya belirgin bir yanlış davranışta bulunmadığınızda bile huzursuz olan ebeveynleriniz olmuş olabilir. Anneniz kırıcı bir şekilde "Bunu yaptığın için kötüsün", veya babanız düşünmeden "Her şeyi bozuyorsun. Hiç öğrenmeyeceksin." demiş olabilir.

Bir çocuk olarak ebeveynlerinizi olasılıkla tanrı gibi görüyordunuz. Size nasıl konuşacağınızı ve ayaklarınızın üzerinde nasıl duracağınızı öğrettiler. Size söylediklerinin çoğu da doğrudur. Baba "Yolun ortasından gidersen ölürsün." derse gerçekten doğrudur. Çoğu çocuk gibi, ebeveynlerinizin söylediği şeylerin neredeyse hepsinin doğru olduğunu farz ettiniz. Bu nedenle de "İyi değilsin!" ve "Hiç bir zaman öğrenemeyeceksin." dendiğinde bunlara gerçekten inandınız ve çok incindiniz. "Babam abartıyor ve aşırı genellemeler yapıyor." şeklinde mantık yürütebilmek için çok gençtiniz. Ve de babanızın o gün yorgun ve huzursuz olduğunu ve belki de içki içtiğini ve yalnız kalmak istediğini fark edecek duygusal olgunlukta değildiniz. Patlamalarının onun mu yoksa sizin mi sorununuz olduğunu belirleyemediniz. Onun mantıksız olduğunu düşünecek yaşta olsaydınız bile, işleri anlaşılır bir bakış açısına oturtma çabalarınız sırtınıza inen sert bir şamarla hızla bozulabilir ve bütün cesaretiniz kırılabilirdi.

Birisi size her onay vermediğinde kendinizi otomatik olarak aşağılamak gibi kötü bir huy geliştirmiş olabilirsiniz. Bu eğilimi çocukken kazanmış olmak sizin hatanız değildir ve bu kör noktayla büyüdüğünüz için kendinizi suçlamayın. Ancak bir erişkin olarak, bu konuları gerçekçi biçimde ele almak ve bu özgül duyarlılıktan vazgeçmek için gerekli adımları atmak sizin sorumluluğunuzdur.

Bu onay alamama korkusu sizi nasıl oluyor da anksiyete ve depresyona yatkın kılıyor? John evlenmemiş, yumuşak konuşan, elli iki yaşında ve eleştirilme korkusuyla yaşayan bir mimardı. Yıllarca süren terapilere rağmen azalmayan şiddetli ve tekrarlayıcı bir depresyon nedeniyle sevk edildi. Kendisiyle ilgili iyi şeyler hissettiği bir gün patronuna önemli bir projeyle ilgili yeni fikirleriyle yaklaştı. Patronu düşünmeksizin, "Sonra, John. Meşgulum, görmüyor musun!" dedi. John'un benlik değeri aniden çöktü. Odasına çekildi, umutsuzluk içinde ve kendinden nefret eder bir şekilde "iyi biri olmadığını" söyledi durdu. "Nasıl bu kadar düşüncesiz olabildim?" diye kendine soruyordu.

John bu anı bize aktardığında basit ve net sorular sordum. "Her şeyi bozan kim - siz mi yoksa patronunuz mu? Gerçekte siz mi uygunsuz biçimde davrandınız yoksa patronunuz mu huzursuz ve tatsız şekilde davrandı?" Bir an durduktan sonra, suçluyu saptayabildi. Patronunun uygunsuz biçimde davranmış olması olasılığı, otomatik olarak kendini suçlama alışkanlığı yüzünden, aklına bile gelmemişti. Birdenbire davranışında utanılacak hiç bir şey olmadığını fark ettiğinde rahatladı. Mesafeli bir kişi olan patronu kendini baskı altında tutmaktaydı ve o gün kötü bir günüydü.

John şu soruyu sordu, "Onay için neden bu kadar uğraşıyorum? Niye böyle oluyor?" Sonrasında, on iki yaşında başına gelmiş bir olayı hatırladı. Kendinden küçük tek kardeşi trajik bir şekilde uzun süren bir lösemi atağı sonrasında ölmüştü. Cenaze sonrasında, annesi ve anneannesinin yatak odasında konuştuklarını duydu. Annesi ağlıyordu ve "Yaşamak için bir nedenim kalmadı, artık." dedi. Anneannesi ise "Sus, Johnny aşağıda, seni duyabilir!" diyordu.

John bunu paylaştığında ağlamaya başladı. Bu yorumları duymuştu ve onun için anlamı "Bu, benim fazla bir değerim olmadığını gösterir. Önemli olan kişi kardeşimdi. Annem beni gerçekten sevmiyor". Bu sözleri duyduğunu kimsenin bilmesine izin vermedi ve yıllar boyunca kendisine "Annemin beni sevip sevmemesi gerçekten önemli değil aslında." diyerek bu anıyı belleğinden uzaklaştırmaya çalıştı. Fakat, umutsuzluk içinde annesinin onayını alabilmek amacıyla, başarılarıyla ve kariyeriyle annesini memnun etmek üzere yoğun biçimde çaba gösterdi. Kalbinin içinden, kendinin bir değeri olduğuna inanmadı ve kendisini düşük ve sevilmeyen biri olarak algıladı. Diğer insanların takdirini ve onayını alarak, kaybettiği benlik değerini telafi etmeye çalıştı. Yaşamı, sürekli olarak delik bir balonu şişirme çabası içinde geçti.

Bu olayı hatırladıktan sonra, John salonda kulak misafiri olduğu yorumlara verdiği tepkinin mantıksızlığını görebildi. Annesinin acısı ve hissettiği boşluk duygusu, her ebeveynin çocuğu öldüğünde yaşayacağı yas sürecinin normal bir parçasıydı. Yorumlarının John'la hiç bir ilgisi yoktu, sadece geçici umutsuzluğu ve depresyonuyla ilgiliydi.

Bu anıyı yeni bir bakış açısına oturtmak, John'un kendi değeriyle başkalarının fikirleri arasında kurduğu bağlantının ne kadar mantıksız ve kendine zarar verici olduğunu görmesine yardım etti. Belki, siz de dıştan gelen onaya verdiğiniz önemle ilgili inancınızın ne kadar gerçekdışı olduğunu görmeye başladınız. Sonuç olarak, siz - sadece siz kendinizi mutlu edebilirsiniz. Başka hiç kimse değil. Şimdi, bu ilkeleri günlük pratiğinize yerleştirmek için atmanız gereken bazı basit adımları gözden geçirelim, böylece benlik değeriniz ve benlik saygınızla ilgili arzunuzu duygusal bir gerçekliğe dönüştürebilirsiniz.

Bağımsızlık ve Kendine Saygıyı Geliştirme Yolları

Kar-Zarar Analizi. İTÖ testindeki kendine zarar veren varsayımlarla ilgili inanışlarınızı gidermek için atacağınız ilk adım kar - zarar analizi yapmaktır. Kendinize sorun, "Onay alamamanın beni daha değersiz olduğunu kendime söylememin avantajları ve sakıncaları nelerdir?" Sizi inciten ve size yardımcı olan bu tutumları listeledikten sonra, daha sağlıklı bir değerler sistemi geliştirmek için karar verecek bir pozisyona geleceksiniz.

Örneğin, Susan isimli otuz üç yaşında evli bir kadın, sorumlu, kapasiteli bir çalışan olduğundan çeşitli komitelere sıklıkla seçiliyordu. Bu nedenle kilise ve toplumsal etkinliklere fazlasıyla katıldığını fark etti. Her seferinde yeni bir iş için seçildiğinde kendini çok mutlu hissediyordu ve bazılarının onay vermemesi anlamına gelebileceğinden hiç bir ricayı geri çeviremiyordu. İnsanları hayal kırıklığına uğratmaktan koktuğundan, diğerlerini memnun edebilmek için kendi ilgi ve arzularından vazgeçme döngüsüne giderek daha da bağımlı olmaktaydı.

İTÖ testi ve bir önceki bölümde tanımlanan "Aşağı Ok Tekniği" ile sessiz varsayımlarından birinin "Her zaman insanların benden beklediklerini yapmalıyım." olduğu ortaya çıktı. Bu inancından vazgeçme konusunda isteksiz görünüyordu, bu yüzden de kar- zarar analizini uyguladı. (Şekil 11-1). Onaya bağımlı olmanın sakıncalarının avantajlarının çok üzerinde olduğundan kişisel felsefesini değiştirmeye karşı çok daha açık oldu. Onay alamama ile ilgili kendinize zarar veren varsayımlarınızdan biriyle ilgili olarak bu basit tekniği deneyin. Kişisel gelişim için önemli bir adım olabilir.

Varsayımları Tekrar Yazmak. Kar - Zarar analizine dayanarak, onaylanmama korkunuzun size yardımcı olmaktan çok zarar verdiğini gördüyseniz, ikinci adım sessiz varsayımlarınızı daha gerçekçi ve daha işleri kolaylaştırıcı hale gelmesini sağlamak için onları tekrar yazmaktır (sizin için psikolojik duyarlılık alanlarını temsil eden İTÖ testindeki 35 tutumdan herhangi birine uygulayabilirsiniz.) Yukarıdaki örnekte, Susan kendi inancını tekrar şu şekilde gözden geçirdi: "Birilerinin beni onaylaması hoş olabilir, ancak değerli bir insan olmak veya kendime saygı duymak için onaya gereksinimim yok. Onaylanmama rahatsız edici olabilir, ama benim daha değersiz bir insan olduğum anlamına da gelmez. "

Şekil 11-1 "Sessiz Varsayımlar"ı Değerlendirmek için Kar - Zarar Yöntemi

VARSAYIM: "Her zaman insanların benden beklediklerini yapmalıyım."

Avantajları	**Sakıncaları**
1- İnsanların beklentilerini karşılayabilirim. Kontrol altında olduğumu hissediyorum. Bu kendimi iyi hissettiriyor.	1- Bazen kendimi aslında yapmak istemediğim ve ilgim olmayan şeyleri yaparken buluyorum.
2- İnsanları memnun ettiğimde kendimi güvende hissediyorum.	2- Bu varsayım beni ilişkileri test etmekten uzak tutuyor. Sadece ben olduğum için kabul edilip edilmeyeceğimi hiç bilmiyorum. Her zaman sevgiyi kazanmalıyım ve insanların benden istediklerini yaparak onlara yakın olmaya hak kazanmalıyım. Köle gibi oldum.
3- Pek çok karışıklıktan ve suçluluktan kaçınıyorum. Düşünmek zorunda değilim. Tüm yapmak zorunda olduğum diğerlerinin benden istedikleri.	3- Bu, insanlara benim üzerimde çok güç sağlıyor. Onay vermeme tehdidiyle bana baskı yapabilirler.
4- İnsanları üzdüğümü veya bana yukarıdan baktıklarını düşünerek endişelenmek zorunda değilim.	4- Gerçekten ne istediğimi bilmek benim için zor. Kendim için öncelikleri belirlemeye ve bağımsız kararlar vermeye alışık değilim.
5- Çatışmalardan kaçınabilirim. Girişken olmak ve kendim için konuşmak zorunda değilim, ciddi bir suçluluk ve depresyon değil de başkalarının kontrolü altına sokuyor.	5- Kaçınılmaz olarak insanlar bana onay vermediklerinde onları mutsuz ettiğim sonucuna varıyorum. Yaşıyorum.
	6- İnsanların benden istedikleri her zaman benim için en iyisi olmayabilir, çünkü onlar da kendileri için uygun olanı isterler. Benimle ilgili beklentileri her zaman gerçekçi ve geçerli olmayabilir.

	7- Diğer insanları bana bağımlı ve onları hayal kırıklığına uğratırsam incinebilir ve kötü hisseder gibi gördüğümden onları zayıf ve kırılgan bulmaya başlıyorum.
	8- Risk almaktan ve birilerinin beni üzmesinden korktuğum için yaşamım durağanlaştı. Deneyim yelpazemi genişletecek şeyler yapmak üzere değişmek, olgunlaşmak ve farklı şeyler yapmak için kendimi motive edecek gibi hissetmiyorum.

Kendine Saygı Projesi. Üçüncü adım olarak, "Onaylanmama veya Eleştirilme Korkusuyla Yaşamak Neden Mantıksız veya Gereksizdir?" başlıklı kısa bir yazı yazmanız işe yarayabilir. Bu yazı, kendinize güvenmeniz ve özerklik kazanmanız için sizin kişisel projeniz olabilir. Onaylanmamanın, nahoş olup öldürücü olmadığına dair nedenlerin bir listesini hazırlayın. Bir kaçından bu bölümde bahsedilmişti, yazmaya başlamadan önce onları gözden geçirebilirsiniz. Yazınızda sadece sizin için ikna edici ve yardımcı olabilecek olan şeyler bulunsun. Yazdığınız her söyleme inandığınızdan emin olun, böylece bağımsızlığa ilişkin duyumunuz gerçekçi temellere oturacaktır. Mantıksallaştırmayın! Örneğin, "Biri beni onaylamazsa üzülmeme gerek yok, çünkü onlar benim arkadaş olarak görebileceğim cinsten insanlar değil." şeklindeki bir cümle işe yaramaz, çünkü bu bir çarpıtmadır. Kendi benlik değerinizi diğerlerinin iyi olmadığını yazarak korumaya çalışıyorsunuz. Doğru olduğunu bildiğiniz şeylerden şaşmayın.

Aklınıza yeni fikirler geldikçe onları da listenize katın. Haftalarca her sabah bunları okuyun. Bu, diğer insanların yaşamınızı daraltan sizinle ilgili olumsuz fikirlerini ve yorumlarını düzeltmenize yardımcı olacak ilk adım olabilir.

Aşağıda pek çok insan için işe yarayan bazı fikirler bulunmaktadır. Bazılarını kendi yazınızda kullanabilirsiniz.

1. Birisi size olumsuz davrandığında, onaylamamanın altında yatanın, karşınızdakinin mantıksız düşünme biçimi olabileceğini aklınızda tutun.

2. Eleştiri, geçerli bir eleştiriyse sizi harap etmesi gerekmez. Hatanızı görür ve düzeltmek için gerekli adımları atarsınız. Yanlışlarınızdan öğrenebilirsiniz, sizi utandırmasınlar. İnsansanız hata yapabilirsiniz ve yapmalısınız.

3. Bir şeyleri berbat etmeniz sizin bir KAYBEDEN OLARAK DOĞDUĞUNUZU göstermez. Her zaman ya da çoğunlukla yanlış olmak olanaksızdır. Yaşamınızda doğru yaptığınız binlerce şeyi düşünün! Ayrıca, siz de değişebilir ve olgunlaşabilirsiniz.

4. Diğer insanlar sizin değerinizi yargılayamazlar; sadece söylediğiniz veya yaptığınız özgül şeylerin geçerliliği ve yararlılığını yargılayabilirler.

5. Ne kadar iyi veya kötü davrandığınızı dikkate almaksızın, herkes sizi farklı biçimde yargılayabilir. Onaylanmama, söndürülmesi güç bir ateş değildir. Bir reddedilme, sonu gelmeyen reddedilmelerin önünü açmaz. Kötü daha kötüyü getiriyor olsa ve biri tarafından reddedilseniz bile tam anlamıyla yok olmayacaksınız.

6. Onaylanmama ve eleştirilme genellikle rahatsızlık verir, ancak bu rahatsızlık geçer. Yüzünüzü ekşitmeyin. Başlamanın anlamsız olduğunu hissediyorsanız bile geçmişte zevk aldığınız etkinliklere katılın.

7. Eleştirilme ve onaylanmama, size karşı yöneltilen suçlamaları üstünüze aldığınız ölçüde sizi üzebilir.

8. Onaylanmama nadiren kalıcıdır. Sizi onaylamayan kişiyle ilişkinizin bitmesi gerekmez. Tartışmalar ya-

şamımızın bir parçasıdır ve çoğunlukla sonrasında ortak bir noktaya ulaşırsınız.

9. Birini eleştiriyorsanız, bu, o insanın sizin için tamamen kötü olduğu anlamına gelmez. Başka bir bireyin sizi yargılamaya gücü veya hakkı var mı? Hepimiz insanız, yargıç değiliz. Diğer insanları yaşamınızdan daha büyük olacak şekilde gözünüzde büyütmeyin.

Ek fikirleriniz oluştu mu? Önümüzdeki bir kaç gün bu konu hakkında düşünün. Fikirlerinizi bir kağıda not edin. Onaylanmama ile ilgili kendi felsefenizi geliştirin. Kendi perspektifinizi değiştirmek ve bağımsızlık duygunuzu geliştirmek için kendinize ne kadar çok yardım edebileceğinizi görerek şaşıracaksınız.

Sözel Teknikler. Onaylanmama ile ilgili farklı düşünmeyi öğrenmeye ek olarak, size onay vermeyen bireylere karşı farklı davranmayı öğrenmeniz de çok yardımcı olacaktır. İlk adım olarak, Bölüm VI'da tanımlanan Silahsızlandırma tekniği gibi girişkenlik yöntemlerini gözden geçirin. Şimdi, onaylanmama ile baş etme becerileri geliştirmenize yardımcı olacak ek yaklaşımları tartışacağız.

İlk önce, birinden onay alamamaktan korkuyorsanız, o kişiye gerçekten sizi aşağı görüp görmediğini sormayı hiç düşündünüz mü? Sürpriz bir biçimde, onaylanmamanın sadece sizin kafanızda olduğunu fark edeceksiniz. Biraz cesaret gerektirse bile karşılığı büyük olacaktır.

Bölüm 6'da bahsettiğim, Pensilvanya Üniversitesi'nde eğitim gören psikiyatrist Art'ı hatırlayın? Art'ın bir hastanın intihara eğilimli olduğundan hiç şüphesi yoktu. Hastasında depresyon öyküsü ve semptomları yoktu; ancak, umutsuz bir evliliğe tutsak düşmüştü. Art bir sabah hastasının başına sıkılmış bir kurşunla ölü olarak bulunduğunu bildiren bir telefon aldı. Cinayetten şüphelenilmekle birlikte, ölümün olası nedeni intihardı. Art daha önce hiç bir hastasını bu şekilde kaybetmemişti. Bu hastasına olan düşkünlüğü nedeniyle üzgün, süpervizörü ve arkadaşları tarafından onaylanmayacağı, hatalı davrandığı ve öngörülü olamadığı için aşağı görüleceği korkusuyla kaygılıydı. Süpervizörüyle bu ölümü tartıştıktan sonra, "Sizi hayal kırıklığına uğrattığımı hissediyor musunuz?" diye açıkça sordu. Süpervizörün tepkisi ise sıcak ve empatikti, reddetmeye yönelik değildi. Art, süpervizörü, geçmişte kendisinin de benzer hayal kırıklıkları yaşadığını söylediğinde rahatladı. Art'a, bu durumun, bir psikiyatrist olmanın getireceği profesyonel risklerden biriyle baş etmeyi öğrenmek için iyi bir fırsat olduğunu vurguladı. Vakayı tartışarak ve onaylanmama korkusunun ağına düşmeyerek, Art, hata yapmayı öğrendi - umutsuzluk duygusunun klinik olarak depresyonda olmayan bireylerde de intihara neden olabileceği gerçeğini gözden kaçırmıştı. Ayrıca, diğerlerinin ondan mükemmel olmasını ve herhangi bir hasta için başarılı bir sonucu garanti etmesini beklemediklerini öğrendi.

Varsayalım, her şey böyle iyi gitmedi ve süpervizörü ve arkadaşları onu düşüncesiz ve yetersiz olmakla suçladılar. Peki sonra? Olabilecek en kötü sonuç reddedilmek olacaktır. En kötü sonuçla baş etmek için gerekli stratejileri konuşalım.

Reddedilme Sizin Hatanız Olamaz! Bedeninize gelen hasarlardan ve servetinizin kaybından başka, bir insanın size verebileceği en büyük acı reddetmektir. Bu tehdit, susturulduğunuzda hissettiğiniz korkunun kaynağıdır.

Çeşitli tipte reddedilmeler mevcuttur. En sık ve en net olarak görüleni "ergen reddi" olarak adlandırılmıştır, ancak sadece ergen grubuyla sınırlı değildir. Farz edelim, tanıştığınız veya karşılaştığınız birisine karşı romantik bir ilgi duydunuz, ancak ondan cevap alamadınız. Belki de görünüşünüz, ırkınız, dininiz veya kişilik tarzınız sorundur. Ya da belki, boyunuz çok kısa veya uzun, çok şişman veya zayıf, çok genç, çok yaşlı, çok akıllı, çok saldırgan, çok aptal veya çok edilgensiniz. Bir insanın kafasında ideal eş olarak hayal ettiği kişiye tam olarak uyamayacağınıza göre sizdeki ilerlemeleri görmezden gelir ve size soğuk davranır.

Bu sizin hatanız mı? Elbette ki, hayır! Biri sizi öznel tercihleri ve zevkleri nedeniyle kabul etmiyor. Bazıları elmalı tartı vişneli tarttan daha çok sever. Bu, vişneli tartın istenmeyen bir şey olduğunu mu gösterir? Romantik ilgiler sonsuz değişkenlik gösterir. Eğer toplumun "iyi görünüşlü" diye tanımladığı özelliklerle kutsanmış bir "diş macunu reklamı yıldızı" tipinde bir kişiyseniz potansiyel flörtleri kendinize çekmeniz daha kolay olacaktır. Ancak bu karşılıklı çekimin kalıcı bir sevgi ilişkisi haline dönüşmesi çok uzak görünmektedir. Ve hatta, güzeller ve yakışıklılar da bazen reddedilmeyle baş etmek zorunda kalırlar. Hiç kimse, herkes ve her karşılaştığı kişi tarafından beğenilmez.

Görünüm ve kişilik olarak vasat veya vasatın altındaysanız, başlangıçta insanların ilgisini çekebilmek için daha fazla çaba harcamanız gerekecek ve daha fazla red ile karşılaşacaksınız. İnsanlara çekici gelebilmek için sosyal beceriler geliştirmek ve bazı güçlü sırları keşfetmek durumunda kalacaksınız. Bunlar: 1) Kendinizi aşağı görerek kendinizi ucuza satmayın, kendinizi kötü olarak görmekten vazgeçin. Bölüm IV'de sözü geçen yöntemlerle benlik değerinizi yükseltin. Kendinizi severseniz insanlar yaydığınız enerjiden hoşlanacak ve size yakın olmak isteyeceklerdir. 2) İnsanlara zekice iltifatlarda bulunun. Sizi sevecekler mi red mi edecekler diye düşünüp etrafında sinirli biçimde beklemek yerine önce siz onları sevin ve bunu bilmelerini sağlayın. 3) Onları etkileyecek şeyleri öğrenerek diğer insanlara ilgi gösterin. Onları en çok heyecanlandıran şeyleri onlarla konuşun ve canlı biçimde yorumlarına yanıt verin.

Bu yolda sürekli olarak ilerlerseniz, sizi de çekici bulan insanlar olduğunu ve ayrıca mutluluk için büyük bir kapasiteniz olduğunu keşfedeceksiniz. Ergen reddi oldukça rahatsız edici bir durumdur; fakat, dünyanın sonu değildir ve sizin hatanız değildir.

Peki, yıpratıcı davranışlarınızla onları bıktırdığınız için pek çok kişi sizi reddediyorsa bu durumda ne olacak? Farz edelim, ben merkezcil ve kendinizi beğenmişsiniz. Kesinlikle, bu sizin hatanızdır, değil mi? Bu, "öfkeli red" olarak adlandırdığım ikinci tip reddir. Tekrar, kişisel bir yanlışınız nedeniyle öfkeli biçimde reddediliyorsanız bunun sizin hatanız olmadığınızı göreceğinizi düşünüyorum.

İlk olarak, insanlar sizden hoşlanmadıkları için sizi reddetmek zorunda değillerdir- başka seçenekleri vardır. Girişken olabilir ve sizin davranışınızla ilgili olarak neyi beğenmediklerini söyleyebilirler veya bu davranıştan bu kadar rahatsız olmamayı öğrenebilirler. Tabii ki, isterlerse sizden kaçmaya ve sizi reddetmeye hakları vardır ve tercih ettikleri arkadaşı seçmekte özgürdürler. Bunun anlamı, sizin doğuştan kötü bir insan olduğunuz değildir. Herkesin size aynı olumsuz tavır içinde davranacağı anlamına da gelmez. Bazı insanlarla kimyanız ilk anda uyuşurken bazılarıyla hiç uyuşamazsınız. Bu, birinin hatası değil, sadece hayatın bir gerçeğidir.

İnsanlardan hoşlanmaktan çok onlarla yabancılaşan bir kişiliğiniz varsa – aşırı eleştirel veya çok sık tepesi atan- stilinizi değiştirmeniz kesinlikle sizin için bir avantaj olacaktır. Ancak bu mükemmel olmayan noktaya dayanarak biri sizi reddettiği için kendinizi suçlamak saçmalıktır. Hiç birimiz mükemmel değiliz, kendinizi hatalı görmek veya- bir başkasının size yönelttiği düşmanlık duygularını sahiplenmek- kendinize zarar veren ve anlamsız bir durumdur.

Üçüncü tip reddedilme "manipülatif red"dir. Bu durumda diğer kişi sizi bir şekilde manipüle edebilmek için yoksun bırakma veya red etme tehdidini kullanır. Mutsuz eşler ve hatta hayal kırıklığına uğramış psikiyatristler, sizi değiştirmeye mecbur tutarak bu oyuna katılırlar. Formül şöyledir: "ya böyle böyle davran ya da biz yokuz!" Bu yol, insanları etkilemek için seçilen çok mantıksız ve kendine zarar veren bir yoldur. Bu tarz manipülatif redler, kültürel olarak öğrenilmiş baş etme kalıplarıdır ve genellikle etkisizdirler. Gerginliğe ve gücenmelere neden olduklarından, ilişkilerin ilerlemesine nadiren imkan verirler. Gerçekte gösterdiği ise, tehdit eden kişinin hayal kırıklığına uğrama toleransının düşük olduğu ve kişilerarası becerilerinin az olduğudur. Onların yaptıkları, kesinlikle, sizin suçunuz değildir ve bu şekilde manipüle edilmeye izin vermek sizin için bir avantaj oluşturmaz.

Teorik açıdan bu kadarı yeterli. Gerçek anlamda reddedildiğinizde ne yapabilirsiniz veya ne söyleyebilirsiniz? Etkili yollardan biri, rol yapma tekniğini (role-play) öğrenmektir. Diyalogu daha mücadeleci ve eğlendirici hale getirmek için, ben reddedeni oynayacağım ve sizi düşünebildiğim en kötü şeylerle yüzleştireceğim. Hakaret eden ve iğneleyen kişiyi oynadığımdan, size davranışım nedeniyle sizi gerçekten reddedip etmediğimi sormakla başlayın:

Siz: Dr.Burns, bana mesafeli ve soğuk davranıyorsun. Benden kaçıyor gibisin. Seninle konuşmaya çalıştığımda beni ya görmezden geliyor ya da bana sert davranıyorsun. Seni üzüyor muyum, beni reddetmeyi mi düşünüyorsun, merak ediyorum.

Yorum: Baştan beni seni reddetmekle suçlama. Bu, beni savunma durumuna sokuyor. Ayrıca da, seni reddetmiyor olabilirim- hiç kimse kitabımı almıyor diye üzgün olabilirim, genelikle huzursuzum. Pratik olsun diye en kötüsünü varsayalım – seni üzmeye çalışıyorum.

David: Konuyu açıklığa kavuşturduğumuza memnunum. Seni reddetmeye karar verdim.

Siz: Neden? Seni çok mu lafa boğuyorum?

David: Sen çürümüş bir hiçsin.

Siz: Seni üzdüğümü görebiliyorum. Nasıl bir yanlış yaptım?

Yorum: Kendini savunmaktan kaçınıyorsun. Çürük bir hiç olmadığını bildiğine göre bu konuda ısrarcı olmanın bir anlamı yok. Bu durum, beni daha da ateşliyor ve diyaloğumuz hızla bir ağız dalaşına dönüşüyor. (Bu empati yöntemi Bölüm 6'da detaylı olarak anlatılmıştır.)

David: Seninle ilgili herşey kokuşmuş.

Siz: Biraz açabilir misin? Deodorant kullanmayı mı unutmuşum? Konuşma biçimimle, son söylediğim bir şeyle, elbiselerimle ilgili bir şey mi?

Yorum: Tartışmanın ortasında takılıp kalmakta direniyorsun. Seninle ilgili sevmediğim şeyi saptamak için beni itekleyerek en iyi atışımı yapmaya ve anlamlı bir şeyler söylemeye zorluyorsun ve sonunda berbat biri gibi görüneceğim.

David: Geçen gün beni aşağılayarak duygularımı incittin. Bana hiç önem vermiyorsun. Senin için sadece bir "şey"im, bir insan değilim.

Yorum: Bu, yaygın bir eleştiridir. Sizi reddeden kişinin temelde sizinle ilgilendiğini, ancak sizi kaybetmekten korktuğunu gösterir. Sarsılmış benlik değerini korumak için o kişi sizi incitmeye karar verdi. O kişi size çok aptal, çok şişman, çok bencil olduğunuzu söyleyebilir. Eleştirinin doğası her ne olursa olsun, stratejiniz iki aşamalı olacaktır: a)Eleştirideki gerçek payını bulun ve reddeden kişiye ona kısmen katıldığınızı söyleyin (silahsızlandırma tekniği, Bölüm 6) b)Yaptığınız hata için özür dileyin ve düzeltmeyi denemeyi önerin (geri bildirim ve müzakereye bakın, Bölüm VI)

Siz: Tepeni attıracak yanlış bir şey söylediğim için özür dilerim. Neydi o yanlış söylediğim şey?

David: Bana kaba saba olduğumu söyledin. Bıktım artık senden, bitti her şey!

Siz: Görüyorum ki, düşüncesizce ve incitici bir yorum yapmışım. Duygularını incitecek başka neler söyledim? Bir kere mi oldu, yoksa pek çok kez mi aynı şeyi yaptım? Haydi, devam et, benimle ilgili düşündüğün tüm kötü şeyleri bana anlat.

David: Senin ne yapacağını önceden kestiremiyorum. Bal gibi tatlı olabiliyorsun ve aniden sivri dilinle beni parçalıyorsun. Çıldırdığında ağzı bozuk bir domuza dönüşüyorsun. Sana dayanamıyorum, başkalarının sana nasıl tahammül ettiğini bilemiyorum. Kendini beğenmiş ve küstahsın. Kendin dışında kimseye önem vermiyorsun. Bencil, alçak bir herifsin. Uyanmanın ve zor yolu öğrenmenin zamanı geldi. Üzgünüm, seni aşağılayan ben oldum, ancak öğrenmenin tek yolu da bu. Kendin dışında başka hiç kimse için gerçek duygular beslemiyorsun!

Siz: İlişkimizde üzerinde durmadığımız pek çok sorun olduğunu görüyorum, treni kaçırıyormuşum gibi görünüyor. Düşüncesiz ve huzursuz edici tarzda hareket ettiğimi, ne kadar sevimsiz ve senin için ne kadar rahatsızlık verici olduğumu görebiliyorum. Bu yönüm hakkında biraz daha bir şeyler anlatabilir misin?

Yorum: Reddeden kişiden olumsuz yorumlar almaya devam ediyorsunuz. Kendinizi savunmaktan kaçının ve onun söyledikleri içinde doğru olanları bulmaya devam edin. Tüm eleştirileri aldıktan ve onların hangilerinin doğru olduğu konusunda fikir birliğine vardıktan sonra, reddedenin balonuna doğru en sivri okunuzu atmaya hazırsınız. Mükemmel olmayan yönlerinizi kabul ettiğinizi ve yanlışlarınızı düzeltmeye istekli olduğunuzu belirtin. O kişiye sizi neden reddettiğini sorun. Bu manevra, reddedilmenin hiç bir zaman sizin hatanız olmadığını görmenize yardımcı olacaktır! Hatalarınızın sorumlusu sizsiniz, onları düzeltme sorumluluğunu da üzerinize alacaksınız. Ancak, birisi sizi mükemmel olmadığınız yönleriniz yüzünden reddediyorsa, bu onun akılsızlığıdır, sizin değil! Şimdi bunun nasıl işlediğini görelim.

Siz: Hoşlanmadığın şeyler yaptığımı ve söylediğimi görebiliyorum. Bu yanlışlarımı olabildiği kadar düzeltmek istiyorum. Mucizeler için söz veremem, ancak beraber çalışırsak bazı şeyler neden düzelmesin ki? Sadece bu şekilde konuşarak bile iletişimimiz daha düzeldi. Şimdi, beni niye reddedeceksin ki?

David: Çünkü, beni çok öfkelendirdin.

Siz: Pekiyi, insanlar arasında bazen farklılıklar gelişir, bunun ilişkimizi yıpratması gerekmiyor gibi geliyor bana. Çok öfkelendiğin için mi, ne için, beni reddediyorsun?

David: Sen başkalarının sırtından geçinen bir serserisin. Seninle tekrar konuşmayı reddediyorum.

Siz: Böyle hissettiğin için üzgünüm. Bu incinmiş duygulara rağmen arkadaşlığımızın devam etmesini tercih ederdim. Tam olarak bu arkadaşlığı bitirmemiz gerekli mi? Belki de, bu tartışma birbirimizi daha iyi anlamamız için gereken şeydi. Gerçekten, beni niye reddetmek istediğini bilmiyorum. Nedenini söyleyebilir misin?

David: Yo, hayır! Beni yine oyuna getiriyorsun. Her şeyi o kadar sık bozuyorsun ki! İkinci bir şans vermeyeceğim! Hoşçakal!

Yorum: Şimdi, kimin davranışı budalaca? Sizin mi, sizi reddeden kişinin mi? Bu red olayında kim suçlu? Siz hatalarınızı düzeltmeyi ve açık iletişim ve uzlaşma yoluyla ilişkinizi geliştirmeyi önerdiniz. Bu halde, red olayından dolayı siz neden suçlu olasınız ki? Elbette ki, değilsiniz.

Yukarıdaki yaklaşımı kullanarak tüm gerçek redleri önleyemeyebilirsiniz, ancak olumlu sonuca ulaşma olasılığınız artacaktır.

Onaylanmama veya Reddedilme Davranışının Telafisi

Diğer kişiyle ilişkinizi geliştirme çabalarınıza rağmen

onaylanmadınız veya reddedildiniz. Hissettiğiniz üzüntüden bir an evvel nasıl kurtulabilirsiniz? İlk olarak, yaşamın devam ettiğini fark edin, bu hayal kırıklığının sizin mutluluğunuzu sonsuza kadar bozmasına gerek yok. Red ve onaylanmama sonrasında, duygusal hasar yaratan kendi düşüncelerinizdir. Bu düşüncelerle savaşır ve kendinizin çarpık biçimde kullanılmasına inatçı bir şekilde direnirseniz, üzüntünüz geçecektir.

Yararlı olabilecek yöntemlerden biri, sevdiği birini kaybettikten sonra uzun süreli yas tepkisi yaşayanlara yardımcı olan bir yöntemdir. Yas tutan bireyler ölen kişinin acı veren anılarına ve bu düşüncelere kendilerini bırakmaya olanak taşıyacak şekilde günlük düzenlemeler yaparlarsa, yas süreci daha hızla ilerleyecek ve tamamlanacaktır. Bunu yalnızken yaparsanız, çok daha fazla yardımcı olur. Diğer insanların sempatik tavırları sıklıkla geri teper ve acılı yas sürecini uzatır.

Bu "yas tutma" yöntemini red veya onaylanmama ile baş ederken de kullanabilirsiniz. Tüm üzüntü verici, öfkelendirici ve hayal kırıklığı yaratan düşüncelerinizi her gün bir veya bir kaç kez – beş- on dakika yeterli olacaktır- düşünme planı yapın. Kendinizi üzgün hissederseniz ağlayın. Çılgına dönerseniz yastıklara vurun. Planladığınız sürenin tamamında kendinizi bu acı verici anı ve düşüncelere kaptırın. Şikayet edin, sızlanın! Üzüntü döneminiz bittiğinde DURUN ve bir sonraki ağlama döneminize kadar yaşamınıza devam edin. Bu arada, olumsuz düşünceleriniz varsa, onları yazın, çarpıtmalara işaret edin ve önceki bölümlerde anlatıldığı gibi bu çarpıklıkları mantıksal tepkilerle yer değiştirin. Hayal kırıklığınız üzerinde kısmi kontrol sağlamanıza ve benlik değerinizin beklediğinizden daha hızlı biçimde geri dönmesine yardımcı olduğunu göreceksiniz.

İç Işığı Yakmak

Duygusal aydınlanmanın anahtarı, duygudurumunuzu etkileyecek tek şeyin düşünceleriniz olduğu şeklindeki bilgidir. Onay bağımlısı iseniz, iç ışığınızı, sadece dışarıdan birisi parladığında yakmak şeklinde kötü bir alışkanlığınız var demektir. Onların onayını kendi iç onayınızla karıştırıyorsunuz; çünkü, her ikisi aynı anda oluşuyor. Yanlış biçimde, diğer insanın kendinizi iyi hissetmenizi sağladığı sonucuna varıyorsunuz. Zaman zaman iltifattan, övülmekten hoşlanıyor olmanız gerçeği, *sizin kendinizi onaylamayı bildiğinizi* kanıtlar! Bir onay bağımlısı iseniz, kendinizi sadece öncelikle saygı duyduğunuz birisi sizi onayladığında onaylamak gibi zarar verici bir alışkanlık geliştirmişsiniz demektir.

Bu alışkanlığı kırmanın basit yolu! Daha önceki bölümlerde tanımlanan bilek sayacını alın ve en az iki- üç hafta kadar kullanın. Her gün kendinizle ilgili olumlu şeyleri - dış bir ödül alın veya almayın, iyi yaptığınız şeyleri- gözlemeye çalışın. Onayladığınız her davranışınız için sayacı tıklayın. Örneğin, bir arkadaşa bir sabah gülümsediğinizde o size gülse de kaşlarını çatsa da tıklayın. Ertelediğiniz bir telefon konuşmasını gerçekleştirdiğinizde sayacı tıklayın! Büyük veya saçma şeyler için kendinize onay verin. Geçmişte yaptığınız olumlu şeyleri hatırladığınızda bile tıklayın. Örneğin, ilk ehliyet aldığınız veya işe girdiğiniz ilk günü hatırlayabilirsiniz. Olumlu bir uyarılma yaşasasınız da yaşamasanız da sayıcıyı tıklayın. Başlangıçta, kendinizle ilgili olumlu şeyleri gözlemlemek konusunda kendinizi zorlamanız gerekebilir ve bu size mekanik görünebilir. Israrcı olun, çünkü, bir süre sonra iç ışığınızın önce hafiften ve sonrasında parlak biçimde yandığını gözleyeceğinizi düşünüyorum. Her akşam, sayıcıdaki rakamları sayın ve günlüğünüze toplam kişisel onay sayısını not edin. İki veya üç hafta sonra, kendine saygı sanatını öğrenmeye başlayacağınızı ve kendinizi çok daha iyi hissedeceğinizi sanıyorum. Bu basit işlem, bağımsızlık ve kendine onay verme davranışının başarılmasında ilk büyük adım olacaktır. Kolay gibi görünüyor ve kolay zaten. Harcanan zaman ve çabaya göre kazanılan ödül şaşırtıcı derecede çok fazla olacak.

Bölüm 12

Sevgi Bağımlılığı

Onaylanmama korkusuyla ele ele giden bir "sessiz varsayım" ise şöyledir: "Karşı cinsten biri tarafından sevilmezsem, gerçek anlamda mutlu ve tam bir insan olamam. En büyük mutluluk için gerçek sevgi gereklidir."

Kendinizi mutlu hissedebilmek için sevgi isteğinde veya gereksiniminde olmak "bağımlılık" olarak adlandırılır. Bağımlılık, kendi duygusal yaşamınızla ilgili sorumluluğu üzerinize almadığınız anlamına gelir.

Sevgi Bağımlısı Olmanın Sakıncaları Sevilmek kesin bir gereklilik midir yoksa arzulanan bir seçenek midir?

Roberta, otuz üç yaşında bekar bir kadındı. Akşamları ve hafta sonları evinde surat asarak oturur ve kendisine "Bu dünya çiftlerin dünyası. Bir erkek olmadan ben bir hiçim" derdi. Ofisime gayet güzel giyinmiş olarak geldi, ancak yorumları çok sevimsizdi. Sevilmenin, soluduğu oksijen kadar gerekli olduğuna emin olduğu için çok incinmiş bir haldeydi. O kadar talepkar ve muhtaçtı ki, bu durum insanları ondan uzaklaştırıyordu.

"Bir erkek olmadan ben bir hiçim!" inancının avantajlarını ve sakıncalarını yazdığı bir liste hazırlamasını istedim. Roberta'nın listesindeki sakıncalar çok açıktı "1) Sevgilim olmadığı için bu inanç beni çok mutsuz bir hale sokuyor. 2) Yapmak zorunda olduğum şeylerle veya gitmek zorunda olduğum yerlerle ilgili isteğimi kaybediyorum. 3) Kendimi tembel hissetmeme neden oluyor. 4) Kendime acımaya başlıyorum. 5) Gururumu ve kendime duyduğum güveni talan ediyor, diğerlerine gıpta ediyor ve keyifsizleşiyorum. 6) Sonuç olarak, bana zarar veren duygular gelişiyor ve yalnız kalmaktan fena halde korkuyorum."

Mutlu olmak için sevilmenin kesin gereklilik olduğuna inanmanın avantajları olarak düşündüklerini listeledi. "1) Bu inanç bana güvenlik, arkadaşlık ve sevgiyi getiriyor. 2) Yaşamıma bir anlam katıyor ve yaşama nedenim oluyor. 3) Olaylarla ilgili umutlanmama neden oluyor." Bu avantajlar, Roberta'nın bir erkeksiz yaşayamayacağını kendine söylemesiyle ilgili inancının yaşamına bir arkadaş kattığını yansıtmaktadır.

Bu avantajlar gerçek midir yoksa hayal mi? Roberta yıllardır bir erkeksiz yaşayamayacağına inanmasına rağmen, bu tutumu ona istediği gibi bir partner getirmemişti. Yaşamında bir erkekle birlikte olmayı bu kadar önemli bulmanın, bir erkeği onun eşiğine kadar getirecek büyülü bir şey olmadığını itiraf etti. Bağımlı ve yapışkan bireylerin diğer insanlardan çok fazla özen talep ettiklerini ve çok muhtaç göründüklerinden, ilk başlangıçta karşı cinsin dikkatini çekmekte ve sonrasında da bir ilişkiyi devam ettirmekte büyük zorluk çektiklerini kabul etti. Roberta, mutluluğu kendi içinde bulan kişilerin karşı cins tarafından en çok arzulanan tipler olduğu ve kendileriyle barışık ve etrafa neşe katıyor olduklarından dolayı insanları bir mıknatıs gibi kendilerine çektikleri fikrini algıladı. İronik biçimde, sonuçta yalnız kalanlar bağımlı, erkekkolik kadınlardı.

Bu durum sürpriz değildir. Kendini değerli hissedebilmek için birine gereksinim duyan bir pozisyona girerseniz, etrafa şöyle diyor olursunuz: "Beni sahiplen! Benim doğuştan gelen bir değerim yok! Kendime dayanamıyorum!" Çok az alıcı bulacaksınız! Açıkça belirtilmemiş bu talebiniz karşısında insanlar sizi sevmez ve "Beni sevmek zorunda olduğuna göre, beni sevmezsen değersizin tekisin." diye düşünürler.

"Bağımsız olursam insanlar benim onları reddettiğimi düşünür ve yalnız kalırım." şeklindeki hatalı bir düşünce nedeniyle kendi bağımlılık duygunuza takılmış olabilirsiniz. Korkunuz buysa, bağımlılıkla samimiyeti eş tutuyorsunuz demektir. Bundan daha saçma bir şey olamaz. Yalnızsanız ve bağımlıysanız, öfkeniz ve gücenmeniz, kendinizi başkalarından almanız gerektiğine inandığınız sevgiden yoksun hissettiğiniz gerçeğinden köken almaktadır. Bu tutum sizin daha da yalnız kalmanıza neden olur. Daha bağımsızsanız, yalnız olmak zorunda değilsiniz - yalnızken kendinizi mutlu hissetme kapasiteniz var demekir. Ne kadar bağımsızsanız, duygularınız o kadar güvence altında demektir. Ayrıca da, duygu durumunuz başkalarının insafına bağlı olarak inip çıkmayacaktır. Birinin sizi ne kadar sevebileceği önceden kestirilemez. Sizinle ilgili her şeyi takdir etmeyebilirler, her zaman sıcak davranmayabilirler. Kendinizi sevmeyi öğrendiğinizde, benlik değeriniz daha sürekli bir kaynak bulmuş demektir.

İlk adım, bağımsızlığı isteyip istemediğinize karar vermektir. Hedeflerimizin ne olduğunu bilirsek onları başarabilme şansımız çok artar. Bu yaklaşım, Roberta'nın bağımlılığının kendisini boş bir varlığa mahkum ettiğini fark etmesine yardımcı oldu. Halen, bağımlı olmanın arzulanan bir durum olduğu şeklindeki düşüncenize takılıp kaldıysanız, çift sütun tekniğini kullanarak avantajları sıralayın. Sevginin, kişisel değerinizi belirlemesine izin vermenin yararlarını dile getirin. Sonrasında da, durumu nesnel olarak değerlendirebilmek için karşı söylemleri veya mantıksal tepkileri de sağ tarafa yazın. Sevgi bağımlılığınızın avantajlarının tamamen veya kısmen bir yanılsama olduğunu öğrenebilirsiniz. Şekil 12-1'de Roberta'nın sorununa benzer sorunu olan bir kadının bu konuları nasıl değerlendirdiği görülmektedir. Bu yazma egzersizi, onu diğerlerinde ne aradığını bulabilmesi için içine bakmaya yüreklendirdi ve bağımlılığın, insanı kapasitesiz kılan gerçek bir düşman olduğunu görmesine neden oldu.

Şekil 12-1 "Sevgi Bağımlısı" Olmanın Olası Avantajlarının Bir Analizi

Mutlu olmak için sevilmeye mantıksal yanıtlar	**Bağımlı olmanın avantajları**
1- İncindiğimde benimle ilgilenecek biri var.	1- Bu, bağımsız kişiler için de geçerli. Bir trafik kazası geçirsem beni acile götürürler. Bağımsız olayım veya olmayayım doktorlar benimle ilgilenir. Zarar gördüğünde sadece bağımlı kişilere yardım edilir fikri saçma.
2- Bağımlıysam karar vermek zorunda kalmayacağım.	2- Bağımlı biri olarak yaşamım üzerinde kontrolüm daha az olacak. Benim için başkalarının karar vermesine bağlı olmak güvenilmez bir durum. Örneğin, birinin bugün ne giyeceğimi veya akşam ne yiyeceğimi bana söylemesini istiyor muyum? Onlar, benim ilk seçeneğimi seçmeyebilirler.
3- Bağımsız biri olarak yanlış kararlar verebilirim. Sonuçlarına katlanmak zorunda kalırım.	3- Sonuçlarına katlan o zaman – Bağımsızsan yanlışlarından öğrenebilirsin. Hiç kimse mükemmel olamaz, yaşamda kesin doğrunun garantisi yoktur. Belirsizlik yaşamın tuzu-biberidir. Nasıl baş ettiğim - her zaman haklı olayım veya olmayayım - kendime saygının temelini oluşturur.
4- Bağımlı biriysem, düşünmek zorunda değilim. Sadece tepki veririm.	4- Bağımsız insanlar istedikleri şeyi düşünmemeyi seçebilirler. Sadece bağımlıların düşünmeyi durdurma hakkı olduğu şeklinde bir kural yok.
5- Bağımlıysam, ödüllendirilirim. Bu, şeker yemek gibidir. Birinin benimle ilgilenmesi ve güvenmesi bana iyi gelir.	5- Şeker bir süre sonra bulantı yapar. Bağlanmak için seçtiğim kişi beni sevmeyi, okşamayı ve benimle bir ömür boyu ilgilenmeyi arzu etmeyebilir. Bir süre sonra yorulabilir. Öfke veya darılma

	nedeniyle kendini geri çekerse, dayanacak başka bir şeyim olmadığından kendimi kötü hissederim. Bağımlıysam, insanlar beni köle veya robot gibi idare ederler.
6- Bağımlı biriysem, sevilirim. Sevgisiz yaşayamam.	6- Bağımsız biri olarak, kendimi sevmeyi öğrenebilirim. Bu, beni başkalarının gözünde daha arzulanır kılar. Kendimi sevmeyi öğrenirsem her zaman sevilebilirim. Geçmişteki bağımlılığım insanları çekmekten çok benden uzaklaştırdı. Bebekler sevgi ve desteksiz yaşayamaz. Ancak, ben sevgisiz ölmeyeceğim.
7- Bazı erkekler bağımlı kadın arıyorlar.	7- Bu, kısmen doğru, ancak bağımlılığa dayalı ilişkiler sıklıkla bozuluyor ve boşanmayla sonuçlanıyor; çünkü, birinden verme pozisyonunda olmadığı bir şeyi istiyorsun: benlik değeri, kendilik saygısı. Sadece ben kendimi mutlu edebilirim. Bunu yapması için başkasına güvenirsem, sonuçta acı biçimde hayal kırıklığına uğrarım.

Yalnızlıkla Yalnız Kalma Arasındaki Farkın Algılanması Bir önceki kısmı okurken duygu durumunuzu düzenlemenizin ve mutluluğu kendi içinizde bulmanızın sizin için bir avantaj olabileceği sonucuna varmış olabilirsiniz. Bu sonuç size, yalnızken de sevdiğiniz biriyle olduğunuz kadar kendinizi canlı hissetme olanağı tanıyacaktır. Ancak, "Bu, kulağa hoş geliyor, ama gerçekçi değil, Dr. Burns. Gerçek olan ise, yalnızlığın inkar edilemez biçimde duygusal açıdan aşağılayıcı olduğu. Tüm yaşamımda, sevgi ile mutluluğu eş olarak gördüm ve tüm arkadaşlarım da benimle aynı fikirde. Nefesiniz tükeninceye kadar böyle bir felsefe yapabilirsiniz. Ancak, sonuçta aşk hala var ve yalnız olmak lanet bir durum!" diye düşünüyor olabilirsiniz.

Gerçekte ise, insanlar, kendilerini, sevginin dünyayı döndüren bir gücü olduğuna inandırmışlardır. Dipnotlarda görür, şarkılarda dinler, şiirlerde okursunuz.

Mutluluğu yaşamadan önce sevginin gerekli olduğu şeklindeki varsayımınıza onay vermeyebilirsiniz. Şu eşitliğe kabaca bir göz atalım, "yalnız = tek başına".

Öncelikle, yaşama ait temel tatminlerin çoğunu kendimizden aldığımızı unutmayalım. Örneğin, dağa tırmandığınızda, çiçek topladığınızda, kitap okuduğunuzda veya sıcak bir turta yediğinizde, bu deneyimlerinizin keyif verici olabilmesi için yanınızda birinin olmasına gereksinim duymazsınız. Bir doktor, hastasıyla anlamlı bir ilişkisi olsun veya olmasın, onu tedavi etmekten tatmin olur. Bir kitabı yazarken, yazar genellikle kendi kendisi ile başbaşadır. Çoğu öğrencinin de bildiği gibi, en fazla yalnızken öğrenirsiniz. Yalnızken keyif alabileceğiniz, tatmin olabileceğiniz şeylerin listesi sonsuzdur.

Birisiyle birlikte olun veya olmayın, kendinizi memnun edebilecek pek çok kaynağınız mevcuttur. Listeye ekleyeceğiniz şeyler var mı? Yalnızken zevk aldığınız şeyler nelerdir? Hiç setinizde iyi bir müzik dinlediniz mi? Bahçede çalışmaktan hoşlanır mısınız? Koşu? Marangozluk? Yürüyüş yapmak? Janet isimli yalnız bir veznedar kocasından yakın zamanda boşanmıştı. Yaratıcı bir dans sınıfına katıldı ve kendisinin bile şaşırdığı bir biçimde evde pratik yapmaktan çok fazla zevk aldığını fark etti. Hareketlerin ritmine kendini kaptırdığında, sevecek kimsesi olmadığı gerçeğine rağmen kendisiyle barışık olduğunu hissetti.

Belki de, şimdi "Dr.Burns, söyleyeceğiniz bu mu yani? Bu bir saçmalık! Tabii ki, yalnızken bazı şeyler yaparak düşüncelerden geçici olarak uzaklaştığım anlarım olur. Bunlar açlıktan ölmemek için masanın kenarından topladığım kırıntılardan başka bir şey değil. Ziyafet istiyorum, gerçek bir şey! Sevgi! Gerçek ve tam mutluluk!" diye düşünüyorsunuz.

Janet'in dans sınıfına yazılmadan önce söylediği de tam buydu. Yalnız olmanın sefil bir durum olduğunu varsaydığından, kocasından ayrıldığı dönem boyunca neşeli şeyler yapmayı ve kendiyle ilgilenmeyi başaramadı. Eşiyle birlikte olduğunda zevk veren pek çok etkinliği rahatlıkla planlayabilirken, yalnız olduğunda çok az şey yapabiliyor olması, çifte standartları olduğunu gösteriyordu. Bu kalıp, net biçimde, kendini doğrulayan bir kehanet olarak işlev görüyordu ve yalnız olmayı nahoş bir durum olarak niteliyordu. Niye? Basit haliyle, kendisine bakan bir davranış sergilemiyordu. Paylaşacak biri olmazsa tüm etkinliklerin tatminsizlikle sonuçlanacağı şeklindeki yaşamı boyunca onunla olan varsayımını hiç test etmemişti. Bir başka seferde, Janet, işten sonra akşam yemeğini ısıtmak yerine, çok sevdiği bir erkekle buluşuyormuş gibi özel bir yemek planladı. Dikkatlice yemeğini hazırladı, masaya mum koydu. İyi bir kadeh şarapla başladı. Yemekten sonra iyi bir kitap okudu ve en sevdiği müziği dinledi. O geceden çok zevk aldı. Bir sonraki gün ki, o gün cumartesiydi, Janet yalnız başına bir sanat müzesine gitmeye karar verdi. Sergiden, isteksiz ve ilgisiz kocasıyla gittiği zamanlara göre çok daha fazla zevk aldığını keşfetti.

Kendine karşı aktif ve şefkatli bir tutum benimsemesinin sonucunda, Janet, yaşamında ilk defa, tek başına yapabileceğini ve hatta kendi kendine çok da güzel eğlenebileceğini keşfetti.

Bu durum sıklıkla tekrarlandığında, pek çok kişiyi kendine çeken bulaşıcı bir yaşam enerjisi yaymaya başladı ve buluşmalara gitmeye başladı. O dönemde, kocası kız arkadaşıyla sorun yaşadı ve karısına geri dönmek istedi. Janet'in onsuz da mutlu olduğunu gözlemledi ve her şey tersine dönmeye başladı. Janet, ona geri dönmek istemediğini söyleyince, şiddetli bir depresyona girdi. Janet, sonunda başka bir erkekle çok tatminkar bir ilişkiye girdi ve tekrar evlendi. Başarısının anahtarı oldukça basitti- ilk adım olarak, kendisiyle bir ilişki kurabileceğini kanıtladı. Sonra, gerisi çok kolay geldi.

Zevki Öngörme Yöntemi

Bu konudaki sözlerime ve hatta Janet gibi kendine güvenmekten keyif almayı öğrenenlerin bildirdiklerine güvenmenizi beklemiyorum. Yerine, "Yalnız olmak lanet bir durum" şeklindeki inancınızı test etmek için, tam da Janet'in yaptığı gibi, bir seri deney yapmanızı öneriyorum. Bunu yapmayı arzuluyorsanız, nesnel ve bilimsel bir tavır sergiliyosunuz demektir.

Size yardımcı olabilmek için, Şekil 12-2 'de görülen "Zevki Öngörme Sayfası"nı geliştirdim. Bu form, yalnızken katıldığınız ve ayrıca da başkalarıyla paylaştığınız çeşitli işler ve yaratıcı etkinliklerden elde ettiğiniz tatmini kestirebildiğiniz ve kaydettiğiniz bir seri sütuna bölünmüştür. İlk sütuna, her deneyimin tarihini kaydedin. İkinci sütuna, o gün deneyimlerinizin bir parçası olarak yapmayı planladığınız çeşitli etkinlikleri yazın. İki, üç haftalık bir dönem içine kırk, elli deneyimi sığdırmanızı öneririm. Sizde başarı ya da zevk duygusu veya öğrenme ve kişisel büyüme potansiyeli yaratan etkinlikleri seçin. Üçüncü sütuna, etkinliği kiminle yaptığınızı kaydedin. Yalnız yaptıysanız bu sütuna "kendim" diye yazın. (Bu kelime size hiç bir zaman tam anlamıyla yalnız kalmadığınızı, çünkü her zaman kendinizle beraber olduğunuzu hatırlatacaktır.) Dördüncü sütuna, bu etkinlikten alacağınızı düşündüğünüz tatmini, 0 ile 100 arasında değerlendirmek üzere kestirmeye çalışın. Rakam yükseldikçe, beklenen tamin yükselecektir. Dördüncü sütunu planladığınız etkinliği yaptıktan sonra değil de yapmadan önce doldurun.

Şekil 12-2 Zevki Öngörme Dosyası

Tarih	Tatmin için etkinlik (zevk veya başarı duygusu)	Kiminle (yalnızsa kendim yazın)	Kestirilen tatmin (%0-100) (etkinlik öncesi yazın)	Gerçek tatmin (%0-100) (etkinlik sonrası yazın)
18/8/99	Sanat merkezini ziyaret	Kendim	20	65
19/8/99	Rock konserine gitmek	Kendim	15	75
26/8/99	Sinema	Sharon	85	80
30/8/99	Parti	Çok sayıda	60	75
2/9/99	Kitap okuma	Kendim	75	85
6/9/99	Koşu	Kendim	60	80
9/9/99	Butiğe bluz almaya gitme	Kendim	50	85
10/9/99	Markete gitme	Anne	40	30 (tartışma)
10/9/99	Parkta yürüme	Sharon	60	70
14/9/99	Randevu	Bill	95	80
15/9/99	Sınava çalışma	Kendim	70	65
16/9/99	Ehliyet sınavına gidiş	Anne	40	95 (geçti)
16/9/99	Dondurmacıya gitmek için bisiklete binmek	Kendim	80	95

Sütunları doldurduktan sonra, etkinlikleri yapmaya başlayın. Bittiklerinde, son sütuna, 0-100 derecelendirme sistemini kullanarak gerçek tatmini kaydedin.

Böylesi bir dizi deneyim yaşadıktan sonra, topladığınız verileri yorumlayabilirsiniz. Pek çok şey öğrenebilirsiniz. İlk olarak, kestirilen tatmini (sütun dört) gerçek tatminle (sütun beş) karşılaştırarak, tahminlerinizin ne kadar doğru olduğunu bulabileceksiniz. Tipik olarak, özellikle yalnız olduğunuzdakiler olmak üzere, deneyimlerinizle ilgili elde edeceğiniz tatmini az hissetmiş olabilirsiniz. Ayrıca, başkalarıyla birlikte yaptıklarınızın beklediğiniz kadar tatmin edici olmadığını sürpriz biçimde görebilirsiniz. Gerçekte, yalnız olmanın daha eğlenceli olduğu zamanlar olduğunu fark edebilirsiniz. Yalnızken aldığınız en yüksek derecelerin başkalarının katıldığı etkinliklerde aldıklarınızla aynı veya daha yüksek olduğunu keşfedebilirsiniz. İş etkinliklerinden alınan tatminle zevk veren etkinliklerden alınan tatmini karşılaştırmak yararlı olabilir. Bu bilgi, etkinliklerinizi planlamaya devam ederken, iş ile eğlence arasındaki en uygun dengeyi bulmanıza yardımcı olacaktır.

Kafanızdaki olası sorular "Farz edelim, bir şey yaptım ve öngördüğüm kadar taminkar olmadı? Veya farz edelim, düşük bir tahminde bulundum ve böyle de oldu?" Bu durumda, bu deneyimi sizin için hüsrana çeviren olumsuz otomatik düşünceleri bulmayı deneyin. Bu düşünceler üzerinde konuşun. Örneğin, çocukları büyümüş ve evlenmiş altmış beş yaşında yalnız yaşayan bir kadın bir akşam kursuna katılmaya karar verdi. Tüm diğer öğrenciler kolej öğrencisi yaşındaydılar. Sınıfın ilk haftasında kendini gergin hissetti; çünkü, "Benim burada olmaya hakkı olmayan, eskimiş biri olduğumu konuşuyorlardır." diye düşünmekteydi. Diğer öğrencilerin onunla ilgili düşünceleri hakkında hiç bir fikri olmadığını kendine hatırlatınca biraz rahatladı. Bir başka öğrenciyle konuştuktan sonra, bazılarının onun cesaretini takdir ettiğini öğrendi. Kendini çok daha iyi hissetti ve tatmin düzeyi tırmanmaya başladı.

Şimdi de, Zevki Öngörme Sayfasının bağımlılığı yenmek için nasıl kullanılacağını görelim. Joanie on beş yaşında, ailesi yeni bir şehre taşındıktan sonra kronik depresyona giren ve yıllardır sıkıntı çekmekte olan bir lise öğrencisiydi. Yeni okulunda arkadaş bulmakta güçlük çekiyordu ve pek çok genç kız gibi o da mutlu olmadan önce bu kalabalığın bir üyesi olabilmek için bir erkek arkadaşı olması gerektiğine inanıyordu. Boş zamanlarının nerdeyse tamamını evde yalnız kendi için üzülerek ve çalışarak geçiriyordu. Yalnız bir şeyler yapmanın bir anlamı olmadığını iddia ederek dışarı çıkıp bir şeyler yapmayla ilgili önerileri reddediyor ve direnç gösteriyordu. Sihirli bir biçimde arkadaşlar edinene kadar evde oturmaya ve derin derin düşünmeye kararlı görünüyordu.

Joanie'i Zevki Yordama Sayfasını kullanmaya ikna ettim. Şekil 12-2'de Joanie'nin cumartesi günü sanat merkezini ziyaret, rock konserine gitmek gibi çeşitli etkinlikleri yazdığı görülmektedir. Bu etkinlikleri yalnız yaptığı için, bunların ödül getirmeyeceği beklentisi içinde olduğundan, sütun dörtte yaptığı yordamaları düşük olmuştu. Aslında güzel vakit geçirdiğini görmesi kendisi için sürpriz oldu. Bu kalıp kendisini yineledikçe bazı şeyleri gerçekçi olmayan tarzda olumsuz olarak yordadığını fark etmeye başladı. Kendi kendine bir şeyler yapmaya başladıkça kendine güveni arttı. Halen arkadaş sahibi olmak istiyordu, ancak artık yalnız olduğu için kendini sefil durumda hissetmiyordu. Akranları yanında daha girişken olmaya başladı, onları bir partiye davet etti. Bu parti bir arkadaş ağı oluşturmasına yardımcı oldu ve okulundaki kızların da erkeklerin de kendisiyle ilgilendiğini gördü. Joanie, buluşmalarda ve arkadaşlarıyla birlikte yaptığı etkinliklerde aldığı tatmini değerlendirmeki için Zevki Öngörme Sayfasını kullanmaya devam etti. Bu etkinliklerde aldığı tatminin yalnız yaptığı şeylerden aldığı tatminle karşılaştırılabilir düzeyde olduğunu gördü.

Bir şeyi istemekle ona gereksinim duymak arasında fark vardır. Oksijen bir gereksinim, sevgi ise bir istektir.

Tekrarlıyorum: SEVGİ ERİŞKİN BİR İNSANIN GEREKSİNİM DUYDUĞU BİR ŞEY DEĞİLDİR! Diğer insanlarla sevgi dolu ilişkiler kurmak istemek doğaldır. Bunda yanlış bir şey yoktur. Sevdiğiniz birisiyle güzel bir ilişki içinde olmak çok keyiflidir. Ancak, yaşamak veya mutluluğunuzu tepelerde yaşayabilmek için dıştan gelen onaya, sevgiye ve ilgiye gereksiniminiz yoktur.

Tutum Değişikliği Sevgi gibi, arkadaşlık ve evlilik de mutluluk ve benlik saygısı için gerekli değildir; ayrıca, yeterli de değillerdir. Bunun kanıtı, evli olup kendini kötü hisseden milyonlarca kadın ve erkek olmasıdır. Sevgi, depresyonun antidotu olsaydı, işimi bırakmam gerekirdi; çünkü, tedavi ettiğim intihar eğilimli hastalarımın büyük çoğunluğu eşleri, çocukları, ebeveynleri ve arkadaşları tarafından gerçek anlamda sevilen kişilerdir. Sevgi, etkili bir antidepresan değildir. Diğer sakinleştiriciler, alkol, uyku hapları gibi, semptomları daha da kötüleştirebilir.

Etkinliklerinizi daha yapıcı şekilde yeniden yapılandırmanızın yanında, yalnızken kafanıza üşüşen üzüntü verici olumsuz düşüncelerle mücadele edin.

Otuz yaşındaki bekar, sevecen ve tek başına bir şeyler yaptığında "Yalnız olmak lanet bir şeydir!" diye düşünen bir kadın olan Maria'ya, yukarıda konuştuklarımız yararlı oldu. Bu düşüncenin yarattığı kendine acıma ve içerleme duygularıyla mücadele etmek için bir karşı söylem listesi yazdı (Şekil 12-3'e bakınız, sayfa 315) bunun yalnızlık ve depresyon döngüsünü kırmak için çok yararlı olduğunu bildirdi.

Maria ile işim bittikten bir yıl sonra, bu bölümün ilk kopyasını ona gönderdim ve bana geri yazdı: "Dün gece bölümü baştan sona okudum. İyi veya kötü olan, yalnız olmak değildir; daha çok, kişinin o durumu nasıl yorumladığıdır. Düşünceler ne kadar da güçlü! Sizi var edebilirler de yıkabilirler de, değil mi? Komik ama, şimdi de bir erkekle birlikte olmaktan korkuyorum. Onsuz gayet iyiyim;

hatta, belki de daha da iyiyim. Dave, benden bunları duyacağın aklına gelir miydi? "

Şekil 12-3 "Yalnız olmak lanet bir durumdur." Karşı Söylemler - Yalnız olmanın avantajları:

1. Yalnız olmak kişiye gerçek anlamda ne düşündüğünü, hissettiğini ve bildiğini keşfetme fırsatı verir.
2. Yalnız olmak birisine eş veya ev arkadaşı sıfatıyla bağlı olunduğunda yapılması zor olabilecek yeni şeyleri deneme fırsatı verir.
3. Yalnız olmak kişisel gücünüzü geliştirmenize yardımcı olur.
4. Yalnız olmak kendi sorumluluğunuzu üzerinize almaya ilişkin tüm mazeretleri bir kenara koymanızı sağlar.
5. Yalnız bir kadın olmak kendine uymayan bir erkekle birlikte olmaktan daha iyidir. Aynısı erkek için de geçerlidir.
6. Yalnız bir kadın olmak, bir erkeğin uzantısı olmak yerine tam bir insan olarak kendini geliştirmek için iyi bir fırsattır.
7. Yalnız bir kadın olmak, farklı durumlarla karşılaşan kadınların sorunlarını daha iyi anlamanıza yardımcı olabilir. Diğer kadınları daha fazla destekleyebilir ve onlarla daha anlamlı ilişkiler geliştirebilirsiniz. Aynı durum erkekler için geçerlidir.
8. Yalnız bir kadın olmak bir kadına ileride bir erkekle yaşarken onu terk etmesi ve ölmesi halinde korkmaması gerektiğini gösterir. Yalnız yaşayabileceğini ve kendi içinde bir mutluluk potansiyeli taşıdığını bilir, böylece de tek tarafın bağımlı ve talepkar olduğu bir ilişkiden çok, karşılıklılığa dayalı bir ilşki kurulmuş olacaktır.

Çift sütun yöntemi, özellikle, ayaklarınızın üstünde durmaktan korkmanıza neden olan olumsuz düşünce kalıbını yenmenize yardımcı olacaktır. Örneğin, tek çocuklu boşanmış bir kadın, sevdiği evli adam ilişkiyi bitirdiği için intihara yeltenmişti. Kendisiyle ilgili imajı çok olumsuzdu ve bir ilişkiyi sürdürebileceğine inanmıyordu. Her zaman reddedilen ve yalnız olacağından emindi. İntihar girişimi sırasında defterine yazdıkları:

Yatağımdaki boş yer benimle sessizce eğleniyor. Yalnızım, yalnız! En büyük korkum, berbat kaderim, bir gerçeklik. Yalnız bir kadınım ve bu durum benim koca bir hiç olduğum anlamına geliyor. Kafamdaki ses şöyle diyor:

1. Arzulanabilir ve dikkat çekici bir kadın olsaydım şimdi yanımda bir erkek olurdu.
2. Yanımda bir erkek yok.
3. Bu yüzden arzulanmayan ve çekici olmayan biriyim.
4. Bu yüzden de yaşamanın bir anlamı yok.

Günlüğüne şöyle yazmaya devam etti, "Neden bir erkeğe gereksinim duyuyorum? Bir erkek tüm sorunlarımı çözebilir. Bana bakabilir. Yaşamıma yön verebilir ve en önemlisi her sabah yataktan kalkmak için bir nedenim olur. Şimdilerde ise tek yapmak istediğim yorganın altına girip unutulmak."

Sonrasında, zihnindeki üzücü düşüncelerle mücadele etmek için çift sütun tekniğini kullandı. Sol sütunu "Bağımlı Benliğimin Suçlamaları" sağ sütunu da "Bağımsız Benliğimin Karşı Söylemleri" olarak adlandırdı. Gerçeği bulabilmek için kendisiyle bir diyalog başlattı. (Şekil 12-4'e bakınız, sayfa 317).

Yazılı egzersizi yaptıktan sonra, yataktan kalkmak için motive olabilmek amacıyla her gün yazdıklarını okumaya başladı. Kişisel günlüğüne aşağıdaki sonuçları yazdı:

İstemekle gereksinim duymak arasında büyük farklar olduğunu öğrendim. Bir erkekle birlikte olmayı istiyorum; ancak, artık yaşamak için bir erkeğe gereksinimim olduğunu düşünmüyorum. Kendimle daha gerçekçi bir iç diyalog geliştirerek ve kendi güçlerime göz atarak, kendi başıma elde ettiklerimin listesini hazırlayarak ve onları tekrar tekrar okuyarak, nelerin olabileceğini yönetebilme konusunda yavaş yavaş kendime güvenmeye başladım. Kendime daha iyi bakabildiğimi fark ettim.

Şekil 12.4.

Bağımlı benliğimin suçlamaları	**Bağımsız benliğimin karşı söylemleri**
1- Bir erkeğe gereksinimim var.	1- Bir erkeğe neden gereksinimin var?
2- Çünkü herşeyle kendim baş edemiyorum.	2- Bugüne kadar yaşamla baş edebildin mi?
3- Evet, ama yalnızım.	3- Evet, ama çocuğun, arkadaşların var ve onlarla olmaktan çok keyif alıyorsun.
4- Evet, ama onlar sayılmaz.	4- Sayılmazlar, çünkü onları dikkate almıyorsun
5- İnsanlar hiçbir erkeğin beni istemediğini düşünecekler.	5- İnsanlar ne isterse onu düşünür. Önemli olan senin ne düşündüğün. Sadece senin düşüncelerin ve inançların duygu durumunu etkiler.
6- Bir erkek olmaksızın bir hiçim.	6- Yalnızken beceremediğin neyi bir erkekle yapabildin?
7- Aslında hiçbir şeyi. Her önemli şeyi kendi başıma yaptım.	7- Öyleyse neden bir erkeğe gereksinimin var?
8- Sanırım, bir erkeğe gereksinimim yok. Sadece istiyorum.	8- Bir şeyler istemek hoştur. Ama, onlarsız yaşamın anlamını yitireceği kadar da önemli değiller.

Kendime karşı, sevdiğim bir arkadaşıma davrandığım gibi daha nazik, coşkulu, kusurlarıma karşı hoşgörülü ve niteliklerimi takdir eder tarzda davranıyorum. Şimdi, zor bir durumu özellikle beni bezdirmek için uydurulmuş bir felaket olarak değil de, öğrendiğim becerileri test edebilme, olumsuz düşüncelerimle mücadele edebilme, güçlerimi tekrar toparlayabilme ve yaşamla baş edebilmek için yeteneklerime duyduğum güveni tazeleyebilme fırsatı olarak görüyorum.

Bölüm 13

İşiniz Değerinizi Belirlemez

Depresyon ve anksiyeteye neden olan üçüncü sessiz varsayım ise "İnsan olarak değerim yaşamda başardıklarımla orantılıdır."şeklindedir. Bu tutum, batı kültürlerinin ve Protestan iş etiğinin çekirdeğini oluşturur. Masum bir eşdeğerlilik gibi görünmektedir. Gerçekte ise, kendine zarar veren, büyük ölçüde gerçek dışı olan ve oldukça habis bir cümledir.

Daha önceki bölümlerde adı geçen doktor Ned, yakınlarda bir pazar akşamı beni evine çağırdı. Tüm hafta sonunu panik içinde geçirmişti. Lise sınıfının yirminci bir araya gelme toplantısına katılma planları üzüntüsünü tetiklemişti. İyi bir üniversiteden mezun olmuştu ve dönem arkadaşlarına açılış konuşması yapmak üzere davet edilmişti. Ned neden bu kadar endişelenmişti? Bu toplantıda kendisinden daha başarılı sınıf arkadaşlarıyla karşılaşabileceğini düşünüyordu. Bu durumun neden bu kadar tehdit edici olduğunu açıkladı: "Benim başarısız biri olduğum anlamına gelir."

Ned'in başarısıyla ilgili abartılı zihinsel meşguliyeti özellikle erkekler arasında yaygın olarak rastlanılan bir durumdur. Kadınlar da kariyerle ilgili endişelere bağışıklık kazanmış olmamakla birlikte, onlar daha sıklıkla sevilen birisinin veya onayın kaybı sonrasında depresyona girerler. Erkekler ise, aksine, kariyer başarısızlığıyla ilgili kaygılara karşı çok duyarlıdırlar, çünkü çocukluktan bu yana değerlerini başarıları üzerine temellendirmeye programlanmışlardır.

Herhangi bir kişisel değeri değiştirmek için atılacak ilk adım, bu durumun sizin için bir avantaj mı yoksa bir sakınca mı olduğuna karar vermektir. Değerinizi ürettiklerinizle ölçmenin sizin için gerçek anlamda yararlı olmayacağına karar vermek, felsefenizi değiştirmekle ilgili en can alıcı adımdır. Pragmatik (yararcı) bir yaklaşımla – kar/zarar analiziyle - başlayalım.

Benlik değerinizi başarılarınızla eşdeğer tutmanın net bazı avantajları bulunmaktadır. İlk olarak, bir şeyi başardığınızda "İşte oldu!" der ve kendinizi iyi hissedebilirsiniz. Örneğin, bir golf oyununu kazandığınızda sırtınızı sıvazlayabilir, kendinizi beğenip rakibinize karşı üstün olduğunuzu hissedebilirsiniz; çünkü, o, topu son deliğe sokamamıştır. Arkadaşınızla koşarken o sizden çabuk yorulsa gururla kendinize " Koşu konusunda iyi; ama, ben biraz daha iyiyim!" dersiniz. İşte büyük bir satış yaptığınızda "Bugün üretkenim. İyi iş çıkarıyorum. Patronum memnun olacak. kendime saygı duyabilirim." Diye düşünürsünüz esasen, iş etiğiniz kişisel anlamda değer kazandığınız ve iyi hissetmeye hakkınız olduğu duygusunu yakalamanıza izin verecektir.

Bu inanç sistemi sizi üretken olma konusunda motive edebilir. Kariyerinizle ilgili artı çaba harcayabilirsiniz; çünkü, bunun size artı bir değer katacağına ikna olmuşsunuzdur ve kendinizi daha istenir biri olarak görebilirsiniz. "Sadece vasat" olmaktan duyduğunuz endişeden böylece kaçınmış olursunuz. Kendi kabuğunuz içinde, kazanmak için daha çok çalışır ve kazandıkça kendinizi daha çok beğenirsiniz.

Bir de madalyonun öbür yüzüne bakalım. "Değerli olmak eşittir başarılı olmak" felsefenizin sakıncaları nelerdir? İlk olarak, işiniz iyi gidiyorsa veya kariyeriniz iyi durumdaysa, bununla o kadar meşgul olabilirsiniz ki tıpkı sabahın erken saatlerinden akşamın geç saatlerine kadar çalışmak zorunda olan bir köle gibi, diğer potansiyel tatmin ve zevk kaynaklarından uzak kalabilirsiniz. Daha çok, daha da çok işkolik oldukça üretmek için aşırı bir dürtü hissetmeye başlarsınız; çünkü, bu hızı sürdürmeyi başaramazsanız içsel bir boşluk ve hayal kırıklığıyla karakterize şiddetli bir yoksunluk yaşantılayacaksınız demektir. Başarılı olamadığınızda, kendinizi sayabilmek için başka bir dayanağınız kalmadığından sıkılacak ve kendinizi değersiz hissedeceksiniz.

Farz edelim, hastalık, işlerin tersine gitmesi, emeklilik veya kontrolünüzde olmayan başka bir faktör sonucunda belli bir süre için aynı yüksek düzeyde üretken olamıyorsunuz. Daha az üretken olmanızın işe yaramadığınız anlamına geldiğine inandığınız için şiddetli bir depresyon geçirebilirsiniz. Kendinizi kullanılmış ve atılmaya hazır bir teneke kutu gibi görebilirsiniz.

Benlik değerinizdeki bu düşüş bir intihar girişimiyle dahi sonuçlanabilir. Değerinizi piyasanın standartlarına göre belirlemiş olursunuz. Bunu istiyor musunuz? Buna gerek var mı?

Ödenecek başka bedeller de olacaktır. Aileniz ihmalinizinden dolayı sıkıntı çekecek ve bazı kırgınlıklar yaşanacaktır. Uzun bir süre her şey yolunda gibi gitse de en sonunda bu faturayı ödeyeceksiniz. Eşiniz bir sevgili bulabilecek ve boşanmadan söz edebilecek. On dört yaşındaki oğlunuz hırsızlık suçuyla tutuklanacak. Onunla konuşmaya çalıştığınızda "Bunca yıl nerelerdeydin, baba?" diye bağıracak. Bu talihsiz olaylar yaşanmasa bile gerçek benlik değerinizi yitirmek gibi büyük bir sakıncayla karşı karşıya kalmış olacaksınız.

Son zamanlarda çok başarılı bir iş adamını tedavi etmekteyim. Kendi işinde dünyada en fazla para kazananlardan biri olduğunu iddia ediyordu. Yine de korku ve anksiyete ataklarının kurbanı olmaktan kurtulamamıştı. Zirveden düşerse ne olacaktı? Ya Rolls-Royce Silver Cloud marka arabasından vazgeçmek ve yerine Chevrolet kullanmak zorunda kalırsa? Buna dayanamazdı! Yaşayabilir miydi? Kendini sevebilir miydi? Zafer veya parıltı olmadan mutluluğu bulup bulamayacağını bilmiyordu. Sinirleri hep tepesindeydi; çünkü, bu sorulara nasıl cevap vereceğini bilmiyordu. Sizin cevabınız ne olurdu? Bir başarısızlık yaşadığınızda halen kendinizi sevebilir ve sayabilir misiniz?

Bağımlılıkta olduğu gibi, yukarılara ulaşabilmek için giderek daha da yüksek dozlar gerekecektir. Alınan dozun gittikçe yetersiz kalması durumu eroinde, uyarıcılarda (amfetaminler), alkol ve uyku haplarında gelişir. Ayrıca, zenginlik, başarı ve ünde de gözlenir. Neden? Belki de, belirli bir düzeye ulaştıktan sonra beklentilerinizi otomatik şekilde giderek yükseltiyorsunuz. Heyecan uçup gidiyor. Neden bu gizemli hava sürmüyor? Neden hep daha fazlasına gereksinim duyuyorsunuz? Cevap açık: "Başarı, mutluluğu garantilemez." İkisi birbirinin aynı değildir ve nedensel olarak ilintili değillerdir. Bir serabın peşinde koşuyorsunuz. Başarınız değil de düşünceleriniz duygu durumunuz için gerçek anahtar olduğuna göre zafer sarhoşluğu çabuk geçer. Eski başarılar bir çırpıda eskir - ödülünüze baktığınızda kendinizi üzgün, sıkkın ve boş hissedersiniz.

Mutluluğun, başarı sonrası gelmesi gerekmediği mesajını almazsanız, zirvedeyken yakaladığınız duyguları tekrar yakalayabilmek için giderek daha fazla çalışmaya başlarsınız. Bu durum sizin işe bağımlılığınızın temelini oluşturur.

Pek çok birey orta veya daha ileri yaşlarda yaşadıkları hayal kırıklıkları nedeniyle terapi veya yardım için başvururlar. Sonuçta da şu sorularla karşılaşabilirsiniz: Tüm yaşamım ne hakkındaydı? Herşeyin anlamı neydi? Başarılarınızın sizi değerli hissettirdiğine inanabilirsiniz; ancak, sözü verilen ödül bir türlü gelmez, avuçlarınızın içinden kayıp gitmiştir.

Yukarıdaki paragraflarda okuduğunuz gibi, başarı bağımlısı olmanın sakıncalarının avantajlarına daha ağır bastığından şüphelenebilirsiniz. Ancak, halen çok başarılı olanların daha değerli olduğunun temelde doğru olduğuna inanıyor olabilirsiniz. Gerçek mutluluğun ve diğerlerinin saygısının birincil olarak başarıdan kaynaklandığına ikna olabilirsiniz. Gerçekten durum bu mudur?

Başlangıçta, insanların çoğunun büyük başarıları olmadığı, ancak mutlu ve saygı duyulan kişiler olduğu gerçeğini göz önünde bulundurun. Gerçekte, Amerika'daki insanların çoğu sevilen ve mutlu kişiler olup vasat düzeyde başarılıdırlar. Mutluluk ve sevgi sadece büyük başarılara bağlı olamaz. Depresyon, veba gibidir. Statü dinlemez ve kaliteli evlerde yaşayanları vurduğu kadar vasat veya vasatın altındakileri de vurur. Daha açıkçası, mutluluk ve başarı arasında bir bağlantı olması gerekmez.

İş = Değer midir?

Varsayalım, iş ile değeriniz arasında bağlantı kurmanın sizin için avantajlı olmadığına karar verdiniz; ayrıca, başarının, güvenilir biçimde, sevgi, saygı ve mutluluk getirmediğini de itiraf etmek durumundasınız. Bir düzeye kadar, halen, başaranların bir şekilde diğerlerinden daha iyi olduğuna ikna olabilirsiniz. Bu duruma daha dikkatlice bakalım.

Başaran herkes, başarıları dolayısıyla ayrıca değerlidir diyebilir misiniz? Adolf Hitler kariyerinin doruğunda çok başarılı bir adamdı. Bu durumun onu değerli kıldığını söyleyebiliyor musunuz? Tabii ki hayır. Ancak, Hitler, başarılı bir lider olduğu ve değeriyle başarısını eşitlediği için büyük bir insan olduğu konusunda ısrarcıydı. Gerçekte ise, bu kadar şey başardıkları için, o ve yandaşı Naziler kendilerinin süpermen olduklarına ikna olmuşlardı. Buna katılıyor musunuz?

Çok başarılı, ama saldırgan ve açgözlü olan bir komşunuzu ya da sevmediğiniz bir kişiyi düşünün. Bu kişi sadece başarılı olduğu için değerli midir? Aksine, sizin için önemli olan, saygı duyduğunuz ancak çok başarılı olmayan birilerini de tanıyorsunuzdur. Bu insan sizce değerli midir? Cevabınız evet ise, kendinize sorun - başkaları başarılı olmadıkları halde değerli olabiliyorlarsa neden ben olmayayım?

İşte, ikinci yöntem. Değerinizin başarıyla belirlendiğinde ısrar ederseniz "iş=başarı" şeklinde bir benlik değeri eşitliği yaratırsınız. Böyle bir eşitlik yaratmanın temelinde ne var? Bu eşitliğin geçerli olduğuna dair nesnel kanıtınız nedir? İnsanların değerini ve başarısını deneysel olarak ölçebiliyor ve gerçekte eşit olduklarını söyleyebiliyor musunuz? Bu ölçüm için kullandığınız birim nedir? Bu fikir tamamen saçma.

Bu eşitliği kanıtlayamazsınız; çünkü, bu bir inanç sistemidir. Değeri başarı, başarıyı değer olarak tanımlıyorsunuz. Niye birini diğeri gibi kullanıyorsunuz? Başarı ve değer farklı anlamları olan farklı kelimelerdir.

Yukarıdaki tartışmalara rağmen, başarıları daha fazla olan kişilerin bir şekilde daha iyi olduklarına halen inanıyor olabilirsiniz. Böyleyse, dinamit kadar güçlü bir yöntemle vuracağım. Bu yöntem, granite kazınmış bile olsa bu tutumu söküp atacaktır.

Önce, lise yıllarından eski bir arkadaş rolünü, Sonia (veya Bob) oynamanızı istiyorum. Bir aileniz var ve okulda öğretmensiniz. Ben ise daha tutkulu bir kariyerin peşini kovaladım. Aşağıdaki diyalog içinde, rol gereği, insanın değerinin başarıyla belirlendiğini kabul ediyor olacaksınız. Size net, mantıklı ve uygunsuz sonuçlarıyla bunların anlamını aktaracağım. Hazır mısınız? Halen sevgiyle baktığınız inancınız nedeniyle en tatsız biçimde saldırıya uğramış olduğunuzu umuyorum.

David: Sonia(veya Bob), nasılsın?

Siz: (eski arkadaşım rolünde) : İyiyim, David, sen nasılsın?

David: Çok iyi. Lise yıllarından beri seni görmemiştim. Neler oluyor?

Siz: İyi, evlendim. Parks lisesinde öğretmenlik yapıyorum, evde küçük bir ailem var. İşler iyi.

David: Bunu duyduğuma üzüldüm. Ben senden çok daha iyi durumdayım.

Siz: Nasıl yani?

David: Doktora derecemi aldım ve işte oldukça başarılı oldum. Çok para kazanıyorum. Aslında, kasabanın en zengin kişilerinden biriyim. Çok şeyleri başardım. Senin yaptığından çok daha fazlasını. Sana hakaret etme amacında değilim, ancak bunların anlamı senden daha iyi birisi olduğum değil midir?

Siz: Evet, Dave. Ne diyeceğimi bilmiyorum. Seninle konuşmaya başlamadan önce mutlu bir insan olduğumu düşünüyordum.

David: Bunu anlayabiliyorum. Söyleyecek kelime bulamıyorsun, ancak bu gerçekle yüzleşmelisin. Ben kazandığımı aldım, sen almadın. Mutlu olmana sevindim. Vasat insanların mutluluğu da az olur. Şölen sofrasından bir kaç ekmek kırıntısı almanı çok görüyor değilim. Ancak, yaşamın için daha fazla bir şeyler yapamadığını görmek çok kötü.

Siz: Dave, değişmiş görünüyorsun. Lisede ne kadar hoş bir insandın. Artık benden hoşlanmadığını hissediyorum.

David: Yo, hayır! Sen alt düzeyde, ikinci sınıf bir insan olduğunu kabullendiğin sürece arkadaşlığımız devam edebilir. Sadece, sana benim yukarılarda olduğumu hatırlatmak istedim ve ayrıca, daha değerli olduğum için seni aşağılarda gördüğümü fark etmeni istiyorum. Değerin başarıya eşit olduğu varsayımından kaynaklanan bir düşünce bu. Sevdiğin tutumları hatırladın mı? Daha çok başardım, demek ki daha değerliyim.

Siz: Seni bir süre görmek istemediğime eminim, Dave. Seninle konuşmak zevkli değil.

Bu diyalog, değerinizi başarınızla eşitlediğinde üstünlük ve altta olma sisteminin nasıl çalıştığını gösterdiğinden pek çok insanı hızla soğutur. Aslında pek çok insan kendini aşağıda hisseder. Rol yapma, varsayımınızın ne kadar saçma olduğunu görmenize yardımcı olur. Yukarıdaki diyalogda tepkisel davranan kim? Mutlu ev hanımı/okul öğretmeni mi, kibirli iş adamı mı kendisinin diğerlerinden daha iyi olduğunu iddia ediyor? Bu hayali konuşmanın, tüm sistemin ne kadar saçma olduğunu net biçimde görmenize yardımcı olacağını umuyorum.

İsterseniz rolleri de değişebiliriz. Bu sefer, siz başarılı iş adamı rolünü oynarsınız. Beni olabildiğiniz kadar sadistçe alt etmeye çalışmanızı istiyorum. Cosmopolitan dergisinin editörü, Helen Gurler Brown rolünü oynayabilirsiniz. Şu anda ben vasat bir lise öğretmeniyim. Ve sizin işiniz, benden daha iyi olduğunuz konusunda bir tartışma yaratmak.

Siz: (Helen Gurley Brown rolünde) Dave, nasılsın? Görüşmeyeli uzun zaman oldu.

David(lise öğretmeni rolünde): İyiyim, küçük bir ailem var ve bir lisede beden eğitimi öğretmeniyim. Hayatımdan memnunum. Senin büyük işler yaptığını görüyorum.

Siz: Gerçekten şanslıydım. Şimdi Cosmopolitan'ın editörüyüm. Belki duymuşsundur.

David: Tabii, duydum. Seni televizyon şovlarında defalarca gördüm. Oldukça iyi kazandığını duydum; hatta, kendi ajansını kurmuşsun.

Siz: Yaşam güzel. Gerçekten bir harika.

David: Yalnızca duyduğum bir şeyi anlayamadım. Arkadaşlarımızdan biriyle konuşuyordun. Benim kariyerim vasat düzeyde olduğundan ve sen büyük şeyler yaptığından dolayı benden çok daha iyi olduğunu söylüyordun. Ne demek istedin?

Siz: Dave, yaşamda başardığım şeylere bir bak. Ben milyonlarca insanı etkilerken, Dave Burns'ü Filadelfiya'da kim tanıyor? Ben büyük yıldızlarla arkadaşlık ederken, sen çocuklarla basketbol oynuyorsun. Beni yanlış anlama. Sen kesinlikle iyi, hoş, samimi; ama vasat birisin. Ancak başaramadın ve bu gerçekle yüzleşmelisin!

David: Büyük hayranlık yaratmış, etkili ve ünlü bir kadınsın. Sana saygı duyuyorum, oldukça heyecan verici. Ancak, çok katıysam beni bağışla ama, bu durumun bir insanı nasıl daha iyi yaptığını anlayamıyorum. Ben nasıl daha aşağılık oluyorum veya sen nasıl daha değerli oluyorsun? Küçücük aklımla kesin bir şeyleri kaçırıyor olmalıyım.

Siz: Artık, yüzleş. Belli bir amacın veya kararın olmadan yaşayıp gidiyorsun. Benim karizmam var. Ben bir yıldızım. Bu beni iştahlandırmıyor diyebilir misin?

David: Amaçsız hareket etmiyorum, benim amaçlarım seninkilere kıyasla daha orta seviyede olabilir. Beden eğitimi öğretiyorum, yerel bir futbol takımında koçluk ve bu tarz şeyler yapıyorum. Senin yörüngen benimkine göre daha büyük ve ihtişamlı. Ancak, bunun seni neden benden daha iyi bir insan yaptığını anlayamıyorum. Nasıl ben senden daha aşağıda oluyorum?

Siz: Ben daha ileri ve özelim. Daha önemli şeyler düşünüyorum. Bir seminer vermeye gidiyorum ve binlerce insan beni dinlemeye geliyor. Ünlü yazarlar benim için çalışıyor. Sen kimlere ders veriyorsun? Kasabanın encümenine mi?

David: Başarı, para ve etkili olma konularında kesinlikle benim önümdesin. Çok iyi becermişsin. İyi bir başlangıç yapmışsın ve çok çalışmışsın. Şu anda çok başarılısın. Peki, bunlar seni nasıl benden daha değerli kılar? Beni bağışla, fakat halen senin mantığını kavrayabilmiş değilim.

Siz: Ben daha ilgincim. Bu, çok gelişmiş bir yapıyla bir amibin karşılaştırılması gibi bir şey. Amipler bir süre sonra sıkıcı olurlar. Senin yaşamınının bir amibinki gibi olduğunu söylemek istiyorum. Amaçsızca homurdanıp duruyorsun. Ben daha ilginç, daha çok arzulanan birisiyim, sen ise ikinci sınıfsın. Sen yanmış bir tost, ben ise havyarım. Yaşamın sıkıcı. Bunu daha açık nasıl söyleyebileceğimi bilmiyorum.

David: Yaşamım senin düşündüğün kadar sıkıcı değil. Yakından bir bak. Yaşamımda sıkıcı hiç bir şey bulamıyorum, bununla ilgili ne söyleyeceğini merak ediyorum. Yaptıklarım benim için heyecan verici ve yaşamsal öneme sahip. Benim öğrencilerim en az senin meşhur yıldızlarınla etkileşimin kadar önemli. Yaşamımın seninkinden daha sıkıcı, rutin ve daha az ilginç olduğu doğru olsaydı bile, bu seni nasıl daha iyi veya daha değerli bir insan yapar ki?

Siz: Bir amip gibiysen yargıların da ancak bir amip mantığından kaynağını alabilir. Ben senin durumunu yargılayabilirim, ancak sen benimkini yargılayamazsın.

David: Yargılarının temeli nedir? Bana amip diyebilirsin; ancak, bunun ne anlama geldiğini bilmiyorum. Lakap takma seviyesinde kalmış gibi görünüyorsun. Tüm bunların anlamı yaşamımın senin için ilgi çekici olmadığıdır. Çok başarılı veya çekici olmadığım açık. Ancak bunlar nasıl oluyor da seni daha iyi veya değerli kılıyor?

Siz: Vazgeçmeye başlıyorum.

David: Bu noktada vazgeçme. Bastır. Belki, daha iyi bir insansındır.

Siz: Toplum kesinlikle bana daha fazla değer verir. Bu da beni daha iyi kılar.

David: Bu, seni toplum gözünde daha değerli kılar. Bu durumun şüphe götürür bir yanı yok. Düşünüyorum da, Johnny Carson son zamanlarda bir program için benimle temasa geçmedi.

Siz: Farkındayım.

David: Toplumun daha fazla değer veriyor olması seni nasıl daha değerli bir insan kılıyor?

Siz: Maaşım çok yüksek. Milyonlara değerim. Öğretmen bey, senin değerin nedir?

David: Finansal değerinin daha yüksek olduğu kesin. Ancak bu durum nasıl insanları daha değerli kılar? Ticari başarılar nasıl seni daha iyi bir insan yapar?

Siz: Dave, bana tapınmayacaksan seninle konuşmayacağım.

David: Bunların beni nasıl daha az değerli kıldığını da anlayamıyorum. Sana kimin tapındığına bakarak kimin değerli olduğuna karar vermek niyetinde değilsen.

Siz: Tabii ki, öyleyim.

David: Bu, Cosmopolitan'ın editörü olmakla uyuşuyor mu? Öyleyse, bu kararları nasıl verdiğini lütfen bana anlatır mısın? Ben değerli değilsem nedenini bilmek isterim, böylelikle kendimi iyi ve diğer insanlarla eşit hissetmekten vazgeçebilirim.

Siz: Senin yörüngen daha küçük ve kasvetli. Ben özel jetimle Paris'e uçarken sen Sheboygan'a giden kalabalık bir okul otobüsünün içindesin.

David: Yörüngem küçük olabilir, ancak çok mutluluk veriyor. Öğretmeyi seviyorum. Çocukları seviyorum. Onların geliştiğini görmeyi seviyorum. Onların öğrendiğini görmeyi seviyorum. Bazen hatalar yapıyorlar ve onların bundan ders çıkarmalarına çalışıyorum. Etrafımda gerçek sevgi ve insanlık yoğun bir şekilde var. Sana bu kadar kasvetli görünen nedir?

Siz: Öğrenecek çok şey yok aslında. Gerçek bir mücadele de yok. Seninki kadar küçük bir dünyada öğrenilecek her şeyi öğrenirsin ve defalarca tekrarlamaya başlarsın.

David: Senin işin de hiç kolay görünmüyor. Bir tek öğrenciyle ilgili bile her şeyi bildiğimi nasıl söyleyebilirim? Benim için onların hepsi karmaşık ve heyecan verici. Tam anlamıyla anlayabildiğim kimse olduğunu düşünmüyorum. Sen düşünüyor musun? Bir öğrenciyle çalışmak bile tüm yeteneklerime rağmen ciddi bir mücadele gerektirir. Birlikte çalışacak bu kadar genç insanın olması, isteyebileceğimin çok ötesinde bir mücadele zaten. Dünyamın küçük ve sıkıcı olduğu ve her şeyin hesaplanmış olduğu ile ilgili söyleminle ne demek istediğini anlamıyorum.

Siz: Yaşamında benim kadar yükselmiş, gelişmiş insanlarla karşılaştığını sanmıyorum.

David: Bilmiyorum. Öğrencilerimin bazılarının IQ'ları yüksektir ve aynen senin gibi ilerleyebilirler. Bazıları ise zihinsel açıdan normalin altındadırlar ve sadece ortalama düzeye kadar gelebilirler. Çoğu ise vasattır ve hepsi beni büyülüyor. Onların sıkıcı olduğunu söylediğinde ne demek istedin? Neden, senin için sadece büyük başarılara imza atanlar ilginçler?

Siz: Pes ediyorum!

Başarılı bir züppe rolü oynarken sizin de gerçekten pes ettiğinizi umuyorum. İddianızı çürütmek için kullandığım yöntem sizin benden daha iyi olduğunuzdur. Ne zaman zeka, statü, etkileyicilik gibi özgül bir niteliğinizden dolayı daha iyi veya daha değerli birisi olduğunuzu iddia etseniz, bu nitelik (veya bir dizi nitelik) açısından daha iyi olduğunuz konusunda sizinle hemfikir oldum ve sordum- "Peki, bu seni nasıl daha iyi (veya değerli) kılar?" Bu soru cevaplanamadı. Bu soru, bazı insanların diğerlerine göre üstün olduğunu iddia eden değerler sisteminin yelkenlerini suya indirecektir.

Bu yöntemin teknik ismi "Pratiğe Dökme"dir. Bu yöntemde, hangi niteliğin birisini diğerine göre daha çok veya daha az değerli kılacağını telaffuz etmek durumundasınız. Bunu beceremezsiniz!

Tabii ki, diğer insanlar diyalog sırasında böylesi hakarete açık şeyleri nadiren düşünür veya söylerler. Birisini bastırmaya yönelik sözler gerçekte kafanızın içindedir. Statünüzdeki düşüklüğün, az başarılı olmanızın veya daha az popüler olmanızın sizi daha az değerli ve daha az istenir kılacağını kendinize söyleyen sizsiniz, bu kötülemeye son verecek kişi de siz olacaksınız. Bunu şöyle yapabilirsiniz: Benzer bir diyalogu kendinizle yapın. Zulmeden olarak adlandıracağımız hayali aleyhtarınız, bazı mükemmel olmayan yanlarınız veya eksiklikleriniz nedeniyle kendinizi aşağıda veya daha değersiz görmenizi sağlamaya çalışacaktır. Onun eleştirilerindeki gerçek noktalarla girişken bir biçimde basitçe hemfikir olurken bunun sizi nasıl daha değersiz kıldığını sorun. İşte örnekler:

1. Zulmeden: İyi bir aşık değilsin. Bazen tam olarak sertleşmiyorsun bile. Bunun anlamı, erkekliğinin daha az olduğu ve aşağı bir insan olduğundur.

Siz: Bu durum, kesinlikle, cinsellikle ilgili olarak gergin olduğumu gösterir; ancak, güvenilmez ve beceriksiz bir eş olduğumu göstermez. Sence, bu, beni nasıl daha az erkek veya daha az insan yapar? Sadece bir erkek sertleşmeyle ilgili gergin olabileceğine göre, bu durum bile benim erkek olduğumu gösterir! İyi yapmak seni sadece biraz daha fazla erkek yapar. Ayrıca da, erkek olmak için seks yapmak dışında çok daha fazla şeye gereksinim var.

2. Zulmeden: Çoğu arkadaşın kadar başarılı değilsin veya onlar kadar çok çalışmıyorsun. Tembelsin ve işe yaramıyorsun.

Siz: Bunun anlamı fazla hırslı olmadığım ve çok çalışmadığımdır. Daha az yetenekli bile olabilirim. Pekiyi, bu, nasıl oluyor da benim tembel olduğun ve işe yaramadığım anlamına geliyor?

3. Zulmeden: Hiç bir konuda diğerlerinden daha iyi değilsin, o yüzden de değerli değilsin.

Siz: Tek bir dünya şampiyonluğum bile olmadığını kabul ediyorum. Herhangi bir konuda en iyi ikinci bile olmadım. Gerçekte, pek çok alanda ortalama düzeydeyim. Bu, benim değersiz olduğumu nasıl gösterir?

4. Zulmeden: Popüler değilsin, çok sayıda yakın arkadaşın bile yok ve seninle hiç kimse yakınen ilgilenmiyor. Bir ailen yok, günlük sevgililerin bile yok. Sen kaybeden

birisin. Yetersiz bir insansın. Kesinlikle sende yanlış bir şeyler var. Değersizsin.

Siz: Şu sıralar bir sevgilim olmadığı doğru ve kendimi yakın hissettiğim arkadaşlarımın sayısı az. "Yeterli bir insan" olabilmek için kaç tane olması gerekli? Dört mü? On bir mi? Popüler değilsem bu durum sosyal olarak becerikli olmamama bağlı olabilir ve bu konu üzerinde daha fazla durmam gerekiyor olabilir. Bunlar nasıl benim "kaybeden" olduğumu gösterir? Niye değersizim?

Yukarıda anlatılan yöntemi denemenizi öneririm. Kendinize yöneltebileceğiniz en kötü hakaretleri yazın ve onları cevaplayın. Başlangıçta zor olabilir; ancak, sonunda gerçeği göreceksiniz- mükemmel olmayabilirsiniz, başarısız olabilirsiniz veya başkaları tarafından sevilmeyebilirsiniz, ancak bir damla bile daha az değerli değilsiniz.

Benlik Değerine Giden Dört Yol

"Değerim, elde ettiğim başarıya, sevgiye veya onaya bağlı değilse, benlik değerimi nasıl oluştururum? diye sorabilirsiniz. Bu ölçütleri tek tek ayıklayıp, onların kişisel değeri belirleyebilmek için geçersiz temeller olduğunu ortaya koyduğunuzda geriye hiç bir şey kalmayacak gibi görünüyor. "Yapmam gereken ne o halde?" İşte size, benlik değerine uzanan dört geçerli yol. Sizin için en kullanışlı olan birini seçin.

İlk yol hem pratik hem de felsefi. İnsan için "değer" kavramının tam bir soyutlama olduğunu kabul etmelisiniz. İnsani değer diye bir şey aslında yok. Bu nedenle de ona sahip olup olamamak diye bir şey de yok ve bu ölçülebilir bir şey değil. Değer bir şey değildir; bir kavramdır. O kadar genelleştirilmiştir ki somut, pratik bir anlamı da yoktur. Ne kullanışlı, ne de kolaylaştırıcıdır. Sadece kendinize zarar verirsiniz. Size iyiliği dokunmaz. Sadece olumsuz duygulara ve acı çekmeye neden olur. Kendinizi değerli olma iddiasından hemen uzaklaştırın ve tekrar ölçmeye de kalkmayın. Dolayısı ile değersiz olma korkusu yaşamayın.

Değerli ve değersiz kavramları insanlara uygulandığında boş kavramlardır. "Gerçek kendiliğiniz" gibi "kişisel değeriniz" kavramları da anlamsız bir uydurmadır. "Değerinizi" çöp tenekesine fırlatın. (istiyorsanız "gerçek kendiliğinizi" de aynı yere atabilirsiniz). Kaybedecek hiç bir şeyiniz olmadığını göreceksiniz! Bunun yerine şimdi ve burada yaşamaya odaklanın. Yaşamda karşılaştığınız sorunlar neler? Onlarla nasıl baş edersiniz? Olaylar burada olup biter; "değer" gibi ulaşılamaz bir serap içinde değil.

"Kendiliğinizden" veya "değerinizden" vazgeçmeye korkabilirsiniz. Neden korkuyorsunuz? Korkunç şeyler mi oldu? Hiç bir şey! Aşağıdaki hayali diyalog bunu netleştirebilir. Farzedelim değersizim. Bunu içime sindirmek ve beni üzmesini sağlamaya çalışmak istiyorum.

Siz: Burns, değersiz bir adamsın.

David: Tabii ki, değersizim. Tamamen katılıyorum. Beni değerli kılacak hiç bir şeyimin olmadığının farkındayım. Sevgi, onay ve başarı bana değer kazandırmaz; bu yüzden, bir hiç olduğumu kabulleniyorum! Bu durumun benim için bir sorun olması mı gerekiyor? Şimdi kötü bir şeyler mi olacak?

Siz: Çok sefil durumda olmalısın. Hiç bir iyi yanın yok.

David: Varsayalım, iyi bir yanım yok, peki ne olacak? Ne hakkında özellikle kendimi sefil hissetmeliyim? Değersiz olmak benim için bir sakınca mı oluşturuyor?

Siz: Kendine nasıl saygı duyuyorsun? Sana nasıl saygı duyulabilir? Toplumun yüz karasısın.

David: Benim yüz karası olduğumu düşünebilirsin, ancak benim kendime saygım var ve diğer pek çok insanın da. Kendime saygı duymamak için geçerli bir neden göremiyorum. Beni saymayabilirsin; fakat, bunu bir sorun olarak görmüyorum.

Siz: Fakat, değersiz kişiler mutlu olamazlar, eğlenemezler. Depresif ve hayal kırıklığına uğramış gibi görünmen gerekir. Uzmanlar heyeti buluştu ve senin tam bir sıfır olduğunu belirledi.

David: Öyleyse, gazeteleri çağırın ve bilmelerini sağlayın. Manşetleri görebiliyorum. "Filadelfiya'lı Doktor Değersiz Bulundu." Gerçekten bu kadar kötüysem bu çok rahatlatıcı, kaybedecek bir şeyim yok demektir. Yaşamımı korkusuzca yaşayabilirim. Ayrıca da, mutluyum, keyfim yerinde, bu nedenle de "tam bir sıfır olmak" kötü olamaz. Parolam "Değersiz Olmak Muhteşem Bir Şeydir." Aslında, bunun yazılı olduğu bir tişörte sahip olmak istiyorum. Belki de bir şeyleri atlıyorumdur. Sen değerlisin, ben değilim. Bu "değer" sana ne kazandırıyor? Seni benim gibi insanlardan daha iyi mi kılıyor veya ne?

Şöyle bir soru aklınıza gelebilir- "Başarının kişisel değerime bir şeyler kattığı inancından vazgeçersem niye bir şeyler yapmak için uğraşayım ki?" Bütün gün yataktan çıkmazsanız gününüzü daha aydınlık hale getirecek biriyle veya bir şeyle karşılaşma olasılığınız azalır. Kişisel değer kavramından tamamen bağımsız olarak yapılan günlük etkinlikler oldukça tatminkar olabilirler. Örneğin, bunları yazarken kendimi çok heyecanlı hissediyorum; ancak, bu durum kendimi değerli hissetmemle ilgili değil, yazıyor olduğum için böyleyim. Bu heyecan ve canlılık, yaratıcı süreçten, fikirleri bir araya toparlamaktan, yayına hazırlamaktan, biçimsiz cümleleri düzeltmekten ve okurken sizlerin vereceği tepkileri merak etmekten kaynaklanıyor. Bu süreç heyecanlı bir maceradır. Katılım, söz vermek ve risk almak oldukça uyarıcıdır. Benim düşünce biçimim açısından bu durum iyi bir bedeldir.

Merak edebilirsiniz- "Değer kavramı olmaksızın yaşamın amacı ve anlamı nedir?" Basit. Değeri yakalamaya çalışmak yerine tatmin, zevk, öğrenme, beceri, kişisel büyüme ve yaşamınızdaki diğer kişilerle iletişim konularını hedefleyin. Kendinize gerçekçi hedefler belirleyin ve onlar üzerinde çalışın. Bunları öyle sevindirici bulacaksınız ki son tahlilde bir aptalın altınından fazla alış gücü olmayan "değer" kavramıyla ilgili herşeyi unutacaksınız.

"İnsani veya ruhani bir kişiyim." diyebilirsiniz. "Her zaman tüm insanların değerli olduğu öğretildi bana ve bu kavramdan vazgeçmek istemiyorum." Çok iyi, böyle bakmak istiyorsanız sizle hemfikirim ve bu durum bizi benlik değerine giden ikinci yola götürüyor. Herkesin doğduğu andan ölene kadar "değer birimi"nin var olduğunu kabul edin. Bir çocuk olarak çok az şeyi başarabilirsiniz; ancak, halen değerlisinizdir. Yaşlı veya hasta olduğunuzda, gevşediğinizde ve uyuduğunuzda veya hiç bir şey yapmadığınızda da halen değerlisiniz. "Benlik biriminiz" ölçülemez, hiç değişmez ve herkes için aynıdır. Yaşamınız boyunca, üretken yaşayarak mutluluğunuzu ve tatmininizi arttırabilirsiniz veya yıkıcı bir tarzda davranabilir ve yaşamınızı çekilmez bir hale getirebilirsiniz. Ancak "değer biriminiz", potansiyel benlik değeriniz ve neşenizle birlikte, her zaman yerindedir. Bunu ölçemediğinize veya değiştiremediğinize göre, bununla ilgilenmenin veya bu konuyu dert etmenin bir anlamı yoktur. Bu konuyu Tanrı'ya bırakın.

Paradoksal olarak, bu çözüm bir önceki çözümün en alt basamağında yer alır. "Değeriniz"le ilgilenmek sorumsuzluk ve anlamsız gibi gelebilir; bunun yerine, yaşamı üretken bir tarzda geçirmeye odaklanabilirsiniz. Bugün karşılaştığınız sorun nedir? Bu sorunları nasıl çözeceksiniz? Bu gibi sorular anlamlı ve kullanışlı iken, kişissel değerinizle ilgili sürekli konuşup durmak "havanda su dövmektir".

İşte benlik saygısını kazanmaya giden üçüncü yol: Kendilik değerinizi kaybedebileceğiniz tek yol var: Kendinizi mantıksız, nedeni olmayan olumsuz düşüncelerle kötüleyip durmak. Benlik değeri, kendinize özensiz bir biçimde kötü davranmak değil de, bu otomatik düşüncelerle anlamlı, mantıklı nedenler bularak savaşmayı tercih etme durumunda gelişen bir kavramdır. Bunu etkili biçimde yaptığınızda, zafer kazanmış gibi hissedecek ve kendinizi kabullenebileceksiniz. Nehrin daha fazla akmasını sağlayamayabilirsiniz ama en azından önünde set oluşturmayın.

Sadece çarpıtmalarınız benlik saygınızı çalabilir. Gerçek yaşamda ise hiç bir şey benlik değerinizi elinizden alamaz. Bunun delili, uç noktada ve gerçekçi yoksunluklar yaşayan pek çok kişinin benlik saygısını kaybetmemesidir. İkinci Dünya Savaşı sırasında Nazilerce tutuklanan bazı kişiler kendilerini küçümsemeyi ve kendilerini esir eden kişilerin kötülüklerine ortak olmayı reddetti. Maruz kaldıkları zülumlere rağmen benlik saygıları artmıştı ve bazı kişiler ruhsal bir uyanma yaşamışlardı.

Şimdi de dördüncü çözüm: Benlik saygısı, kendinize sevdiğiniz bir arkadaş gibi davranma kararınız olarak algılanabilir. Saygı duyduğunuz çok önemli bir kişinin beklenmedik bir şekilde bir gün sizi ziyarete geldiğini hayal edin. Bu kişiye nasıl davranırsınız? En iyi giysilerinizi giyersiniz, en iyi içecek ve yiyeceklerinizi sunarsınız ve onu rahatlatmak ve ziyaretinden duyduğunuz memnuniyeti ifade edebilmek için elinizden geleni yaparsınız. Ona ne kadar değer verdiğinizi ve sizinle zaman geçirmesinden ne kadar çok gurur duyduğunuzu anlaması için uğraşırsınız. Peki, neden kendinize böyle davranmıyorsunuz? Yapabildiğiniz kadarıyla kendinize böyle davranın. Sonuçta, sizin için en önemli olan kişiden ne kadar etkilenirseniz etkilenin siz ondan çok daha önemlisiniz. Neden kendinize en az ona davrandığınız kadar iyi davranmıyorsunuz? Böyle bir misafiri kısır, çarpık şeyler kullanarak aşağılar, uzun söylevler çekerek susturur musunuz? Onun zayıflıklarını ve mükemmel olmayan yanlarını didikler misiniz? Öyleyse, neden kendinize böyle davranıyorsunuz? Kendinize çektirdiğiniz acılar böyle baktığınızda aptalca gelebilir.

Kendinize böyle ilgili, sevecen şekilde davranma hakkını *haketmek* zorunda mısınız? Hayır, benlik saygısıyla ilgili tutum, güçlü ve mükemmel olmayan yanlarınızın kabulüne ve tam bir farkındalığına dayanarak girişeceğiniz bir iddia olacaktır. Yersiz bir aşağılanma veya üstünlük duygusu olmaksızın olumlu katkılarınızı tam anlamıyla kabul edecek ve kendinizi aşağılık hissedip protesto etmeksizin, tüm hatalarınızı ve yetersizliklerinizi serbestçe itiraf edeceksiniz. Bu tutum kendinize duyduğunuz saygı ve sevgiyi sağlamlaştırır. Kendine sevgi ve saygı, *hakedilmesi* gerekli bir şey değildir ve de hiç bir yolla *hakedilemez.*

Başarı Tuzağından Kaçmak

"Başarı ve kendilik değeriyle ilgili bu felsefe iyi ve güzel de! Dr. Burns'un iyi bir kariyeri var, kitabı her yerde satılıyor, bu yüzden de onun için başarıyı unutun demek kolay." diye düşünüyor olabilirsiniz. Zengin bir adamın bir dilenciye paranın önemli olmadığını söylemesi gibi birşey bu. Gerçekte de, ben hala düşük performans gösterdiğimde kendimi kötü hissediyorum ve daha çok başarılı olursam, yaşamın daha heyecanlı ve anlamlı olacağına inanıyorum. Gerçek mutluluğu yakalayan kişiler, üst düzey kişilerdir. Ben sadece vasatım. Diğerlerinden daha iyi hiç bir şey yapmadım. Bu nedenle de daha az mutlu ve daha az tatminkar olmak durumundayım. Bunlar doğru değilse bana kanıtlayın. Hislerimi değiştirmek için neler yapabileceğimi bana gösterin, ancak ondan sonra gerçekten inanırım.

Kendinizi değerli ve mutlu hissetme hakkını elde edebilmek için diğerlerinden daha iyi bir performans göstermeniz gerektiği şeklindeki tuzak duygudan kurtulabilmek için izlemeniz gereken adımları gözden geçirelim.

Karşılık Vermeyi Hatırlamak. İlk işe yarayan yöntem, yetersiz hissetmenize neden olan olumsuz, çarpık düşüncelerinize karşılık verme alışkanlığını günlük pratiğinize geçirebilmenizdir. Böylece, sorunun gerçek performansınız değil de kendinizi eleştirme biçiminiz olduğunu fark edebileceksiniz. Kendinizi gerçekçi biçimde değerlendirmeyi öğrendikçe tatmininiz artacak ve kendinizi daha fazla onaylayacaksınız.

Rock orkestralarında gitar çalarak kariyerini sürdüren Len için bunun nasıl işlediğine bir bakalım. Kendini ikinci sınıf bir müzisyen olarak hissettiği için tedavi başvurusunda bulunmuştu. Gençliğinden beri, takdir edilebilmek için dahi olması gerektiğine inanmıştı. Eleştirilerden kolayca inciniyor ve kendini iyi tanınan müzisyenlerle karşılaştırarak üzüyordu. Kendine, "X ile karşılaştırıldığımda ben bir hiçim." dediğinde balon gibi sönüyordu. Bazı arkadaşlarının ve hayranlarının kendisini alelade olarak nitelediğinden emindi ve yaşamdaki takdir, sevgi, övgü gibi güzel şeylerden kendisine hiç bir zaman adaletli bir pay düşmeyeceği sonucuna varmıştı.

Len kendine söylediği mantıksız ve saçma şeyleri ortaya koyabilmek için çift sütun yöntemini kullandı. (Şekil 13-1). Bu teknik, sorunlarının nedeninin müzik yeteneği olmayışı değil de, kendisinin gerçek dışı düşünce kalıpları olduğunu görmesine yardımcı oldu. Bu çarpık düşünceleri düzelttikçe kendine güveni arttı. Bu etkiyi şöyle tanımladı: "Düşüncelerimi yazmak ve cevaplamak kendime karşı ne kadar katı davrandığımı görmeme yardımcı oldu ve değiştirebileceğim bir şeyler olduğunu hissetmemi sağladı. Burada oturup kendimi bombardımana tutmak yerine, savaşmak için kendime bir topçu birliği kurmalıyım. "

Şekil 13-1 Len'in "en büyük" olmakla ilgili üzücü düşüncelerini kaydetme ve cevaplama ödevi

Otomatik düşünceler	**Mantıklı yanıtlar**
1- "En büyük" değilsem insanların dikkatini çekemem.	1- (Ya hep ya hiç düşüncesi) "En büyük" olayım ya da olmayayım insanlar beni dinleyecek, performansımı görecek ve çoğu müziğime olumlu bakacak.
2- Ama benim müziğimi *herkes* beğenmiyor.	2- Bu tüm müzisyenler için geçerli, Beethoven ve Bob Dylan için bile. Hiçbir müzisyen herkesi memnun edemez. Az sayıda kişi müziğimi sevebilir. Ben müziğimi seviyorsam bu yeterli olmalı.
3- "En büyük" olmadığımı bilerek nasıl müziğimi sevebilirim?	3- Her zaman yaptığım gibi beni heyecanlandıran müziği çalarak! Ayrıca "dünyanın en iyi müzisyeni" diye bir şey yok. Olmaya da çalışma!
4- Daha ünlü ve yetenekli olsaydım daha çok hayranım olurdu. Karizmatik kişilerin ismi neonlardayken, ben kenarlarda nasıl mutlu olurum?	4- Mutlu olmak için kaç hayrana ve kaç kız arkadaşa gereksinimim var?
5- Büyük isimli bir yetenek olana kadar hiçbir kız beni gerçekten sevemez.	5- İşlerinde vasat olan diğer insanlar seviliyor. Birinin beni sevmesi için büyük şeyler yapmam mı gerekiyor? Tanıdığım pek çok arkadaşımın flörtü var ve hiç biri olağanüstü değil.

Sizi Heyecanlandıran Kanalı Açın. Başarının zihninizi bu kadar kalıcı biçimde meşgul etmesine neyin neden olduğuna dair varsayımlardan biri, gerçek mutluluğun kariyerinizdeki gerçek bir başarı sonrası geldiğine ilişkin fikrinizdir. Bu gerçekçi değil, çünkü, yaşamdaki tatminlerin çoğu büyük başarı gerektirmez. Bir ağustos gününde ormanda yürümekten zevk almak için özel bir yeteneğe gerek yoktur. Küçük oğlunuza şefkatli bir sarılma isteği duymak için diğerlerinden farklı olmanız gerekmez. Vasat bir oyuncu bile olsanız voleybol oynamaktan büyük keyif alabilirsiniz. Sizi heyecanlandıran, yaşama ait zevk alanlarından bazıları nelerdir? Müzik mi? Koşu mu? Yüzmek mi? Yemek mi? Gezmek mi? Konuşmak mı? Okumak mı? Öğrenmek mi? Spor mu? Cinsellik mi? Bunlardan zevk almak için ünlü olmak veya en iyi performansı göstermek zorunda değilsiniz. Sesi nasıl açacağınızdan ve müziği nasıl daha yüksek sesle ve net olarak dinleyeceğinizden söz edeceğiz.

Josh; yıkıcı, manik duygu durum oynamaları ve yeti yitimine neden olan depresyon öyküsü olan elli sekiz yaşında bir adamdır. Çocukken ebeveynleri defalarca kariyerinde sıradışı olması gerektiğini vurgulamıştı; bu yüzden de, her zaman bir numara olma zorunluluğu hissetmişti. Kendi seçilmiş alanı olan elektrik mühendisliğinde istisnai bir katkıda bulundu. Çok sayıda ödül kazandı, bakanlık komisyonlarına atandı ve pek çok patent aldı. Ancak, döngüsel duygu durum oynamaları giderek şiddetlendikçe Josh'un atakları yükselmeye başladı. Bu süreçler sırasında, yargıları büyük ölçüde bozuldu ve davranışları o kadar garip ve yıkıcı bir hale geldi ki defalarca hastaneye yatırılmak zorunda kaldı. Ailesini ve prestijli kariyerini kaybetme noktasına geldi. Karısı boşanmak için başvurdu, çalıştığı şirketten erken emekliliğe zorlandı. Yirmi yıllık başarı çöpe gitti.

İzleyen yıllarda, Josh lityum tedavisi aldı ve orta düzeyde bir danışmanlık işini yürütmeye başladı. Sonuç olarak, lityuma rağmen özellikle depresyon olmak üzere rahatsız edici duygu durum oynamaları yaşadığı için tedavi amaçlı bana sevk edildi.

Depresyonunun en önemli nedeni açıktı. Yaşamıyla ilgili yılgındı; çünkü, şu anki kariyeri geçmişinde yaşadığı para ve prestijle ölçülemez durumdaydı. Genç bir adamken karizmatik rolünden çok memnundu. Şimdi ise altmışlı yaşlara yaklaşırken kendini yalnız ve bitmiş hissediyordu. Gerçek mutluluğa ve kişisel değere giden tek yolun çok üst düzeyde ve yaratıcı başarılar aracılığıyla olduğuna hala inandığından, bu tıkanık kariyerin ve orta düzey yaşantının onu ikinci sınıf kıldığından emindi.

Halen iyi bir bilim adamı olduğu için Zevk Öngörme Sayfasını (daha önceki bölümlerde tanımlanmıştır) kullanarak kaderinin vasat bir yaşam olduğu hipotezini test etmeye karar verdi. Her gün, kendisine zevk, tatmin ve kişisel büyüme fırsatı verebilecek olan çeşitli etkinlikleri sıralama konusunda hemfikirdi. Bu etkinlikler onun yaptığı danışmanlık işiyle ilgili olduğu kadar hobileriyle ve yaratıcı işlerle ilgili olabilir. Yazdığı her etkinliğin ne kadar eğlenceli olabileceğiyle ilgili kestirimini yüzde 0 (hiç tatminkar değil) ile yüzde 99 (bir insanın en fazla eğlenebileceği nokta) arasında değerlendirdi.

Şekil 13-2 Zevk Öngörme Sayfası

Tarih	**Zevk veya tatminle ilgili etkinlikler**	**Kiminle yaptı (yalnızsa kendi yazın)**	**Öngörülen tatmin (%0-100) (etkinlik öncesi yazın)**	**Gerçek tatmin (%0-100) (etkinlik sonrası yazın)**
4/18/78	Danışmanlık projesi	Kendi	%70	%75
4/19/78	Kahvaltı öncesi uzun bir yürüyüş	Kendi	%40	%85
4/19/78	Yazılı rapor hazırlama	Kendi	%50	%50
4/19/78	Potansiyel bir müşteriyi arama	Kendi	%60	%40
4/20/78	Paten	Kız arkadaş	%50	(yeni iş) %99!

Günler boyunca bu formları doldurduktan sonra, Josh yaşamının eskisi kadar tatminkar ve neşe dolu olduğunu gördü (Şekil 13-2'ye bakınız). İşinin zaman zaman oldukça ödüllendirici ve eskilerine göre daha heyecan verici olmasa bile diğer etkinliklerinde zevk verici olduğunu keşfetmesi kendini açığa vurmasına yardımcı olabildi. Bir cumartesi gecesi kız arkadaşıyla patene gittiklerinde şaşırdı. Müzik dinlerlerken kendini melodi ve ritme bıraktığını ve ritmin içine çekildikçe çok neşelendiğini fark etti. Zevk Öngörme Sayfasında topladığı veriler, nihai tatmini elde etmek için Nobel ödülü almak üzere Stockholm'e gitmesi gerekmediğini gösterdi; hatta, paten sahasından daha uzağa gitmesine bile gerek yoktu. Bu deney, yaşamın zevk almak için çok sayıda fırsatlarla dolu olduğunu ve zihinsel odağını, iş yaşamına mikroskobik olarak yaklaşmak yerine kendini yaşamın sunacağı zengin deneyimlere açarsa yapılabilecek pek çok şeyin varlığını kanıtladı.

Başarının arzulanmayan bir şey olmadığını tartışmıyorum. Bu gerçekçi olmaz. Üretken olmak ve iyi şeyler yapmak çok taminkar ve zevk vericidir. Çok mutlu olabilmek için çok başarılı olmak ne gerekli ne de yeterlidir. Sevgi veya saygı kazanmak zorunda değilsiniz, kendinizi tamamlanmış hissetmek ve iç huzur ve benlik saygısının anlamını bilmek için bir numara olmak zorunda değilsiniz. Bu kendinizi iyi hissettirmiyor mu?

Bölüm 14

Vasat Olma Cesaretini Gösterin: Mükemmeliyetçiliği Yenmenin Yolları

Sizi "vasat" olmayı denemeye davet etmek istiyorum. Bu olasılık sıkıcı mı görünüyor? Çok iyi; sadece, bir gün için denemeye cesaret etmenizi isiyorum. Bu mücadeleyi kabul edecek misiniz? Kabul ederseniz iki şeyin olacağını öngörüyorum. İlki, "vasat" olma konusunda başarılı olamayacaksınız. İkincisi ise, buna rağmen yaptığınızdan tatmin olacaksınız. Hem de her zamankinden daha çok! Bu "vasat olma" durumunu devam ettirirseniz, tatmininizin daha da artacağını ve eğlenceli bir hale dönüşeceğini düşünüyorum. Bu bölüm tamamıyla bu konuyla ilgili; mükemmeliyetçilikle baş etmek ve saf eğlencenin ganimetlerinden yararlanmayı öğrenmek.

Şöyle düşünün; aydınlanmaya giden iki yol var. Birinin adı "mükemmel" ve diğerinin adı ise "vasat". "Mükemmel" kapısı çok süslü, arzulanan ve cazibelidir ve sizi cezbeder. O kapıdan geçmeyi çok istersiniz. "Vasat" kapısı ise sıkıcı ve tekdüze görünür. Kim ister ki?

"Mükemmel" kapısından girmeyi deneyin ve her zaman diğer tarafta bir tuğladan duvarla karşılaşın. Duvarı kırma konusunda ısrar ettikçe hep başınız ağrıyacak ve burnunuz acıyacak. "Vasat" kapısının diğer tarafında ise büyülü bir bahçe var. Ancak hiç bir zaman bu kapıyı açıp içeriyi göremeyeceksiniz.

Bana inanıyor musunuz? Sanmam. İnanmak zorunda da değilsiniz. Şüpheci olmanızı istiyorum! Bu sağlıklıdır; ancak, aynı zamanda da beni deneyin. Yanlış olduğumu bana kanıtlayın. İddialarımı test edin. "Vasat" kapısını yaşamınızda sadece bir günlüğüne aralayın. Şaşırabilirsiniz!

Nedenini açıklamama izin verin. "Mükemmel" tam bir insani yanılsamadır. Kainatta öyle bir şey yoktur. Mükemmel diye bir şey olmaz. Dünyanın en büyük yalanıdır. Zenginlik vaat eder ama sefalet getirir. Mükemmel için ne kadar çok çabalarsanız hayal kırıklığınız o kadar büyük olur; çünkü, bu sadece soyut bir kavramdır ve gerçekle uyumlu değildir. Her şey yakından ve yeterince eleştirel bakıldığında daha iyi bir hale getirilebilir- her insan, her fikir, her sanat, her deneyim ve her şey. Mükemmeliyetçi iseniz ne yaparsanız yapın kaybetmeye mahkumsunuzdur.

"Vasatlık" başka tür bir yanılsamadır; ancak, iyi huylu bir aldatmacadır, işe yarayan bir yapıdır. Koyduğunuz her dolar için elli dolar ödeyen bir makine gibidir. Sizi her düzeyde zengin eder.

Bu garip görünen hipotezi test etmeye niyetliyseniz haydi başlayalım. Kendinizi vasat olmaya çok kaptırmayın; bu kadar mutluluk ve coşkuya alışık değilsiniz. Bir aslan ancak avladığı kadar eti yiyebilir!

Bölüm 4'de söz edilen mükemmeliyetçi yazar-öğrenci Jennifer'ı hatırlıyor musunuz? Arkadaşlarının ve terapistlerinin bu kadar mükemmeliyetçi olmaktan vazgeçmesini söyleyip durmalarından, ancak bunu nasıl yapacağını söylenmeye yanaşmadıklarından yakınıyordu. Bu bölüm Jennifer'a adanmıştır. Bu konuda çaresizlik hisseden tek kişi o değildir. Derslerimde ve çalışma gruplarımda psikoterapistler, mükemmeliyetçilikle baş etmek için geliştirdiğim on beş tekniği içeren bir "nasıl yapmalı el kitapçığı" hazırlamamı istediler. İşte kitapçık. Bu yöntemler işe yarıyor. Kaybedecek veya korkacak bir şeyiniz yok; çünkü, bu etkiler geri dönüşümsüz değil.

1. Mükemmeliyetçiliğe karşı savaşınıza başlamak için en iyi nokta bu yaklaşımı sürdürecek motivasyonunuzdur. Mükemmel olmanın avantajlarını ve sakıncalarını içeren bir liste yapın. Bunun sizin için bir avantaj olmadığını görerek şaşırabilirsiniz. Hiç bir şekilde işinize yaramadığını anladığınızda çok daha kolay vazgeçeceksiniz.

Şekil 14-1'de Jennifer'ın listesi görülmektedir. Jennifer, mükemmeliyetçiliğin kendisi için bir avantaj oluşturmadığı sonucuna vardı. Siz de kendi listenizi yapın. Listeyi bitirdikten sonra okuyun.

Şekil 14-1 Jennifer'ın mükemmeliyetçiliğinin avantajları ve sakıncalarını içeren listesi. "Sakıncaları olası bir avantajdan çok daha önemli görünmektedir."

Mükemmelliyetçiliğin avantajları	**Sakıncaları**
1- İyi işler çıkarabilirim. İstisnai bir sonuçla karşılaşmak için çok çalışmalıyım.	1- Beni öyle gergin ve sinirli yapıyor ki iyi iş üretemiyorum.
	2- İyi iş çıkarmak için gerekli yanlışları yapma riskini almaya isteksizim ve korkuyorum.
	3- Kendimi çok eleştirmeme neden oluyor. Yaşamdan zevk alamıyorum; çünkü, başarılarımı kabullenemiyorum ve onlardan keyif alamıyorum.
	4- Her zaman mükemmel olmayan birşeyler bulabildiğimden hiç gevşeyemiyorum. Sonra da kendimi eleştiriyorum.
	5- Hiçbir zaman mükemmel olamayacağımdan hep depresifim.
	6- Beni diğerlerine karşı hoşgörüsüz kılıyor. Çok arkadaşım olmuyor; çünkü, insanlar eleştirilmekten hoşlanmıyorlar. İnsanlarda o kadar çok hata buluyorum ki, onları sevme ve yakın davranma kapasitemi yitiriyorum.
	7- Mükemmeliyetçiliğimin diğer bir sakıncası da beni yeni şeyler denemekten ve keşifler yapmaktan alıkoyması. Hata yapmaktan o kadar çok korkuyorum ki iyi yaptığım ve aşina olduğum şeyler dışında pek bir şey yapmıyorum. Sonuçta yeni mücadelelere atılmadığım için dünyam daralıyor, sıkılıyorum ve huzursuz oluyorum.

2. Mükemmeliyetçiliğin avantajlarını ve sakıncalarını içeren listenizi kullanarak, avantajlarla ilgili varsayımlarınızdan bazılarını test etmek için bazı deneyler yapmak isteyebilirsiniz. Pek çok insan gibi siz de "Mükemmeliyetçi yanım olmadan ben bir hiçim. Etkili bir performans sergileyemem." düşüncesine inanıyor olabilirsiniz. Bu hipotezi test etmeyeceğinize iddiaya girerim; çünkü, yetersizliğine olan inancınız öyle otomatik bir huy ki, hiç bir zaman sorgulayamazsınız. Mükemmeliyetçi yanınız nedeniyle değil de, bu yanınıza rağmen başarılı olabildiğinizi hiç düşündünüz mü! İşte, size bunun doğruluğunu test edebileceğiniz bir deney. Çeşitli etkinliklerle ilgili standartlarınızı değiştirmeyi deneyin. Böylece performansınızın yüksek, orta ve düşük standartlara karşı nasıl tepki verdiğini görebileceksiniz. Sonuçlar sizi şaşırtabilir. Ben bunu yazılarımda, hastalarımla yaptığım psikoterapilerde ve koşarken yaptım. Ve tüm durumlarda standartlarımı düşürerek, hem yaptıklarımdan dolayı kendimi daha iyi hissettiğimi, hem de yaptığım şeylerin daha etkili olduğunu keşfederek çok şaşırdım.

Örneğin, 1979'da yaşamımda ilk kez koşmaya başladım. Çok tepelikli bir bölgede yaşıyordum ve yolum engebeli olduğundan başlangıçta durup yürümeden iki veya üç yüz metreden fazlasını koşamıyordum. Her gün hedefimi bir önceki güne göre biraz daha kısa tuttum. Bunun etkisi, hedefimi her seferinde kolaylıkla başarabilmek oldu. Sonrasında kendimi öyle iyi hissettim ki daha da çok kamçılandım- her adım hedeflediğimden daha kolay geldi. Aylar içinde sarp bir arazide oldukça hızlı adımlarla yedi mil koşabileceğim noktaya geldim. Temel ilkelerimden hiç bir zaman vazgeçmedim. Bir önceki güne göre daha azını yapmaya çalış. Bu kural nedeniyle, koşularım sırasında hiç hayal kırıklığına uğramadım. Hastalık veya yorgunluk nedeniyle daha uzağa gidemediğim veya daha hızlı koşamadığım pek çok gün oldu. Örneğin, bugün, soğuk almıştım ve akciğerlerim "DAHA FAZLA KOŞMA!" diyordu, bu nedenle de sadece çeyrek mil koştum. Kendime şöyle dedim "Düşündüğüm kadar koştum." Kendimi iyi hissettim; çünkü, hedefimi tutturmuştum.

Bunu deneyin. Bir etkinlik seçin ve yüzde 100'ü hedeflemek yerine yüzde 80'i veya 60'ı veya 40'ı hedefleyin. Bu etkinlikten ne kadar hoşlandığınızı ve ne kadar üretken hale geldiğinizi göreceksiniz. Vasat olmayı denemeye kalkın! Bu cesaret ister, kendinizi şaşırtın!

3.Kompülsif bir mükemmeliyetçi iseniz mükemmeliyeti hedeflemeden yaşamdan azami keyfi alamayacağınıza veya gerçek mutluluğu bulamayacağınıza inanıyor olabilirsiniz. Antimükemmeliyetçilik sayfasını kullanarak bu nosyonu test edebilirsiniz (Şekil 14-2) Dişlerinizi fırçalamak, bir elma yemek, ormanda yürüyüş yapmak, çimleri biçmek, iş için bir rapor yazmak v.b. pek çok çeşitli etkinlikten aldığınız gerçek tatmini kaydedin. Şimdi de her etkinliği ne kadar mükemmel yaptığınızı yüzde 0 ile 100 arasında öngörün ve her birinin ne kadar tatminkar olduğunu yüzde 0 ile 100 arasında belirleyin. Bu, "mükemmel yapmak" ile "hoşnut olmak" arasındaki yanılsamalı bağlantıyı kırmanıza yardım edecektir.

Nasıl işe yaradığını görelim. Bölüm 4'de bana, sevkedilen her zaman mükemmel olması gerektiğini düşünen bir doktordan bahsetmiştim. Ne kadar başardığını dikkate almaksızın, standartlarını hep biraz daha yukarı çekmekteydi ve kendini sürekli perişan hissediyordu. Ona Filadelfiya'nın en büyük "ya hep ya hiç şampiyonu" olduğunu söyledim! Benimle aynı fikirdeydi; ancak, nasıl değiştireceğini bilmediğini söyleyerek itiraz etti. Onu Antimükemmeliyetçilik Sayfası'nı kullanarak duygudurumuyla ilgili bazı araştırmalar yapmaya ikna ettim. Bir hafta sonu evde musluk tamir etti, çünkü boru kırılmıştı ve mutfağı su basmıştı.

Şekil 14-2 Antimükemmeliyetçilik Sayfası

Etkinlik	**Ne kadar etkin yaptınız (%0 ile %100 arasında)**	**Ne kadar tatminkardı (%0 ile %100 arasında)**
Mutfaktaki kırık borunun tamiri	%20 (çok zaman aldı, çok yanlış yaptım)	%99 (aslında yaptım!)
Tıp fakültesinde ders vermek	%98 (çok alkış alırım)	%50 (genellikle çok alkış alırım. Performansımdan dolayı çok heyecanlanmam.
İşten sonra tenis oynamak	%60 (maçı kaybettim ama iyi oynadım)	%95 (gerçekten iyi hissettim. Oyundan ve egzersizden keyif aldım).
Bir saat sonra yazımın taslağını düzeltmek.	%75 (onla uğraştım ve pek çok hata düzelttim, cümleleri düzene soktum.)	%15 (kendime yazının son hali olmadığını defalarca söyledim ve gergin hissettim.)
Öğrencimle kariyer seçenekleri üzerine konuşmak.	%50 (özel bir şey yapmadım. Sadece onu dinledim ve bir iki net öneride bulundum.	%90 (konuşmamızı gerçekten takdirle karşıladı, gerçekten heyecanlandım.

Tesisat konusunda acemiydi ancak, sızıntıyı kesmeyi becerdi ve etrafı toparlayabildi. Kaydettiği sayfada yüzde 99 oranında tatminkar yazıyordu. (Şekil 14-2'ye bakınız) Bir boruyu sabitlemek ilk defa denediği bir iş olduğundan uzmanlığını yüzde 20 olarak kaydetmişti. İşi yaptı, ancak çok zaman kaybetti ve komşusundan yardım istemek durumunda kaldı. Buna rağmen, iyi işler çıkardığı bazı etkinliklerden çok daha fazla tatmin olmuştu.

Antimükemmeliyetçilik Sayfası deneyimi ile eğlenebilmek için mükemmel olmak gerekmediğine, mükemmellik için çırpınmanın ve istisnai performans göstermenin mutluluğu garantilemediğine ve hatta daha az tatminkar olduğuna ikna oldu. Ya mükemmel olmayla ilgili zorlantılı dürtüsünden vazgeçip keyifli bir yaşam sürdürecek ve daha üretken olacak ya da mutluluk ikincil öneme sahip olup hep daha büyük için mücadele edecek, ıstırap çekecek ve üretkenliği vasat düzeyde olacaktı. Hangisini seçersiniz? Antimükemmeliyetçilik Sayfasını doldurmayı ve kendinizi test etmeyi deneyin.

4. Sadece ne olacağını görmek için, deneme amacıyla mükemmelliyetçiliğinizden vazgeçmeye karar verdiğinizi varsayalım. Yeterince çok çabalarsanız, en azından bazı alanlarda gerçekten mükemmel olabileceğiniz ve bunu başardığınızda büyülü bir şeyin olacağı şeklindeki nosyona takılıp kalmışsınız. Bu hedefin gerçekçi olup olmadığına yakından bakalım. Bir mükemmelliyet modeli hiç gerçeğe uygun olmuş mudur? Geliştirilemeyecek kadar mükemmel olan bir şeyle hiç karşılaştınız mı?

Bunu test etmek için etrafınıza bir bakın ve her şeyin nasıl geliştirilebileceğini göreceksiniz. Örneğin, birinin giysilerini, bir çiçek düzenlemesini, bir televizyonun netliğini ve rengini, bir şarkıcının ses kalitesini, bu bölümün etkinliğini veya herhangi bir şeyi ele alalım. Her zaman, bir şeylerde geliştirilebilecek noktalar olduğunu göreceksiniz. Bu egzersizi ilk yaptığımda bir trene biniyordum. Kirli, unutulmuş, eski patikalar gibi pek çok şey o kadar eksik görünüyordu ki, onları geliştirmek için pek çok yol bulabilirdim. Sonra sorunlu bir alana geldim. Saçı doğal, kabarık şekilli genç siyah bir adam oradaydı. Saçı aşırı düzgün ve şekilli görünüyordu, onun geliştirilebilecek hiç bir yanını göremedim. Panik içindeydim, antimükemmeliyetçi felsefemin çöpe gittiğini görür gibi oldum! Birden saçında gri bir kaç tel olduğunu fark ettim. Birden çok rahatladım! Saçları tam da mükemmel değildi. Daha yakından baktığımda bazı saç tellerinin çok uzun olduğunu ve uygun yerde olmadıklarını gözlemledim. Genç adamı yakından izlemeye başladıkça düzgün durmayan daha fazla saç teli görüyordum, aslında yüzlerceydi! Bu da beni mükemmelle ilgili bir standartın gerçeğe uygun düşmediğine ikna etti. Öyleyse neden vazgeçmeyelim? Performansınızı değerlendirirken hiç bir zaman karşılayamayacağınız standartları benimserseniz, her zaman kaybeden olacağınız kesindir. Neden halen kendinize kötü davranıyorsunuz?

5. Mükemmeliyetçiliği yenmenin diğer bir yolu da korkuyla yüzleşmektir. Mükemmeliyetçiliğin arkasında her zaman korkunun yattığının farkında olmayabilirsiniz. Korku, zorlantılarınızın sizi kusursuzluk noktasına getirmesini sağlayan dürtünün yakıtını oluşturur. Mükemmeliyetçilikten vazgeçmeyi seçerseniz başlangıç aşamasında bu korkuyla yüzleşmek durumunda kalacaksınız. Var mısınız? Mükemmeliyetçiliğin de bir getirisi var. Sizi eleştirilme, hatalı olma veya onay alamama riskine karşı koruyabilir. Daha az mükemmel olanı yapmaya karar verirseniz, başlangıçta büyük Kaliforniya depremi olacakmış gibi titrediğinizi hissedebilirsiniz.

Korkunun mükemmellik alışkanlığının sürdürülmesinde oynadığı güçlü rolü göremezseniz, mükemmeliyetçi insanların yorucu davranış kalıbı anlaşılmaz veya çileden çıkarıcı görünebilir. Bu durum kurbanının kendisini herşeyi tam anlamıyla doğru yapmaya mecbur hissettiği, bu nedenle de günlük, basit işleri yaparken bile tükendiği kompulsif yavaşlık" olarak bilinen garip bir hastalıktır. Bu hastalığa tutulan bir avukat saçlarının nasıl göründüğüyle aşırı meşguldü. Günde dört saat elinde fırça ve makasla ayna karşısında saçlarını düzeltiyordu. Bu işle öylesine meşguldü ki hukuki işlerini kısa keserek saçlarına her gün daha fazla zaman ayırmaya başladı. Bu nedenle de saçları her gün daha da kısalıyordu. Sonunda da yaklaşık yarım santim uzunluğunda kaldılar. Saç çizgisini alın hizasında dengelemek üzere aşırı bir uğraş içine girdi ve doğru olması için her gün traş etti. Her gün saç hizası biraz daha geriledi ve sonunda tamamen kel oldu! Biraz rahatladı ve düzenli olacaklarını umarak saçlarını uzatmaya başladı. Saçları uzadıktan sonra onları tekrar kesmeye başladı ve tüm bu döngü tekrarlandı. Bu saçma rutin yıllarca sürdü ve sonunda yetilerini kaybetmiş birisi oldu.

Bu örnek çok uç görünebilir; ancak, şiddetli bir vaka değildir. Bundan çok daha kötü durumlar olabilmektedir. Kurbanın garip alışkanlıkları saçma görünmekle birlikte, etkileri trajiktir. Alkolikler gibi, bu bireyler de bu berbat kompülsiyonlara kariyerlerini ve ailelerini feda edebilirler. Mükemmeliyetçiliğinizin bedelini çok ağır ödeyebilirsiniz.

Bu yorucu, aşırı kontrollü bireyleri motive eden nedir? Deli midirler? Genellikle hayır. Onları anlamsız bir mükemmel olma dürtüsüne iten şey korkudur. Yaptıkları şeyleri durdurmaya çalıştıkları an, hızla panik boyutuna ulaşabilen güçlü bir huzursuzluk, tedirginlik içlerini kaplar. Bu dürtüyle de rahatlayabilmek amacıyla acınası bir çaba içinde eski kompülsif ritüellerine geri dönerler. Onları bu mükemmeliyetçi tutumdan vazgeçirmeye çalışmak, uçurumun kenarına sadece parmaklarıyla tutunabilmiş birini ellerini bırakmaya ikna etmek gibi bir şeydir.

Kendinizde de az ya da çok olmak üzere kompülsif eğilimler olduğunu fark etmişsinizdir. Hiç en iyisinin o an için unutmak ve ortaya çıkmasını beklemek olduğunu bildiğiniz halde, bir yerlere koyduğunuz ve sizin için önemli olan kalem veya anahtar gibi bir şeyi isteksizce aramaya giriştiğiniz oldu mu? Bunu yaparsınız; çünkü, durmak çok zordur. Denediğiniz an kendinizi gergin ve sinirli hissedersiniz. Kaybettiğiniz eşya olmadan bir şeylerin eksik kaldığını hissedersiniz. Sanki, yaşamınızın tüm anlamı o eşyayla dengedeymiş gibi gelir size!

Bu korkuyla yüzleşmenin ve üstesinden gelmenin yollarından birine "tepkinin önlenmesi" adı verilir. Temel ilke basit ve nettir. Mükemmeliyetçilik alışkanlığınızı kabul etmeyi reddedin ve korku ve rahatsızlık seline kapılıp gidin. İnatla dayanın! Ne kadar kötü hissederseniz hissedin ama vazgeçmeyin. O sıkıntının içinde kalın ve üzüntünüzün en üst noktaya ulaşmasına izin verin. Bir süre sonra kompülsiyon azalmaya başlayacak ve tamamen ortadan kalkacaktır. Bu durumda - saatlerce sürebilir veya bir kaç dakika yeterli olabilir - kazanmış olacaksınız! Zorlantınızı yendiniz.

Basit bir örneği ele alalım. Varsayalım ki, evi kilitleyip kilitlemediğinizi iki kez, arabayı ise defalarca kontrol ediyorsunuz. Tabii ki, bir şeyleri bir kez kontrol etmek doğaldır; ancak, daha fazlası anlamsız ve lüzumsuzdur. Arabanızı park edin, kapıları kiliteyin ve oradan uzaklaşın. Şimdi, tekrar kontrol etmeyi reddedin. Kendinizi huzursuz hissedeceksiniz. Kendinizi geri dönmeye ve emin olmak için tekrar kontrol etmeye ikna etmeye çalışacaksınız.

YAPMAYIN. Tersine, anksiyete derecenizi dakika dakika anksiyete kaybolana kadar bir süre "Tepki Önleme Formuna" kaydedin. (Şekil 14-3). Bu noktada siz kazanmış oldunuz. Genellikle bu şekilde yapılan tek bir alıştırma, zararlı bir alışkanlığı kalıcı biçimde kırmak için yeterli olabilir. Ya da çok sayıda alıştırmaya ve ayrıca güçlendirici alıştırma dozlarına da gereksinim duyabilirsiniz. Çeşitli kontrol törenleri (sobanın yanıp yanmadığı, mektubun posta kutusunda olup olmadığı v.b.), temizlik törenleri (zorlantılı el yıkama, aşırı ev temizliği) gibi pek çok kötü alışkanlık bu formatla düzelir. Bu eğilimlerden kurtulmaya istekliyseniz ve hazırsanız, tepki önleme yöntemini oldukça yararlı bulacağınızı düşünüyorum.

6. Sizi bu zorlantılı mükemmeliyetçiliğe iten çılgınca korkunun kaynağını kendinize soruyor olabilirsiniz. Yaşama karşı katı ve gergin yaklaşmanıza neden olan sessiz varsayımı ortaya çıkarmak için Bölüm 10'da tanımlanan aşağı ok yöntemini kullanabilirsiniz.

Şekil 14-3 Tepki Önleme Formu.

Tamamen rahatlayana kadar, iki dakikada bir, anksiyetenizin derecesini ve otomatik düşüncelerinizi kaydedin. Aşağıdaki örnek, zorlantılı biçimde kapıları kontrol etme şeklindeki kötü alışkanlığını yenmek isteyen biri tarafından uygulanmıştır.

Zaman	**Anksiyete veya huzursuzluk yüzdesi**	**Otomatik düşünceler**
4.00	%80	Biri arabayı çalarsa ne olur?
4.02	%95	Bu saçma. Niye inip arabanın iyi durumda olduğunu kontrol etmeyeyim?
4.04	%95	Orada birisi olabilir. Buna dayanamam.
	%80	
4.08	%70	
4.10	%50	
4.12	%20	Bu sıkıcı. Araba iyi durumdadır.
4.14	%5	
4.16	%0	Başardım.

Fred, lise öğrencisiydi ve dönem ödevini düzgün verebilmekle o kadar meşguldü ki, tam anlamıyla tatmin olamayacağı bir ödev verme korkusunu ortadan kaldırabilmek için okuldan ayrılarak bütün yıl ödevi için çalıştı. Fred ödevinin hazır olduğunu hissettiğinde okula geri döndü; ancak, hemen mükemmeliyetçiliğinden dolayı tedavi başvurusunda bulundu. Liseyi bu şekilde bitirmesinin çok uzun zaman alacağını fark etmişti!

Okula döndükten sonra ilk sömestr sonunda yeni bir dönem ödeviyle karşılaştığında, bu korkusuyla yüzleşmek durumunda kaldı. Bu kez profesörü, Fred'e, verilen tarihte, akşam saat 6'da ödevi teslim etmezse, geç kaldığı her gün için bir tam notunun kırılacağı şeklinde bir ultimatom verdi. Fred, yeterince ön çalışma yaptığı için onu tekrar düzeltmeye, gözden geçirmeye kalkmasının akıllıca olmayacağını kavradı ve tam anlamıyla tatmin olmadığı bölümler olmasına ve düzeltilmemiş pek çok tipografik hata olduğunu bilmesine rağmen ödevini akşam 4.55'de teslim etti. Teslim ettiği an anksiyetesi yükselmeye başladı. Her dakika anksiyetesi daha da arttı ve akşamın geç saatlerinde beni evden aramasını gerektiren şiddetli bir panik atak geçirdi. Mükemmel olmayan bir ödev verdiği için kendisine berbat bir şey olacakmış gibi geliyordu.

Ne kadar korktuğunu anlayabilmek için aşağı ok yöntemini kullanmasını önerdim. İlk otomatik düşüncesi "Ödevde harikulade bir iş yapamadım." idi. Bunu yazdı (Şekil 14-4, sayfa 259'e bakınız) ve kendine sordu "Bu doğruysa benim için neden sorun oluşturuyor?" Bu soru, şekil 14-4'de görüldüğü gibi arkasından üzücü düşünceler getirdi. Fred, aklına bir sonra gelen düşüncesini yazdı ve daha da derinde yatan korkularını açığa çıkarmak için aşağı ok yöntemini kullanmaya devam etti. Paniğinin ve mükemmeliyetçiliğinin en derindeki nedeni ortaya çıkana kadar soğan soyar gibi halkaları açmaya devam etti. Bunlar sadece bir kaç dakika sürdü. Sessiz varsayımları netleşti: 1) Bir hata ve kariyerim zarar görecek. 2) Diğerleri benden başarılı, mükemmel olmamı talep ederler ve yeterince iyi olamazsam beni dışlarlar.

Bu üzücü otomatik düşünceleri yazdıktan sonra düşünce hatalarını saptama noktasına geldi. En sık görülen üç çarpıtma şunlardı: ya hep ya hiç düşüncesi, zihin okuma ve falcılık yapma. Bu çarpıtmalar onun yaşamına katı, zorlayıcı, mükemmeliyetçi, onay arayan bir yaklaşımın girmesine neden oldu. Bu düşüncelerinin mantıklı tepkilerle yer değiştirmesi, kurallarının ne kadar gerçek dışı olduğunu ve onu nasıl paniğe sürüklediğini görmesine yardım etti.

Fred, kuşkucu birisiydi. Bir karmaşanın bitmek üzere olduğundan tam anlamıyla emin olamıyordu. Emin olabilmek için kesin delillere gereksinimi vardı. Tüm yaşamında filleri borazan çalarak uzaklaştırdığı için, borazanı bıraktığında altüst olmaktan korkuyordu olmayacağına kesin olarak emin olamıyordu.

İki gün sonra Fred ihtiyacı olan delili elde etti: Ödevin sonucunu aldı; üstünde A yazıyordu. Sonuna önemli övgü sözcüklerini ve bazı yararlı önerileri de düşünce dolu bir not halinde ekleyen profesör tipografik hatalarını da düzeltmişti.

Mükemmeliyetçiliğinizi bırakacaksanız, Fred'in başlangıçta yaşadığı gibi bir miktar memnuniyetsizliğe kendinizi hazırlamalısınız. Aşağı ok yöntemini kullanarak korkularınızın kaynağını öğrenmek, sizin için altın bir fırsat olabilir. Korkularınızdan kaçmak yerine, sağlam durun ve korktuğunuz şeyle yüzleşin!

Şekil 14-4 Fred, mükemmel olmayan bir ödevi sınıfa götürmekle ilgili korkularının kaynağını ortaya çıkarmak için aşağı ok yöntemini kullandı. Bu durum, yaşadığı korkuyu azaltmasına yardımcı oldu. Aşağı oktaki her soru Fred'in daha alt bir düzeydeki otomatik düşüncesini ortaya çıkarabilmek için kendisine sorduğu soruydu. Soğanı bu şekilde soyarak mükemmeliyetçiliğinin kökenindeki sessiz varsayımlara ulaşabildi.

Otomatik düşünceler	**Mantıklı cevaplar**
1- Ödevde harikalude bir iş çıkarmadım. ↓ "Bu doğruysa neden benim için bir sorun oluyor?"	1- Ya hep ya hiç tarzı düşünme. Ödev mükemmel olmamakla birlikte hiç de fena sayılmaz.
2- Profesör, tüm hataları ve zayıf bölümleri farkedecek. ↓ "Bu neden bir sorun olsun?"	2- Zihinsel filtre. Olasılıkla hataları farkedecek, ancak tüm ödevi de okuyacak. İyi bölümler de var.
3- Ödevle ilgilenmediğimi düşünecek ↓ "Diyelim öyle. Sonra ne olacak?	3- Zihin okuma. Böyle düşüneceğini bilmiyorum. Düşünürse bu dünyanın sonu değil. Pek çok öğrenci ödeviyle ilgilenmiyor. Ayrıca ben ilgileniyorum. Aksini düşünmesi onun yanlışı.
4- Onu hayal kırıklığına uğratacağım. ↓ "Bu doğruysa ve o böyle hissediyorsa bu beni niye üzüyor?"	4- Ya hep ya hiç tarzı düşünme, falcılık hatası. Herkesi her zaman memnun edemem. Yaptıklarımın çoğunu beğenmişti. Bu ödevle hayal kırıklığına uğrasa da yaşayabilir.

5- Ödevden D veya F alacağım. ↓ "Diyelim aldım - ne olacak?	5- Duygusal mantıksallaştırma, falcılık hatası. Böyle hissediyorum; çünkü, üzgünüm. Ancak, geleceği kestiremem. B veya C alabilirim, D veya F pek olası değil.
6- Bu akademik kariyerimdeki sicilimi bozacak. ↓ "Peki sonra ne olacak?"	6- Ya hep ya hiç tarzı düşünme. Falcılık hatası. Diğer insanlar da hata yapıyorlar; ancak, yaşamları bozulmuş gibi görünmüyor. Ben niye bazen hata yapmayayım?
7- Bunun anlamı benim varsaydığım gibi bir öğrenci olmadığımdır. ↓ "Bu beni niye üzüyor?"	7- Meli - Malı cümlesi. Tüm zamanlarda varsaydığım bir tarzda olmalıyım diye bir kural mı var? Belirli bir standartta yaşamaya mahkum olduğumu, kaderimin böyle olduğunu kim söyledi?
8- İnsanlar bana kızacak. Hatalıyım. ↓ "Diyelim, kızgınlar ve hatalıyım. Bu neden bu kadar berbat bir şey?"	8- Falcılık hatası. Biri bana kızgınsa bu onun sorunu. İnsanları her zaman memnun edemem. Bu çok yorucu. Yaşamımı gergin, sıkıştırılmış ve katı bir hale getiriyor. Standartlarımı düzenlemek için daha iyi yapmalı ve birilerinin öfkesini göze almalıyım. Bu ödevde başarısız olursam bu beni tamamen "HATALI" kılmaz.
9- Dışlanırım ve yalnız kalırım. ↓ "Peki, ne olur?"	9- Falcılık hatası. Herkes beni dışlamaz!
10- Yalnız kalırsam mahvolmaya mahkumum. ↓	10- Olumlu bir veriyi yanlış nitelemek. En mutlu zamanlarımın bazılarında yalnızdım. Mahvomanın yalnızlıkla hiç ilgisi yok, ancak onay alamama korkusu ve mükemmel standartlarda yaşamadığım nedeni ile kendimi kötülememle ilgili.

Kendinize sorun: "Neden korkuyorum? En kötü ne olabilir?" Sonrasında da, Fred'in yaptığı gibi otomatik düşüncelerinizi yazın ve blöfünüzü görün. Korkutucu olabilir; ancak, yeterince güçlüyseniz ve rahatsızlığa katlanabilirseniz korkularınızın üstesinden geleceksiniz. Çünkü onların temelinde yanılsamalar yatmaktadır. Evhamlı bir kişiden, bir savaşçıya dönüşüm sırasında hissettiğiniz coşku, yaşama karşı daha güven dolu bir duruşun başlangıcı olabilir. Pekiyi, diyelim ki Fred B,C,D veya F aldı. Ne olacak? Gerçekte, bu durum pek yaşanmaz. Mükemmeliyetçiliğiniz nedeniyle, kendinize o kadar fazla güvenlik payı bırakırsınız ki, gerçek performansınızın kalitesini düşürmeksizin daha az çalışabilirsiniz. Ancak, yaşam içerisinde hatalar olabilir ve olur. Hiçbirimiz bundan muaf tutulamayız. Kendinizi ilerde gelişebilecek bu olasılığa karşı hazırlamak işe yarayabilir. Böylece bu deneyimden kazanç sağlayabilirsiniz. İşlerinizi "kaybedemez" halde gerçekleştirmek istiyorsanız, bunu yapabilirsiniz.

Gerçek bir hatadan nasıl kazanç sağlarsınız? Basit! Yaşamınızın zarar görmeyeceğini kendinize hatırlatın. B almak, A standartlarında bir öğrenci için olabilecek en iyi şeylerden biridir. İnsani yönünüzle yüzleşmenizi ve kabul etmenizi sağlar. Bu durumda kişisel gelişim şansınız doğar. Gerçek trajedi, çok büyük kişisel çabalar harcayarak hata olasılığını yok etmeye çalışan, çok parlak ve zorlantılı bir öğrencinin, vasat bir A öğrencisi olarak mezun olmasıyla ortaya çıkar. Bu durumdaki paradoks, başarının, bu öğrencileri mükemmel olmak için yaşantısı çok katı, takıntılı çabalar gösterir hale gelmiş kölelere dönüştürme etkisinin olmasıdır. Kariyerleri başarı açısından zengin, keyif alma anlamında ise oldukça fakirdir.

7. Mükemmeliyetçiliği yenmenin bir diğer yöntemi de bir "süreç yönelimi" geliştirmektir. Bunun anlamı, bir şeyleri değerlendirirken temel olarak ele alınanın sonuçtan çok, süreç olduğudur. Pratiğime ilk başladığımda her seansta, her hastamla diğerlerinden iyi iş çıkarmak zorunda olduğumu hissetmiştim. Hastalarımın ve iş arkadaşlarımın benden bunu beklediklerini düşündüm. Bu yüzden de tüm gün boyunca çalıştım. Bir hastam seanstan yarar gördüğünü söylediğinde kendime başarılı olduğumu söyledim ve kendimi dünyanın en mutlu insanı hissettim. Aksine, bir

hastamdan o seansla ilgili olumsuz bir tepki aldığımda kendimi kötü hissettim ve başarısız olduğumu düşündüm.

Bu etki beni yordu ve arkadaşım Dr. Beck'le sorunumu gözden geçirdim. Yorumları benim için çok yararlı oldu. Sizlere de onları aktaracağım. Her gün arabayı şehir merkezine sürmek gibi bir işim olduğunu hayal etmemi önerdi. Bazı günler hep yeşil ışıklara rastlayıp gideceğim yere hızlı varıyordum. Bazı günlerse kırmızı ışıklara ve trafik sıkışıklığına denk geliyor ve gecikiyordum. Araç sürme becerim her gün aynıydı. Pekiyi, neden yaptığım işten her gün aynı tatmini almayayım?

Herhangi bir hastayla mükemmel iş çıkartmayı reddederek durumlara yeni bir bakış açısı getirmemi önerdi. Bunun yerine, hastanın tepkilerini dikkate almaksızın her seansta iyi ve tutarlı bir çaba göstermeyi hedefleyebildim ve böylece sürekli olarak yüzde yüz başarıyı garantilemiş oldum.

Bir öğrenci olarak nasıl süreç hedefleri belirleyebilirsiniz? 1) Derslere katılmak, 2) Dikkatli olmak ve not almak, 3) Uygun sorular sormak, 4) Her gün belirli bir süre dersler arasında çalışmak, 5) İki, üç haftada bir ders notlarını gözden geçirmek gibi hedefler belirleyebilirsiniz. Tüm bu süreçler sizin kontrolünüzdedir ve böylece de başarıyı garantileyebilirsiniz. Aksine, sonuçta alacağınız not kontrolünüz altında değildir. Profesörünüzün o gün nasıl hissettiğine, diğer öğrencilerin ne kadar iyi yaptıklarına ve çan eğrisinin nasıl oluştuğu gibi etkenlere dayanır.

Bir işe başvururken nasıl hedef belirlersiniz? 1) Kendine güvenen, iyi görünen bir tarzda giyinin, 2) Bilgili bir arkadaşınızın düzelttiği ve profesyonel olarak yazılmış özgeçmişinizi hazırlayın, 3) Görüşme sırasında olası işvereninize bir iki iltifatta bulunun, 4) Şirkete ilginizi gösterin ve işvereninizi bu konuda konuşmaya teşvik edin, 5) Olası işvereniniz size işinden söz ederse olumlu bir şeyler söyleyin, 6) Görüşen kişi sizinle ilgili eleştirel veya olumsuz bir yorum yaparsa Bölüm 6'da anlatılan silahsızlandırma tekniğini kullanarak onunla hemfikir olun.

Örneğin, bu kitabın olası yayımcısıyla yaptığım görüşmede, editörün çok az olumlu, çok sayıda olumsuz tepki gösterdiğini fark ettim. Potansiyel olarak zor tartışmalarda suların bulanık akmaması için silahsızlandırma tekniğinin iyi bir yöntem olduğunu buldum. Örneğin,

Editör X: Dr. Burns, kaygılarımdan biri, şimdi ve burada koşulunda gelişen semptomatik ilerleme üzerindeki vurguyla ilgilidir. Depresyonların nedenlerini ve kaynaklarını gözden kaçırmıyor musunuz?

(Bu kitabın ilk kopyasında depresyona yol açan sessiz varsayımlarla ilgili çok sayıda bölüm yazdım; ancak, editör bunlardan yeterince etkilenmemişti veya bunları okumamıştı. Savunmacı tarzda karşı saldırıya geçme seçeneğim vardı ancak bu seçenek editörle beni farklı kutuplara çekecek ve o da savunmacı bir tarz benimseyecekti. Bunun yerine, onu aşağıdaki şekilde silahsızlandırmayı tercih ettim.)

David: Harika bir öneri, tamamen haklısınız. Kopya üzerinde ödevinizi yaptığınızı görüyorum ve fikirlerinizi takdir ediyorum. Okuyucular depresyona girme nedenlerini daha fazla öğrenmek isteyeceklerdir. Bu onların ileride depresyona girmelerine engel olabilir. Sessiz varsayımlarla ilgili kısmı genişletmeme ve "Kökendeki Nedenlere İnmek" olarak adlandırabileceğimiz bir başlıkla yeni bir bölüm olarak yazmama ne dersiniz?

Editör: Mükemmel görünüyor!

David: Kitaba karşı diğer olumsuz tepkileriniz neler? Sizden olabildiğince çok şey öğrenmek isterim.

Sonrasında da, her eleştiriyle hemfikir olmanın bir yolunu bulmaya ve Editör X'i her önerisi için övmeye devam ettim. Bunlar samimiyetsiz şeyler değildi; çünkü, popüler yazımda acemiydim. Editör X bana kılavuzluk edebilecek çok yetenekli birisiydi. Uzlaşmacı tarzım, ona saygı duyduğum konusunda netleşmesini sağladı ve üretken bir iş ilişkimiz olabileceğine inandı.

Editör benimle görüştüğünde, uzlaşmacı bir süreç yerine sonuca sabitlendiğimi varsayalım. Gerilirdim ve tek bir şeyle, onun kitabımla ilgili bir teklifte bulunup bulunmayacağını düşünmekle aşırı meşgul olurdum. Onun her eleştirisini bir tehdit olarak algılardım ve tüm bu kişiler arası süreç hiç de hoş olmayan bir noktaya gelirdi.

Bir işe başvururken hedefiniz o işi almak olmasın - özellikle de o işi istiyorsanız! Sonuç, başvuranların sayısı, onların nitelikleri, patronun kızını kimin tanıdığı gibi pek çok kontrolünüz dışındaki faktöre dayanır. Gerçekte, olabildiğince çok red cevabı almayı denemekle daha iyi yaparsınız. Mesleğinizde sizin için uygun bir iş teklifi alabilmek için ortalama on, on beş görüşmenin (son zamanlarda iş arayan tanıdığım kişiler için tipik bir ortalama) gerekli olduğunu varsayalım. Bunun anlamı istediğiniz işi alabilmek için dokuz ile on dört yer tarafından red cevabı almak durumunda olduğunuz! Her sabah "Bugün olabildiğince çok red cevabı alayım." ve her red cevabını aldığınızda "Başarıyla reddedildim. Hedefime bir adım daha yaklaştım." diyebilirsiniz.

8. Mükemmeliyetçiliği yenmenin bir başka yolu da, bir hafta içindeki tüm etkinlikleriniz için kesin zaman sınırları koyarak yaşamınızla ilgili sorumluluğunuzu üzerinize almanızdır. Bu, bakış açınızı değiştirmenize yardımcı olacaktır. Böylece yaşamın akışına odaklanabilir ve keyif alabilirsiniz.

Mükemmeliyetçi iseniz, bir şeyi eksiksiz yapmak konusunda o kadar ısrarcısınızdır ki, onu ertelemeye başlarsınız. Mutluluğun sırrı, bunları başarmak için alçakgönüllü hedefler belirlemektir. Sefaleti istiyorsanız, mükemmeliyetçiliğinize ve erteleyiciliğinize yapışın. Değişmek istiyorsanız sabahları gününüzü planlayın ve her etkinlik için ayıracağınız zamana karar verin. Belirlediğiniz zamanın sonunda durun, bitirip bitirmediğinize bakın ve bir sonraki projenize geçin. Piyano çalıyorsanız ve saatlerce çalmaya ya da hiç çalmamaya niyetliyseniz günde sadece bir saat çalmaya karar verin. Böylece tatmininiz ve elde ettiğiniz sonuç fazlasıyla artacaktır.

9. Hata yapmaktan korktuğunuza bahse girerim! Hata yapmakla ilgili bu kadar korkunç olan şey nedir? Yanlış yaparsanız dünyanın sonu mu gelir? Yanlış yapmaya dayanamayan bir adam gösterin bana, ben de size risk almaktan korkan ve gelişme kapasitesinden vazgeçen birini göstereceğim. Mükemmeliyetçilikle savaşmanın güçlü bir yöntemi, hata yapmayı öğrenmektir.

İşte, bunu nasıl yapacağınız! Mükemmel olmaya çalışmanın veya hata yapmaktan korkmanın ne kadar mantıksız ve kendine zarar veren bir durum olduğunu belirten bir yazı yazın. Aşağıdaki yazıyı daha önce sözünü ettiğimiz öğrenci, Jennifer yazmıştır:

Hata Yapabilir Olmak Neden Bu Kadar Büyük Bir İş

a. Hata yapmaktan korkuyorum; çünkü, her şeye kesin ve mükemmelci bir açıdan yaklaşıyorum - bir hatayla her şey mahvolabilir. Bu yanlış! Küçük bir hata tümden iyi olan bir şeyi bozamaz.

b.Hata yapmak iyi bir şeydir; çünkü, böylece öğrenebiliriz. Aslında, hata yapmadan öğrenemeyiz. Hiç kimse hata yapmanın önüne geçemez. Bu durum nasıl olsa olacaksa, bu durumu kabullenebilir ve bu durumdan bir şeyler öğrenebiliriz.

c.Hatalarımızı tanımak, davranışlarımızı düzenlememize neden olur; böylece, daha memnun kalabileceğimiz sonuçlara ulaşırız - hatalarımızın bizi daha fazla mutlu eden ve işlerin daha iyiye gitmesine neden olan araçlar olduğunu söyleyebiliriz.

d.Hata yapmaktan korkarsak paralize oluruz. Hata yapabileceğimiz (ve olasılıkla yapacağımız) düşüncesiyle bir şey yapmaya veya denemeye korkarız. Hata yapmamak için etkinliklerimizi kısıtlarsak kendimizi gerçekten de savunamayız. Daha çok denedikçe daha fazla hata yapar, daha hızlı öğrenir ve sonuçta daha mutlu oluruz.

e.Çoğu insan hata yaptığımız için bizden hoşlanmaz veya bize deli gözüyle bakar durumda değildir. Onlar da hata yapar ve çoğu insan etrafında dolaşan "mükemmel" insanlardan rahatsız olur.

f. Hata yaparsak ölmeyiz.

Böyle bir yazı sizin değişeceğinizi garanti etmemekle birlikte, doğru yönde bir başlangıç yapmanıza yardımcı olur. Jennifer yazısını yazdıktan bir hafta sonra çok büyük bir gelişme kaydetti. Yaptığı çalışmalar sonucunda büyük olup olmadığıyla ilgili sürekli takılıp kalmak yerine öğrenme üzerinde odaklanmanın daha yararlı olduğunu buldu. Sonuç olarak, endişesi azaldı ve bir şeyleri yapabilme becerisi artmaya başladı. Bu gevşemiş, kendine güvenli ruh hali birinci sömestrin sonundaki final sınavına kadar sürdü - diğer sınıf arkadaşlarının çoğunun aşırı endişe duydukları dönem. "Mükemmel olmak zorunda olmadığımı fark ettim. Hata yapabilirim. Peki ne olur? Hatalarımdan öğrenebilirim! Öyleyse endişelenecek bir şey yok." Haklıydı!

Kendinize bu düzlemde bazı hatırlatıcı notlar yazın. Bir hata yaparsanız dünyanın sonunun gelmeyeceğini kendinize hatırlatın ve hatalarınızın potansiyel yararlarını ortaya koyun. Sonrasındaki iki hafta boyunca her sabah bu notu okuyun. Bu durum sizin insanlık yarışına katılmanıza yardımcı olacaktır diye düşünüyorum!

10. Mükemmeliyetçiğiniz sayesinde ulaşmadıklarınıza odaklanma konusunda kuşkusuz eşsizsinizdir. Yapamadığınız işleri seçip, yaptıklarınızı görmezden gelmek gibi kötü bir alışkanlığınız var. Yaşamınızı her hatanızı ve kusurunuzu kaydetmekle geçiriyorsunuz. Hiç merak etmeyin kendinizi yetersiz hissedersiniz! Birisi sizi böyle davran-

maya zorluyor mu? Böyle hissetmekten hoşlanıyor musunuz?

Bu saçma ve acı verici eğilimi tersine çevirmek için basit bir yöntem. Her gün doğru olarak yaptığınızı düşündüğünüz şeyleri sayacınızda tıklayın. Ne kadar puan biriktirdiğinizi görün. Bunun çok basit olduğunu ve bu nedenle de işe yaramayacağını düşünebilirsiniz. Böyleyse, iki hafta için bunu deneyin. Yaşamınızdaki olumlulara daha fazla odaklanmaya başlayacağınızı ve kendinizi daha iyi hissedeceğinizi keşfetmiş olacağınızı öngörüyorum. Basit görünüyor, çünkü basit! Ancak, işe yarıyorsa, kime ne?

11. Diğer bir işe yarayan yöntem ise, mükemmeliyetçiliğinize neden olan "hep ya da hiç" tarzı düşünmenizin saçmalığını ortaya koymaktır. Çevrenize bakın ve dünyada nelerin ya hep ya hiç kategorisinde değerlendirilebileceğini kendinize sorun. Çevrenizdeki duvarlar tamamen temiz mi? Ya da üstlerinde en azından biraz kir var mı? Tüm yazılarımda tam anlamıyla etkin miyim? Yoksa kısmen mi etkinim? Tabii ki, bu kitabın her paragrafı mükemmel ve soluk kesici değil. Her zaman tam anlamıyla sakin ve güvenli olabilen birisini tanıyor musunuz? En sevdiğiniz film yıldızı mükemmel derecede güzel mi?

Ya hep ya hiç tarzı düşünmenin sıklıkla gerçekle uyumlu olmadığını fark ettikten sonra gün boyunca ya hep ya hiç tarzı düşüncelerinize bir bakın ve bir tanesini yakaladığınızda geriye gidin ve bu düşüncenin üzerini kapatın. Daha iyi hissedeceksiniz. Farklı bireylerin ya hep ya hiç tarzı düşüncelerle nasıl savaştıklarını gösteren bazı örnekler Şekil 14-5'de görülmektedir.

Şekil 14-5 Hep ya da hiç tarzı düşüncelerinizi gerçekle daha uyumlu olanlarla nasıl değiştirebilirsiniz. Bu örnekler bir çok bireyin katkılarıyla oluşmuştur.

Ya hep ya hiç tarzı düşünme	**Gerçekçi düşünceler**
1- Ne berbat bir gün!	1- Bazı kötü şeyler oldu, ancak her şey bir felaket değil.
2- Yaptığım yemek berbat oldu.	2- Yaptığım en iyi yemek değil; ancak, idare eder.
3- Çok yaşlıyım.	3- Yaşlıysam ne olmuş? Eğlenmek için çok mu yaşlıyım? Hayır. Ara sıra seks için mi çok yaşlıyım? Hayır. Arkadaşlarla eğlenmek için mi çok yaşlıyım? Hayır. Sevmek ve sevilmek için mi çok yaşlıyım? Hayır. Müzik dinlemek için mi çok yaşlıyım? Hayır. Üretken işler çıkarmak için mi çok yaşlıyım? Hayır. Öyleyse ne için çok yaşlıyım? Gerçekten hiç anlamı yok!
4- Kimse beni sevmiyor.	4- Saçma. Pek çok arkadaşım ve ailem var. İstediğim zaman istediğim kadar sevgi alamayabilirim, ancak bununla ilgili çalışabilirim.
5- Başarısız biriyim.	5- Bazı şeyleri başardım, bazılarını başaramadım, diğer insanlar gibi.
6- Kariyerim tepetaklak gidiyor.	6- Gençliğimdeki kadar çok çalışamam. Halen çalışıyorum, üretiyorum, yaratıyorum, öyleyse neden keyif almayayım?
7- Dersim bir fiyaskoydu!	7- Verdiğim en iyi ders değildi. Aslında ortalamanın altındaydım. Bazı noktaları anladım ve sonraki derslerimi geliştirmek için çalışabilirim. Derslerimin yarısı vasatın altında, yarısı üstünde olacak!
8- Erkek arkadaşım beni beğenmiyor?	8- Beni neye göre yeterince beğenmiyor? Benimle evlenmek istemiyor olabilir; ancak, benimle dışarı çıktığına göre beni kısmen beğeniyor olmalı.

12. Mükemmeliyetçilikle savaşmanın bir diğer yöntemi de, kendini açmaktır. Bir durumda kendinizi gergin veya yetersiz hissediyorsanız bunu insanlarla paylaşın.

Yetersiz olarak yaptığınızı hissettiğiniz şeylerin üstünü kapamak yerine onların üzerinde durun. İnsanlara bunları geliştirmek için önerilerini sorun ve sizi mükemmel olmadığınız için reddedeceklerse bunu yapmalarına izin verin. Ne yapacağınızı bilemediğiniz durumlarda etrafınızdakilere hata yaptığınızda sizi daha aşağı görüp görmediklerini sorun.

Böyle yaparsanız, insanların mükemmel olmayışınızla ilgili olarak sizi aşağı görebilme olasılığıyla baş etmeye hazırlıklı olun. Bir grup terapistle yürüttüğüm bir eğitim seansı sırasında böyle bir şey başıma geldi. Zor ve insanları idare etmeye çalışan bir hastama karşı öfkeli bir tepki vererek, bir hatama işaret etmiştim. Zayıf yanımı duyduktan sonra beni daha aşağı gören bir terapist olup olmadığını sordum. Birisi olumlu yanıt verdiğinde şaşırdım ve aşağıdaki konuşma gerçekleşti:

Terapist (seyircilerden): İki düşüncem var. Bir düşüncem olumlu. Grup önünde hatanıza işaret edebilme riskini göze aldığınız için sizi takdir ediyorum; çünkü, ben böyle bir şey yapmaya korkardım. Bunu yapmanın sizin açınızdan cesaret gerektirdiğini düşünüyorum. Ancak, sizinle ilgili olarak iki yanlı düşündüğümü itiraf ediyorum. Gerçekçi olarak, hatalar yapabileceğinizi biliyorum; ancak, hayal kırıklığına uğradım. Tüm dürüstlüğümle, böyle hissettim.

David: Hastayla nasıl baş edeceğimi bilirim; ancak, öfkeme o kadar yenildim ki o anda daldım ve o şekilde davrandım. Bu işi iyi halledemediğimi itiraf ediyorum.

Terapist: Bu kadar yıldır her hafta bu kadar hasta görme bağlamında, bunun gibi bir büyük hata yaparsanız bu dünyayı sarsmaz. Bu, onu öldürmez veya bir zarar vermez ancak itiraf etmeliyim ki, kendimi hayal kırıklığına uğramış hissediyorum.

David: Bu nadir yapılan bir hata değildir. Tüm terapistlerin her gün böyle büyük hatalar yaptığına inanıyorum. Açık veya gizli hatalar. En azından ben yaparım. Buna ne diyeceksiniz? Hastayla etkin biçimde uğraşamadığım için hayal kırıklığına uğramış gibi görünüyorsunuz.

Terapist: Evet, öyle. Aşağı yukarı hastaların her söylediğine karşı bir yol bulabilecek genişlikte bir davranış repertuarınız olduğunu düşünmüştüm.

David: Bu doğru değil. Bazen zor durumlarda söyleyebilecek yararlı şeyler bulabiliyorum, bazen de, istediğim kadar etkin olamıyorum. Öğrenecek daha çok şeyim var. Şimdi, bu bilgiye dayanarak beni aşağı görüyor musunuz?

Terapist: Evet, görüyorum. Bunu söylemeliyim. Çünkü, şimdi sizi üzebilecek, ancak basit çatışmaların olduğunu görebiliyorum. Duyarlılıklarınızı göstermeksizin bunlarla baş edemeyebilirsiniz.

David: Bu doğru. En azından bu sefer iyi baş edemedim. Çabamı arttırmam ve bir terapist olarak gelişmem gereken bir alan bu.

Terapist: En azından bu vakada ve sanırım ki bazı diğer vakalarda da yapabildiğinizi düşündüğüm gibi baş etmeniz olanaklı olmuyor.

David: Sanırım bu doğru. Ancak, soru şu ki, neden mükemmel olmadığım için beni aşağı görüyorsunuz? Neden bana tepeden bakıyorsunuz? Bu durum, beni sizden daha mı az insan kılıyor?

Terapist: Şimdi her şeyi abartıyorsunuz. İnsan olarak daha az değerli olduğunuzu hissetmiyorum. Ancak, diğer taraftan düşündüğüm kadar iyi terapist değilmişsiniz.

David: Bu doğru. Bu nedenle beni daha aşağı mı görüyorsunuz?

Terapist: Terapist olarak mı?

David: Terapist olarak veya insan olarak? Beni aşağı görüyor musunuz?

Terapist: Sanırım, görüyorum.

David: Neden?

Terapist: Bu nasıl söylenir bilemiyorum. Terapistlik sizin için birincil olarak tanıdığım rol. Mükemmel olmadığınızı görmek beni hayal kırıklığına uğrattı. Sizinle ilgili büyük beklentilerim vardı. Belki de, yaşamınızın diğer alanlarında daha iyisinizdir.

David: Sizi hayal kırıklığına uğratmaktan nefret ediyorum; ancak, yaşamımın diğer alanlarında daha da az mükemmel olduğumu keşfedeceksiniz. Beni terapist olarak aşağı görüyorsanız, beni insan olarak daha aşağı göreceğinizi düşünüyorum.

Terapist: Sizi bir insan olarak da daha aşağı görüyorum. Bu, tam da sizin için hissettiklerimin tanımı.

David: Sizin mükemmel standartlarınıza uygun olmadığım için neden benim daha aşağı olduğumu düşünüyorsunuz ki? Ben bir insanım, robot değil.

Terapist: Bu soruyu anladığıma emin değilim. İnsanları performanslarına göre yargılarım. Siz aptalca davrandınız, bu nedenle de sizi olumsuz olarak yargıladığım gerçeğiyle yüzleşmelisiniz. Zor olabilir, ancak gerçek bu. Öğretmenimiz olarak daha iyi performans göstermeniz gerektiğini düşündüm. Sizden daha fazla şey bekledim. Bu hastayla sizin baş ettiğinizden daha iyi baş edebilirmişim gibi geliyor!

David: O gün, o hastayla benden daha iyi baş edebileceğinizi düşünüyorum. Bu alan sizden bir şeyler öğrenebileceğimi düşündüğüm bir alan. Peki, bunun için neden beni aşağı görüyorsunuz? Her hata yaptığımda hayal kırıklığına uğrayacak ve bana karşı saygınızı yitirecekseniz, yakında tam bir perişanlık yaşayacaksınız. Doğduğum günden beri her gün çeşitli hatalar yaptığım için bana saygı duymayacaksınız. Tüm bu rahatsızlığı istiyor musunuz? Arkadaşlığımızı sürdürmek ve keyif almak istiyorsanız,ve umarım da öyle olur, benim mükemmel olmadığımı kabul etmek zorundasınız. Belki de yaptığım hataları arıyor ve bana göstermeye çalışıyorsunuz. Öyleyse, size öğretirken sizden de öğrenebilirim. Hata yapmazsam gelişme kapasitemin büyük kısmını kaybederim. Hatalarımı tanımak ve düzeltmek ve onlardan öğrenmek en büyük kazançlarımdan biridir. İnsan olduğumu ve mükemmel olmadığımı kabul edebilirseniz kendinizinkileri de kabul edebilirsiniz belki. Hata yapmanın kendiniz için de kabul edilebilir bir durum olduğunu hissetmek isteyebilirsiniz.

Bu tip bir diyalog kendinizi eleştirilmiş hissetme olasılığınızı geçiştirir. Kendinize hata yapma hakkı tanımanız sizi paradoksal olarak daha büyük bir insan yapacaktır. Diğer kişi kendini hayal kırıklığına uğramış hissederse size insan ötesi, gerçekçi olmayan beklentiler yükleyerek asıl hatayı kendisi yapmıştır. Bu aptalca beklentilerin alıcısı olmazsanız, ne aptalca bir şey yaptığınızda kızacak veya savunmaya geçeceksiniz, ne de utanacaksınız. Seçim çok net! Ya mükemmel olmayı deneyip kendinizi berbat hissedeceksiniz ya da insan olmayı, mükemmel olmamayı ve yaşamınızı kolaylaştırmayı amaç edineceksiniz. Hangisini seçiyorsunuz?

13. Diğer bir yöntem ise, gerçekten mutlu olduğunuz bir ana zihinsel olarak odaklanmaktır. Aklınıza neyin hayali geliyor? Benim aklıma, lise öğrencisiyken bir yaz tatilinde Havasupai kanyonuna tırmandığım geliyor. Bu kanyon, Büyük Kanyon'un yalıtılmış bir parçasıdır ve uzun yürüyüşler yapmak veya at kiralamak zorundasınızdır. Bir arkadaşımla gitmiştim. Havasupai, bir Kızılderili ismi olup, "mavi-yeşil su insanları" demektir ve çöle akan turkuaz bir nehrin adıdır. Dar kanyonu millerce uzun verimli bir cennete dönüştürür. Sonunda Kolorado Nehri'ne kavuşur. Metrelerce yüksekliğinde şelaleler bulunur ve her birinin dibine suyun içindeki yeşil kimyasal madde çöker ve nehrin dibi ve kenarları düzgün ve cilalı gibi görünür, tıpkı turkuaz rengi bir yüzme havuzu gibidir. Kavak ağaçları ve borazana benzeyen mor çiçekleriyle tatulalar nehir

boyunca uzanırlar. Burada yaşayan Kızılderililer yumuşakbaşlı ve arkadaş canlısı kişilerdir. Bu anı bana çok büyük mutluluk verir. Belki sizin de benzer mutlu anılarınız vardır. Şimdi kendinize sorun. Bu deneyimle ilgili mükemmel olan neydi? Benim durumumda, hiç bir şey! Etrafta tuvalet yoktu, dışarıda uyku tulumları içinde uyuduk. Yürüyüşüm, yüzmem, hiç bir şey mükemmel değildi. Uzak olduğu için köylerin pek çoğunda elektrik yoktu. Dükkanlarda var olan tek yiyecek konserve fasulye ve meyva kokteyliydi. Ne et vardı, ne de sebze. Bir günlük yürüyüş ve yüzme sonrası bu yemek pek de güzel gelmişti. Kimin mükemmele gereksinimi vardı ki?

Böyle mutlu bir anıyı nasıl kullanabilirsiniz? Keyif veren bir yaşantınız olduğunda, dışarıda yemek yemek, yolculuğa çıkmak, sinemaya gitmek gibi, bu deneyimi, herşeyin umduğunuz gibi gitmediği fikrini icat ederek ve kendinize olasılıkla eğlenmeyeceğinizi söyleyerek gereksiz biçimde tatsız hale getirebilirsiniz. Bu bir uydurmaca ve sizi üzen şey beklentileriniz. Motelin yatağının topak topak olduğunu ve oda için elli altı dolar ödediğinizi varsayalım. Resepsiyonu aradınız, başka yatakları veya odaları olmadığını öğrendiniz. Berbat bir durum! Mükemmeli talep ederek sorunu ikiye katlayabilir veya hokkabazlık yaparak "mutlu ve mükemmel olmayan" bir anı yaratabilirsiniz. Kamp yaptığınız, toprak zeminde yatıp da bunları sevdiğiniz zamanı hatırlayın. Seçiminizi öyle yaparsanız bu motel odasında da iyi vakit geçirebilirsiniz! Yine, bu size bağlı.

14. Mükemmeliyetçiliği yenmek için diğer bir yöntem ise "açgözlülük tekniği"dir. Çoğumuzun mükemmel olmaya çalıştığı ve böylece yaşamda yol aldığı gibi basit bir gerçeğe dayanır. Standartlarınız daha aşağı olduğunda, daha başarılı sonuç almak gibi bir durumla karşılaşmamış olabilirsiniz. Örneğin, akademik kariyerime başladığımda yayınladığım ilk araştırma yazımı yazabilmek için iki yıl harcadım. Muhteşem bir üründü ve halen onunla çok gurur

duyuyorum. Ancak, aynı zaman sürecinde, benimle aynı zekada arkadaşlarımın çok sayıda yazı yazıp yayınladığını gözledim. Kendime sordum. Doksan sekiz birim muhteşemlikte bir yazı mı, her biri sadece seksen birim muhteşemlik değerinde on yazı mı? İkinci durumda 800 birim muhteşemlik kazanıyordum ve oyunda öne geçiyordum. Bunu kavramak benim için güçlü bir ikna aracı oldu ve standartlarımı biraz olsun indirmeye karar verdim. Üretkenliğim ve tatmin olma düzeyim dramatik olarak arttı.

Bu, sizin için nasıl işe yarayabilir? Elinizde bir konu olduğunu ve yavaş ilerlediğinizi gözlemlediğinizi varsayalım. Geri dönüşleri azaltma noktasına ulaştığınızı ve bir sonraki konuya geçmenin sizin için daha iyi olacağını fark etmiş olabilirsiniz. Deri değiştirmenizi savunmuyorum; ancak, stres yaratan tek bir şaheserdense çok sayıda iyi, somut performansla memnun olmak anlamında eşit olacağınızı görebileceksiniz.

15. İşte son yaklaşım. Basit bir mantığı var. Dayanak noktası tek: tüm insanlar hata yapar. Katılıyor musunuz? Tamam, şimdi söyleyin bana: Siz nesiniz? Bir insanım mı diyorsunuz? Tamam. Şimdi, ne geliyor? Tabii ki, hata yapacaksınız ve yapmalısınız! Hata yaptığınız için kendinizi her kötülediğinizde kendinize şunu söyleyin: "Hata yapmam gerekiyor; çünkü, ben bir insanım!" ya da "Benim hangi insani yanım hata yaptı?"

Ek olarak, kendinize sorun "Hatalarımdan ne öğrenebilirim? Bundan bana bir iyilik gelebilir mi?" Deneme olarak yaptığınız bir hatayı düşünün ve ondan öğrendiğiniz herşeyi yazın. En iyi şeylerden bazıları hata yaparak ve onlardan öğrenilerek öğrenilebilir. Konuşmayı, yürümeyi ve yaptığınız herşeyi böyle öğrendiniz. Bu tarz bir büyümeden vazgeçmeye niyetli misiniz? Mükemmel olmayan yanlarınızın ve aptallıklarınızın en büyük servetlerinizden biri olduğunu söyleyecek kadar ileri gidebilirsiniz. Onları sevin! Hatalı olma becerinizden hiç vazgeçmeyin; çünkü, aksi halde ilerleme yeteneğinizi yitirebilirsiniz. Aslında, mükemmel olmanın nasıl bir şey olduğunu düşünün. Öğrenecek hiç bir şey yok, gelişmek için bir yol yok ve yaşam mücadeleden tamamen yoksun ve bazı şeyleri yönetmekten dolayı duyduğunuz tatmin sürekli bir uğraş gerektiriyor. Yaşamınızın geri kalan bölümünde çocuk bahçesine gitmek gibi bir şey. Tüm cevapları biliyorsunuz ve her oyunu kazanıyorsunuz. Her projenizin başarısı garanti; çünkü, her şeyi doğru yapıyorsunuz. İnsanların konuşması size hiç bir şey getirmiyor; çünkü, siz zaten onları biliyorsunuz. Ve her şeyden önemlisi hiç kimse sizi sevemez ve sizinle ilişkiye giremez. Mükemmel ve her şeyi bilen birine sevgi hissetmek olanaksızdır. Kulağa yalnız, sıkıcı ve berbat gelmiyor mu? Halen mükemmeli istediğinize emin misiniz?

V

UMUTSUZLUK VE İNTİHARI YENMEK

Bölüm 15

Büyük Zafer: Yaşamayı Seçmek

Dr.Aaron Beck hafif depresyonlu hastaların yaklaşık üçte birinde, ağır depresyonlu hastaların ise yaklaşık dörtte üçünde intihar eğilimi bulunduğunu saptamıştır. Depresyondaki hastaların neredeyse yüzde beşinin intihar neticesinde öldüğü belirlenmiştir. Bu, genel nüfustaki intihar oranının yaklaşık yirmibeş katıdır. Aslında, depresif bir hasta öldüğünde, altıda bir ihtimalle ölüm nedeni intihardır.

Hiçbir yaş grubu, sosyal ya da mesleki grup intihardan muaf değildir. Kendini öldürmüş ünlü isimleri düşünün. Oldukça şok edici ve garip, ama intihar çok gençlerde de hiç de az değildir. Filadelfiya'daki kasaba okullarından birindeki yedinci ve sekizinci sınıf öğrencileri arasında yapılan araştırmada, gençlerin üçte birinin ağır depresyonda oldukları ve intiharı düşündükleri ortaya çıkmıştır. Annesinden ayrı kalan bebeklerde bile sağlıklarının bozulması, ve hatta kendilerini aç bırakarak ölmeleri şeklinde depresif belirtiler görülmüştür.

Sizi fazla bunaltmadan, madalyonun olumlu yüzünü de açıklayayım. Birincisi, intihar gereksizdir. Bu dürtü, bilişsel tekniklerle hızla yenilip yok edilebilir. Çalışmamızda, bilişsel terapi ya da antidepresan ilaçlarla tedavi edilen hastaların intihar eğilimleri büyük ölçüde azalmıştır. Bilişsel tedavi uygulanan hastaların çoğunda tedavinin ilk ya da ikinci haftasında hayata bakış açılarında bir düzelme olmuştur. Duygudurum çalkantılarına yatkın hastaların depresif ataklardan korunması, uzun vadede intihar dürtülerinin azalmasını da getirecektir.

Neden depresif hastalar bu kadar çok intiharı düşünürler ve bundan korunmak için ne yapılabilir? Aktif inithar eğilimli kişilerin düşünce tarzlarını incelerseniz anlayabilirsiniz. Yaygın ve kötümser bir bakış bütün düşüncelerine hakimdir. Hayat, kahrolası bir kabustan başka birşey değilmiş gibi düşünürler. Geçmişe baktıklarında tek hatırlayabildikleri, depresyon ve acı dolu zamanlarıdır.

Kendinizi melankolik hissettiğinizde, bazen o kadar karamsar olunur ki, hiçbir zaman mutlu olmadığınız ve olamayacağınız hissine kapılırsınız. Bir arkadaş ya da akraba, bu depresyon dönemleriniz dışında aslında oldukça mutlu olduğunuzu söylerse, yanıldığını ya da sizi neşelendirmeye çalıştığını düşünürsünüz. Bunun nedeni, depresyonda olduğunuzda geçmişe ait anılarınızı çarpıtmanızdır. Mutluluk ve neşe dolu bir anınızı aklınıza getiremediğiniz için, hiç olmadıkları gibi yanlış bir sonuca varırsınız. Eğer birisi mutlu olduğunuz anlar olduğunda ısrar ederse, genç bir hastanın geçen gün ofisimde yaptığı gibi tepki verebilirsiniz, "Hayatımın o kısmı sayılmaz. Mutluluk bir çeşit yanılsamadır. Ben aslında depresif ve yetersizim. Eğer mutlu olduğumu düşünmüşsem kendimi kandırmışım."

Ne kadar kötü hissetseniz de, işlerin sonunda düzeleceğine dair bir inancınız varsa, bu dayanılabilir olacaktır. İntihar etmek gibi kritik bir karar, duygu durumunuzun hiç bir zaman düzelemeyeceği gibi mantıksız bir inançtan kaynaklanır. Geleceğin sizin için yalnızca daha çok acı ve karmaşa taşıdığından eminsinizdir. Bazı depresif hastalar gibi, bu kötümser öngörünüzü size oldukça ikna edici görünen bir dolu veriyle destekleyebilirsiniz.

Kırk dokuz yaşında, depresif bir borsacı geçenlerde bana "Doktor, on yılda altı psikiyatrist tarafından tedavi edildim. Şok tedavileri, her çeşit antidepresan, yatıştırıcı ve diğer ilaçları aldım. Bunlara rağmen depresyonum bir an bile kalkmadı. İyileşmek için seksen bin dolardan fazla harcadım. Şimdi duygusal ve ekonomik olarak bitmiş durumdayım. Bütün doktorlar bana "Bunu yeneceksin. Başını dik tut." dediler. Ama şimdi anlıyorum ki bu gerçek değilmiş. Hepsi bana yalan söylediler. Ben bir savaşçıyım, çok savaştım. Ama yenildiğinizi anlamanız lazımdır. Kabul etmeliyim, ölsem daha iyi olurdu."

Araştırma çalışmaları ciddi bir intihar isteğinin belirmesinde en önemli faktörün gerçek dışı umutsuzluğunuz olduğunu göstermiştir. Bu çarpıtılmış düşünce yüzünden, kendinizi kaçışı olmayan bir tuzağa düşmüş hissedersiniz. Problemlerinizin çözümsüz olduğu sonucuna varırsınız. Acınız dayanılmaz ve hiç bitmeyecek gibi geldiğinden, çok yanlış bir şekilde intiharın tek kaçış yolunuz olduğunu düşünürsünüz.

Eğer geçmişte bu tip düşünceleriniz olduysa, ya da şimdi ciddi olarak böyle düşünüyorsanız, bu bölümün mesajını yüksek sesle ve net bir şekilde tekrar edeyim:

İNTİHARIN, PROBLEMİNİZİN TEK YA DA EN İYİ ÇÖZÜMÜ OLDUĞUNU DÜŞÜNÜYORSANIZ, YANILIYORSUNUZ.

Tekrar edeyim. *Yanılıyorsunuz*! Tuzağa düşmüş ve ümitsiz olduğunuzu hissettiğinizde, düşünceleriniz mantıksız, çarpıtılmış ve bozulmuştur. Kendinizi ne kadar inandırırsanız inandırın, hatta diğer insanları da ikna edin, depresif bir hastalık yüzünden intihar edilebileceği düşüncenizde tamamen hatalısınız. Bu, acınızın en mantıklı çözümü değildir. Bu durumu anlatacak ve intihar tuzağından çıkışı bulmaya yardımcı olacağım.

İntihar Eğilimlerinizi Ölçmek

İntihar eğilimi depresif olmayan hastalarda bile yaygınken, depresyondaysanız bu eğiliminiz her zaman tehlikeli bir belirti olarak dikkate alınmalıdır. En tehlikeli olan intihar dürtülerini belirlemeyi anlamanız önemlidir. 2. Bölüm'deki Burns Depresyon Ölçeği'nde 23, 24 ve 25. sorular intihar düşüncelerinizi ve dürtülerinizi sorgular. Eğer bu sorularda bir, iki, üç ya da dört işaretlediyseniz intihar fikirleri var demektir ve bunların ciddiyetini değerlendirmek gerekirse müdahale etmek çok önemlidir.

İntihar dürtüleriniz konusunda yapabileceğiniz en ciddi hata, bir danışmanla konuşurken bunları anlatmamanızdır. Birçok insan, onaylanmama ya da hakkında konuşmanın bile bir girişimi tetikleyebileceği korkusuyla intihar planlarından ya da isteklerinden konuşmaya çekinir. Bu bakış açısı yanlıştır. İntihar düşüncelerinizi profesyonel bir terapist ile konuşarak büyük oranda rahatlayacaksınız, ve onlardan kurtulmak için daha çok şansınız olacak.

Eğer gerçekten intihar düşünceleriniz varsa, kendinize bu düşünceleri ciddiye alıp almadığınızı sorun. Ölmüş olmayı dilediğiniz zamanlar oldu mu? Eğer yanıtınız evet ise, bu isteğiniz aktif mi pasif mi? Pasif ölüm isteği, ölmüş olmak isteğinizin var olduğu ancak bunu gerçekleştirecek adımları atmaya istekli olmadığınız demektir. Genç bir adam bana "Doktor, her gece yattığımda tanrıya beni kanserle uyandırması için dua ediyorum. Böylece huzur içinde ölebilirim, ailem de anlayacaktır." demişti.

Aktif ölüm isteği daha tehlikelidir. Eğer ciddi olarak bir intihar girişimi planlıyorsanız, şunları bilmek önemlidir: Bir metod düşündünüz mü? Bu metod nedir? Plan yaptınız mı? Ne çeşit hazırlıklar yaptınız? Genel bir kural olarak, planlarınız ne kadar somut ve iyi hazırlanmışsa, bir intihar girişiminde bulunmanız da o kadar muhtemeldir. Şimdi, profesyonel yardım alma zamanıdır.

Geçmişte hiç intihar girişiminde bulundunuz mu? Eğer öyleyse, herhangi bir intihar dürtüsünü yardım aramak için tehlike sinyali olarak almalısınız. Birçok insan için önceki girişimler intiharla flört ettikleri ancak seçtikleri metodda henüz ustalaşmadıkları birer ısınma hareketi gibidir. Kişinin geçmişte birçok kereler başrısız girişimlerde bulunmuş olması gelecekteki başarının riskinin artmış olduğunu gösterir. Başarısız intihar girişimlerinin basit işaretler ya da dikkat çekme yöntemleri olduğu ve ciddiye alınmaması gerektiği tehlikeli bir yanlış inançtır. Bugünkü tavır tüm intihar düşüncelerinin ve hareketlerinin ciddiye alınması yönündedir. İntihar düşünce ve hareketlerini yalnızca bir "yardım çağrısı" olarak nitelendirmek çok yanıltıcı olabilir. İntihara eğilimli birçok hasta *en az* yardım isteyenlerdir, çünkü durumlarının ümitsizliğinden ve yardımın mümkün olmadığından yüzde 100 emindirler. Bu mantık dışı inanıştan dolayı, gerçekten istedikleri şey ölümdür.

Umutuzluğunuzun derecesi, her an aktif bir intihar girişiminde bulunma ihtimalinizi değerlendirebilmek açısından çok önemlidir. Bu faktör, asıl intihar girişimleriyle diğerlerinden daha fazla ilgilidir. Kendinize sormalısınız: "Gerçekten iyileşmem için başka yol olmadığına inanıyor muyum? Bütün tedavi yöntemlerini tükettiğimi ve hiçbirşeyin iyi gelmeyeceğini mi hisediyorum? Acımın dayanılmaz olduğuna ve hiç bitmeyeceğine hiç şüphem kalmaksızın ikna olmuş muyum?" Eğer bu sorulara "evet" yanıtını verdiyseniz, o zaman ümitsizlik dereceniz yüksek, ve profesyonel tedavi *hemen* gerekiyor! Burada, öksürüğün zatürree belirtisi olduğu kadar, umutsuzluğun da depresyonun belirtisi olduğunu vurgulamak istiyorum. Aslında ümitsizlik hissi, bir öksürüğün zatürreeye teslim olmanız anlamına gelmesinden daha fazla, durumunuzun ümitsiz olduğunu göstermez. Sadece bir hastalıktan muzdarip olduğunuzu gösterir, bu da depresyondur. Bu his bir intihar girişiminde bulunmanız için neden değildir, ama ehil bir yardım arayışınıza girmeniz için açık bir sinyaldir. Yani, eğer ümitsiz hissediyorsanız yardım arayın! İntiharı bir dakika daha bile düşünmeyin!

Son önemli faktör, caydırıcılarla ilgilidir. Kendinize sorun: "Beni intihardan alıkoyan birşey var mı? Ailem, arkadaşlarım ya da dini inançlarım yüzünden mi kendimi engelliyorum?" Eğer caydırıcılarınız yoksa, bir intihar girişiminde bulunmanız daha da muhtemeldir.

ÖZET: İntihar eğilimliyseniz, bu dürtüleri, sağduyunuzu kullanarak değerlendirmeniz önemlidir. Aşağıdaki faktörler sizi yüksek risk grubuna sokar:

1. Şiddetli depresyondaysanız ve ümitsiz hissediyorsanız,
2. Geçmişte intihar girişimlerinde bulunduysanız,
3. İntihar için somut planlar ya da hazırlıklar yaptıysanız,
4. Sizi engelleyen caydırıcılarınız yoksa.

Eğer bu faktörlerden bir ya da birkaçı size uyuyorsa, profesyonel müdahale almanız ve acilen tedavi görmeniz gerekmektedir. Depresyondaki tüm kişilerde kendine yardım tutumunun önemine çok inansam da, hemen profesyonel danışmanlık almalısınız.

İntiharın Mantıksızlığı

Depresyondaki insanların intihar etmeye "hakkı" olduğunu düşünuyor musunuz? Bazı rehbersiz kişiler ve yeni başlayan terapistler bu konu hakkında fazlasıyla endişelenirler. Ümitsiz ve kendini öldürmekle tehdit eden kronik depresif bir hastaya yardımcı olmaya çalışıyorsanız, kendinize şunu sorabilirsiniz: "Saldırgan bir müdahalede mi bulunmalıyım, yoksa böyle sürmesine müsaade mi etmeliyim? Bu konuda bir insan olarak hakları nedir? Bu girişimi engellemekten sorumlu muyum ya da ona böyle devam edip kendi seçim hakkını kullanmasını mı söylemeliyim?"

Ben bunu asıl noktayı gözardı eden saçma ve acımasız bir durum olarak görüyorum. Asıl soru, depresif bir hastanın intihar etmeye hakkı olup olmadığı değil, bunu hesaplarken düşüncelerinde gerçekçi olup olmadığıdır. İntihar eğilimli bir kişiyle konuşurken, neden böyle hissettiğini bulmaya çalışırım. "Kendini öldürmek istemendeki güdün nedir? Hayatında çözümü mümkün olmayan hangi korkunç problem var?" diye sorabilirim. Sonra da bu kişinin intihar dürtüsünün ardındaki mantıksız gerçeği olabildiğince çabuk ortaya çıkarması için ona yardımcı olurum. Daha gerçekçi düşünmeye başladığında, ümitsizliğiniz ve hayatınıza son verme isteğiniz kaybolacak ve yaşama isteği duyacaksınız. Yani, ben bu kişilere ölüm değil mutluluk tavsiye ediyorum, ve bunu en çabuk nasıl başarabileceklerini gösteriyorum! Bunu nasıl yapılabildiğini görelim şimdi de.

Holly, bana NewYork'taki bir çocuk psikanalisti tarafından gönderilmiş 19 yaşında bir kadındı. Doktoru, on üç yaşlarında başlayan şiddetli depresyonunun başlangıcından beri analitik terapi ile tedavi çalışmasında başarısız olmuştu. Diğer doktorlar da ona yardım edememişlerdi. Depresyonu ebeveynlerinin ayrılıp, boşanmasıyla sonuçlanan bir aile çalkantısı sırasında başlamıştı.

Holly'nin kronik mutsuzluğu bir çok bilek kesme olayıyla sonuçlanmıştı. Ümitsizlik ve korku hissettiği zamanlarda, yalnızca etini yarıp derisinden akan kanı gördüğü zaman rahatladığını söylüyordu. Holly ile ilk karşılaştığımda, kolunda bu davranışını gösteren beyaz yara izleri gördüm. İntihar girişimi olmayan bu kendini yaralama çalışmaları dışında birçok kereler de kendini öldürmeye çalışmıştı.

Aldığı tüm tedaviye rağmen depresyonu düzelmiyordu. Bazen o kadar ciddileşiyordu ki hastaneye kaldırılıyordu. Bana gönderildiğinde Holly, birkaç aydır New York'taki bir hastanenin kapalı bir hücresinde kalıyordu. Gönderen doktor üç yıl daha sürekli hastanede kalmasını önermişti, ve Holly ile en azından yakın gelecekte, tedavisinde bir ilerleme sağlayabilme ihtimalinin zayıf olduğu konusunda fikir birliğine varmışlardı.

Aslında Holly zeki, konuşkan ve canayakındı. Hastaneye yattığı zamanlarda derslerine gidememesine rağmen okulda başarılıydı. Bazı dersleri okutmanların yardımıyla alması gerekmişti. Kimi yetişkin hastalar gibi, Holly'nin hayali de bir ruh sağlığı uzmanı olmaktı, ama bir önceki terapisti patlayıcı, dirençli duygusal problemleri yüzünden bunun gerçekçi olmadığını söylemişti. Bunu duymak da Holly için yıkıcı bir darbe olmuştu.

Liseden mezun olduktan sonra, Holly zamanının çoğunu ruh hastalıkları hastanesinde geçirmişti, çünkü ayakta terapi için fazla hasta ve kontrolsüz bulunmuştu. Babası, depresyon üzerine çalışmamızı duyunca, son bir çare olarak yardım için umutsuz bir şekilde Pensilvanya Üniversitesini aramıştı. Kızı için işe yarayabilecek bir tedavi alternatifi olup olmadığını öğrenmek için bir görüşme talep etmişti.

Benimle telefonla konuştuktan sonra, Holly'nin babası velayetini alarak, onu görebilmem ve tedavi seçeneklerini konuşabilmemiz için Filadelfiya'ya getirdi. Onları gördüğümde kişilikleri beklentilerimle ters düşmüştü. Baba, rahat ve iyi huylu bir adam, Holly de oldukça çekici, hoş ve işbirlikçi bir kişiydi.

Holly'e birçok psikolojik test uyguladım. BDÖ, şiddetli depresyon, diğer testler de umutsuzluk ve ciddi intihar eğilimi gösteriyordu. Holly bana açıkça söyledi: "Kendimi öldürmek istiyorum." Aile geçmişi bir çok akrabanın intihar girişiminde bulunduklarını, ikisinin başarılı olduğunu gösteriyordu. Holly'e neden kendini öldürmek istediğini sorduğumda, tembel bir insan olduğunu söyledi. Tembel olduğu için de değersiz olduğunu ve ölmeyi hakettiğini anlattı.

Bilişsel terapiye olumlu yanıt verip vermeyeceğini anlamak için dikkatini çekeceğini düşündüğüm bir teknik uyguladım. Biraz rol yapma oynamayı önerdim, ve mahkemede tartışan iki avukatı hayal etmesini istedim. Bu arada, babası da medikal yolsuzluk davalarında uzmanlaşmış bir avukattı! O zaman yeni bir terapist olmamdan dolayı, bu bilgi, böylesine zor bir vakayla başaçıkabilme konusundaki endişemi iyice arttırmıştı. Holly, jüriyi, kendisinin ölümü hakettiğine inandırmaya çalışan bir savcıyı oy-nayacaktı. Ben de, onun her yaptığı suçlamanın geçerliliğini sorgulamaya çalışan bir savcı rolündeydim.

Holly: Bu kişi için intihar hayattan kaçış olacaktır.

David: Bu iddia dünyadaki herkes için geçerli olabilir. Yalnız bu, ölmek için ikna edici bir neden değil.

Holly: Savcı, hastanın hayatının çok sefil olduğunu ve bir dakika daha dayanamayacağını söylemek istiyor.

David: Bu zamana kadar dayanmış, belki biraz daha dayanabilir. Geçmişte her zaman sefil değildi, gelecekte de hep böyle olacağına dair bir kanıt yok.

Holly: Savcı, kızın hayatının ailesine bir yük olduğunu belirtmek ister.

David: Savunma, intiharın bu sorunu çözmeyeceğini, çünkü intiharla ölümünün ailesi için daha yıkıcı bir darbe olacağını vurgulamak ister.

Holly: Ama o ben merkezci, tembel, değersiz, ve ölmeyi hak ediyor.

David: Nüfusun yüzde kaçı tembeldir?

Holly: Belki yüzde yirmisi...yok, sadece yüzde onu.

David: Bu da demektir ki yirmi milyon Amerikalı tembel. Savunma, onların bunun için ölmeleri gerekmediğini, ve hastanın ölüm için seçilmesinin bir nedeni olamayacağını belirtmek istiyor. Tembellik ve aldırmazlığın depresyonun belirtileri olduğunu düşünüyor musun?

Holly: Belki.

David: Savunma, kültürümüzde insanların, hastalığı zatürree, depresyon ya da başka hastalık da olsa ölüme mahkum edilmediğini ifade ediyor. Ayrıca, depresyon geçtiğinde tembellik kaybolabilir.

Holly bu oyuna dahil olmuş ve zevk almış görünüyordu. Bir dizi suçlamalar ve savunmalardan sonra, ölmesi için ikna edici bir sebep olmadığı ve herhangi mantıklı bir jürinin savunma lehine karar vereceğini kabul etti. Daha önemlisi, Holly kendisi hakkındaki olumsuz düşüncelerini sorgulamayı ve yanıtlamayı öğrenmişti. Bu süreç, Holly'e, yıllar sonra ilk kez hissettiği kısmi ama hızlı bir duygusal rahatlama getirmişti. "Bu hatırlayabildiğim kadarıyla kendimi en iyi hissettiğim an. Şimdi de aklıma bazı olumsuz düşünceler geliyor. Bu yeni metod hiç de göründüğü kadar işe yaramayabilir." Buna tepki olarak da tekrar yoğun bir depresyon hissetti. Onu, "Holly, savunma savcısı gerçek bir problem olmadığını belirtmek istiyor. Eğer terapi göründüğü kadar iyi değilse, bunu birkaç hafta içinde göreceksin, ve yine uzun dönem hastaneye yatma alternatifin olacak. Hiç bir şey kaybetmezsin. Dahası, terapi kısmen de olsa göründüğü kadar, muhtemelen de göründüğünden daha iyi olacaktır. Belki denemek istersin." Bu önerinin ardından, Holly tedavi için Filadelfiya'ya gelmeye karar verdi.

Holly'nin intihar isteği sadece bilişsel çarpıtmalarının bir sonucuydu. Hastalığının, uyuşukluk ve hayatla ilgisinin kesilmesi gibi belirtilerini gerçek kimliği ile karıştırmış ve kendini "tembel insan" olarak etiketlemişti. Holly insan olarak değerini başarısıyla özdeşleştirdiği için, değersiz olduğu ve ölmeyi hakettiği sonucuna varmıştı. Hiçbir zaman iyileşemeyeceğine ve ailesinin onsuz daha mutlu olacağına karar vermişti. Rahatsızlığını "Buna dayanamıyorum" diyerek arttırmıştı. Umutsuzluğu, falcılık yapma hatasının sonucuydu; mantıksızca, düzelemeyeceği kanısını edinmişti. Holly, sadece gerçek dışı düşüncelerin kıskacında olduğunu gördüğünde ani bir rahatlama hissetmişti. Bu gelişmeyi sürdürebilmek için, Holly olumsuz düşüncelerini sürekli olarak düzeltmeyi öğrenmeliydi ve bu çok çalışmayı gerektiriyordu. O kadar kolay pes etmeyecekti!

İlk görüşmemizin ardından, Holly, Filadelfiya'ya, bilişsel terapiye başlamak için haftada iki gün ziyarete gittiğim bir hastaneye transfer edildi. Hastanede dramatik duygu durum dalgalanmaları yaşadığı fırtınalı günler geçirdi, ancak beş hafta sonra taburcu edilmeyi başardı, ve onu yarı zamanlı yaz okulu öğrencisi olarak kayıt olmaya ikna ettim. Bir süre duygu durumu bir yoyo gibi salınmaya devam etti, ama genel olarak bir gelişme göstermişti. Bazen, bir kaç gün çok iyi hissettiğini bildiriyordu. Bu gerçek bir atılımdı, çünkü on üç yaşından beri hayatının ilk mutlu anlarıydı. Sonra aniden depresif durumuna geri dönüyordu. Böyle zamanlarda, aktif olarak intihar eğilimli oluyor ve beni hayatın yaşamaya değer olmadığına ikna etmek için elinden geleni yapıyordu. Birçok yetişkin gibi tüm insanlığa karşı bir kin besliyor, yaşamanın artık bir manası kalmadığında ısrar ediyordu.

Kendi değer duygusu hakkında olumsuz hissetmesinin yanısıra, Holly tüm dünya hakkında olumsuz ve yanılsama dolu bir görüş geliştirmişti. Kendisini sonsuz, tedavi edilemez bir depresyonun pençesinde görmesinin yanısıra, günümüzün birçok yetişkini gibi kişisel bir nihilizm teorisini özümsemişti. Nihilizm, kötümserliğin en uç halidir. Nihilizm, hiçbirşeyin bir gerçekliği ve anlamı olmadığı, *tüm* hayatın acı ve ızdırap dolu olduğuna inanmaktır. Holly gibi bir nihiliste, hayat acıdan başka hiçbirşey vaat etmez. O da kainattaki herkesin ve herşeyin özünün kötü ve felaket olduğuna ikna olmuştu. Yani, depresyonu, dünyada cehennemin yaşanmasıydı. Holly ölümü mümkün olan tek kurtuluş gibi görüyor ve ölmek için can atıyordu. Sürekli yaşamanın acımasızlığı ve sefaleti üzerine öfkeyle şikayet ediyordu. Hayatın her zaman ve tümüyle dayanılmaz ve bütün insanların bunu düzeltebilecek becerilerden mahrum olduğunda ısrar ediyordu.

Böylesine akıllı ve kararlı genç bir kadının düşüncelerinin nasıl saptırılmış olduğunu görmesini ve kabul etmesini sağlamak bu terapist için gerçek bir sınavdı! Aşağıdaki uzun diyalog, onun yoğun negatif tutumlarının yanısıra benim, onun mantıksız düşüncelerine müdahale edebilme çabalarımı anlatmaktadır:

Holly: Hayat yaşamaya değmez, çünkü dünyada iyiden çok kötü var.

David: Diyelim ki ben depresyondaki hastayım sen de benim terapistimsin. Sana bunu söylesem ne derdin?

(Holly'e karşı böyle bir manevra yapmamın nedeni, onun hayattaki hedefinin terapist olmak olduğunu bilmemdi. Bana mantıklı ve olumlu birşey söyleyeceğini düşünüyordum ama yanıtı beni alt etti.)

Holly: Seninle tartışamayacağımı söylerdim.

David: Yani ben senin depresyondaki hastan olsaydım ve hayatın yaşamaya değer olmadığını söyleseydim, bana camdan atlamamı mı tavsiye ederdin?

Holly: (Gülerek) Evet. Düşünüyorum da, yapılacak en iyi şey bu. Dünyada süregelen birçok olumsuzluğu düşündükçe, doğru olan bunlara gerçekten çok bozulmak ve depresyona girmek bence.

David: Ve bunun avantajları ne? Bu dünyadaki kötü şeyleri düzeltmene mi yardımcı oluyor?

Holly: Hayır. Onları zaten *düzeltemezsin*.

David: Dünyadaki *bütün* kötü şeyleri mi yoksa *bazı* kötü şeyleri mi düzeltemezsin?

Holly: Kayda değer bir düzeltme yapamazsın. Sanırım küçük şeyleri düzeltebilirsin. Bu kainatın tüm kötülüğünde bir çöküntü yaratamazsın.

David: Şimdi, her günün sonunda eve gittiğimde kendime bunu söyleseydim, gerçekten altüst olabilirdim. Yani, ya gün içinde yardım ettiğim insanları düşünüp iyi hissedeceğim, ya da asla görme ve yardım etme fırsatım olmayacak binlerce insanı düşünüp ümitsiz ve çaresiz hissedeceğim. Bu beni felç ederdi, ve bu da hiç avantajlı bir durum olmazdı. Peki, felçli olmak senin için bir avantaj olur muydu?

Holly: Pek olmazdı. Eee, bilmiyorum aslında.

David: Felçli olmayı seviyor musun?

Holly: Yok. Tamamen felçli olmadıkça yani!

David: Bu nasıl olurdu?

Holly: Ölmüş olurdum, bence böylesi daha iyi olurdu.

David: Ölmüş olmanın zevkli olduğunu mu düşünüyorsun?

Holly: Nasıl olduğunu bile bilmiyorum ki! Herhalde ölü olmak ve hiçbirşey hissedememek korkunç olsa gerek. Kimbilir?

David: Yani korkunç da olabilir, hiçbirşey de olmayabilir. Hiçbirşeye en yakın şey anestezide olduğun an. Sence bu zevkli mi?

Holly: Zevkli değil, ama zevksiz de değil.

David: Zevkli olmadığını kabul etmene sevindim. Ve haklısın, hiç bir şey hakkında zevkli olan birşey yok. Ama hayatta bazı zevk alınacak şeyler var.

(Bu noktada gerçekten bir iz bıraktığımı düşündüm. Ama Holly, yine hiçbirşeyin iyi olmadığına dair o ergen ısrarıyla, beni sollamaya ve dediğim herşeyi yalanlamaya çalıştı. Bu zıt gidişleri onunla çalışmamı mücadeleli ve bazen de birazdan fazla endişe verici bir hale getirdi.)

Holly: Ama görüyorsunuz, hayatta zevk alınacak o kadar az şey var ki! Ve bu azıcık şeye ulaşmak için de bir sürü uğraş veriyorsunuz ve bence buna değmez.

David: Kendini iyi hissettiğinde nasıl düşünüyorsun? O zaman da değmediğine inanıyor musun, yoksa sadece kötü hissettiğinde mi?

Holly: Neye odaklanmak istediğime bağlı, değil mi? Depresyona girmememin tek yolu dünyada beni depresyona sokan şeyleri düşünmemem. Doğru mu? Yani iyi hissettiğimde, güzel şeylere odaklanıyorum demektir? İyiden daha çok kötü olduğu için, sadece iyiye bakıp mutlu olmak sahtekarca ve düzmece, işte bu yüzden intihar yapılacak en iyi şey.

David:: Dünyada iki türlü kötü şey vardır. Birisi kötüymüş gibi olandır. Bu, düşüncelerimizle yarattığımız, bir hayal ürünü olan gerçek olmayan kötü.

Holly: (Keserek) Ama, gazeteyi okuduğumda, tecavüzler ve cinayetler görüyorum. Bu, gerçek kötüymüş gibi görünüyor.

David: Doğru. Bu benim gerçek kötü dediğim şey. Ama önce kötüymüş gibi olana bakalım.

Holly: Nasıl yani? Ne demek istiyorsunuz kötüymüş gibi demekle?

David: Senin hayatın güzel olmadığını söylemeni ele alalım. Bu ifade doğru olmayan bir abartma. Senin de belirttiğin gibi, hayatın iyi tarafları, kötü tarafları ve bir de ikisinin ortası var. Yani hayatın güzel olmadığını ya da herşeyin umutsuz olduğunu söylemen abartılı ve gerçek dışı! Öbür yandan, hayatta gerçek problemler var. İnsanların katledildiği ya da kansere yakalandıkları doğru, ama tecrübelerime göre bunlar baş edilebilir şeyler. Aslında, hayatında, belki de çözümüne katkıda bulunabileceğini düşündüğün bir probleme kendini adama kararı vereceksin. Ama orada bile, anlamlı yaklaşım, problemden bunalıp geriye yaslanarak sızlanmak değil, ona olumlu bir şekilde yaklaşmaktır.

Holly: İşte ben bunu yapıyorum. Yani rastladığım kötü şeylerden hemen bunalıp kendimi öldürmem gerektiğini düşünüyorum.

David: Tamam. Hiçbir problemin ve acının olmadığı bir evrende yaşamak güzel olurdu, ama o zaman da insanların gelişip bu problemleri çözme şansı olmazdı. Öyle günlerinden birinde, dünyadaki problemlerden birini alıp çözümüne katkıda bulunmak belki senin için de tatmin edici olacak.

Holly: Problemleri bu şekilde kullanmak adil değil.

David: Bunu neden test etmiyorsun? Kendin test edip doğruluğunu görmeden benim dediğim hiç bir şeye inanmanı istemem. Bunu test etmenin yolu işlerin içine girmek, derslere gitmek, işini yapmak ve insanlarla ilişki kurmak.

Holly: Bunu yapmaya başlıyorum zaten.

David: Bir süre nasıl gittiğine bakarsın, yaz okuluna gitmek ve bu dünyaya bir katkıda bulunmak, arkadaşlarla buluşmak, aktivitelere katılmak, yeterli notlar almak ve yapabildiklerinden başarı ve mutluluk hissetmek. Bunlar sana tatmin edici gelmeyebilir, ve "Hey, depresyon bundan iyiydi!", "Mutlu olmayı sevmiyorum" ya da "Hayata katılmayı sevmiyorum" diyebilirsin. Bunlar doğruysa, her zaman depresif ve umutsuz olma haline dönebilirsin. Senden hiçbişey almayacağım. Ama denemeden, mutluluğu yıkma. Bir bak. Hayatın, katılıp bir çaba sarfettiğinde nasıl olduğunu gör. O zaman göreceğiz, bakalım parçalar nasıl yerlerine oturuyor.

Holly, dünyanın güzel ve hayatın yaşamaya değer olmadığına dair yoğun inancının, olaylara kendi mantıksız bakışından kaynaklandığını farkederek kısmen de olsa bir duygusal rahatlama hissetti. Sadece olumsuzluklara odaklanma hatası yapıyor (zihinsel süzgeç) ve ısrarla dünyadaki olumlu şeylerin sayılmayacağını söylüyordu (olumluyu geçersiz kılmak). Sonuçta, herşeyin olumsuz olduğu ve hayatın yaşamaya değer olmadığı izlenimine kapılıyordu. Düşüncelerindeki bu hatayı düzeltmeyi öğrendikçe, biraz gelişme göstermeye başladı. İniş çıkışlar yaşamaya devam etmesine rağmen, duygusal sallantılarının sıklığı ve şiddeti zamanla azaldı. Yaz okulu çalışmalarında o kadar başarılıydı ki, sonbaharda en iyi Ivy Lig üniversitelerinden birine tam zamanlı öğrenci olarak kayıt oldu. Akademik başarı elde edecek kadar zekaya sahip olmadığı için sınıfta kalacağına dair kötümser tahminlerine rağmen, derslerinde kendisini de şaşırtan büyük başarılar elde etti. Yoğun olumsuzluğunu üretici aktiviteye çevirmeyi başardıkça, çok başarılı bir öğrenci oldu.

Holly ile bir seneden az süren haftalık seanslarımızın ardından yollarımız ayrıldı. Bir tartışmanın ortasında, ofisten fırladı, kapıyı çarptı, ve bir daha dönmemeye yemin etti. Belki de veda etmenin başka bir yolunu bilmiyordu.

Denemeye hazır olduğuna ve başarabileceğini hissettiğine inanıyorum. Belki de sonunda beni yenmeye çalışmaktan bıkmıştı, sonuçta ben de en az onun kadar inatçıydım! Beni, geçen günlerde nasıl olduğunu söylemek için aradı. Hala duygularıyla boğuştuğu zamanlar olsa da, şimdi son sınıfta ve sınıfın birincisi. Mesleğinde kariyer sahibi olması için yüksek lisansa devamı da kesin gibi. Tanrı seni korusun Holly!

Holly'nin düşünceleri intihar dürtülerine sürükleyebilecek zihinsel tuzakların birçoğunu temsil ediyor. İntihar eğilimli hastaların neredeyse tamamının ortak noktası ümitsizlik ve çözülemeyecek bir ikilemde kaldıklarına olan inançları. Düşüncelerinizdeki çarpıtmaları ortaya çıkardığınızda gerçek bir duygusal rahatlama hissedeceksiniz. Bu size bir umut ışığı verebilir ve tehlikeli bir intihar girişiminden kaçınmanıza yardımcı olabilir. Ayrıca, duygusal rahatlama, hayatınızda daha ciddi değişiklikler yapmanız için nefes alma fırsatı verecektir.

Holly gibi çalkantılı bir ergenle kendinizi özdeşleştirmeniz zor olabilir, o yüzden bir de intihara yönelik düşüncelerin ve girişimlerin bir başka, daha yaygın nedenine bakalım, bizi orta ya da ileri yaşlarda vuran hayal kırıklığı ve umutsuzluk hissine. Geçmişe bakınca, hayatınızın, gençliğinizdeki o yıldızlı beklentilere kıyasla çok da iyi bir durumda olmadığı sonucuna varabilirsiniz. Buna orta yaş krizi de denir, hayatta beklentilerinize ve planlarınıza kıyasla neyi başardığınızı gözden geçirdiğiniz zamandır. Bu krizi başarıyla atlatamazsanız, hissettiğiniz yoğun bir acı ve derin hayal kırıklığı yüzünden intihara teşebbüs edebilirsiniz. Tabi ki yine, problemin gerçeklikle uzaktan yakından ilgisi yoktur. Aslında tüm gürültü çarpıtılmış düşüncelerden kopmuştur.

Louis, II.Dünya Savaşı sırasında Avrupa'dan Amerika'ya göçmüş elli yaşlarında, evli bir kadındı. Ailesi onu ofisime, neredeyse başarılı olduğu, hiç beklenmeyen bir intihar girişiminin ardından yatırıldığı yoğun bakım ünitesinden çıktıktan bir gün sonra getirdi. Aile onun şiddetli bir depresyon geçirdiğinin farkında değildi, ve bu ani intihar girişimi tamamen bir sürpriz olmuştu. Louis ile konuştuğumda bana, hayatının beklentileri ile örtüşmediğini söyledi. Hiç bir zaman kızken hayal ettiği o neşe ve tatmini bulamamıştı: yetersizlik hissinden şikayet ediyordu ve insan olarak bir başarısızlık örneği olduğunu söylüyordu. İkinci bir girişimi önlemek için acil bir müdahale gerektiğine inandığımdan, kendi kendine söylediklerinin mantıksızlığını ona hızla gösterebilmek için bilişsel teknikler kullandım. Ondan, bana, önce yaşamaya değecek bir başarı elde etmediği inancını test edmek üzere hayatta başardığı şeylerin bir listesini yapmasını istedim.

Loise: Eee, II.Dünya Savaşı sırasında ailemin Nazi teröründen kaçmasına ve bu ülkeye yerleşmesine yardım ettim. Ayrıca, büyürken beş dili akıcı olarak konuşmayı öğrendim. Amerika'ya geldiğimizde aileme yetecek parayı kazanmak için kötü bir işte çalıştım. Eşim ve ben harika bir oğul yetiştirdik, o da üniversiteyi bitirdi ve şimdi başarılı bir işadamı. İyi bir aşçıyım, sanırım iyi bir anne olmanın yanısıra, torunlarım da iyi bir büyükanne olduğumu düşünüyorlar. Bunlar hayatta başardığımı düşündüğüm şeyler.

David: Bütün bunların ışığında, bana hala nasıl hiçbirşey başarmadığını söylüyorsun?

Loise: Bakın, ailemdeki herkes beş dil konuşuyor. Avrupa'dan kaçış hayatta kalmak içindi. İşim sıradandı ve herhangi bir özel yetenek gerektirmiyordu. Ailesini büyütmek iyi bir annenin görevi ve her iyi ev kadını yemek pişirmeyi öğrenmeli. Bunlar yapmak zorunda olduğum, ya da herkesin yapabileceği şeyler olduğu için gerçekten başarı sayılmazlar. Hepsi sıradan, işte bu yüzden intihar etmeye karar verdim. Hayatım yaşamaya değmez.

Louis'in, hakkındaki herşey için "bu sayılmaz" diyerek kendini gereksiz yere üzdüğünü farkettim. "Olumluyu geçersiz kılmak" denilen bu yaygın zihinsel çarpıtma onun asıl düşmanıydı. Louis sadece yetersizliklerine ve hatalarına odaklanmıştı ve başarılarının bir anlamı olmadığında ısrar ediyordu. Başarılarınızı bu şekilde küçültürseniz, "değersiz bir sıfır" olduğunuza dair zihinsel bir yanılsama yaratırsınız.

Zihinsel hatasını bariz bir şekilde görebilmesi için, Louis'e "rol yapma"yı teklif ettim. Ona, benim depresyondaki bir psikiyatristi oynayacağımı, kendisinin de benim neden bu kadar depresif olduğumu bulacak olan terapistim olacağını söyledim.

Loise (terapist): Neden depresyonda hissediyorsunuz, Dr.Burns?

David: (depresif psikiyatrist): Eee, hayatta hiçbirşey başarmadığımı farkediyorum.

Loise: Hiçbirşey başarmadığınızı hissediyorsunuz, öyle mi? Bu mantıklı gelmiyor. Birşeyler başarmış olmalısınız. Örneğin, birçok hasta ile ilgileniyorsunuz, ve araştımalarınız hakkında makaleler basıp, konferanslar verdiğinizi anlıyorum. Bu kadar genç yaşta bir çok şey başarmışsınız gibi görünüyor.

David: Hayır. Bunların hiçbiri sayılmaz. Bilirsiniz, hastalarıyla ilgilenmek her doktorun görevidir. Yani, bu sayılmaz. Sadece yapmam gerekeni yapıyorum. Dahası, araştırma yapmak ve sonuçlarını yayınlamak benim üniversitedeki görevim. Yani bunlar *gerçek* başarılar değil. Bütün fakülte üyeleri bunu yapıyor, ve araştırmam çok da önemli değil. Fikirlerim çok sıradan. Hayatım başlı başına fiyasko.

Loise (gülerek, artık terapist değil): Görüyorum ki ben kendimi son on yıldır bu şekilde eleştirmişim.

David: (tekrar terapist olarak): Şimdi, başardığın şeyleri düşündüğünde, sürekli kendine "bu sayılmaz" demek nasıl hissettiriyor?

Loise: Kendime bunu söylediğimde depresif hissediyorum.

David: Peki, yapmak istediğin ama yapamadığın şeyleri düşünüp, yaptığın, ciddi bir gayret ve kararlılık sonucu olan ve iyi sonuçlanmış şeyleri gözardı etmen ne kadar mantıklı?

Loise: Hiç mantıklı gelmiyor.

Bu müdahalenin sonucunda, Louise kendini sürekli olarak "Yaptıklarım yeterince güzel değil" diyerek altüst ettiğini görebildi. Kendine bunu yapmasının ne kadar yanlış olduğunu anladığında, ani bir duygusal rahatlama hissetti ve intihar isteği kayboldu. Louise, hayatta ne başarırsa başarsın, kendisini altüst etmek istediğinde her zaman geriye bakıp "yeterli değilmiş" diyebileceğini farketti. Bu, ona problemin gerçekçi olmadığını ama sadece düştüğü bir zihinsel tuzak olduğunu gösterdi. Rol değişimi onda bir çeşit eğlence ve gülümseme yaratmıştı. Espri anlayışının tetiklenmesi, özeleştirisinin ne kadar saçma olduğunu görmesine yardımcı oldu, ve çok ihtiyacı olan kendine yönelik bir şefkat duygusu yarattı.

Durumunuzun "ümitsiz"liğine dair inancınızın neden hem mantıksız hem kendinizi mağlup edici olduğuna birkez daha bakalım. Öncelikle, depresif hastalıkların her zaman değilse bile çoğu zaman sizi sınırlayıcı olduğunu ve birçok vakada tedaviye gerek olmadan kaybolacağını hatırlayın. Tedavinin amacı iyileşme sürecini hızlandırmaktır. Şimdi ilaçla tedavi ve psikoterapi için birçok etkili yöntem var ve yenileri de geliştirilmekte. Tıp bilimi sürekli evrim geçirme halinde. Depresif hastalıklara yaklaşımlarımızda bir "rönesans devri" yaşıyoruz. Bir hasta için hangi psikolojik müdahalenin ya da ilacın daha yararlı olacağını kesin olarak tahmin edemediğimizden, bazen mutluluğun kilitlenmiş potansiyelini açacak anahtarı bulmak için değişik teknikler denenmelidir. Bu, sabır ve çok çaba gerektirse de, bir, hatta birkaç tekniğe cevap alamamak bütün yöntemlerin başarısız olacağı anlamına gelmez. Aslında, tersi daha sıklıkla doğrudur. Örneğin, son ilaç araştırmaları, bir antidepresana tepki vermeyen hastanın diğer birine tepki verme ihtimalinin ortanın üstünde olduğunu göstermiştir. Bu da etki maddelerinden birine tepki vermediğinizde bir diğer ilacı almakla, düzelme gösterme şansınızın arttığı anlamına gelir. Çok sayıda etkili antidepresan, psikoterapötik müdahale, ve kendine yardım teknikleri olduğu dikkate alınınca, tamamen iyileşme ihtimali de oldukça yüksek olmaktadır.

Depresif olduğunuzda duyguları gerçeklerle karıştırma eğilimindesinizdir. Ümitsizlik ve tamamen umudunu kaybetme, gerçeklerin değil sadece depresif bir rahatsızlığın belirtisidir. Eğer ümitsiz olduğunuzu düşünüyorsanız, doğal olarak böyle hissedersiniz. Duygularınız yalnızca düşüncelerinizin mantıksız kalıbını takip edecektir. Yalnızca, yüzlerce depresif hastayı tedavi etmiş bir uzman iyileşmeniz için anlamlı bir tedavi uygulayabilir durumda olacaktır. İntihar dürtünüz sadece tedavi ihtiyacınızın bir göstergesidir. Yani, umutsuz olduğunuza dair inancınız, aslında öyle olmadığınızı kanıtlar. İntihar değil, terapi gerekmektedir. Genellemeler yanıltıcı olabilmekle birlikte, kendime şunu ilke edinmişimdir: Ümitsiz *hisseden* hastalar *aslında asla* ümitsiz değillerdir.

Umutsuzluk, depresif rahatsızlığın en garip durumlarından biridir. Aslında, çok iyi prognozu olan ağır depresyonlu hastaların umutsuzluk derecesi, prognozu kötü olan ölümcül bir hastalığa sahip kişilerinkinden genellikle daha fazladır. Herhangi bir intihar girişimini engelleyebilmek için, umutsuzluğunuzun ardındaki mantıksızlığı bir an önce ortaya çıkarmak çok önemlidir. Hayatınızda çözümü mümkün olmayan bir problem olduğuna inanıyor, çıkışı olmayan bir tuzağa yakalandığınızı hissediyor olabilirsiniz. Bu aşırı bir endişeye ve hatta tek çıkış yolu olarak gördüğünüz, kendinizi öldürme dürtüsüne bile yol açabilir. Tam olarak nasıl bir tuzağın içinde olduğuna bakarak bir hastayla görüştüğüm her seferde hastanın bir yanılsama içinde olduğunu görmüşümdür. Bu durumda, kötü bir büyücü gibisinizdir ve zihinsel büyüyle cehennemvari bir yanılsama yaratırsınız. İntihara ait düşünceleriniz mantıksız, çarpıtılmış ve hatalıdır. Çektiğiniz acıların nedeni gerçekler değil, çarpıtılmış düşünceleriniz ve yanlış varsayımlarınızdır. Aynanın arkasına bakmayı öğrendiğinizde, kendinizi kandırdığınızı göreceksiniz ve intihar dürtünüz kaybolacak.

Depresif ve intihar eğilimli hastaların "gerçek" problemleri olmadığını söylemek çok safça olurdu. Hepimizin ekonomik, kişilerarası ilişkiler, sağlık, vs. gibi gerçek problemleri vardır. Bu gibi zorluklar intihar olmadan mantıklı bir şekilde çözülebilir. Aslında bu tip meydan okumalarla başa çıkmak duygu durumunuzu yükseltir ve kişisel gelişiminize katkıda bulunur. Dahası, 9. Bölümde de anlatıldığı gibi gerçek problemler sizi az bile olsa depresifleştiremez. Yalnız çarpıtılmış düşünceler, geçerli umutlarınızı ve özgüveninizi sizden çalabilir. Bugüne kadar, bir depresif hastada hiç intiharı gerektirecek, "gerçek" bir problem görmedim.

VI

GÜNLÜK HAYATIN STRES VE GERİLİMLERİYLE BAŞA ÇIKMAK

Bölüm 16

Söylediklerimi Nasıl Hayata Geçiriyorum

"Doktor, kendini tedavi et."–Luke 4:23

Stres üzerine yapılan son çalışma, duygusal gerilim ve kalp krizi görülme açısından, dünyadaki en riskli işlerden birinin havaalanı kulesindeki hava-trafik kontrolörlüğü olduğunu göstermiştir. İş dakiklik gerektiriyor ve trafik kontrolörü sürekli uyanık olmak zorunda- küçük bir hata, trajedi ile sonuçlanabilir. Bu işin benimkinden daha yıpratıcı olup olmadığını merak ediyorum. Ne de olsa, pilotlar işbirlikçi ve güvenle inip kalkmaya çalışıyorlar. Ama benim yönlendirdiğim gemiler kasıtlı bir çarpışma rotasında.

Geçen perşembe sabahı otuz dakikalık bir seansta şöyle bir şey oldu. 10:25'te, 10:30 seansımın başlamasından biraz önce Felix adlı hastadan bir mail aldım ve uzun, darmadağın, kızgın bir mektubu hızla gözden geçirdim. Felix bir "katliam" planı olduğunu anlatıyor ve geçmişte kendisini tedavi etmiş iki psikiyatrist de dahil olmak üzere üç doktoru öldüreceğini söylüyordu. Mektubunda Felix, "Dükkana giderek silahı ve kurşunları satın alacak enerjiyi toplamayı bekliyorum" diyordu. Felix'e telefonla ulaşmam mümkün olmadı ve Harry ile 10:30 seansıma başladım. Harry oldukça sıska idi ve bir toplama kampı kurbanı gibi görünüyordu. Bağırsakları kilitlendiği sanrısı yüzünden yemeğe isteksizdi. Harry'nin açlıktan ölmemesi için tüple beslenmesini sağlamak üzere hastaneye yatırılması alternatifini konuşurken, Jerome adlı bir hastadan seansımızı bölen acil bir telefon aldım. Jerome boynuna bir ilmik geçirdiğini ve ciddi olarak karısı işten gelmeden kendini asmayı düşündüğünü söylüyordu. Ayakta tedavinin devamında isteksiz olduğunu ve hastaneye yatırılmasını anlamsız bulduğunu söyledi.

Günün sonunda bu üç acil vakayı çözdüm ve gevşemek için eve döndüm. Neredeyse uyumama yakın, başka bir hastamın beni önerdiği tanınmış bir bayandan bir telefon aldım. Birkaç aydır depresyonda olduğunu ve akşam üzeri ayna karşısında boğazını jiletle kesme provası yaptığını anlattı. Beni sadece, bana gönderen arkadaşını susturmak için aradığını ve durumunun umutsuzluğuna emin olduğu için bir randevu almak istemediğini söyledi.

Her günüm, bunun kadar sinir bozucu olmuyor! Ama bir basınçlı tencere içinde yaşar gibi olduğum zamanlar var. Bu, bana yoğun belirsizlik, endişe, korku, gerginlik, hayal kırıklığı ve suçluluk duygularıyla başa çıkmayı öğrenmek için bir dolu fırsat veriyor. Bilişsel teknikleri kendi üstümde uygulamamı ve gerçekten faydalı olup olmadıklarını ilk elden görme şansım oluyor. Bunların yanında birçok maneviyat dolu ve zevkli şeyler de yaşanıyor, tabii ki.

Bir psikoterapiste ya da danışmana gittiyseniz, muhtemelen terapist neredeyse hep dinlemiş, ve bütün konuşmayı sizin yapmanızı beklemiştir. Bunun nedeni birçok terapistin göreceli olarak direktif olmayan ve pasif bir şekilde –söylediğinizi yansıtacak bir "insan aynası" olarak eğitilmiş olmalarıdır.* Bu tek taraflı iletişim tarzı size verimsiz ve boş görünebilir. "Psikiyatristim neye benziyor acaba? Ne tür duyguları var? Onlarla nasıl başa çıkıyor? Benimle ve diğer hastalarla uğraşırken nasıl baskılar hissediyor?" diye merak ediyor olabilirsiniz.

Birçok hasta bana direkt olarak sordu. "Dr.Burns, söyleyip durduğunuz şeyleri gerçekte yapıyor musunuz?" Gerçekte, akşamları eve dönerken bir kağıt çıkarıp orta tepeden aşağı bir çizgi çekerek, günün beni rahatsız eden sersemliğini atabilmek için çift sütun tekniğini uygularım.

---

* Psikiyatrik tedavilerin bilişsel terapi gibi bazı yeni formları, danışan ve terapistin süreçten yüzde elli – yüzde elli sorumlu, bir takımın eşit elemanları olarak diyalog kurmasına izin verir.

Eğer kamera arkasını merak ediyorsanız, bazı kendine-yardım çalışmalarımı sizinle paylaşmaktan mutluluk duyacağım. Bu, sizin için geriye yaslanıp, bir psikiyatristi konuşurken dinleme şansı! Aynı zamanda, klinik depresyonun üstesinden gelebilmek için ustalaştığınız bilişsel yöntemlerin hepimizin hayatının kaçınılmaz birer parçası olan günlük endişeler ve gerilimlere nasıl uygulanabileceği hakkında da bir fikir sahibi olabilirsiniz.

Saldırganlıkla Baş Etmek:

Yirmi Doktoru İşten Atan Adam Sıklıkla karşılaştığım, aşırı baskı yaratan durumlardan biri öfkeli, talepkar, mantıksız hastalarla uğraşmak. Sanırım Doğu Yakasının birkaç öfke şampiyonunu tedavi ettim. Bu insanlar, genellikle hırslarını kendilerine en yakın olan kişilerden çıkarırlar ve buna bazen ben de dahil olurum.

Hank öfkeli genç bir adamdı. Bana gönderilmeden önce yirmi doktoru işten atmıştı. Hank, episodik sırt ağrısından şikayetçiydi ve ciddi bir hastalığın pençesinde olduğuna emindi. Herhangi bir fiziksel anormallik belirtisi olmadığından, uzun süren, detaylı medikal testlere rağmen, birçok doktor ona ağrılarının ve acılarının, tıpkı başağrısı gibi, muhtemelen duygusal gerginlik sonucu olduğunu söylemişlerdi. Hank bunu kabullenmekte zorlanıyordu ve, doktorların onu başlarından attığını ve onu hiç umursamadıklarını düşünüyordu. Tekrar tekrar öfkeyle patlayıp, doktorunu kovacak ve yeni birini aramaya başlayacaktı. Sonunda, bir psikiyatristle görüşme fikrini kabullendi. Bir yandan buna kızgındı da. Bir yılın sonunda herhangi bir gelişme göstermeyince psikiyatristini işten atıp, bizim kliniğimizde derdine çare aramaya geldi.

Hank oldukça depresifti, ve ben onu bilişsel teknikler üzerine eğitmeye başladım. Geceleri sırt ağrısı azdığında, Hank endişeli bir öfkeyle fırlar ve beni evimden arardı (ona ev numaramı vermem için beni ikna etmişti, böylelikle telesekreterle uğraşmak zorunda kalmayacaktı). Bana küfrederek ve hastalığına yanlış teşhis koyduğumu söyleyerek konuşmaya başlardı. Psikiyatrik değil, medikal bir problemi olduğunda ısrar ederdi. Sonra da bir ultimatom şeklinde mantıksız bir istekte bulunurdu: "Dr.Burns ya yarın bana bir şok tedavisi uygularsınız ya da dışarı çıkıp bu akşam intihar edeceğim". İsteklerine uymak benim için imkansız olmasa da genellikle zor olurdu. Örneğin, ben şok tedavisi uygulamam, ve dahası bu tip bir tedavinin Hank için gerekli olduğunu düşünmüyordum. Bunu diplomatik bir dille anlatmaya çalıştığımda, öfkeyle patlar ve yıkıcı bir hareket yapacağı tehdidinde bulunurdu.

Psikoterapi seanslarımız esnasında Hank benim her kusurumu (ve bunlar gerçekten vardı) gösterme alışkanlığını edinmişti. Ofisin içinde gürler, mobilyayı yumruklar, bana hakaret ve tacizde bulunurdu. Bütün umursadığımın para ve yüksek terapi başarısı elde etmek olduğunu söylüyordu. Bu beni ikilemde bırakmıştı; çünkü, söylediklerinde az da olsa gerçeklik payı vardı – ödemelerini birkaç ay geciktiriyordu. Ben de tedaviyi erken bırakıp daha da varsanılarının artacağından endişeleniyordum. Dahası, onu da başarı ile tedavi ettiğim hastalar listesine eklemeye kararlıydım. Hank'in bu saldırılarında bir gerçeklik payı olduğu için, bana yüklendiğinde suçlu hisseder ve savunmaya geçerdim. O da, haliyle, bunu farkeder ve eleştiri hacmini arttırırdı.

Klinikteki arkadaşlarımdan Hank'in bu ani patlamalarını ve kendi endişe duygularımı nasıl daha iyi kontrol altında tutabileceğime dair yardım istedim. Özellikle Dr. Beck'ten aldığım tavsiye faydalıydı. İlk olarak "fevkalade şanslı"olduğumu söyledi; çünkü, Hank bana eleştiri ve öfkeyle etkili bir şekilde başa çıkabilmek için altın bir fırsat vermişti. Bu beni çok şaşırttı, ne kadar talihli olduğumu farkedememiştim. Kendi gerginliğimi azaltmak ve yok etmek için beni bilişsel teknikler kullanmaya sevk etmesinin yanısıra Dr.Beck, Hank öfkeli olduğunda onunla başaçıkabilmem için değişik bir yöntem önerdi. Bu metodun özü şuydu: (1) Kendini savunarak Hank'i durdurmamak. Onun yerine, tersini yapmak –senin hakkında söylenebilecek en kötü şeyleri söyletmeye çalışmak. (2) Bütün eleştirilerinde küçücük de olsa bir doğruluk payı bulmaya çalışmak ve sonra onu onaylamak. (3) Bundan sonra, anlaşmazlık konularınızı direkt, yorumsuz ve kibar bir şekilde göstermek. (4) Arada sırada olan bu anlaşmazlıklara rağmen birbirinize destek olmanızın önemini anlatmak. Hank'e endişe ve tartışmalarımızın bazen terapiyi yavaşlatabileceğini ancak bunun ilişkimizi zedelemesine ve işimizin eninde sonunda başarılı olmasına engel olamayacağını da hatırlatabilirdim.

Bu stratejiyi Hank ofisimde bana bağırarak köpürmeye başladığında uyguladım. Tam planladığım gibi, Hank'in devam etmesi ve benim için düşünebildiği en kötü şeyleri söylemesi için uğraştım. Sonuç ani ve dramatikti. Birkaç dakika içinde, bütün yelkenleri indi –bütün hırsı erimiş gitmişti. Sakin ve mantıklı bir iletişim kurmaya başladı ve oturdu. Aslında, bazı eleştirilerini onayladığım zaman, beni savunmaya ve hakkımda güzel şeyler söylemeye başlıyordu. Sonuçtan o kadar etkilenmiştim ki, aynı tekniği diğer öfkeli, patlayıveren kişilerde de kullanmaya başladım, onun saldırgan hallerinden de zevk alıyordum çünkü başa çıkabilmek için etkili bir yolum vardı artık.

Hank'in geceyarısı aramalarının birinden sonra otomatik düşüncelerimi kaydetmek ve tekrarlamak için çifte sütun tekniğini de kullandım (Şekil 16-1). Arkadaşlarımın önerdiği gibi, bir derece empati kazanabilmek için dünyayı Hank'in gözleri ile görmeye çalıştım. Bu kendi endişemi ve öfkemi bir nebze eriten özel bir panzehirdi, ve çok daha az savunmacı hissettim. Bu durum, Hank'in patlamalarının bana saldırıdan çok kendi özgüveninin savunması olduğunu hissettirdi, ve onun yararsızlık ve umutsuzluk hislerini yorumlayabildim. Kendime, onun çoğu zaman ne kadar işbirlikçi ve çalışkan olduğunu, ve her zaman tümüyle işbirliği içinde olmasının ne kadar zor olduğunu hatırlattım. Hank ile olan çalışmamda rahatlayıp daha sakin hissetmeye başlayınca, ilişkimiz de devamlı ilerledi.

Sonunda, Hank'in depresyonu ve acısı yatıştı ve benimle olan çalışmasını sona erdirdi. Telesekreterimde kendisini aramamı isteyen mesajını duyuncaya kadar aylar boyu onu görmedim. Bir anda endişelendim, çalkantılı, uzun konuşmalarımızı hatırladım ve mide kaslarımın kasıldığını hissettim. Biraz çekinerek karmaşık duygular içinde numarasını çevirdim. Güneşli bir cumartesi öğleniydi, ve gerçekten yorucu bir haftanın sonunda ihtiyacım olan dinlenmeyi dört gözle bekliyordum. Hank telefonu açtı: "Dr.Burns, ben Hank. Beni hatırlıyor musunuz? Bir süredir size söylemek istediğim birşey var..." Durdu, ben de gelmekte olan patlama için biryerlere tutundum. "Bir yıl önce çalışmamızı bitirdiğimizden beri acı ve depresyonum kalmadı. Biri işim var. Ayrıca kasabadaki bir kendine yardım grubunun da lideriyim."

Bu benim hatırladığım Hank değildi! O anlattıkça bir rahatlama dalgası ve mutluluk hissettim. "Ama sizi arama nedenim bu değil. Size söylemek istediğim..."Bir süre daha sessizlik oldu – "Size çabalarınız için müteşekkirim, şimdi baştan beri haklı olduğunuzu görüyorum. Benle ilgili korkunç derecede yanlış olan birşey yoktu. Mantıksız düşüncelerimle kendimi mahvediyordum. Emin oluncaya kadar da bunu hep inkar ettim. Şimdi kendimi tam bir adam gibi hissediyorum, ve sizi arayıp durumumu bildirmek istedim. Bunu yapmak benim için zordu, ve bu kadar uzun zaman aldığı için de sizden özür diliyorum."

Teşekkürler Hank! Bunları yazarken duyduğum mutluluk ve seninle yaşadığım gururun gözlerimi yaşarttığını bilmeni isterim. Birlikte yüzlerce kez yaşadığımız acı ve ıstıraba değermiş gerçekten.

Şekil 16-1. Saldırganlıkla Başa Çıkmak

Otomatik düşünceler	Mantıklı tepkiler
1. Hank ile çalışmak için diğerlerinden çok daha fazla çaba sarfettim, ve sonucu bu bir suistimal!	1. Şikayeti bırak. Hank gibi konuşuyorsun! O korkmuş ve gergin, ve öfkesine hapsolmuş. Birisi için çok çalışıyor olman, seni takdir etmesini gerektirmez. Belki bir gün eder.
2. Neden teşhis ve tedavisi hakkında bana güvenmiyor?	2. Panik içinde olduğu için, çok huzursuz ve acılı olduğu ve o henüz elle tutulur hiçbir sonuç alamadı. Düzelmeye bir başlasın sana inanacak.
3. Ama bu sırada en azından bana saygı göstermeli!	3. Her zaman mı, bazı zamanlar mı saygı göstermesini bekliyorsun? Genelde, kendine yardım programına inanılmaz efor sarfediyor ve sana saygılı davranıyor. İyi olmaya kararlı - mükemmellik beklemezsen, korku duymana gerek kalmayacak.
4. Beni evden gece bu kadar sık araması doğru mu? Ve bu kadar istismarcı olmalı mı?	4. Her ikiniz de rahat olduğunuzda bunu tekrar konuşun. Bireysel terapisini, insanların destek için birbirlerini aradıkları bir grup terapisi ile desteklemesini öner. Böylece seni aramalarını azaltması kolaylaşacak. Ama şimdilik, aciliyetleri planlayamadığını ve bunların onun için çok ürkütücü ve gerçek olduğunu unutma.

Nankörlükle Başa Çıkmak: Teşekkür Edemeyen Kadın

Hiç, kendi yolunuzdan sapıp birine yardımda bulunduğunuz ve çabalarınıza kayıtsızlık ve çirkinlikle karşılık verildiği oldu mu? İnsanlar bu kadar kadir bilmez olmamalı, değil mi? Eğer kendinize bunu söylerseniz, olayı defalarca evirip çevirip aklınıza getireceksiniz. Düşünceleriniz ve fantazileriniz alevlendikçe, daha öfkeli ve rahatsız hissedeceksiniz.

Size Susan'dan bahsedeyim. Liseden mezun olduktan sonra, Susan tekrarlayan depresyon için tedavi görmüştü. Kendisine yardımcı olabileceğimden kuşkuluydu ve tekrar tekrar bana umutsuz olduğunu hatırlatıyordu. Birkaç haftadır aşırı sıkıntılıydı; çünkü, iki üniversiteden hangisine devam edeceğine karar verememişti. Sanki "doğru" kararı vermese dünyanın sonu gelecekti, ve hala kararı çok net değildi. Belirsizliği yoketme ısrarı, bitmeyen gerginliğinin nedeniydi; çünkü, bu zaten yapılamazdı.

Fazlaca ağlayıp gözyaşı döküyordu. Erkek arkadaşına ve kendi ailesine hakaret ve tacizkar davranışlarda bulunuyordu. Birgün yardım için yalvarırcasına beni aradı. Sadece karar vermesi gerekiyordu. Yaptığım bütün önerileri geri çevirdi, ve kızgınlıkla daha iyi yaklaşımlar beklediğini söyledi. Israr ediyordu: "Bu kararı veremediğime göre, sizin bilişsel terapiniz bende işe yaramayacak demektir. Metodlarınız hiç de iyi değil. Hiçbir zaman karar veremeyeceğim ve iyileşemeyeceğim." Bu kadar kötü durumda olduğu için, öğlen bir meslektaşımla acilen görüşmek için programımı değiştirdim. Bana birçok harika öneride bulundu, onu hemen geri aradım ve kararsızlığını çözebilmek için birkaç ipucu verdim. Onbeş dakika içinde tatmin edici bir karar vermeyi başardı ve ani bir rahatlama hissetti.

Bir sonraki düzenli randevusuna geldiğinde, konuşmamızdan beri rahatlamış hissettiğini, ve seçtiği üniversiteye başlamak için son hazırlıklarını bitirdiğini söyledi. Onun yerine, kendi gayret ve çabalarım için minnettarlık hissettim, ve hala bilişsel tekniklerin onun için etkili olmayacağına inanıp inanmadığını sordum. "Evet, tabi ki! İşte bu tam da beni haklı çıkarıyor. Köşeye sıkışmıştım, ve kararımı vermem gerekiyordu. Şimdi iyi hissediyorsan bu bir anlam ifade etmiyor; çünkü, çok da uzun sürmeyecek. Bu aptal terapi bana yardım edemez. Ömür boyu depresyonda kalacağım." O anda düşündüm: "Tanrım, insan ancak bu kadar mantıksız olabilir. Çamuru altına çevirsem bile bu kadın farkına varamayacak!" Kanım kaynıyordu, o gün daha sonra çifte sütun tekniğini kullanmaya ve hakaret görmüş, sıkıntılı ruhumu sakinleştirmeye karar verdim (Şekil 16-2).

Otomatik düşüncelerimi yazdıktan sonra, onun nankörlüğü yüzünden beni altüst eden mantıksız varsayımımı farkedebildim. Bu da "Birine yardım edersem, onlar da bana müteşekkir olmak ve beni ödüllendirmek zorundalar." şeklindeydi. Eğer işler böyle gitse iyi olurdu tabi ama ne yazık ki öyle değildi. Hiç kimsenin, zekam için beni övmek ya da onlar için gösterdiğim çabaları takdir etmek gibi bir ahlaki ya da kanuni bir zorunluluğu yoktu. Öyleyse niye bunu bekliyor ya da talep ediyordum? Gerçeklere dönmeye ve daha gerçekçi bir tutum takınmaya karar verdim: "Birine yardım için birşey yapıyorsam, kişinin beni takdir etme olasılığı var. Bu da sevindirici birşey. Ama, arada bir de birileri istemediğim gibi davranacaklar. Eğer tepki mantıksızsa, bu beni değil o insanı yansıtır. O zaman neden üzüleyim ki?" Bu yaklaşım hayatı benim için kolaylaştırdı, ve dahası hastalarımdan istediğim kadar teşekkürle kutsanmıştım. Tesadüfen, Susan beni geçen gün aradı. Üniversitede başarılı olmuştu ve mezun oluyordu.

Şekil 16-2. Nankörlükle Başa Çıkmak

Otomatik düşünceler	Mantıklı tepkiler
1. Bu kadar akıllı bir kız nasıl bu kadar mantıksız olabilir?	1. Kolaylıkla! Onun depresyonunun nedeni mantıksız düşünceleri. Eğer sürekli olumsuza odaklanmasaydı ve olumluları geçersiz kılmasaydı, bu kadar sık depresyona girmezdi. Bundan nasıl kurtulacağını ona öğretmek senin görevin.
2. Ama yapamam. Beni yenmeye kararlı. Bana bir parça bile tatmin duygusu yaşatmayacak.	2. Sana tatmin vermesi gerekmiyor. Bunu bir tek sen yapabilirsin. Hatırlamıyor musun? Sadece senin düşüncelerin duygudurumunu etkileyebilir. Neden yaptıkların için kendini ödüllendirmiyorsun? Bunu ondan bekleme. İnsanları karar verebilmesi için nasıl yönlendireceğin hakkında heyecan verici şeyler öğrendin. Bu sayılmaz mı?
3. Ama ona yardım ettiğimi kabul etmeli! Bana minnettar olmalı!	3. Neden bunu yapmalı ki? Bu bir peri masalı. Yapabilseydi belki yapardı, ama henüz değil. Zamanla düzelecek, ama on yıldan fazla süredir zihnine hakim olan mantıksız düşünce kalıbını değiştirmesi gerekecek. Sonunda yine hayal kırıklığına uğramamak için yardım aldığını kabullenmeye korkabilir. Ya da "sana söylemiştim" demenden korkabilir. Sherlock Holmes gibi ol, ve bu bulmacayı çözebilir misin bak. Olduğundan farklı olmasını beklemek manasız.

Babası depresyondaydı, ve iyi bir bilişsel terapist adı istiyordu Belki de bu onun teşekkür etme şekliydi!

Belirsizlik ve Çaresizlikle Başa Çıkmak: İntihar Etmeye Karar Veren Kadın

Pazartesi ofise giderken, hep haftanın neler getireceğini düşünürüm. Bir pazartesi sabahı ani bir sürprizle karşılaştım. Ofisin kapısını açtığımda, haftasonu kapımın altından bazı kağıtların atıldığını gördüm - Annie adında bir hastadan yirmi sayfalık bir mektup. Annie aylar önce yirminci yaş gününde, birçok terapistten korkunç ve büyük bir duygudurum bozukluğu için sekiz yıl boyunca başarılı bir tedavi gördükten sonra bana gönderilmişti. Oniki yaşından beri Annie'nin hayatı bir depresyon ve kendine zarar verme arasında gidip gelen bir kabusa dönmüştü. Kollarını keskin aletlerle parça parça, her seferinde 200 dikiş gerektirecek şekilde doğruyordu. Bir kaç kere de neredeyse başarılı olduğu intihar girişimlerinde bulunmuştu.

Notlarını aldığımda gerilmiştim. Annie son zamanlarda derin bir umutsuzluk içindeydi. Depresyona ek olarak, ciddi bir yeme bozukluğundan şikayetçiydi, ve geçen hafta takıntılı, kontrolsüz bir tıkınma seansları içinde garip bir üç gün geçirmişti. Restorandan restorana giderek saatlerce durmaksızın tıkınıyordu. Sonra bir kısmını kusuyor, biraz daha yiyordu. Notlarında kendini bir "insan çöp tenekesi" olarak tanımlamış ve durumunun umutsuz olduğunu yazmıştı. Artık "bir hiç"olduğuna karar verdiği için de denemekten vazgeçmeye karar vermişti.

Daha fazla okumadan evini aradım. Ev arkadaşları toparlanıp nereye ve neden gittiğini haber vermede üç günlüğüne kasabayı terkettiğini söylediler. Kafamın içinde alarmlar çalmaya başladı! Bu, aynen tedaviden önceki birkaç intihar denmesinde yaptığı şeydi-bir motele gidiyor, uydurma bir isimle kayıt oluyor, ve yüksek dozda ilaç alıyordu. Mektubunu okumaya devam ettim. "Ben mahvoldum, patlamış bir ampul gibiyim. İçine elektrik verseniz de yanmayacak bir ampul. Özür diliyorum, ama sanırım artık çok geç. Daha fazla yanlış umutlar taşımayacağım. Geçen birkaç dakika çok da kötü hissetmiyorum. Ellerimle biryerlere, herhangi bir şeye yapışıp hayata her tutunmaya çalıştığımda-boşluğu tutuyorum, hiçbirşey yok."

Açıkça bir niyet belirtilmemiş olsa da bu bir intihar mesajı gibi görünüyordu. Birden yoğun bir belirsizlik ve çaresizlik hissettim. Hiçbir iz bırakmadan kaybolmuştu. Kızgın ve gergindim. Onun için hiçbirşey yapamadığımdan aklımdan geçen otomatik düşünceleri yazmaya karar verdim. Bazı mantıklı tepkilerin karşılaştığım yoğun belirsizlikle başa çıkmamda yardımcı olacağını umuyordum (Şekil 16-3).

Düşüncelerimi not ettikten sonra, danışmak için meslektaşım Dr.Beck'i aramaya karar verdim. Tersi ispatlanana kadar Annie'nin hayatta olduğunu kabul etmem konusunda hemfikirdi. Eğer ölü bulunursa, depresyonla çalışmanın mesleki tehlikelerinden biriyle başa çıkmayı öğrenebileceğimi söyledi. Yaşıyorsa, ki öyle varsayıyorduk, depresyonundan kurtuluncaya kadar tedaviye devam etmemizin önemini vurguladı.

Bu konuşmanın ve yazılı çalışmanın etkisi inanılmazdı. "En kötüyü" farzetme gibi bir zorunluluğumun olmadığını, ve onun muhtemel intihar girişimi yüzünden kendimi üzmemek hakkımın olduğunu farkettim. Onun hareketleri değil, sadece kendi hareketlerim için sorumluluk almaya, onunla çalışmamda başarılı olduğuma ve beraberce depresyonunu yenip zaferi tadıncaya kadar inatla bu çalışmaya devam etmeye karar verdim.

Endişem ve öfkem tamamen kayboldu, ve çarşamba sabahı telefonda haberleri alıncaya kadar rahatlamış ve huzurlu hissettim. Philadelphia'ya elli mil uzaklıktaki bir motel odasında baygın bulunmuştu. Bu, sekizinci intihar girişimiydi, ama yaşıyordu ve bir hastanenin yoğun bakım ünitesinde her zamanki gibi şikayet ediyordu.

Şekil 16-3 Belirsizlikle Başa Çıkmak

Otomatik düşünceler	**Mantıklı tepkiler**
1- Belki bir intihar girişiminde bulundu - ve başardı.	1- Öldüğüne dair bir kanıt yok. Tersi ispatlanana kadar neden hayatta olduğunu varsaymıyorsun? O zaman endişelenip tedirgin olmana gerek kalmayacak.
2- Öldüyse, onu ben öldürdüm demektir.	2- Hayır, sen bir katil değilsin. Yardım etmeye çalışıyorsun.
3- Geçen hafta farklı birşey yapmış olsaydım, bunu durdurabilirdim. Benim hatam!	3- Sen bir kahin değilsin-geleceği tahmin edemezsin. Bildiklerine dayanarak yapabildiklerinin en iyisini yap-orada bir sınır çiz ve bu bağlamda kendine saygı duy.
4- Bu olmamalıydı - o kadar uğraştım.	4- Ne olduysa oldu. Çok çaba sarfetmen, sonuçları garantilemiyor. Onu değil sadece kendi çabalarını kontrol edebilirsin.
5- Bu benim yaklaşımımın ikinci sınıf olduğunu gösterir.	5- Yaklaşımın bugüne kadar geliştirilenlerin en iyilerinden biri, ve sen de büyük efor sarfediyor ve inanılmaz sonuçlar elde ediyorsun. Sen ikinci sınıf değilsin.
6- Ailesi bana karşı kızgın olacak.	6- Belki olurlar belki de olmazlar. Kendini onun için nasıl harap ettiğini biliyorlar.
7- Dr.Beck ve meslektaşlarım da bana kızacak - beceriksiz olduğumu düşünüp beni aşağılayacaklar.	7- Hiç muhtemel görünmüyor. Yardım için bu kadar uçlarda uğraştığımız bir hastayı kaybetmek bizi de çok üzer, ama meslektaşların onları yarı yolda bıraktığını düşünmeyeceklerdir. Eğer çok aklına takıldıysa onları ara. Dediklerini kendin de yap, Dr.Burns.

Yaşayacaktı, ama baygınlığı sırasında dirsek ve ayak bileklerinde ortaya çıkan yaraları onarmak için plastik cerrahi müdahalesi yapılacaktı. Annie'nin, benim merhametsiz bilişsel kıskacımda olacağı Pensilvanya Üniversitesi'ne naklini sağladım!

Onunla konuştuğumda oldukça acımasız ve umutsuzdu. Terapinin birkaç ayı çok çalkantılı geçti. Ama onbirinci ayında depresyonu kaybolmaya başladı, ve bana gelişinden tam bir yıl sonra, yirmibirinci yaş gününde depresyon belirtileri kaybolmuştu.

Sonuç: Mutluluğum inanılmazdı. Kadınlar doğumdan sonra bebeklerini ilk gördüklerinde bu duyguyu yaşıyor olmalılar - hamileliğin tüm sıkıntıları ve doğumun acısı unutulmuştur. Hayatın kutlanmasıdır - oldukça eşsiz bir deneyim. Depresyon ne kadar kronik ve şiddetli olursa, terapötik mücadele de o kadar yoğun oluyor. Ama hastayla onun iç huzuruna giden kapıyı açacak iksiri bulduğumuzda, bunun zenginliği yol boyunca yaşadığımız tüm uğraş ve korkuların kat kat üstündedir.